REPÚBLICA DO CAPITAL

DÉCIO AZEVEDO MARQUES DE SAES

REPÚBLICA DO CAPITAL

capitalismo e
processo político
no Brasil

Apresentação à segunda edição
Angelita Matos Souza e Danilo Enrico Martuscelli

© desta edição Boitempo, 2023
© Decio Saes, 2001

Direção-geral Ivana Jinkings
Edição Pedro Davoglio
Coordenação de produção Livia Campos
Assistência editorial Marcela Sayuri
Preparação Daniel Rodrigues Aurélio
Capa Isabella Teixeira
Diagramação Antonio Kehl

Equipe de apoio Ana Slade, Artur Renzo, Davi Oliveira, Elaine Ramos, Frank de Oliveira, Frederico Indiani, Higor Alves, Isabella Meucci, Isabella Teixeira, Ivam Oliveira, Kim Doria, Letícia Akutsu, Luciana Capelli, Marina Valeriano, Marissol Robles, Mateus Rodrigues, Maurício Barbosa, Raí Alves, Renata Carnajal, Thais Rimkus, Tulio Candiotto

---

CIP-BRASIL. CATALOGAÇÃO NA PUBLICAÇÃO
SINDICATO NACIONAL DOS EDITORES DE LIVROS, RJ

S133r
2. ed.
   Saes, Décio
   República do capital : capitalismo e processo político no Brasil / Décio Saes. - [2. ed.]. - São Paulo : Boitempo, 2023.
   304 p. ; 23 cm.

   ISBN 978-65-5717-325-1

   1. Economia - Brasil - História. 2. Capitalismo. I. Título.

23-86671   CDD: 338.9081
                                    CDU: 338.1(81)(09)

Gabriela Faray Ferreira Lopes - Bibliotecária - CRB-7/6643

É vedada a reprodução de qualquer parte deste livro sem a expressa autorização da editora.

1ª edição: abril de 2001
2ª edição: dezembro de 2023

BOITEMPO
Jinkings Editores Associados Ltda.
Rua Pereira Leite, 373
05442-000 São Paulo SP
Tel.: (11) 3875-7250 | 3875-7285
editor@boitempoeditorial.com.br
boitempoeditorial.com.br | blogdaboitempo.com.br
facebook.com/boitempo | twitter.com/editoraboitempo
youtube.com/tvboitempo | instagram.com/boitempo

SUMÁRIO

Apresentação à segunda edição 7
Angelita Matos Souza e Danilo Enrico Martuscelli

Introdução 11

A participação das massas brasileiras na revolução antiescravista e antimonárquica (1888-1891) 21

Florestan Fernandes e a revolução burguesa no Brasil 35

A evolução do Estado no Brasil (uma interpretação marxista) 51

Capitalismo e processo político no Brasil: a via brasileira para o desenvolvimento do capitalismo 63

Democracia e capitalismo no Brasil: balanço e perspectivas 79

A questão da evolução da cidadania política no Brasil 107

Direitos sociais e transição para o capitalismo: o caso da Primeira República brasileira (1889-1930) 139

Estado capitalista e classe dominante 167

Classe média e política no Brasil (1930-1964) 177

Estado e classes sociais no capitalismo brasileiro dos anos 1970/1980 239

A questão da "transição" do regime militar à democracia no Brasil 261

A política neoliberal e o campo político conservador no Brasil atual 277

Populismo e neoliberalismo 289

Referências Bibliográficas 299

APRESENTAÇÃO À SEGUNDA EDIÇÃO

Angelita Matos Souza e Danilo Enrico Martuscelli

É com muita satisfação que apresentamos a segunda edição do livro *República do capital: capitalismo e processo político no Brasil*, de Décio Azevedo Marques de Saes, publicado em 2001 pela Boitempo pela primeira vez. A primeira edição reunia um conjunto de sete artigos acompanhados de uma introdução geral que abordavam os seguintes temas: o caráter da revolução política burguesa no Brasil, a natureza e as mudanças das formas de Estado e de regime político no país e o papel do Estado e dos conflitos de classes no processo político nacional em diferentes contextos históricos. Os artigos abrangiam desde a conjuntura da transição do escravismo moderno para o capitalismo até os governos neoliberais dos anos 1990.

A obra destaca-se por fazer um amplo panorama das mudanças político-institucionais e dos conflitos de classe do período republicano, além de estabelecer uma série de teses e conceitos sobre a formação social brasileira, inspirados em uma leitura original do marxismo estrutural de Louis Althusser e Nicos Poulantzas. Em confronto com outras perspectivas teóricas influentes no debate político-intelectual brasileiro, as interpretações do Brasil nos capítulos aqui reunidos dão continuidade a trabalhos precedentes do professor Décio Saes, tais como: o livro resultante de sua tese de doutorado intitulada *Classe média e sistema político no Brasil*, lançado pela editora T. A. Queiroz em 1985, e a obra seminal correspondente à sua tese de livre docência, que se tornou uma das referências incontornáveis para abordar o tema da revolução burguesa no Brasil: *A formação do Estado burguês no Brasil (1888-1891)*, publicado pela editora Paz e Terra também em 1985.

Na presente edição, mantivemos os artigos publicados na primeira, porém sua disposição foi alterada com o propósito de realizar uma espécie de agregação por blocos temáticos. Certamente, o leitor encontrará intersecções entre temas e problemas de pesquisa ao realizar a leitura do livro na íntegra, mas consideramos importante fazer essa acomodação para fins de exposição didática. Além disso, foram inseridos nesta edição seis textos que não compunham a edição anterior, configurando assim uma versão significativamente ampliada do livro. Mantivemos a introdução da primeira edição, e os capítulos reunidos em blocos temáticos foram organizados da seguinte maneira:

Bloco 1. Revolução burguesa no Brasil. Capítulos: "A participação das massas brasileiras na revolução antiescravista e antimonárquica (1888-1891)", publicado no primeiro número da *Revista Brasileira de História* em 1981; "Florestan Fernandes e a revolução burguesa no Brasil"; e "A evolução do Estado no Brasil (uma interpretação marxista)", textos estes que já haviam sido publicados na versão original do livro;

Bloco 2. Balanço dos impactos da revolução burguesa no Brasil na configuração político-institucional e econômica do período republicano. Capítulos: "Capitalismo e processo político no Brasil: a via brasileira para o desenvolvimento do capitalismo", publicado no *Boletim Campineiro de Geografia* em 2016; "Democracia e capitalismo no Brasil: balanço e perspectivas", presente na primeira edição; "A questão da evolução da cidadania política no Brasil", lançado pela revista *Estudos Avançados* em 2001; e "Direitos sociais e transição para o capitalismo: o caso da Primeira República brasileira (1889-1930)", publicado em *Estudos de Sociologia* em 2006.

Bloco 3. Classes e conflitos de classe na longa história da política brasileira (1889-1989). Capítulos: "Estado capitalista e classe dominante", publicado na revista *Crítica Marxista* em 2001; "Classe média e política no Brasil (1930-1964)", que compõe o volume 10 da coleção *História da Civilização Brasileira*, organizada pelo historiador Boris Fausto; além do artigo já publicado na primeira edição do livro: "Estado e classes sociais no capitalismo brasileiro dos anos 70/80";

Bloco 4. Da transição ao regime democrático na década de 1980 à política neoliberal nos anos 1990. Capítulos: "A questão da transição do regime militar à democracia no Brasil"; "A política neoliberal e o campo político conservador no Brasil atual"; e "Populismo e neoliberalismo", todos eles publicados na versão original do livro.

***

Não poderíamos finalizar esta apresentação sem prestar alguns agradecimentos. Em primeiro lugar, ao nosso grande mestre, professor Décio Saes, figura central na formação de diversas gerações de estudantes, pesquisadores, professores e militantes políticos, bem como na renovação e atualização da teoria política marxista[1] e na difusão da teoria crítica sobre o capitalismo brasileiro desde o Instituto de Filosofia

---

[1] Sobre a produção teórica do professor Décio Saes, vale também mencionar os seguintes trabalhos: *Democracia* (Ática, 1987), *Estado e democracia: ensaios teóricos* (IFCH/Unicamp, 1998), *Cidadania e classes sociais: teoria e história* (Ed. da Umesp, 2016), *Reflexões sobre a teoria política do jovem Poulantzas (1968-1974)* (Lutas Anticapital, 2021), além de uma série de artigos publicados na revista *Crítica Marxista*. Observamos ainda que parte considerável de sua obra se encontra disponível para consulta no blog *marxismo21*.

e Ciências Humanas da Unicamp. O professor confiou-nos a tarefa de elaborar esta apresentação e agradecemos sua generosidade.

Também gostaríamos de agradecer a iniciativa de republicação desta obra pela editora Boitempo, especialmente a Ivana Jinkings, por acolher esta versão ampliada do livro. Devemos ainda fazer menção aos colegas e amigos que têm trabalhado em suas pesquisas com a obra do professor Décio Saes e que contribuíram financeiramente para que viabilizássemos o trabalho de transcrição de todos os textos, feito por Fernando Alves da Silva, em um momento ainda de incertezas sobre a editora pela qual publicaríamos a presente obra. São eles: Alessandro Melo, Angela Lazagna, Armando Boito Jr., Caio Bugiato, Davisson Charles Cangussu de Souza, Eliel Ribeiro Machado, Flávio Antônio de Castro, Francisco Pereira de Farias, Jair Pinheiro, Joana Coutinho, Lucas Pelissari, Lúcio Flávio Rodrigues de Almeida, Patrícia Vieira Trópia, Pedro Paulo Zahluth Bastos, Sandra Regina Zarpelon, Santiane Arias, Sávio Machado Cavalcante, Tatiana Berringer e Thiago Barison.

INTRODUÇÃO

Os textos aqui publicados abordam, todos, algum aspecto da política brasileira no período republicano. Utilizo a expressão "política brasileira" num sentido amplo: ela recobre as dimensões institucional, comportamental e ideológica do processo político. Os ensaios tratam de questões variadas como: a) a configuração das instituições políticas (tipo histórico de Estado, forma de Estado, regime político); b) a orientação das políticas governamentais, na sua relação com os interesses coletivos; c) as ideologias políticas, na sua relação com a orientação das políticas governamentais (e, portanto, também com os interesses coletivos).

O estabelecimento, no subtítulo, de uma conexão entre capitalismo e processo político indica que a análise política consubstanciada neste livro segue um caminho teórico bem determinado. Mais precisamente: a via teórica iniciada implica levar em conta a interação do processo político e da forma pela qual se deu a transição para o capitalismo no Brasil, e a interação do processo político e do modo pelo qual o capitalismo se desenvolve, uma vez estabelecida a sua predominância na formação social brasileira. Recorro aqui à expressão "interação" para deixar claro que as análises políticas aqui apresentadas não se pautam pela suposição da existência de uma determinação unilateral do processo político pelo capitalismo (leia-se: pelo padrão vigente de transição para o capitalismo, bem como pelos padrões subsequentes de desenvolvimento do capitalismo).

A hipótese de trabalho subjacente aos textos aqui reunidos reconhece duas possibilidades de relação entre processo político e capitalismo. De um lado, a configuração (capitalista) do sistema econômico, bem como do sistema de grupos sociais que resulta do seu funcionamento, impõe limites bem determinados ao processo político de curto prazo; este se "acomoda" às instituições econômicas e políticas capitalistas, provocando no máximo modificações secundárias, que não alteram o caráter capitalista daquelas instituições, embora possam alterar o curso do desenvolvimento capitalista (lembremo-nos de que este não é sempre o mesmo, do ponto de vista econômico ou político, por toda a parte). De outro lado, no longo prazo (e em conexão com os efeitos cumulativos do funcionamento do sistema econômico: as implicações sociais e políticas do desenvolvimento das forças da produção), o processo político pode se converter em processo revolucionário, rompendo os limites estabelecidos pelas instituições econômicas e políticas vigentes e determinando a sua substituição por novas instituições. (Essa modalidade de relação se configura nos processos de transição para o capitalismo, quando a prática política revolucionária derruba as instituições políticas preexistentes, substituindo-as por instituições políticas capitalistas e criando desse modo condições favoráveis à formação de instituições econômicas capitalistas.)

Mas a opção teórica subjacente aos textos aqui apresentados não se reduz ao reconhecimento, numa perspectiva materialista, da conexão entre processo político e capitalismo. Na verdade, tal reconhecimento se faz aqui no seio de uma teoria materialista da história, que encara a totalidade social como uma articulação de estruturas: a econômica e a jurídico-política. Tais estruturas – que são padrões ou valores capazes de orientar regularmente as práticas sociais de natureza econômica ou política – concretizam-se por meio de *aparelhos* ou *instituições*. Estes, entretanto, configuram-se não como espelhos fiéis das estruturas, e sim como as suas expressões deformadas; o que significa que as estruturas não são transparentes e sim opacas, permanecendo ocultas aos olhos dos agentes (mas podendo ser desvendadas por meio do trabalho científico). Portanto, cabe ao analista político que se coloca nessa perspectiva descobrir a natureza da estrutura jurídico-política (escravista, asiática, feudal, capitalista) que predomina na formação social por ele estudada. Essa descoberta lhe permitirá chegar ao significado das ações do aparelho estatal; estas implicam o cumprimento de funções – como a de organizar a dominação dos proprietários dos meios de produção sobre os trabalhadores, a de organizar a hegemonia de uma fração de classe dominante sobre as demais frações e a de desorganizar as classes dominadas – atribuídas ao aparelho estatal pela estrutura jurídico-política. Dentro desse quadro teórico geral, fenômenos como a política estatal, a ação política da classe dominante ou a mudança na forma de Estado – frequentemente analisados como se ocorressem num espaço vazio, não povoado por estruturas – têm de ser redimensionados. Ou seja: a "liberdade" desses fenômenos dentro do processo histórico deixa de ser encarada como absoluta, pois agora se levam em conta as limitações que lhes são impostas pela estrutura jurídico-política vigente. Só em condições excepcionais – que se concretizam apenas no longo prazo – poderá emergir uma prática social revolucionária, capaz de subverter as estruturas e de destruir os aparelhos que lhes correspondem, dando assim início à implantação de um novo tipo histórico de sociedade.

República do capital: capitalismo e processo político no Brasil exprime a perspectiva teórica anteriormente evocada. Contudo, os temas e os conceitos que são próprios a essa perspectiva não aparecem com a mesma intensidade nem são igualmente visíveis em todos os ensaios. Decidi publicá-los conjuntamente na esperança de que essas análises da política brasileira, agora se complementando umas às outras, poderiam sugerir ao jovem cientista político de orientação crítica uma *metodologia da análise política* que, por estar articulada a uma visão efetivamente materialista da história, o leve para longe das habituais teses conservadoras sobre a crônica fraqueza da sociedade civil diante do Estado no Brasil ou sobre o caráter determinante, para a atual vida política brasileira, de nossa "formação ibérica".

* * *

Um modo de apresentar cada um dos ensaios consistiria em antecipar ao leitor as principais teses neles contidas. Creio, entretanto, que esse trabalho é desnecessário para quem se decidiu pela aquisição deste livro por ter se interessado pelos temas evocados no título de cada capítulo. É, a meu ver, mais útil dedicar esta "Introdução" à explicitação da principal questão teórica subjacente a cada uma das análises políticas constantes no livro. Esse trabalho pode ser mais proveitoso para o leitor, sobretudo porque, em muitos casos, o contexto intelectual em que o ensaio foi produzido não é facilmente reconstituível num momento posterior. Assim, muitas alusões, consideradas óbvias em certo contexto, podem ser vistas como absolutamente obscuras num contexto diverso.

Em seu aspecto crítico, "Florestan Fernandes e a revolução burguesa no Brasil"[1] visa um duplo alvo: a) a concepção de revolução burguesa proposta pelo eminente sociólogo: um processo de difusão da racionalidade na economia e na sociedade; b) a tese, defendida por Fernandes, de que os principais protagonistas históricos da revolução burguesa no Brasil são o fazendeiro-negociante e o burguês-imigrante. Mas o texto também apresenta uma dimensão construtiva, pois cobra de Fernandes uma análise do momento especificamente político da revolução burguesa no Brasil: vale dizer, uma análise do processo de formação de uma estrutura jurídico-política burguesa e da concomitante construção de um aparelho de Estado burguês. A rigor, o que se "solicita" (figura de retórica, evidentemente) de Fernandes é que ele recorra, na análise do processo histórico brasileiro, a uma teoria da transição para o capitalismo em que a formação da estrutura jurídico-política capitalista, resultante da luta de classes, antecipe-se à formação da estrutura econômica capitalista, agindo inclusive como fator imediato da transformação da estrutura econômica anterior. Carente de uma teoria desse tipo, Fernandes não analisa, em sua obra magna, o papel da formação do Estado burguês no processo geral de transição para o capitalismo no Brasil. Inversamente, meu texto indica que a formação do Estado burguês, ocorrida

---

[1] Publicado originalmente em *Ideias: Revista do Instituto de Filosofia e Ciências Humanas*, Campinas, ano 4, n. 1/2, jan./dez. 1997.

no Brasil entre 1888 e 1891 por meio de acontecimentos políticos como a Abolição, a Proclamação da República e a Assembleia Constituinte deu início ao processo de transição para o capitalismo, que só se completa muito mais tarde (isto é, na década de 1960) no plano econômico.

"A evolução do Estado no Brasil (uma interpretação marxista)"[2] torna mais evidente meu quadro teórico de análise do Estado, já que o seu objetivo explícito é o cotejo dos esquemas interpretativos utilizados em estudos do fenômeno estatal no Brasil. De modo mais claro que no texto anterior, sugiro que a análise do Estado comece sempre pelo desvendamento do conteúdo da estrutura jurídico-política prevalecente na formação social em estudo, bem como da função social que lhe corresponde. Evidentemente, buscar a função social cumprida pelo aparelho de Estado que concretiza uma estrutura jurídico-política significa afastar-se do universo teórico weberiano (em que o Estado é visto como instituição sem finalidade específica) e, portanto, de conceitos weberianos como o de Estado patrimonialista, recorrentemente utilizado nas análises do processo histórico brasileiro. Mas levar sempre em conta a correlação entre estrutura e função também significa rejeitar a caracterização de um Estado qualquer como *burguês* ou *capitalista* estritamente pelo fato de esse Estado parecer estar desempenhando a função – aparentemente, desvinculada de qualquer estrutura – de auxiliar a "acumulação primitiva de capital" em alguma formação social. Nessa perspectiva, reconheço a predominância sucessiva de duas estruturas jurídico-políticas no Brasil, da Colônia à República: uma estrutura jurídico-política escravista moderna (do século XVI a 1888) e uma estrutura jurídico-política burguesa ou capitalista (de 1888 aos nossos dias).

A questão das formas assumidas pelo Estado burguês no Brasil, bem como dos regimes políticos que lhes correspondem, aparece de modo mais direto em dois textos desta coletânea. A principal questão teórica subjacente a "A questão da 'transição' do regime militar à democracia no Brasil"[3] é a da diferenciação da transformação *na* forma de Estado e no regime político e da transformação *da* forma de Estado e do regime político. Para os cientistas políticos e jornalistas liberais da década de 1980, estava em curso, desde a abertura até a Nova República, um projeto consciente de construção gradual e por etapas da democracia no Brasil; vale dizer, um processo perfeitamente controlado de transição para a democracia. Procurei argumentar, na contramão – e dentro de um estilo algo alusivo –, que a liberalização sob pressão – pois era disso que se tratava – do regime militar, objeto de conflitos incessantes entre as forças políticas, não deveria ser confundida com a implementação consciente de um projeto liberal de construção gradual da democracia. A meu ver, o conceito

---

[2] Publicado originalmente em Sílvio Costa (org.), *Concepções e formação do Estado brasileiro* (São Paulo, Anita Garibaldi, 1999).

[3] Publicado originalmente em *Teoria & Política*, São Paulo, n. 9, 1988.

de "transição para a democracia", que então circulava como moeda miúda, jogava um véu sobre o jogo de pressões e concessões que se constituía no verdadeiro fulcro do processo político dos anos 1970-1980. Hoje, parece-me claro que o texto, por estar dominantemente voltado para a polêmica política do momento, não avança suficientemente na fixação dos *limites* dentro dos quais o regime militar poderia evoluir sem mudar de natureza. Todavia, a análise política aí consubstanciada ainda me parece útil, por criticar a concepção de fundo idealista segundo a qual os resultados concretos do processo político coincidem regularmente com determinados projetos (de indivíduo ou de grupo social), em vez de exprimirem o entrecruzamento de múltiplos projetos (o que não exclui a correspondência objetiva entre tais resultados e certos interesses coletivos).

A questão da forma do Estado, bem como do regime político que lhe corresponde, também aparece num segundo texto: "Democracia e capitalismo no Brasil: balanço e perspectivas"[4]. Aqui, o objeto de análise é a democracia, como forma de Estado e como regime político, tal qual ela se configura em diferentes subperíodos da história republicana do Brasil. A tese central defendida nesse texto não é propriamente original: a democracia burguesa, no Brasil, apresentaria de modo constante um caráter limitado e instável. Bem mais interessante, sem dúvida, é a questão teórica subjacente à análise: como explicar o caráter constantemente limitado e instável da democracia burguesa no Brasil? Rejeitando o modelo explicativo segundo o qual a vida política brasileira exprimiria, desde um passado longínquo até nossos dias, certos traços culturais permanentes ("nossa formação ibérica"), proponho que se busque, em última instância, a explicação para aquela dupla característica na conexão que a forma de Estado e o regime político mantém com a configuração do processo de transição para o capitalismo e, a seguir, do próprio desenvolvimento capitalista no país.

No terreno da análise do processo político brasileiro, o aspecto mais original de "Estado e classes sociais no capitalismo brasileiro dos anos 1970/1980"[5] era a tese segundo a qual se teria estabelecido, a partir de 1964, a hegemonia política do capital bancário no seio da classe dominante brasileira. Essa tese era relativamente diferente daquela defendida pela maioria dos analistas políticos de esquerda acerca da hegemonia política sob o regime militar: se no período 1930-1964 a burguesia industrial, no seu conjunto, havia exercido a hegemonia política no seio da classe dominante, a partir de 1964 a condição hegemônica teria sido assumida por um segmento específico do capital industrial: o grande capital (ou capital monopolista). Opondo-me, em termos, a essa tese, procurei demonstrar que o processo de

---

[4] Publicado originalmente em *Revista de Sociologia e Política,* Curitiba, n. 6/7, 1996.

[5] Publicado originalmente nos *Cadernos Primeira Versão,* Campinas, n. 2, 1989, e republicado parcialmente, em Sônia Laranjeira (org.), *Classes e movimentos sociais na América Latina* (São Paulo, Hucitec, 1990).

concentração/centralização do capital, intensificado após o golpe militar de 1964, favorecia *mais* o capital bancário que o capital industrial. Contudo, não logrei avançar, com esse texto, no tratamento da questão teórica da hegemonia política no seio do bloco das classes dominantes sob o Estado capitalista, a despeito de sugerir brevemente, numa passagem, que tal hegemonia deveria possuir um caráter compósito. Esse tratamento implicaria que se levasse em conta a possibilidade de constituição, numa formação social capitalista, de um sistema *hegemônico*, no qual: a) um segmento horizontal da classe capitalista (segmento esse resultante de uma diferenciação interna da classe segundo a escala do capital: grande capital, médio capital) preponderaria politicamente sobre os demais; b) um segmento vertical da classe capitalista (segmento esse resultante da diferenciação interna da classe segundo a função preenchida pelo capital no processo econômico capitalista: capital industrial, capital comercial, capital bancário) preponderaria politicamente sobre os seus congêneres; c) uma camada capitalista específica, resultante da interseção dos dois processos de diferenciação interna da classe, dirigiria o sistema hegemônico, articulando os dois níveis mencionados de exercício da hegemonia política no seio da classe dominante. Caso eu mesmo tivesse aplicado esse esquema teórico na análise da hegemonia política no pós-1964, teria chegado à conclusão de que o *grande* capital bancário assumira, sob o regime militar, a condição de força dirigente de um sistema hegemônico que agrupava todos os segmentos monopolistas da classe capitalista. Devo mencionar que, no VIII Seminário de Estudos Latino-Americanos promovido em 1988 pela Flacso e pela Universidade Federal do Rio Grande do Sul, o economista e cientista político Karl-Christian Götner, da Universidade de Rostock (RDA), também apontou a necessidade de se aperfeiçoar a análise dos sistemas hegemônicos complexos que habitualmente se organizam sob o Estado capitalista.

Em "A política neoliberal e o campo político conservador no Brasil atual"[6], a questão teórica mais candente é aquela relativa ao modo pelo qual certas frações da classe dominante, bem como certas classes sociais não integrantes do bloco no poder, submetem-se à hegemonia política de uma fração específica (ou de um conjunto de frações) da classe dominante. Por meio da análise da política neoliberal implementada no Brasil dos anos 1990, tento demonstrar que o programa político proposto pela fração capitalista hegemônica, bem como a política estatal que lhe corresponde, dificilmente recebe a adesão integral das frações capitalistas não hegemônicas ou de certas classes sociais (ou segmentos delas) não integrantes do bloco no poder. Em geral, o projeto político da fração capitalista hegemônica é aceito por tais frações e classes como um mal menor, e como tal é apoiado em momentos críticos da vida política nacional (como o das eleições presidenciais ou legislativas em que se confrontam dois

---

[6] Publicado originalmente em *Princípios*, n. 40, fev./abr. 1996; e republicado em Décio Saes, *Reeleição: escalada contra a democracia* (São Paulo, Anita Garibaldi, 1997).

projetos políticos radicalmente distintos). Fora desses contextos críticos, tais frações e classes podem opor certa *resistência* aos aspectos do projeto político hegemônico que forem considerados lesivos aos seus interesses específicos. (Na verdade, só os interesses da fração hegemônica são *inteiramente* contemplados pelo seu programa político e pela sua política estatal; daí a ambivalência da postura política das frações e classes que ocupam um lugar subalterno dentro do campo hegemônico.)

"Populismo e neoliberalismo"[7] aborda a questão das ideologias que contribuem – por alguma via específica – para a reprodução do modo de produção capitalista numa formação social qualquer, a partir de uma perspectiva teórica que descarta a possibilidade de tais ideologias resultarem estritamente da vontade política da classe dominante. Aborda-se aí também a estrutura jurídico-política, na sua articulação com a estrutura econômica, que cria um quadro valorativo dentro do qual devem se desenvolver as ideologias práticas, até que, no longo prazo, se formem ideologias revolucionárias capazes de romper esses limites. Assim, a análise do populismo ou de qualquer outra ideologia prática tem de começar pela delimitação dos efeitos ideológicos induzidos pelas estruturas (econômica, jurídico-política) dos modos de produção (dominante, subordinado) presentes na formação social em questão.

* * *

Não poderia encerrar esta "Introdução" sem abordar um problema que decorre não propriamente da análise política contida num texto específico, mas da justaposição, no quadro desta coletânea, de múltiplas análises políticas, produzidas em contextos diversos. Nos ensaios escritos em 1988, antes da conclusão do processo constituinte, considero estar em curso no Brasil, inclusive por meio do processo constituinte, um movimento de liberalização do Estado militar, resultante das pressões e concessões que integram o jogo político travado entre as diversas forças políticas em presença. Descarta-se, portanto, nesses textos, a possibilidade de estar ocorrendo, desde meados dos anos 1970, um processo gradual e por etapas – vale dizer, razoavelmente controlado por algum agente – de transição para a democracia no Brasil. Ora, em certos ensaios, escritos a partir de 1995, sustento que está instaurada, no Brasil dos anos 1990, uma democracia (qualificada, de resto, como uma *democracia limitada*). O leitor que cotejar as duas afirmações (liberalização do Estado militar nos anos 1980, presença de uma democracia limitada nos anos 1990) poderá se sentir legitimamente intrigado, endereçando-me a seguinte questão: como terá sido possível ocorrer, em tão breve espaço de tempo (isto é, do desenrolar do processo constituinte até o advento

---

[7] Publicado, numa primeira versão, em, Evelina Dagnino (org.), *Os anos 90: política e sociedade no Brasil* (São Paulo, Brasiliense, 1994); e republicado, em versão algo modificada, em *Direito e Cidadania*,. Praia, Cabo Verde, ano I, n. 3, mar./jun. 1998.

do primeiro governo civil escolhido diretamente pelo eleitorado), a passagem pacífica do Estado militar liberalizado à democracia limitada?

Tal questão não poderá ser eficazmente respondida por quem desconsiderar o fato de que a existência de um sistema mundial é uma realidade, e não mera figura de retórica a serviço exclusivo dos adeptos da "teoria da globalização". Ora, registra-se, entre 1989 e 1991, uma inaudita aceleração do tempo histórico na área central do sistema mundial: desagrega-se o sistema comunista e os Estados Unidos emergem como a potência absolutamente hegemônica no plano político-militar (ainda que se intensifique, no plano econômico, a concorrência com outros dois blocos: a Europa ocidental, o Japão e os seus satélites). Essa mudança radical faz com que os Estados Unidos redefinam a sua política relativa à periferia do sistema mundial e, em especial, às suas áreas de influência. A presença *política* das Forças Armadas em países como o Brasil era tolerada pela potência hegemônica no contexto político anterior: malgrado o perigo representado, para os interesses econômicos e político-militares dos Estados Unidos, pelos impulsos nacionalistas dos militares do Terceiro Mundo, a militarização dos Estados periféricos era avaliada em termos de sua utilidade na contenção de uma eventual intervenção soviética a favor de movimentos de contestação locais. Uma vez encerrada a Guerra Fria, os governos estadunidenses passam a encarar a influência política dos grupos militares da periferia capitalista não só como desnecessária (já que se desvaneceu o perigo soviético), mas também como perigosa (já que subsiste um potencial nacionalista nas Forças Armadas). Essa nova postura explica certas iniciativas dos governos estadunidenses nos anos 1990: a recomendação aos países latino-americanos de que diminuam os efetivos das Forças Armadas nacionais e confiem as tarefas da defesa nacional às Forças Armadas dos Estados Unidos (fazer tal recomendação foi um dos objetivos da viagem do ex-secretário de Defesa Robert McNamara à América Latina) e o considerável incremento da presença militar estadunidense nos países da assim chamada "área do narcotráfico" (Colômbia, Equador, Peru, Bolívia). Quando se leva em conta que, no caso brasileiro, os efeitos políticos da pressão estadunidense a favor da desmilitarização das suas áreas de influência se somaram aos efeitos políticos do relativo fracasso (expresso na combinação, desde os anos 1980, dos fenômenos da inflação e da estagnação econômica) da política econômica conduzida pelo regime militar, entende-se por que o declínio político do grupo militar foi tão rápido: já no primeiro mandato presidencial posterior ao processo constituinte, a legitimação do governo nacional parecia depender mais do apoio internacional (isto é, do governo dos Estados Unidos, do FMI e do Banco Mundial) que da sustentação política trazida pelo grupo militar. O declínio político das Forças Armadas brasileiras prosseguiu nos dois mandatos presidenciais seguintes. Assim se viabilizava a instauração de uma democracia cujo caráter limitado proviria não mais da posição nuclear do grupo militar no processo político global, e sim da invulgar concentração de capacidade decisória nas mãos do Executivo presidencial; concentração necessária à concretização de uma nova hegemonia no seio da classe dominante, bem como na formação social brasileira tomada em conjunto.

* * *

Para viabilizar sua republicação nesta coletânea, impus modificações a todos os textos originais. Em alguns, as modificações são de pequena monta; destinam-se apenas a converter formalmente artigos de revista ou cadernos em capítulos de livro. Noutros textos, o objetivo das modificações foi o de melhorar certas formulações, tornando-as menos obscuras. E, num único texto ("A política neoliberal e o campo político conservador no Brasil atual"), realizei uma mudança mais ampla, que consistiu em eliminar o tom excessivamente conjuntural das formulações para que o caráter invariavelmente complexo da relação entre a política neoliberal e as frações ou classes subalternas dentro do campo hegemônico – de fato, o tema central do ensaio – fosse realçado. Não promovi, entretanto, nenhuma *atualização* dos textos originais. Caso considerasse necessária a introdução de novas informações, não disponíveis no momento da redação de cada ensaio, bem como o levantamento de novos problemas, ainda não formulados naqueles contextos, optaria por escrever um novo livro.

Décio Saes
outubro de 2000

A PARTICIPAÇÃO DAS MASSAS BRASILEIRAS NA REVOLUÇÃO ANTIESCRAVISTA E ANTIMONÁRQUICA (1888-1891)

Introdução: algumas tendências de interpretação da revolução antiescravista e antimonárquica

Uma intenção básica anima, atualmente, um amplo continente de estudiosos da História do Brasil: a de fazer a crítica dos erros cometidos, por muitos de nossos pesquisadores, na avaliação da participação das massas nas grandes transformações políticas por que passou a formação social brasileira, a partir da crise do sistema colonial. É que, salvo raras exceções, os nossos autores têm subestimado, ou mesmo ignorado, a participação das classes dominadas nos mais diversos processos de transformação política, como a conquista da Independência e a formação do Estado nacional (1808-1831), a Revolução de 1930 ou a Redemocratização de 1945. Nosso objetivo, aqui, é dar alguma contribuição a esse esforço de redescoberta da presença das massas na História do Brasil, e de crítica às análises que afirmam a existência de uma "História sem massas". Para tanto, buscamos avaliar a participação das massas num processo específico de transformação política: a revolução antiescravista e antimonárquica que se desenrola, essencialmente entre 1888 e 1891, por meio de episódios sucessivos como a Abolição da Escravatura (1888), a Proclamação da República (1889) e a Assembleia Constituinte (1891).

Desde logo, coloca-se a pergunta: qual é a natureza dessa revolução? Defini-la implica não só descobrir qual a relação existente entre a Abolição da Escravatura, a Proclamação da República e a Assembleia Constituinte, como também superar caracterizações simplificadas desses episódios, considerados isoladamente: seja a caracterização da Abolição como a conclusão lógica do processo de substituição do trabalhador escravizado pelo trabalhador imigrante, seja a caracterização da Proclamação da República e da Assembleia Constituinte como os aspectos centrais de um processo de substituição do regime monárquico por um regime presidencial. Na verdade, a Abolição da Escravatura, a Proclamação da República e a Assembleia

Constituinte são aspectos e momentos de um processo mais profundo de transformação da natureza de classe do Estado brasileiro; ou seja, o processo de transformação de um *Estado escravista moderno*, cujas instituições políticas estão fundadas no privilégio do homem livre com relação ao escravizado (o Estado imperial), num *Estado burguês*, cujas instituições políticas estão fundadas na concessão, a todos os indivíduos, do atributo formal da *cidadania* (o Estado republicano). A Abolição do trabalho escravo mina a base escravista do Estado imperial, ao destruir o critério – a distinção entre homem livre e escravizado – a partir do qual se organizam todas as instituições políticas imperiais (Executivo, Senado, burocracia, Guarda Nacional etc.); a Proclamação da República completa a tarefa destruidora da Abolição, ao derrubar não apenas o regime monárquico, como também todas as instituições políticas de base escravista (= instituições particularistas); a Assembleia Constituinte se define como o momento de construção de novas instituições políticas, formalmente abertas a todos os cidadãos e portanto dotadas de uma aparência universalista. Em suma, a revolução antiescravista e antimonárquica dos anos 1888-1891 representa a formação de um novo tipo de Estado de classe, o Estado burguês; ou, por outra, a definição de um outro tipo de dominação de classe, a dominação política burguesa.

Agora podemos perguntar: que classes sociais participam desse processo de transformação burguesa do Estado? Qual a natureza dessa participação? E, mais especificamente, que classe social assume a direção (= definição de objetivos políticos, de formas de ação e organização politicamente eficazes) da luta antiescravista e antimonárquica?

É difícil encontrar uma resposta para essas perguntas na historiografia e na literatura sociológica brasileiras, já que a Abolição da escravatura e a Proclamação da República são encaradas, na maioria dos trabalhos conhecidos, como processos isolados, quando não relacionados de modo superficial[1]. O isolamento na análise desses processos constitui sem dúvida um sério obstáculo ao entendimento correto da participação das diferentes classes sociais na revolução antiescravista e antimonárquica; não se trata, todavia, do único obstáculo. Em muitos dos trabalhos sobre o tema "Capitalismo e escravidão no Brasil", escritos há dez ou quinze anos por sociólogos da USP (fundamentalmente os de Paula Beiguelman, mas também os de Fernando Henrique Cardoso e Octavio Ianni)[2], são visíveis as consequências, ao nível

---

[1] Dois exemplos desse raciocínio que estabelece uma ligação causal superficial entre a Abolição e a Proclamação da República: a) "A República foi proclamada porque os proprietários de escravos, já derrotados pela Abolição, se desinteressaram da sorte do Império"; b) "a República foi proclamada porque os proprietários de escravos, desfavorecidos pela Abolição, se voltaram contra o imperador, que a tinha decretado".

[2] Ver Paula Beiguelman, *Formação política do Brasil,* v. 1 e 2 (São Paulo, Livraria Pioneira, 1967); *Pequenos estudos de ciência política,* v. 1 e 2 (São Paulo, Livraria Pioneira, 1968); *A formação do povo no complexo cafeeiro: aspectos políticos* (São Paulo, Livraria Pioneira, 1968); Fernando Henrique

da análise das lutas sociais antiescravistas, da influência então exercida sobre esses autores pelo pensamento de Max Weber. Tais trabalhos atribuem caráter burguês aos fazendeiros de café do Oeste Novo paulista na iniciativa e na direção do movimento abolicionista, encarado como um prolongamento e uma consequência naturais da decisão de introduzir o trabalhador imigrante na região cafeeira. Ora, nessa linha de interpretação é razoavelmente clara a inspiração weberiana: é a transformação de sua mentalidade *senhorial* (= tradicional) em mentalidade *empresarial* (= racional) que levará uma fração da classe dominante – os fazendeiros de café do Oeste Novo paulista – a promover uma ampla ação racionalizadora na esfera do trabalho, tal ação se estendendo da utilização do trabalhador imigrante até a Abolição do trabalho escravo. Em suma, tais análises conferem a uma fração da classe dominante toda a responsabilidade pelas grandes transformações sociais antiescravistas. Ainda que reconheçam o vulto das revoltas escravas, não lhes atribuem nenhum papel preciso no desencadeamento do movimento abolicionista e na conquista final da Abolição; e, ainda que reconheçam a presença, no movimento abolicionista, de setores sociais urbanos não facilmente identificáveis com qualquer fração da classe dominante, não avançam na caracterização da situação de classe e dos objetivos políticos de tais setores.

Também a maioria dos ensaios dedicados à interpretação sociológica do movimento republicano e da Proclamação da República admite, de modo mais ou menos explícito, o caráter politicamente revolucionário dos fazendeiros de café do Oeste Novo paulista. Para autores como Nelson Werneck Sodré e Leôncio Basbaum[3], a Proclamação da República constitui o resultado da ação política dos cafeicultores paulistas, em aliança com a classe média urbana, civil e militar, subentendida a hegemonia dos fazendeiros na aliança. Segundo essa linha interpretativa, os fazendeiros de café do Oeste Novo paulista, excluídos do poder político monopolizado pela velha classe dominante escravista, veem na derrubada do regime monárquico o meio de ascender ao poder e de colocar a máquina do Estado a serviço dos seus interesses particulares. Evidentemente, os autores mencionados não chegam a tais conclusões por se inspirarem no pensamento de Max Weber. E nem se pode dizer que essas conclusões decorrem de uma pura constatação dos fatos: é problemático sustentar o caráter revolucionário da fração dos fazendeiros de café, quando se leva em conta os obstáculos que estes opõem, no interior do Partido Republicano Paulista (PRP), ao desenvolvimento de uma ação claramente antiescravista e antimonárquica[4]. Na verdade, autores como Werneck Sodré ou Basbaum parecem aplicar, na análise da

---

Cardoso, *Capitalismo e escravidão no Brasil meridional* (2. ed., Rio de Janeiro, Paz e Terra, 1977); e Octavio Ianni, *As metamorfoses do escravo* (São Paulo, Difel, 1962).

[3] Ver Nelson Werneck Sodré, *Formação Histórica do Brasil* (3. ed. São Paulo, Brasiliense, 1964); e Leôncio Basbaum, *História sincera da República*, v. 2: (de 1889 a 1930) (3. ed. São Paulo, Fulgor, 1968).

[4] A esse respeito, ver nossa análise mais adiante.

realidade histórica brasileira, uma tese mais geral: a de que as revoluções políticas burguesas são feitas, basicamente, pela burguesia e no interesse da burguesia.

Se as tendências de análise anteriormente mencionadas procuram atestar o papel dirigente da fração dos fazendeiros de café nas lutas abolicionista e republicana, uma outra tendência, ainda em gestação, enceta o mesmo caminho, embora o faça com o intuito de criticar aquelas orientações. Mais precisamente, essa nova corrente – que ainda não dispõe de representantes autorizados ou de textos básicos – sustenta, como as correntes já mencionadas, que a Abolição e a Proclamação da República foram primordialmente o resultado da ação política da classe dominante; porém, ao contrário daquelas, considera que tais transformações em nada constituíram um avanço, *do ponto de vista das classes dominadas*. Portanto, nessa perspectiva – que se define como a da "História do ponto de vista das classes dominadas" –, seria totalmente ilógica a participação das massas em movimentos como o abolicionista e o republicano, isto é, em lutas por transformações sociais e políticas tão superficiais e formais. Alguns dos adeptos dessa tendência chegam mesmo a propor a construção de uma "História das classes dominadas" *paralela* à "História das classes dominantes"; vale dizer, o abandono da revolução burguesa como objetivo teórico e, portanto, a recusa a qualquer avaliação da participação das massas em processos históricos particulares de revolução burguesa.

A POSIÇÃO DO BLOCO CAFEEIRO PAULISTA DIANTE DA LUTA ANTIESCRAVISTA E ANTIMONÁRQUICA

Nossa intenção, aqui, é problematizar as interpretações até aqui expostas. Para melhor sugerir, desde já, o sentido geral de nossa crítica, sirvamo-nos de uma famosa passagem de Lênin, em *Duas táticas da social-democracia na revolução democrática*: "Por isso, a revolução burguesa é vantajosa no mais alto grau para o proletariado; é absolutamente necessária para os interesses do proletariado". E ainda:

> *em certo sentido*, a revolução burguesa é *mais vantajosa* para o proletariado do que para a burguesia. E é justamente nesse sentido que essa posição é correta: é vantajoso para a burguesia apoiar-se em alguns dos reminiscentes do passado contra o proletariado – por exemplo, na monarquia, no exército permanente etc. É vantajoso para a burguesia que a revolução burguesa não varra de maneira demasiado ousada todos os vestígios do passado, mas conserve alguns deles, ou seja, que essa revolução não seja inteiramente consequente, não vá até o fim, não seja decidida e implacável.*

---

* Vladímir Ilitch Lênin, *Duas táticas da social-democracia para a revolução democrática* (trad. Edições Avante! e Paula Vaz de Almeida, São Paulo, Boitempo, 2022), p. 65. (N. E.)

Como aplicar as lições teóricas contidas nessa passagem à análise de uma revolução política burguesa que se desenrola no quadro de uma formação social na qual inexistem a indústria e o proletariado, e na qual escravizados e camponeses constituem as classes dominadas fundamentais? É que também a revolução antiescravista e antimonárquica é, em certo sentido, mais do interesse do conjunto das classes trabalhadoras (rurais e urbanas) que do interesse dos fazendeiros de café (propriedade fundiária), comissários e exportadores de café (capital mercantil ligado à produção cafeeira).

Como justificar essa afirmação? Ela pode parecer arbitrária e anticientífica, caso seja aceita a tradicional e praticamente incontestada caracterização dos cafeicultores paulistas do Oeste Novo como progressistas. Todavia, é preciso avançar na qualificação do "progressismo" dessa fração. De um lado, é inegável que tal fração (ainda que sob a pressão da revolta escrava) desenvolve uma ação econômica transformadora, ao introduzir o trabalhador imigrante na região cafeeira e, portanto, propor na prática uma alternativa concreta ao trabalho escravo. De outro lado, é certo que a despeito das suas vacilações, os interesses ligados ao café paulista se definem, sobretudo a partir de 1870, como uma força de oposição, no plano parlamentar, ao bloco escravista inter-regional que controla o aparelho de Estado imperial. Todavia, do progressismo econômico e do oposicionismo político do bloco cafeeiro não se deve deduzir o seu empenho em destruir as instituições políticas escravistas: isto é, promover a libertação dos trabalhadores escravizados, transformar todos os trabalhadores – libertos, colonos imigrantes ou homens livres do interior – em cidadãos, garantir amplos direitos civis e políticos às massas trabalhadoras. Bem ao contrário: o bloco cafeeiro paulista (propriedade fundiária cafeeira + capital mercantil cafeeiro) é incapaz de dirigir um processo de transformação burguesa do Estado, dado que a utilização do trabalhador imigrante não deve implicar, a seu ver, o abandono de formas de dominação política pré-burguesa. Historiadores e sociólogos brasileiros ainda não tiraram todas as consequências políticas do fato de os fazendeiros de café terem substituído progressivamente o *trabalhador escravizado* não pelo *trabalhador livre* (isto é, separado dos meios de produção), mas pelo *trabalhador pessoalmente dependente* do proprietário fundiário que lhe cede o uso da terra: ou seja, o colono, o parceiro, o meeiro. Ora, formas de produção como o colonato, a parceria e a meação garantem a reprodução de formas de dominação política, distintas da dominação escravista, mas tão pré-burguesas quanto esta: ou seja, *relações de dominação pessoal*[5], expressas concretamente como lealdade pessoal do trabalhador dependente para com o proprietário que lhe cede o uso da terra. Se a fidelidade incondicional do trabalhador à pessoa do proprietário de terras é claramente conflitante com o exercício, pelo trabalhador, dos direitos civis e políticos burgueses (direito de ir e vir, liberdade de trabalho, direito de reunião e associação etc.), como então supor que o bloco

---

5   Ver Karl Marx, *Formações econômicas pré-capitalistas* (Rio de Janeiro, Paz e Terra, 1975), p. 96.

cafeeiro, apegado a relações de dominação pessoal, poderia se lançar à construção de instituições políticas burguesas?

De resto, não se pense que a adoção das formas de trabalho mencionadas, como sucedâneas do trabalho escravo, foi a mera decorrência de uma necessidade econômica. Muitos dos representantes mais esclarecidos do bloco cafeeiro entreviram o colonato, não como uma pura solução econômica para a questão da substituição do trabalho escravo, mas também como uma solução política para a questão da substituição da dominação escravista; a partir da década de 1870, propostas de "feudalização" do campo brasileiro, como via para a instauração de uma ordem social harmoniosa, fundada nos laços pessoais entre fazendeiros e trabalhadores, e isenta dos perigos trazidos pelo exercício cotidiano da violência (caso da ordem social escravista), aparecem frequentemente na imprensa e na literatura política. Cumpre, além disso, relembrar a resistência imposta pelo bloco cafeeiro, ao longo de toda a Primeira República e mesmo depois, à implantação das instituições políticas burguesas no campo: não só o direito de greve, de sindicalização ou de organização partidária, mas até a liberdade de trabalho ou o direito elementar à reivindicação coletiva. Como, à vista disso, pode-se sustentar o interesse político da fração "progressista" da classe dominante na formação de uma "República democrática" ou de uma "democracia liberal" no Brasil?

É essa preocupação com o reforço dos mecanismos de dominação política no campo que estabelece os limites da participação do bloco cafeeiro no movimento republicano. A análise da linha de ação desse bloco no seio do Partido Republicano Paulista nos revela a verdadeira natureza do seu republicanismo. De um lado, pelo fato de os seus membros serem radicalmente contra a Abolição, ou por defenderem – a título de concessão ao movimento popular – a emancipação gradual dos escravizados –, esse bloco logra impor ao PRP, pelo menos até 1887 (quando o movimento abolicionista popular está praticamente vitorioso), uma posição de omissão (ao nível dos programas partidários e da ação política) com relação ao problema da escravidão. Esse republicanismo, capaz de coexistir com a defesa (por ação ou omissão) da escravidão, revela-se, portanto, um republicanismo superficial e limitado, mais referido ao modo de escolha do chefe do Poder Executivo que à transformação de todos os indivíduos em cidadãos. De outro lado, a República não constitui, para esse bloco, um objetivo estratégico; a agitação, pelo PRP, de palavras de ordem republicanas lhe serve como instrumento de pressão sobre o bloco escravista inter-regional, pela obtenção de concessões políticas nos limites do Estado escravista imperial. A rigor, o bloco cafeeiro agita o fantasma republicano a fim de obter, do bloco escravista, uma descentralização política e administrativa do Estado escravista monárquico; a agitação republicana é, antes de mais nada, um expediente tático na busca da autonomia provincial (São Paulo), capaz de assegurar ao bloco cafeeiro a gestão, antes monopolizada pelo aparelho de Estado central, dos recursos financeiros (tributos, empréstimos estrangeiros) necessários à promoção da expansão cafeeira. Essa orientação explica, de resto, o caráter progressivamente conciliador da ação política desenvolvida pelo PRP, as suas tentativas de entendimento com os últimos gabinetes imperiais, bem como os esforços da alta direção partidária (monopolizada pela "cafeicultura") no sentido de frear a ação dos "radicais" do partido e de obstaculizar os seus contatos com os militares republicanos do Rio de Janeiro.

Em suma: à medida que se intensifica a luta popular antiescravista e antimonárquica, as frações ligadas à produção e ao comércio do café se lançam à aplicação de uma *estratégia política de compromisso* com a velha classe dominante escravista. Essa estratégia política é, ao mesmo tempo, *reformista e conservadora*: ela envolve, simultaneamente, a luta por reformas políticas de caráter descentralizador, e a aceitação de caráter escravista e monárquico das instituições políticas. Não se pense, todavia, que tal situação é inédita na história das revoluções políticas burguesas. Albert Soboul, em suas obras sobre a Revolução Francesa, demonstra que a grande burguesia comercial, às vésperas da Revolução, desenvolve sua luta por uma maior participação na definição da política de Estado, segundo uma estratégia política de compromisso com os *monarquianos* (a nobreza progressista): buscando não a derrubada do Estado absolutista, e sim as reformas políticas de caráter liberalizador, a burguesia comercial, após a revolta popular de julho de 1789, contemporizará sobre a questão dos direitos senhoriais, defenderá a manutenção da monarquia hereditária e proporá o estabelecimento de um regime censitário para a Assembleia Nacional e para a Guarda Nacional[6].

O que foi dito acima não implica, entretanto, ignorar o fato de que a ação econômica transformadora e a ação política reformista do bloco cafeeiro contribuem para a criação de condições políticas favoráveis para o desencadeamento e a intensificação da luta revolucionária antiescravista e antimonárquica, de que participam outras classes sociais. Aqui, interessa-nos sobretudo sublinhar o caráter não revolucionário do bloco cafeeiro, e problematizar as teses que lhe conferem a condição de força dirigente do processo de transformação burguesa do Estado no Brasil.

AS CLASSES TRABALHADORAS NA REVOLUÇÃO ANTIESCRAVISTA E ANTIMONÁRQUICA

A compreensão do verdadeiro caráter da revolução antiescravista e antimonárquica de 1888-1891 exige, portanto, uma ampliação do foco de análise: é preciso verificar por que e como certas classes trabalhadoras, rurais ou urbanas, participam da luta

---

[6]   Ver Albert Soboul, *A Revolução Francesa* (São Paulo, Difel, 1974).

antiescravista e antimonárquica. Para tanto, deve-se começar por introduzir na cena o personagem mais incômodo para a maioria dos analistas: a massa escravizada.

Sabemos que a historiografia tradicional habitualmente interpretou a Abolição do trabalho escravo como o fruto de uma magnânima decisão imperial, isto é, como uma doação generosa a uma massa impotente e sofredora. Mas mesmo pesquisadores argutos, conhecedores da amplitude do movimento de revolta escrava na segunda metade do século XIX, se abstiveram de atribuir um papel definido à revolta escrava na conquista da Abolição, para não falar da destruição das instituições políticas escravistas.

Alguns poucos autores têm, contudo, procurado inverter essa tendência de análise, ao atribuir ao movimento de revolta escrava um papel central na destruição do escravismo no Brasil; dentre os trabalhos que vêm contribuindo decisivamente para a instauração dessa nova linha de interpretação, impõe-se citar os importantes ensaios de Jacob Gorender[7] e de Ronaldo Marcos dos Santos[8]. Nossa intenção, aqui, é incorporar a contribuição desses autores e, ao mesmo tempo, tentar aprofundar um aspecto da questão situado fora dos limites temáticos desses trabalhos: as relações entre o movimento de revolta escrava e o movimento antiescravista e antimonárquico urbano. Para um entendimento correto dessas relações, é preciso levar em conta o *duplo aspecto do movimento de revolta escrava*. De um lado, deve-se considerar que a luta do trabalhador escravizado pela conquista de sua liberdade pessoal é a principal força de destruição do regime de trabalho escravo; isto é, que tal regime não pode ser abolido sem que se exerça sobre ele uma violenta pressão dos principais interessados na sua destruição: a massa escravizada. Dito de outra forma, a contradição fundamental de uma formação social escravista, ainda quando a produção escravista é dominada pelo capital mercantil (caso do Brasil imperial), é aquela que opõe senhores a escravizados. Portanto, essa contradição determina, em última instância, a destruição das relações de produção escravistas, o que significa sustentar que as revoltas escravas têm um papel determinante na destruição do escravismo brasileiro.

De outro lado, deve-se reconhecer, a fim de evitar a simplificação daquilo que é complexo, que o movimento de revolta escrava, ainda que necessário, não é por si só suficiente para provocar a destruição do escravismo brasileiro. Ao longo de três séculos (período colonial), o movimento de revolta escrava teve pouca influência sobre o desenvolvimento da formação social escravista, já que ele se expressava, concretamente, como luta pela formação de comunidades negras de fugitivos, isoladas espacialmente e fechadas sobre elas mesmas (os quilombos). A rigor, é somente na segunda metade do século XIX que o movimento de revolta escrava encontra condições de superação dos

---

[7] Ver Jacob Gorender, *O escravismo colonial* (São Paulo, Ática, 1978).
[8] Ver Ronaldo Marcos dos Santos, *Término do escravismo na Província de São Paulo* (dissertação de mestrado, São Paulo, FCEA-USP, 1972).

objetivos isolacionistas, e adquire uma eficácia transformadora. Mas o salto qualitativo do movimento de revolta escrava, a partir desse momento, não é casual. A década de 1830 marca o início de uma *fase nacional* de desenvolvimento da formação social escravista brasileira, caracterizada pela formação de um Estado (escravista) nacional, de uma burguesia mercantil nativa (distinta da burguesia metropolitana), de uma burocracia civil e militar de Estado e de um aparelho urbano de comercialização da produção agrícola. Ora, é o desenvolvimento econômico e social, típico dessa fase, que cria condições para a formação de um movimento antiescravista urbano, capaz de *reorganizar* o movimento de revolta escrava.

Qual é a natureza desse movimento antiescravista urbano? E por que se diz aqui que tal movimento promove a reorganização do movimento de revolta escrava? Para responder a essas perguntas, é preciso considerar as implicações sociais do desenvolvimento do comércio cafeeiro e da formação do Estado nacional (meados do século XIX). A implantação de serviços urbanos de comercialização/financiamento da produção cafeeira e a criação de uma burocracia estatal determinam a emergência, no seio da formação social escravista, de uma categoria particular de "homens livres": uma camada de *trabalhadores não manuais urbanos*, socialmente distinta do campesinato ou da pequena burguesia de artesãos e pequenos comerciantes. Ora, essa classe média urbana, composta por funcionários públicos, militares, profissionais liberais, empregados de banco ou de escritório e jornalistas, vai dirigir um amplo movimento de destruição das instituições políticas escravistas, do qual constituem aspectos a luta antiescravista e a luta antimonárquica. Muitos autores sublinham a ausência de radicalismo e de igualitarismo social no movimento abolicionista; este parece, como bem mostra o romancista Afonso Schmidt no seu clássico *A marcha*, procurar resolver antes o problema do "branco" que o do "negro". Tal fato é incontestável; mas é preciso, na análise, fazer algo mais que simplesmente constatá-lo. Se o movimento abolicionista não luta pela repartição do latifúndio e pela transformação dos trabalhadores escravizados em pequenos proprietários independentes, ou mesmo pela melhoria das condições materiais de vida e de trabalho dos trabalhadores negros, é porque essas transformações não fazem parte dos objetivos políticos da força social que dirige a luta antiescravista: a classe média urbana. Esta busca, fundamentalmente, a destruição do privilégio inerente ao Estado escravista, e a conquista da cidadania própria de um Estado burguês.

Assim, o conflito entre a classe média urbana e o Estado imperial, ocorrido na segunda metade do século XIX, não é uma repetição do conflito entre a pequena burguesia tradicional (artesãos, pequenos comerciantes) e o poder central, na primeira metade do século XIX. A participação da pequena burguesia tradicional (os "*sans-culottes*" brasileiros, a que se refere Emília Viotti da Costa) confere a movimentos como a Revolução Pernambucana de 1817, ou a Revolução Praieira de 1848, um componente radical e igualitarista, que se manifesta por meio de palavras de ordem como as de "expropriação do grande comércio" ou de "repartição do latifúndio". Ora, esse igualitarismo socioeconômico, típico de pequenos proprietários (que, sintomaticamente, relegam a um plano secundário a questão da libertação dos escravizados), estará ausente do movimento da classe média urbana, não proprietária, na segunda metade do século XIX. É o *igualitarismo jurídico*, e não o igualitarismo socioeconômico, que põe em movimento a nova classe média, empurrando-a para o terreno prioritário da luta pela transformação do trabalhador escravizado em trabalhador livre e cidadão.

Parecemos, portanto, estar diante de um paradoxo: não é a burguesia, e sim a classe média urbana, a primeira portadora da ideologia jurídica burguesa na formação social brasileira. Todavia, o paradoxo é só aparente. Já examinamos anteriormente as razões pelas quais mesmo o setor mais avançado da burguesia se mantém distanciado do verdadeiro republicanismo burguês. Quanto ao igualitarismo jurídico da classe média urbana, ele nada tem de paradoxal. É claro que essa tendência ideológica permanecerá inexplicada se supusermos que a classe média, nesse período, só pode lutar pelos seus interesses econômicos de curto prazo. Na verdade, é o seu interesse político geral que a leva a lutar pela cidadania: só a supressão do trabalho escravo e a igualização jurídico-formal de todos os indivíduos permitirão o desenvolvimento de um processo – impossível numa formação social escravista – de valorização social do trabalhador não manual.

Por que a valorização social do trabalhador não manual é impossível na formação social brasileira de meados do século XIX? É que, tendo o trabalho manual um caráter dominantemente compulsório, torna-se impossível para os trabalhadores não manuais provar – para eles mesmos e para as outras classes sociais – que a sua superioridade social sobre o escravizado advém de uma superioridade de "dons e méritos". Impossibilitado o confronto de capacidade entre o trabalhador manual (escravizado) e o trabalhador não manual, torna-se impossível, para toda e qualquer classe social, alimentar a ilusão da existência de uma "meritocracia" no país; aos trabalhadores não manuais, só resta reconhecer que a sua superioridade social sobre os trabalhadores manuais advém daquilo que Roberto Schwarz caracteriza, com muita acuidade, como uma "relação de favor" estabelecida com as classes proprietárias[9]. Valorizar-se socialmente implica, portanto, para a classe média emergente, destruir a "relação de favor" e evadir-se da condição de "homem livre" protegido pelas classes proprietárias. Para tanto, essa classe deve lutar pela instauração da possibilidade de verificação, segundo os critérios fornecidos pela ideologia burguesa, da superioridade do trabalhador não manual sobre o trabalhador manual; ou, dito de outra forma, deve buscar a construção de uma *hierarquia do trabalho* fundada na suposição da existência de uma escala de "dons e méritos". Ora, a instauração dessa competição

---

[9] Ver Roberto Schwarz, "As ideias fora do lugar", *Estudos Cebrap*, São Paulo, n. 3, jan. 1973.

social simulada exige a igualização formal de todos os indivíduos, mediante a sua conversão em iguais sujeitos de direitos (= cidadãos). Eis porque a classe média do Segundo Reinado não se entrega, prioritariamente, à luta pela abolição do regime censitário imperial ou pelo acesso aos privilégios de que já gozam os "homens livres ricos", preferindo aplicar as suas energias na luta contra o escravismo e pela construção de instituições políticas burguesas. Parafraseando Sartre, em sua peça teatral *Huis Clos* [Entre quatro paredes]: para a classe média, "o inferno são os outros" (os escravizados).

Esses objetivos políticos explicam, portanto, de um lado, que a classe média lute pela abolição, sem se preocupar fundamentalmente com a melhoria das condições materiais de vida e de trabalho do "negro"; de outro, que o movimento abolicionista da classe média encontre um prolongamento lógico no movimento republicano. Nessa medida, a classe média se constitui na *força dirigente* da revolução antiescravista e antimonárquica que promove a transformação burguesa do Estado. Esse papel dirigente se exprime, antes de mais nada, como capacidade de reorganização do movimento de revolta escrava. É sob a influência do movimento abolicionista de classe média que o movimento de revolta escrava redefine os seus objetivos políticos; não mais a constituição de comunidades isoladas (até meados do século XIX, a formação do quilombo é o objetivo estratégico), mas sim a transformação do trabalhador escravizado em trabalhador livre *dentro da formação social brasileira* (nessa nova fase, a formação do quilombo adquire um valor puramente tático). Além disso, o movimento abolicionista de classe média passa, sobretudo na década de 1880, a coordenar as lutas locais (fugas, insurreições), aumentando-lhes a eficácia e colocando-as a serviço do objetivo político mencionado. Lembre-se, a título de ilustração, a ação de agitação e propaganda desenvolvida por clubes radicais, confederações abolicionistas ou tribunos populares; a ação de organizar insurreições e de proteger as fugas, cumprida por Antônio Bento e os seus "caifazes" em São Paulo, bem como por outros grupos regionais; a sabotagem, pela média oficialidade do Exército, das tarefas de repressão ao movimento de revolta escrava; a pressão exercida pela "fração radical" dentro do PRP, a fim de que esse partido encampe as palavras de ordem antiescravistas.

Mas o papel dirigente da classe média não se restringe à luta abolicionista. É ainda a classe média, civil e militar, que se põe em movimento para a derrubada das instituições políticas escravistas, pouco mais de um ano após a Abolição. O abandono da cena política pela força principal da revolução antiescravista (a massa escravizada já liberta) não impedirá que a classe média leve às últimas consequências a sua luta contra o privilégio. Nessa perspectiva, a derrubada das instituições políticas particularistas do Império não deve ser vista nem como o resultado da ação política da fração "progressista" da classe dominante nem como o fruto de um mero "golpe de mão" do Exército, desprovido de todo apoio popular. A esse respeito, duas observações se impõem. Em primeiro lugar, a Proclamação da República, em 1889, é o coroamento de um amplo movimento social antiescravista (massa escravizada, classe média urbana); a deposição do imperador e do gabinete imperial apenas completa um processo iniciado nas fugas e revoltas escravas, e continuado nas fugas organizadas, nos comícios e manifestações de rua. Em segundo lugar, a Proclamação da República não deve ser caracterizada como um processo especificamente militar, e sim como um movimento social mais amplo, que reuniu setores civis e militares da classe média. Mesmo a reconstrução isolada dos acontecimentos políticos de novembro de 1889 deve reconhecer, pelo menos para ser honesta, que a ação militar de 15 de novembro é precedida de amplos contatos e entendimentos entre a média oficialidade do Exército, a classe média civil do Rio de Janeiro (ex.: Quintino Bocaiúva) e a "fração radical" do PRP (de resto, desautorizada pela direção partidária a estabelecer qualquer contato com os militares do Rio). Constatar o papel dirigente da classe média no movimento republicano não implica, contudo, sustentar uma nova tese, inédita na literatura brasileira. Esse papel não passou despercebido a um observador arguto como José Maria dos Santos. Para esse autor, monarquista e conservador, a monarquia imperial teria evoluído progressiva e pacificamente para uma monarquia constitucional moderna, parlamentar e democrática, não tivesse esse processo, conduzido pelos cafeicultores, sido interrompido pela ação de grupos "radicais", civis e militares, do Rio de Janeiro e de São Paulo[10].

Conclusão

É incontestável que a revolução antiescravista e antimonárquica de 1888-1891 se revelou incapaz de promover transformações sociais profundas: repartição do latifúndio, conquista de amplos direitos para as classes trabalhadoras etc. Todavia, não se pode explicar essa característica mediante o apelo a teses que não encontram apoio nos fatos: seja a do papel dirigente de uma fração da classe dominante no processo revolucionário, seja a da não participação das massas nesse processo. Ela decorre, antes, do fato de que a massa escravizada se submete, desde meados do século XIX, à direção política da classe média urbana, orientada pela ideologia jurídica burguesa (na sua versão liberal-democrática ou na sua versão positivista-ditatorial). Ou seja, estamos aqui diante de um *jacobinismo limitado*, que nos traz à memória, de algum modo, as observações de Gramsci sobre o jacobinismo na "inacabada" revolução burguesa italiana[11].

---

[10] Ver José Maria dos Santos, *Bernardino de Campos e o Partido Republicano Paulista* (Rio de Janeiro, José Olympio, 1960).

[11] Ver Antonio Gramsci, *El "Risorgimento"* (Buenos Aires, Granica, 1974).

A revolução antiescravista e antimonárquica, pelo seu caráter limitado, deixa intactos o poder social e a capacidade de organização política/militar do bloco cafeeiro, facilitando a luta desta fração pela conquista da hegemonia no seio do novo aparelho de Estado. Os limites do jacobinismo da classe média permitirão que a "reação termidoriana" da burguesia desague rapidamente (e com menos violência que no caso francês) numa vitória. Em 1891, o bloco cafeeiro paulista domina a Assembleia Constituinte, impondo um caráter federativo ao Estado burguês em formação; a descentralização política e administrativa de 1891 permitirá que o bloco cafeeiro paulista inicie, nos níveis político e sobretudo militar (a formação da poderosa Força Pública paulista), um processo de acumulação de forças, com vistas ao confronto com a "ditadura jacobina" da classe média; em 1894, o bloco cafeeiro paulista liquida a ditadura militar e passa a controlar diretamente o aparelho central de Estado.

FLORESTAN FERNANDES E A
REVOLUÇÃO BURGUESA NO BRASIL

O reexame, hoje, das teses contidas em *A revolução burguesa no Brasil*[1] é mais que uma homenagem ao grande mestre das ciências sociais no Brasil, falecido em 1995. Na verdade, a retomada de contato com essa obra magistral é da mais alta conveniência para os cientistas sociais empenhados, no Brasil, em defender a legitimidade e apontar a relevância do trabalho de interpretação sociológica dos processos macro-históricos. Pois é a esse tipo de trabalho que está consagrado *A revolução burguesa no Brasil*, como indica o subtítulo "Ensaio de interpreta-ção sociológica". Ao abordar a revolução burguesa no Brasil, Florestan Fernandes não busca reconstituir a sequência dos acontecimentos que, no seu entendimento, integrariam esse processo histórico. O seu verdadeiro objetivo é aquele perseguido por um ramo específico da sociologia, que Mannheim, no livro *Sociologia sistemática*, denomina "sociologia histórica". Esse ramo da sociologia, para Mannheim, é aquele que se dedica ao estudo da variação histórica de certos fenômenos sociais, já definidos alhures – isto é, noutro ramo sociológico – nas suas formas gerais. A "sociologia histórica", conceituada por Mannheim nesse livro, tem evidentes afinidades com a "sociologia diferencial", conceituada por Florestan Fernandes nos seus *Ensaios de sociologia geral e aplicada*. A "sociologia diferencial" seria, segundo Fernandes, a disciplina sociológica dedicada ao estudo dos caracteres particulares e específicos dos sistemas sociais globais. Ora, são esses caracteres particulares e específicos que Florestan Fernandes busca em *A revolução burguesa no Brasil*. Tal busca nada tem a ver, sublinhe-se ainda uma vez, com a *narração* de certos fatos históricos. Ainda que reconhecendo a importância científica do trabalho narrativo ou descritivo, Florestan se concentra, nesse livro, noutra tarefa: a de "interpretar sociologicamente" a revolução burguesa no Brasil. Cumprir essa incumbência equivale, nos termos da "sociologia histórica" de Mannheim ou

---

[1] Ver Florestan Fernandes, *A revolução burguesa no Brasil: ensaio de interpretação sociológica* (Rio de Janeiro, Zahar, 1975).

de sua própria "sociologia diferencial", a buscar a especificidade da manifestação, no contexto brasileiro, de um processo social geral: a "revolução burguesa".

Acrescente-se que Florestan Fernandes persegue esse objetivo com enorme tenacidade e um invulgar grau de controle; o que implica descartar qualquer outra tarefa científica que extrapole os limites dessa opção disciplinar. Por isso, os nomes dos grandes personagens históricos brasileiros do período analisado estão praticamente ausentes do livro. Um leitor que pensasse estar diante de uma obra convencional de história política do Brasil se surpreenderia ao constatar que Florestan Fernandes caracteriza sociologicamente o Brasil imperial sem mencionar D. Pedro I ou D. Pedro II; ou a Primeira República brasileira sem mencionar Campos Sales, Prudente de Moraes ou Washington Luís.

A revolução burguesa no Brasil se configura, portanto, como um exemplo magnífico da extrema fidelidade de Florestan Fernandes aos princípios e exigências científicos, nos termos em que ele próprio os concebia e formulava. Essa fidelidade o empurrava, inclusive, para a realização de pesquisas naqueles ramos da sociologia cuja definição era proposta nas suas próprias obras teóricas: "sociologia geral", "sociologia diferencial", "sociologia empírica", "sociologia sistemática" etc. Isso explica, enfim, que o conjunto de sua obra tenha adquirido o caráter de um verdadeiro caleidoscópio.

A análise, vinte anos mais tarde, das teses contidas em *A revolução burguesa no Brasil* exige que se diga algo sobre o contexto intelectual em que ela foi gestada. A rigor, essa obra se delineia como um legítimo representante de uma – a segunda – das duas grandes vagas, emergentes no Brasil pós-1930, de produção de ensaios de interpretação sociológica do processo histórico brasileiro. A primeira vaga espocara nos anos 1930, exprimindo-se por meio de obras como as de Gilberto Freyre (*Casa-grande & senzala*), Sérgio Buarque de Holanda (*Raízes do Brasil*) ou Nestor Duarte (*A ordem privada e a organização política nacional*). A segunda vaga é aquela dos anos 1960/1970; ela se compõe basicamente de ensaios redigidos numa perspectiva de esquerda. Tal vaga resulta, mais especificamente, das preocupações não apenas científicas, como também político-estratégicas da esquerda brasileira, colocada em situação de confronto com o regime militar. Na perspectiva da esquerda, não se poderia lutar eficazmente contra a ditadura militar e tudo aquilo que ela representava (a dominação monopolista e imperialista em condições periféricas), caso não se aprofundasse simultaneamente o conhecimento sobre a especificidade dos processos de implantação e de desenvolvimento do capitalismo no Brasil. Portanto, nada teve de ocasional a aparição, em pleno período ditatorial, de três ensaios de interpretação sociológica altamente representativos da perspectiva de esquerda: o de Caio Prado Jr., *A revolução brasileira*; o de Florestan Fernandes, *A revolução burguesa no Brasil*; e o de Jacob Gorender, *O escravismo colonial*.

É importante sublinhar a ligação de *A revolução burguesa no Brasil* com o contexto intelectual dos anos 1960/1970, amplamente favorável à ensaística de caráter macrossociológico. Inversamente, o atual contexto intelectual não só incentiva os estudiosos a se dedicarem às investigações de caráter descritivo ou microssociológico, como também exerce pressão a favor da deslegitimação acadêmica dos trabalhos de "sociologia histórica". Esse falso dilema – fazer micro ou macrossociologia? – tortura hoje muitos jovens pesquisadores (e não só eles). No entanto, ele jamais foi assumido por Florestan Fernandes, cuja obra se direciona para múltiplos campos disciplinares: etnografia, teoria sociológica, sociologia histórica etc. Mirar-se hoje no exemplo intelectual de Florestan Fernandes implica: a) reafirmar a legitimidade do trabalho de interpretação macrossociológica do processo histórico brasileiro e incentivar a aparição de novos esquemas interpretativos, bem como contribuir para o cotejo das suas diferenças; b) reconhecer que essa empreitada está longe de significar a deslegitimação de todo trabalho – sempre necessário – de investigação empírica ou microssociológica (reconhecimento esse que não acarreta, esclareça-se logo, concordância com as premissas teóricas de todo trabalho desse tipo); c) valorizar a interação dinâmica entre esses dois tipos de trabalho.

A problemática teórica da "revolução burguesa" em Florestan Fernandes

Entre as inúmeras teses propostas por Florestan Fernandes em *A revolução burguesa no Brasil*, serão aqui analisadas aquelas apresentadas nas duas primeiras partes do livro: "As origens da revolução burguesa" e "A formação da ordem social competitiva". Tais teses dizem respeito às origens da revolução burguesa no Brasil; ou àquilo que Fernandes, alternativamente, chama *"a etapa de implantação* do regime capitalista no Brasil". A análise de tais teses exige que abordemos, preliminarmente, a visão teórica de Florestan Fernandes sobre a revolução burguesa.

A temática da "revolução burguesa" corresponde, em Florestan Fernandes, à temática geral da passagem de uma sociedade qualquer ao capitalismo; passagem essa que se reveste de inúmeros aspectos: econômico, social, político-institucional, ideológico, cultural. O tratamento dado por Fernandes a essa temática se revela insuficiente no que diz respeito, particularmente, a um aspecto preciso: o lugar específico da *revolução política* – isto é, da transformação da estrutura jurídico-política – dentro do processo global de revolução burguesa. A consequência prática desse déficit teórico é a *ausência* do tema teórico da revolução política em *A revolução burguesa no Brasil*. É verdade que, ao longo do livro, Fernandes se refere a processos sociais que poderiam ser classificados pelo leitor como a dimensão especificamente político-institucional da passagem ao capitalismo. Todavia, essas referências não são utilizadas por Fernandes como materiais para a formulação de respostas teóricas incisivas a questões como: Qual é o conteúdo invariante das transformações político-institucionais peculiares ao processo social de passagem ao capitalismo? Que tipo de relação existe entre a transformação político-institucional e a implantação de uma estrutura econômica capitalista? A transformação político-institucional é um *reflexo* dessa transformação do sistema econômico? Ou ela se delineia, inversamente, como uma *condição prévia* da transformação econômica? É necessário apontar, desde logo, essa lacuna no esquema teórico de Fernandes, já que ela explica *em parte* – como procuraremos demonstrar adiante – certas limitações da interpretação sociológica, por ele proposta, do processo de revolução burguesa no Brasil.

Florestan Fernandes define, portanto, a revolução burguesa como o processo global, dotado de múltiplas dimensões, de passagem ao capitalismo. Isso não significa, porém, que o livro contenha uma definição sociológica unívoca da "revolução burguesa". Na verdade, Florestan Fernandes recorre no texto a fórmulas diferenciadas para qualificar o processo de revolução burguesa. Esta é definida sucessivamente como: a) consolidação de uma *economia de mercado*; b) universalização do *trabalho assalariado;* c) expansão da *ordem social competitiva*. Esclareça-se que a proposição dessas fórmulas diversas sobre a revolução burguesa não engendra contradições dentro do esquema teórico de Fernandes, já que o sentido delas pode, na prática, ser conciliado. E Florestan Fernandes promove, efetivamente, essa conciliação, nos seguintes termos: a) a consolidação interna de uma economia de mercado corresponderia à *primeira fase* da revolução burguesa; b) a universalização do trabalho corresponderia à *segunda fase* da revolução burguesa; c) a expansão da ordem social competitiva, como processo social global, desenrolar-se-ia consequentemente em *duas fases:* a da consolidação interna de uma economia de mercado e a da generalização interna do trabalho assalariado.

Vejamos agora mais de perto as características dessas duas fases. Na primeira fase – correspondente à consolidação interna de uma economia de mercado –, a competição seria *limitada*. Mais especificamente, ela estaria confinada à esfera comercial; e não lograria se espraiar para a esfera da produção ou para o mercado de trabalho. A competição tenderia consequentemente a assumir um caráter limitado, inclusive na esfera comercial. É nesse sentido, de resto, que Fernandes afirma que a competição ainda ostenta, no final do período imperial, um caráter *estamental*. Na segunda fase – correspondente à generalização interna do trabalho assalariado –, a competição se tornaria generalizada e descondicionada; ela se alçaria, portanto, à condição de "competição capitalista propriamente dita".

Como se pode notar, não há, a rigor, contradição na proposição simultânea dessas fórmulas diferenciadas, já que elas se referem a momentos diversos do processo de revolução burguesa. Portanto, se alguma crítica se pode fazer ao esquema teórico de Florestan Fernandes, ela não será uma crítica "interna". Tal crítica terá de ser "externa"; vale dizer, terá de questionar o "alcance" desse esquema teórico ou – dito de outro modo – a sua eficácia na análise científica do processo histórico.

Qual crítica "externa" poderia ser fundamentalmente feita ao esquema teórico de Florestan Fernandes? Ela consistiria em chamar a atenção para o fato de que as suas fórmulas sobre a revolução burguesa sugerem a ocorrência, no processo histórico, de uma relação cuja efetividade é altamente contestável. Ou seja, Fernandes sugere de modo desarrazoado a existência de um *elo de continuidade* entre: a) o funcionamento de uma economia de mercado fundada em relações sociais pré-capitalistas; b) a generalização da relação capital-trabalho assalariado, correspondente a relações sociais radicalmente novas. Assim procedendo, Fernandes desconsidera o fato de que uma ruptura qualitativa de natureza político-institucional é absolutamente necessária para que uma economia em processo de crescente mercantilização, porém ainda fundada em relações sociais pré-capitalistas, converta-se em economia propriamente capitalista. Pode-se, portanto, dizer que as fórmulas de Fernandes sobre a revolução burguesa ocultam o fato de que entre as duas fases mencionadas da vida econômica de uma sociedade qualquer se interpõe uma revolução política. Voltamos, desse modo, à nossa primeira observação crítica sobre o esquema teórico de Florestan Fernandes: a revolução política não ocupa, aí, nenhum lugar preciso.

Mas as possibilidades de crítica "externa" ao esquema teórico de Fernandes não se esgotam com a indicação dessa ausência. Esse autor recorre, no trabalho de caracterização sociológica da revolução burguesa, a uma outra fórmula teórica que merece ser analisada à parte. Segundo Fernandes, a revolução burguesa corresponderia à generalização de uma "mentalidade capitalista"; e esta consistiria, nos termos de Weber, numa "mentalidade econômica tipicamente racional com relação a fins". A proposição dessa fórmula denota o empenho de Fernandes em compatibilizar, na caracterização da revolução burguesa, duas problemáticas teóricas distintas: a) a problemática marxista da implantação da relação capital-trabalho assalariado; b) a problemática weberiana da difusão da racionalidade na vida social.

É sempre tentador criticar qualquer proposta de conciliação de problemáticas teóricas distintas pela via da tradicional denúncia ao ecletismo. Esse tipo de denúncia se revela, entretanto, uma operação teórica superficial, caso não resulte de uma indicação precisa dos erros de avaliação histórica suscitados pela prática do ecletismo. É, portanto, nesse outro terreno que a proposta de conciliação teórica, presente em *A revolução burguesa no Brasil*, deve ser criticada. Ou seja, o erro teórico de Florestan Fernandes está em sugerir, erroneamente, que: a) só o comportamento capitalista – ou mesmo o comportamento estritamente voltado para o mercado – é um comportamento racional; b) é necessária uma revolução burguesa para que o comportamento dos membros da classe dominante adquira racionalidade. Uma análise cuidadosa do processo histórico nos revela que também as classes dominantes de sistemas socioeconômicos pré-capitalistas (como o escravismo, o feudalismo ou a comunidade asiática) foram *racionais*. Essa racionalidade se relaciona, evidentemente, com fins distintos do objetivo – tipicamente capitalista – de promover incessantemente a acumulação de capital sob a forma monetária. Tais fins eram simultaneamente "econômicos", "estatutários" e "políticos". Isso, porém, não significa que as ações por eles inspiradas não pudessem: a) ser eficazes (isto é, exprimir uma adequação técnica entre meios e fins; fins esses seguramente muito mais complexos que aqueles perseguidos pelo empresário capitalista); b) conferir regularidade e estabilidade à vida social (isto é, ser *previsíveis* e, portanto, capazes de assegurar o funcionamento regular do sistema socioeconômico vigente).

Exemplifiquemos. Em *A economia política da escravidão*[2], Eugene Genovese mostra que, no século XIX, o comportamento racional das classes dominantes escravistas do Sul estadunidense *não consistia* em tratar o escravizado como mero *custo de produção*. Ou seja, não era racional, para os senhores de escravizados, desfazer-se da mão de obra ociosa com vistas a reduzir os custos globais de produção e a maximizar o seu ganho monetário (como faria um capitalista industrial moderno). A postura escravista racional consistia, isto sim, em valorizar o escravizado como *propriedade* e como *índice fundamental de riqueza social*. Caso o senhor de escravizados adotasse um comportamento racional de tipo capitalista – isto é, caso se desfizesse de escravizados em razão da diminuição de sua necessidade de mão de obra –, ele passaria a ter dificuldade em obter financiamento para seu empreendimento agrícola, já que o sistema creditício girava em torno da propriedade do escravizado e não da propriedade de terras, máquinas etc. Portanto, era inequivocamente racional, para a classe dominante do sistema socioeconômico escravista, adotar um comportamento *anticapitalista;* os senhores de escravizados que não o fizessem tenderiam a se arruinar rapidamente.

Lancemos agora nosso olhar noutra direção; ou seja, para o lado do feudalismo. No seu extraordinário relato sobre Guillaume Maréchal, Georges Duby[3] caracteriza a vida desse cavaleiro normando como a trajetória de um ascendente *self-made man* feudal. Por meio de uma vida de torneios e atividades militares, Guillaume Maréchal chega – a despeito de, no ponto de partida, não ser provido de grandes recursos materiais – à condição de poderoso senhor de domínios, ao título de conde e ao posto de regente do futuro rei Ricardo III da Inglaterra. Ora, o comportamento de Maréchal é absolutamente racional com relação aos objetivos da classe dominante feudal. Em vez de se lançar no comércio ou na usura (o que lhe permitiria, talvez, chegar à condição de conselheiro em algum burgo), Maréchal se lança em atividades guerreiras e militares, socialmente valorizadas pela classe senhorial. E é por essa via que ele chegará ao topo da pirâmide social feudal, acumulando simultaneamente riqueza, prestígio social e influência política.

---

[2] Ver Eugene Genovese, *A economia política da escravidão* (Rio de Janeiro, Pallas, 1976).

[3] Ver Georges Duby, *Guillaume Maréchal ou o melhor cavaleiro do mundo* (2. ed, Rio de Janeiro, Graal, 1988).

Os exemplos históricos aqui evocados talvez tenham contribuído para tornar mais clara a nossa crítica à conciliação – nos termos em que esta é promovida por Florestan Fernandes – de duas problemáticas teóricas distintas. Procuramos indicar que a identificação de "capitalismo" e "racionalidade" conduz a graves erros de avaliação histórica, como o de supor que sistemas socioeconômicos pré-capitalistas (como o escravismo, o feudalismo etc.) possam sobreviver durante muitos séculos (e, inclusive, durar eventualmente mais que o próprio capitalismo) sem que as suas classes dominantes se comportem racionalmente com relação aos fins predominantes nesses sistemas.

As teses de Florestan Fernandes sobre as origens da revolução burguesa no Brasil

Vejamos agora como Florestan Fernandes analisa, em função desse esquema teórico, a revolução burguesa no Brasil. Na análise do processo histórico brasileiro, Fernandes se entrega, de modo simultâneo e não sucessivo, a três tarefas. A primeira delas é a caracterização do período histórico da revolução burguesa no Brasil. A segunda é a definição dos protagonistas históricos da revolução burguesa no Brasil; definição essa que se configura como a especificação dos agentes sociais que teriam desempenhado "papéis estratégicos" nos processos de formação e de desenvolvimento do "capitalismo moderno" no Brasil[4]. A terceira é o delineamento, a partir dos resultados obtidos no curso dessas análises, da especificidade da revolução burguesa no Brasil.

Examinaremos, em primeiro lugar, o modo pelo qual Fernandes cumpre a sua primeira tarefa: a delimitação do período histórico da revolução burguesa no Brasil. Vimos anteriormente que Fernandes concebe a consolidação da economia de mercado como a primeira fase da revolução burguesa. À vista dessa identificação, seria plausível supor que, para Fernandes, a revolução burguesa teria sido deflagrada, no Brasil, já na segunda metade do século XVI. Ou seja: seria razoável concluir que, na perspectiva de Florestan Fernandes, as origens da revolução burguesa no Brasil estariam situadas nos inícios do processo de mercantilização da economia colonial brasileira e de articulação do espaço econômico brasileiro ao mercado mundial (isto é, em meados do século XVI). Esse, entretanto, não é o caminho trilhado pela análise de Fernandes. Esse autor sustenta, na verdade, uma tese alternativa: a de que uma economia de mercado só teria se consolidado no Brasil com a "descolonização

---

[4] Fernandes afirma a esse respeito: "Em toda a parte em que transcorreu, a 'revolução burguesa' sempre foi movida por protagonistas históricos que viveram papéis estratégicos para a formação e o desenvolvimento do capitalismo moderno"; Florestan Fernandes, *A revolução burguesa no Brasil*, cit., p. 103.

de 1822". Fernandes "atenua", portanto, a tese da identidade entre formação do capitalismo e emergência de uma economia de mercado no Brasil; tese essa que, em sua versão mais radical, declara estar o capitalismo já implantado no país a partir da emergência da economia açucareira nordestina (século XVI). Para fixar a "descolonização de 1822" como marco inicial da revolução burguesa no Brasil, Fernandes dispõe de um argumento que em nada é incongruente com o seu esquema teórico geral: somente a partir do processo de descolonização os agentes comerciais seriam efetivamente internalizados na sociedade brasileira. Tal processo teria, portanto, convertido a "economia de feitoria", subsistente até o fim do período colonial, numa verdadeira *economia de mercado nacional*. O funcionamento dessa economia implicaria, numa primeira fase, a racionalização das práticas comerciais; racionalização essa que seria apenas *relativa*, dada a vigência, ao longo do período imperial, de privilégios estamentais. Nessa mesma fase, o trabalho livre seria progressivamente introduzido, sem que, no entanto, se chegasse à generalização do trabalho assalariado; prevaleceria aí, portanto, a coexistência do trabalho escravo e do trabalho livre, sem prejuízo para a concorrência entre ambos. A economia de mercado nacional entraria em sua segunda fase com a Abolição da escravidão e a subsequente deflagração do processo de industrialização, cujos frutos históricos seriam: a) a universalização do trabalho assalariado; b) o domínio da indústria sobre a agricultura; c) a consolidação, na segunda metade do século XX, de um poder propriamente burguês.

Vejamos, em segundo lugar, quais são, para Florestan Fernandes, os protagonistas históricos da revolução burguesa no Brasil. Como tal processo social se decompõe, segundo Fernandes, em duas grandes fases, torna-se necessário descobrir o protagonista fundamental de cada uma dessas duas fases. O princípio de análise a ser seguido nessa busca é: "Em regra, tais personagens [isto é, os protagonistas históricos de qualquer revolução burguesa] pertencem a certas *camadas sociais simétricas* e tendem a preencher *funções homólogas* na ruptura com o passado e na criação das novas estruturas econômicas"[5].

Orientando-se por esse princípio, Florestan Fernandes chega à definição do protagonista histórico da primeira fase da revolução burguesa no Brasil. Esse protagonista é aquela parte da aristocracia agrária que exerce cumulativamente atividades agrícolas e atividades comerciais de exportação; ou, numa fórmula sintética, o "fazendeiro-homem de negócios", cujo hábitat típico é a economia cafeeira paulista de meados do século XIX. Esse grupo social desempenha, segundo Fernandes, um papel revolucionário, na medida em que: a) vai adotando um comportamento econômico inspirado por motivações puramente econômicas; b) vai convertendo o antigo domínio senhorial numa plantação moderna de caráter mercantil; c) vai introduzindo o trabalho livre em ritmo progressivo, o que o leva afinal a promover

---

[5] Florestan Fernandes, *A revolução burguesa no Brasil*, cit., p. 103.

a própria Abolição da escravidão. É, portanto, nesse segmento da aristocracia agrária – os fazendeiros de café envolvidos nos negócios de exportação – que vai se desenvolver, durante o período imperial, uma "mentalidade econômica tipicamente racional com relação a fins".

É importante sublinhar que Florestan Fernandes é taxativo quanto à *centralidade* desse personagem histórico na primeira fase da revolução burguesa no Brasil; fase essa que começa com a internalização dos agentes comerciais na sociedade brasileira, mas *culmina* – note-se bem – com a Abolição da escravidão. Para esse autor, foi a aristocracia agrária – e não o escravizado, o liberto ou o homem livre dependente – o agente coletivo da desagregação-destruição da ordem escravocrata e senhorial.

Já o protagonista histórico da segunda fase da revolução burguesa no Brasil é outro: trata-se do *imigrante*. Nas palavras de Fernandes: "O imigrante é o herói da industrialização, a segunda transformação estrutural que tornou a revolução burguesa uma realidade histórica no Brasil"[6]. Esse personagem histórico se torna revolucionário porque assume papéis econômicos desprezados pelas elites senhoriais: a) a prática do comércio voltado para o mercado interno; b) a implantação de indústrias. Nesse sentido, o imigrante é, segundo Fernandes, um personagem histórico similar ao *judeu* descrito por Sombart, isto é, um personagem voltado exclusivamente para a acumulação monetária, e não mais para a aquisição de *status* na ordem vigente.

O grau de racionalidade desse segundo personagem histórico (o imigrante) é, portanto, para Florestan Fernandes, nitidamente superior ao do primeiro personagem histórico (a aristocracia agrária dedicada às atividades mercantis). Esse autor ressalva que a racionalidade presente no comportamento do imigrante ainda não passa de uma "racionalidade adaptativa". Vale dizer, o comportamento do imigrante assimila e incorpora as "condições arcaicas do meio", em vez de se confrontar com elas em nome da racionalidade plena. Tal comportamento ainda não exprime, portanto, a "racionalidade ideal", correspondente ao "espírito plenamente capitalista". Essa limitação não impede, porém, que a ação econômica do imigrante tenha um caráter revolucionário: "Não obstante [a sua racionalidade adaptativa e o seu individualismo], o imigrante seria o nosso tipo humano que encarnaria de modo mais completo a concretização interna da *mentalidade capitalista*, e iria desempenhar os principais papéis econômicos que estruturaram e dinamizaram a evolução do capitalismo no Brasil"[7].

Esclareça-se que Florestan Fernandes, ao caracterizar o "imigrante" como força revolucionária, tem em mente um personagem social específico, e não qualquer indivíduo portador dessa condição institucional. Mais especificamente: o "imigrante" de Fernandes não é o *estrangeiro* que fracassa na sua luta pela ascensão social; isto é, o colono, o operário, o assalariado urbano. Não há lugar para esses outros

---

[6] Ibidem, p. 133.
[7] Ibidem, p. 139.

personagens na revolução burguesa, já que o seu comportamento, quando consciente, não é construtivo, e sim destrutivo com relação à ordem social capitalista. Em suma: o estrangeiro integrado às classes populares adere sistematicamente a tendências ideológicas anticapitalistas, como o anarquismo, o socialismo e o comunismo; não pode, portanto, desempenhar um papel estratégico dentro da revolução burguesa no Brasil. Na verdade, o "imigrante" revolucionário de Florestan Fernandes é somente aquele estrangeiro que se *aburguesou*, por ter logrado êxito em sua empreitada de acumulação de capital.

Uma vez revelados quais são, para Florestan Fernandes, os protagonistas históricos da revolução burguesa no Brasil, pode-se finalmente entender o que esse autor queria dizer quando sustentou que os protagonistas de um processo social dessa natureza: a) pertencem sempre a camadas sociais simétricas; b) preenchem funções homólogas nos processos destrutivo e construtivo. Analisando a revolução burguesa no Brasil, Fernandes chama a atenção para o fato – teoricamente significativo – de que, tanto na sua primeira quanto na sua segunda fase, o protagonista histórico desse processo social é invariavelmente um setor social que se *aburguesa*: os fazendeiros de café no primeiro caso, os imigrantes no segundo. A análise histórica empreendida por Fernandes expressa na verdade o ponto de vista teórico segundo o qual é sempre a *burguesia* a protagonista histórica da revolução burguesa. E o exame do caso brasileiro propicia a Fernandes a oportunidade de ilustrar esse esquema teórico: são dois setores sociais em processo de aburguesamento que preenchem sucessivamente o papel de destruir a velha ordem, senhorial e escravocrata, e o papel de construir uma economia capitalista.

Uma revolução sem massas

Impõe-se, antes mesmo que abordemos o modo pelo qual Florestan Fernandes cumpre a sua terceira tarefa (caracterização da especificidade da revolução burguesa no Brasil), fazer a crítica dos resultados a que esse autor chegou na realização das duas primeiras tarefas (caracterização do período histórico da revolução burguesa no Brasil, definição dos seus protagonistas históricos). Essa crítica resulta, nos seus aspectos mais gerais, dos nossos reparos – já explicitados anteriormente – ao esquema teórico de Fernandes; e, mais especificamente, à visão de Fernandes sobre a *dinâmica* da revolução burguesa. Tal crítica pode ser formalmente desdobrada em duas, na medida em que é analiticamente possível distinguir duas tarefas dentro do trabalho interpretativo de Fernandes.

O primeiro aspecto de nossa crítica se refere à caracterização do período histórico – decomposto em duas fases – da revolução burguesa no Brasil. Fernandes não leva em conta o fato de que, entre essas duas fases, ocorre uma *ruptura qualitativa*.

Essa ruptura descaracteriza a existência de um *processo puramente evolutivo* que relacionaria uma fase à outra. Tal ruptura corresponde à *revolução política antiescravista*, que transforma a "natureza de classe" do direito e do aparelho de Estado, e instaura as condições políticas e ideológicas indispensáveis à implantação de uma economia capitalista no Brasil[8].

O segundo aspecto de nossa crítica se refere à caracterização dos protagonistas históricos da revolução burguesa no Brasil, mas se relaciona diretamente com a crítica anterior, na qual voltamos a apontar a lacuna do esquema teórico de Fernandes. Mais precisamente: se esse autor define o "fazendeiro-homem de negócios" e o "imigrante" bem-sucedido como os protagonistas históricos *centrais* da revolução burguesa no Brasil, ele o faz justamente pelo fato de não fixar a revolução política antiescravista como o momento fundamental da revolução burguesa e como o ponto de partida para a implantação do capitalismo no país. Nenhum estudioso negará que o fazendeiro-homem de negócios da área cafeeira tenha promovido a expansão do comércio de exportação, pelo menos desde a década de 1840. Mas esse impulso mercantil não redundou em oposição ao sistema de trabalho escravo; atesta-o o fato de que a lavoura cafeeira paulista se converteu, em meados do século XIX, numa grande importadora de escravizados oriundos de outras províncias brasileiras. E, se os cafeicultores paulistas passam a recorrer, em plena vigência do sistema de trabalho escravo, à mão de obra estrangeira, nem por isso eles se convertem em inimigos da escravidão. Recorrer ao trabalho do colono (imigrante) não implica, necessariamente, proscrever o trabalho escravo. Além disso, o escravizado não é, para o fazendeiro de café, apenas um "fator de produção". Ele representa também um título de propriedade; e configura-se, assim, como o instrumento mais eficaz, no quadro de uma sociedade escravista, para a obtenção de empréstimos – concedidos pelo capital bancário e comercial – indispensáveis ao financiamento da produção agrícola. Por essas duas razões – o caráter "híbrido" do sistema de trabalho na área cafeeira paulista e a dependência do cafeicultor com relação a um sistema financeiro visceralmente escravista –, os fazendeiros de café não podem se opor à ordem escravista; nem, consequentemente, dirigir a luta pela abolição da escravidão. Isso significa que o seu comportamento econômico progressista não deságua numa postura política revolucionária. Conceda-se que os cafeicultores paulistas promovem a "reforma" do sistema escravista, ao agenciarem a coexistência de duas formas de trabalho distintas (escravidão e colonato). Mas esse reformismo econômico não os conduz – muito pelo contrário – à deflagração da revolução política antiescravista. Não são os cafeicultores o grupo social que dirige a

---

[8] Abordamos em detalhe a revolução política antiescravista de 1888-1891, bem como o seu lugar na transição para o capitalismo no Brasil, em nosso livro *A formação do Estado burguês no Brasil (1888-1891)* (Rio de Janeiro, Paz e Terra, 1985). Remetemos o leitor interessado no tema à argumentação apresentada nessa obra.

luta abolicionista e a luta republicana, ambas voltadas para a destruição da estrutura jurídico-política escravista. Se essa operação destrutiva – a revolução política antiescravista – constitui o ponto de partida para a implantação do capitalismo no país (já que instaura a liberdade de trabalho sem a qual são impossíveis a difusão do trabalho assalariado e a implantação da grande indústria moderna), não se pode afirmar que os cafeicultores – que não dirigem o processo, mas são "arrastados" por ele – terão desempenhado um *papel central* no processo global da revolução burguesa. Entenda-se, porém, que negar essa qualidade aos cafeicultores não equivale a sustentar que tenham estado absolutamente *ausentes* no curso da revolução política antiescravista. Os fazendeiros de café procuraram encontrar seu lugar no curso de uma revolução política antiescravista que já tinha sido deflagrada por outras forças sociais. É o que nos indica a sua intervenção – tardia, porém altamente organizada – no derradeiro episódio da revolução política antiescravista: a Assembleia Constituinte de 1891. O caráter tardio – e, não obstante, efetivo – dessa intervenção exprime o desígnio conservador da cafeicultura paulista, isto é, o seu intento de se *adaptar* à revolução política antiescravista em curso, a fim de impedir que esse processo desaguasse numa *revolução agrária* (liquidação do latifúndio, difusão da pequena propriedade rural).

Quando se reconhece a destruição da estrutura jurídico-política escravista como o momento fundamental da revolução burguesa no Brasil, também não se pode atribuir ao burguês-imigrante um *papel central* no processo global da revolução burguesa. Esse segmento social não pode dirigir a revolução política antiescravista, porque ele é, antes de tudo, um subproduto desse processo. A abolição da escravidão instaurou a liberdade de trabalho na economia urbana e viabilizou desse modo a constituição de um mercado de trabalho nas cidades, a difusão urbana do trabalho assalariado e a implantação da grande indústria moderna. O industrial do Império foi acima de tudo – veja-se o caso de Mauá – um personagem trágico, porque inserido em condições históricas adversas; vale dizer, cercado por mecanismos econômicos e político-institucionais de natureza anticapitalista. Os proprietários de manufaturas (empregadoras de mão de obra escrava ou "livre") do período imperial não lograram, nessas condições, manifestar-se como grupo social específico e autônomo. Além disso, não puderam promover, dadas as condições econômicas e político-institucionais vigentes no Império, a sua própria transformação em proprietários de grandes indústrias modernas.

As nossas observações críticas anteriores tendem a suscitar no leitor a seguinte pergunta: se a "burguesia", em qualquer das suas variantes, não desempenha o papel central dentro da revolução burguesa no Brasil, quem é então o protagonista histórico fundamental desse processo? A nossa resposta a essa questão já foi dada alhures[9].

---

[9] Ver Décio Saes, *A formação do Estado burguês no Brasil*, cit., 1985, especialmente o capítulo III, item 2.B ("A posição das classes populares no processo de transformação burguesa no Estado brasileiro"), p. 267-337.

Aqui, apenas reapresentaremos de modo sintético os nossos argumentos. São *duas classes trabalhadoras distintas* – os escravizados rurais e a classe média urbana – os protagonistas fundamentais da revolução burguesa no Brasil. E essas duas classes sociais ocupam essa posição pelo fato de se constituírem nos agentes centrais do momento fundamental da revolução burguesa no Brasil: a revolução política antiescravista que, por meio da Abolição (1888) e da derrubada das instituições políticas imperiais (1889-1891), destrói o direito e o aparelho de Estado escravistas, bem como implanta – no plano nacional – uma estrutura jurídico-política burguesa. A massa escrava rural se rebela, por meio das fugas e da constituição de quilombos, contra o sistema de trabalho compulsório, levando a ordem social escravista ao colapso. Configura-se como a *força principal* da revolução política antiescravista, na medida em que, sem a sua ação violenta, seria impossível curvar as classes dominantes escravistas e a burocracia imperial; vale dizer, seria impossível destruir o conjunto das instituições escravistas. A classe média urbana – ou, mais precisamente, aquela parte dessa classe social que não se acomoda ao "favor" das classes dominantes – *é conquistada, durante* o período imperial, pelos ideais cosmopolitas da meritocracia e da cidadania. Tais ideais se harmonizam com a sua aspiração à valorização social do trabalho não manual, degradado – como *todo* trabalho – na ordem social escravista. Em razão desses ideais e dessa aspiração, a classe média urbana passa à luta contra as instituições jurídicas e políticas escravistas, que bloqueiam a concretização da condição de cidadania e a difusão social do princípio da meritocracia. Essa classe social age como a *força dirigente* da revolução política antiescravista, na medida em que orienta a revolta dos escravizados rurais para objetivos que extrapolam as aspirações da massa escrava: a implantação de um novo direito e a construção de um novo aparelho de Estado, ambos fundados no princípio da igualdade entre todos os homens.

O INTELECTUAL SOCIALISTA E A ESPECIFICIDADE DA REVOLUÇÃO BURGUESA NO BRASIL

Ao apontarmos a participação das massas – escravizados rurais politicamente dirigidos pela classe média urbana – na desagregação da ordem social escravista, não estamos sendo originais. O papel central da rebelião escrava nesse processo é indicado, entre outros, por autores como Clóvis Moura, Suely Robles Reis de Queiroz e Robert Conrad. E, se esses e outros autores puderam apreender a dimensão histórica da ação de massa sob o Império, é porque lograram se desembaraçar dos preconceitos acadêmicos que compelem muitos pesquisadores a relacionar toda transformação social e política, ocorrida desde meados do século XIX, com uma suposta vocação "racional" e "progressista" dos cafeicultores paulistas. Quando se leva em conta a existência dessa linha de interpretação, valorizadora da participação das massas no processo histórico e distanciada de qualquer empreitada de conversão da apologia dos cafeicultores paulistas em discurso acadêmico, se é obrigado a questionar o intelectual socialista Florestan Fernandes. Como pôde Fernandes, um pesquisador e intelectual comprometido até a sua morte com o programa socialista, ser pouco sensível, na análise do processo histórico brasileiro, à presença política das massas? Ao procurarmos responder a essa questão, nossa primeira inclinação poderia ser a operação de inserir o cientista social Florestan Fernandes no "clima social" em que foram construídas importantes instituições culturais paulistas, como a USP, o Masp, a Bienal de São Paulo etc. Esse clima era de aliança – e mesmo de confraternização – entre a antiga "aristocracia" paulista e os burgueses-imigrantes da indústria, agora como forças sociais exercendo em condomínio a direção da sociedade capitalista de *São Paulo. Nesse* "clima social" – dentro do qual se desenvolveria a USP –, era plausível a emergência de uma interpretação do processo histórico brasileiro que alçasse a aristocracia agrária aburguesada e o imigrante bem-sucedido à condição de protagonistas históricos fundamentais da revolução burguesa no Brasil; e, mais do que isso, à condição de "agentes da racionalidade" dentro da sociedade brasileira. Poder-se-ia, portanto, admitir em princípio a hipótese de o Florestan Fernandes de *A revolução burguesa no Brasil* estar envolvido ideologicamente nesse clima.

Todavia, uma leitura atenta dessa obra revela que a análise sociológica de Florestan Fernandes, mais que traduzir a confraternização dos diversos segmentos da classe dominante paulista, exprime o desencanto do intelectual socialista com as *limitações* do processo de revolução burguesa num país *periférico e dependente* como o Brasil. Tais limitações se evidenciam quando Fernandes se dedica ao cumprimento, na análise do processo histórico brasileiro, de uma terceira tarefa, já mencionada no início desta exposição: apontar a especificidade da revolução burguesa no Brasil.

Em que consistiria essa especificidade? Como já vimos anteriormente, o processo de revolução burguesa teria sido conduzido, no Brasil, por uma aristocracia agrária com resíduos de mentalidade estamental, bem como por imigrantes cuja racionalidade econômica teria um caráter meramente "adaptativo". À vista disso, a revolução burguesa não poderia ter se revestido, no Brasil, de um caráter "nacional" e "democrático".

A revolução burguesa se apresenta, portanto, no Brasil, como uma "revolução dentro da ordem". Ela abole a escravidão, mas deixa intocado o "problema" do negro, resolvendo apenas o "problema" do branco. Ela não se desdobra numa revolução agrária, capaz de promover a repartição do latifúndio. Ela difunde o trabalho assalariado, mas preserva o patriarcalismo nas relações de trabalho. Enfim, ela bloqueia a irrupção das massas no cenário político da sociedade capitalista. Além do mais, essa revolução não rompe as relações de dependência que a economia brasileira mantém com os centros do capitalismo mundial; e se mostra incapaz de criar, ao contrário do que ocorreu nos Estados Unidos, as bases de um desenvolvimento capitalista autossustentado. Evidencia-se aqui o dilema político-científico de Florestan Fernandes: se é essa a especificidade da revolução burguesa no Brasil – isto é, se ela se delineia aqui como um processo histórico de alcance social tão *limitado* –, como admitir que as massas teriam dela ativamente participado? Afirmá-lo não implicaria ter de reconhecer, com pesar, que o êxito político das massas na luta contra a ordem senhorial e escravocrata não teria passado de uma "vitória de Pirro"?

Impõe-se, portanto, apontar o dilema político-científico do socialista Florestan Fernandes. Todavia, fazê-lo não equivale a "justificar" a sua interpretação do processo histórico brasileiro. É verdade que as massas participantes da revolução política antiescravista não desencadearam simultaneamente uma revolução nacional, democrática e agrária, cuja eclosão teria conferido ao nascente capitalismo brasileiro uma feição distinta. Mas se deve avaliar as massas brasileiras, principalmente, por aquilo que elas efetivamente fizeram. E a sua grande obra histórica é a criação das bases jurídico-políticas para a implantação – de resto, em *ritmo acelerado* – do capitalismo no país. Para aqueles que acreditam que a implantação do capitalismo – no Brasil e em outras partes no mundo – representou a passagem a uma etapa superior da evolução social, a avaliação da ação revolucionária das massas brasileiras no final do século XIX só pode ser positiva. E essa avaliação deve se manter, mesmo quando levamos em conta as "limitações" – vale dizer, o cortejo humanamente intolerável de misérias – peculiares ao atual capitalismo brasileiro.

A EVOLUÇÃO DO ESTADO NO BRASIL
(UMA INTERPRETAÇÃO MARXISTA)

Algumas concepções sobre a evolução do Estado no Brasil

O objetivo deste texto é realizar um trabalho de síntese, ao propor um esquema marxista de interpretação global da evolução do Estado no Brasil. Tal trabalho deve naturalmente começar pela evocação de outras concepções sobre esse processo. Essa evocação nos permitirá o estabelecimento de um contraste teórico claro entre os dois campos: o da teoria política marxista e o da teoria política não marxista. O procedimento metodológico de explicitação de contrastes teóricos é particularmente importante para os pesquisadores marxistas que se inserem no contexto intelectual brasileiro. E isso porque, no momento atual, as ciências sociais no Brasil tendem fortemente à prática do ecletismo teórico (algo distinto da incorporação crítica de elementos teóricos externos num esquema teórico bem definido), o que leva a resultados negativos no plano analítico.

Mas com o que se deve contrastar a interpretação marxista da evolução do Estado no Brasil? Simplificando um pouco o quadro de interpretações disponíveis, pode-se dizer que, no século XX, se estabeleceram *pelo menos* duas grandes concepções de caráter não marxista sobre a evolução do Estado no Brasil. A primeira delas se caracteriza pela defesa da tese segundo a qual tem ocorrido, ao longo da evolução histórica do Brasil, "a preponderância do poder privado sobre o Estado". Essa tese, como se sabe, é defendida por Nestor Duarte no seu magnífico ensaio de 1939, *A ordem privada e a organização política nacional*. Duarte, assim como todos aqueles que o seguem, parece estabelecer uma relação de soma zero entre a sociedade (aqui, representada pelo poder privado) e o Estado: toda força conquistada por um desses termos representa necessariamente o enfraquecimento do outro. Noutras palavras: se o Estado é fraco no Brasil, da Colônia até o Estado Novo, isso se dá porque o poder privado – representado pelo poder da autoridade familiar e da autoridade religiosa – é forte. É interessante observar que, para Duarte, até mesmo a ditadura do Estado

Novo permanece um Estado fraco; e é justamente para remediar essa fraqueza que o novo grupo dirigente instaura – recorrendo a um falso remédio – um governo forte e de caráter pessoal. O autor adverte que os atos de força desse governo autocrático só tocam a superfície da vida social e não são suficientes para descaracterizar a ausência de controle estatal sobre a vida social no seu conjunto, isto é, para desqualificar a fraqueza do Estado brasileiro.

A segunda grande concepção não marxista sobre a evolução do Estado no Brasil se caracteriza pela defesa da tese de que um Estado patrimonial teria estado presente ao longo de toda a evolução histórica do Brasil. Esse tipo de Estado se caracterizaria pela "privatização" dos cargos públicos; isto é, pela redução desses cargos à condição de instrumentos de um grupo de homens na busca de vantagens materiais ou políticas (como o exercício do próprio poder). Ele teria estado presente, no Brasil, da Colônia até a República. As instituições republicanas poderiam lhe propiciar uma aparência moderna; mas essa aparência jamais chegaria a descaracterizar a essência patrimonialista do Estado brasileiro. Essa hipótese – a da presença reiterada de um Estado patrimonial na vida social brasileira – é sustentada por vários autores. O que varia de uma versão para outra é o modo pelo qual se caracteriza a relação entre o Estado patrimonial e a sociedade brasileira. Um dos pioneiros dessa interpretação – Raymundo Faoro – sugere no seu ensaio *Os donos do poder*, de 1958, que o Estado patrimonial domina a sociedade brasileira, em vez de servi-la e de corresponder às suas exigências. No capítulo final, "A viagem redonda: do patrimonialismo ao estamento", Faoro diz textualmente: "Sobre a sociedade, acima das classes, o aparelhamento político – uma camada social, comunitária embora nem sempre articulada, amorfa muitas vezes – impera, rege e governa, em nome próprio, num círculo impermeável de comando"[1]. Já um discípulo de Faoro – Simon Schwartzman – encara de outro modo, no seu livro *São Paulo e o Estado nacional*, de 1975, a relação entre o Estado patrimonial e a sociedade brasileira. Analisando o Brasil republicano, Schwartzman detecta uma contradição entre a persistência do Estado patrimonial e a emergência do capitalismo; contradição essa que se exprime institucionalmente como diferença entre as políticas de cooptação (típica do patrimonialismo) e de representação de interesses (típica do capitalismo). Essa contradição, entretanto, é "sufocada", não obstante o desenvolvimento do capitalismo no Brasil. Ela não "explode": ou seja, ela não leva – pelo menos no curto ou no médio prazo – à destruição do Estado patrimonial e à formação de um Estado moderno, fundado na representação de interesses. E a razão desse "sufocamento" é o fato de que, no Brasil republicano, o patrimonialismo político se articula, segundo Schwartzman, à dependência econômica, configurando-se desse modo uma "dependência patrimonial". Mais

---

[1] Raymundo Faoro, *Os donos do poder: formação do patronato político brasileiro* (3 ed., São Paulo, Globo, 2001), p. 824.

concretamente: o Estado patrimonial pode, segundo esse autor, praticar em ampla escala a cooptação e limitar desse modo as oportunidades de organização política de grupos sociais dotados de base produtiva própria (inviabilizando assim a política de representação de interesses), pelo fato de estar apoiado por interesses econômicos estrangeiros. Nessa perspectiva, o aspecto determinante do patrimonialismo político brasileiro seria a *dependência externa* do poder patrimonial; vale dizer, a sua subordinação aos centros da economia mundial. Schwartzman sugere finalmente que, não obstante o apoio dos interesses econômicos externos à patrimonialização da política no Brasil, a contradição entre a irracionalidade do Estado patrimonial e a racionalidade capitalista terá de ser superada num futuro próximo. Ou seja: as forças do capitalismo – representadas politicamente pelo estado de São Paulo – tenderão a colocar em xeque o poder patrimonial e as suas políticas. Um último exemplo de defesa da tese do Estado patrimonial merece ser apresentado, pela razão especial de o seu proponente – José de Souza Martins, da USP – ter sido, numa fase anterior, bastante influenciado pela teoria social marxista. Em *O poder do atraso – ensaios de sociologia da história lenta*, de 1994, Souza Martins defende a tese segundo a qual a Proclamação da República não teria sido suficiente para eliminar o caráter patrimonialista da dominação política no Brasil; essa dominação, porém, teria assumido desde então um revestimento moderno: uma fachada burocrático-racional-legal. E conclui Martins que não haveria propriamente contradição entre a essência patrimonialista da dominação política e a aparência racional-legal do Estado. A esse respeito, diz o autor: "Isto é, a dominação patrimonial não se constitui, na tradição brasileira, em forma antagônica do poder político em relação à dominação racional-legal. Ao contrário, nutre-se dela e a contamina"[2]. Mas como Martins encara a relação entre Estado patrimonial e sociedade capitalista (pois, a seu ver, esse é o caráter da sociedade brasileira no século XX)? Numa passagem do texto, Martins sugere que o Estado brasileiro promove a coexistência contraditória não só de concepções como também de interesses tradicionais e modernos. Todavia, a tese predominante no ensaio dedicado a essa questão ("Clientelismo e corrupção no Brasil contemporâneo") é a de que a sociedade capitalista brasileira se ajusta ao Estado patrimonial, aceitando a prática patrimonialista do clientelismo político e se acomodando a práticas que numa ótica racional-legal seriam definidas como "corrupção". Diferentemente de Schwartzman, que parece apostar numa superação dialética do patrimonialismo por obra do capitalismo, Martins não visualiza nenhuma saída histórica precisa para esse círculo infernal envolvendo patrimonialismo e capitalismo no Brasil atual. Falando das "(...) contradições que apontam na direção de uma certa tendência e de uma certa ansiedade política por um Estado moderno e baseado na dominação racional-legal,

---

[2] José de Souza Martins, *O poder do atraso: ensaios de sociologia da história lenta* (São Paulo, Hucitec, 1994), p. 20.

como a concebia Max Weber (...)", Martins adverte que essa tendência está "(...) ao mesmo tempo solidamente baseada em concepções morais de tipo tradicional"³. E, ao discorrer sobre a emergência de aspirações democráticas de massa nos anos 1980, Martins delimita a verdadeira natureza dessa inclinação política: "É possível que a manifestação política através do voto dê força e peso a uma maioria eleitoral que tem ainda uma relação tradicional com o voto e seus efeitos políticos: uma maioria alienada, que não vê nas consequências do voto a definição dos destinos do país e, portanto, também de quem vota. Uma maioria que ainda pensa o comportamento eleitoral em termos de obrigações morais da sociedade tradicional".

UM ESQUEMA TEÓRICO ALTERNATIVO DE INTERPRETAÇÃO DA EVOLUÇÃO DO ESTADO NO BRASIL

As concepções que acabamos de expor – tanto a que sustenta a ideia da preponderância do poder privado sobre o Estado no Brasil como a que supõe a existência de um Estado patrimonial no Brasil – têm algo em comum no plano teórico. A saber: ambas admitem implicitamente que o Estado, como instituição específica, pode subsistir numa sociedade qualquer, mesmo no caso de ele não desempenhar algum papel na conservação/reprodução desse tipo histórico de sociedade. Para os defensores dessas concepções, o Estado pode subsistir, numa sociedade qualquer, seja como uma instituição "paralela", sem raízes na vida social, seja como uma instituição que atua contra a vida social, ostentando desse modo um caráter sufocante e destrutivo; e até mesmo como uma falsa instituição (isto é, uma ilusão de caráter jurídico).

Ora, as análises marxistas dos Estados concretos têm um outro fundamento teórico: a hipótese de que, nas sociedades de classes, o Estado tem sempre uma função social precisa a cumprir. Qual é essa função social? É a função de assegurar a coesão da sociedade de classes vigente, mantendo sob controle o conflito entre as classes sociais antagônicas e impedindo dessa forma que tal conflito desague na destruição desse modelo de sociedade. Ora, se o Estado pode desempenhar mais eficazmente que outras instituições essa função social, é porque ele se configura como uma instituição especial, precipuamente voltada para a defesa e a preservação da comunidade, seja essa comunidade definida em termos restritos (como nos modos de produção pré-capitalistas), seja ela definida em termos universalistas (como no modo de produção capitalista). O Estado é, portanto, uma instituição específica, que desempenha uma função social precisa. Ou, dito de um modo mais correto, o Estado é uma instituição que desempenha de um modo específico uma função social que poderia ser também preenchida por outras instituições sociais (como a família, a Igreja, os partidos

---

[3] José de Souza Martins, *O poder do atraso,* cit, p. 46-7.

políticos conservadores etc.). Como surgiram ao longo da história diferentes tipos de sociedade de classes (escravista, asiática, feudal, capitalista), em cada um deles o Estado assume uma configuração institucional particular e desempenha de um modo também particular a sua função social permanente. É nesse sentido que o marxismo fala dos Estados escravista, despótico, feudal e capitalista ou burguês.

Mas o que significa exatamente, para a teoria política marxista, captar a especificidade institucional e funcional de cada tipo histórico de Estado? Até os anos 1960, a tendência dominante no marxismo era caracterizar essa especificidade por meio da identificação da peculiar "natureza de classe" de cada um desses tipos históricos de Estado. Ou seja: em cada um deles, o poder de Estado seria exercido por uma classe proprietária/exploradora diferente: os senhores de escravizados; os funcionários e sacerdotes detentores do controle de toda a terra, declarada propriedade estatal; os senhores feudais; os capitalistas. Com a corrente althusseriana, emergente nos anos 1960, a pesquisa marxista sobre a especificidade de cada tipo histórico de Estado assume um novo rumo, sem desconsiderar evidentemente a importância, para a análise política, da identificação da classe proprietária/exploradora que exerce o poder de Estado. Para essa corrente teórica – representada no terreno da ciência política por Nicos Poulantzas –, a tarefa fundamental na análise do Estado seria a caracterização da *estrutura* subjacente à instituição estatal em cada tipo histórico de sociedade, bem como dos *efeitos* produzidos sobre os agentes por essa estrutura (ou a *função* a que corresponderia essa estrutura). Tal estrutura – nomeada "jurídico-política" pelos althusserianos – consistiria num conjunto de valores, suscetível de ser analiticamente decomposto em dois segmentos: de um lado, os valores que regulam e enquadram, de modo durável, as práticas econômicas e as relações sociais por elas condicionadas (como as familiares); de outro lado, os valores que inspiram, de modo também durável, a própria atividade e a organização interna dos agentes funcionais encarregados de regular e enquadrar as relações econômicas e sociais. Os valores do primeiro segmento seriam os valores jurídicos, isto é, os valores contidos no direito aplicado às relações econômicas e sociais pelo aparelho de Estado. Os valores do segundo segmento seriam aqueles imperantes na organização interna do aparelho de Estado. Esse conjunto de valores – sejam os do primeiro tipo, sejam os do segundo tipo – produziria efeitos ideológicos sobre os agentes econômicos e os agentes estatais, estabelecendo assim *limites* para a orientação ideológica das práticas de uns e de outros. É desse modo – ou seja, produzindo efeitos ideológicos sobre os agentes econômicos e os agentes estatais – que a estrutura jurídico-política desempenharia a função de manter a coesão de um tipo histórico qualquer de sociedade de classes.

Como um pesquisador equipado de tais conceitos analisaria a evolução do Estado no Brasil? Conforme sugerimos anteriormente, ele não se limitaria a buscar a "natureza de classe" do Estado brasileiro ao longo de sua história: isto é, a esclarecer qual classe proprietária/exploradora estaria exercendo o poder de Estado em cada período histórico. Ele não chegaria, portanto, à interpretação simples da evolução do Estado no Brasil que encontramos pelo menos sugerida em textos clássicos do marxismo brasileiro: a) um Estado de senhores de escravizados de meados do século XVI até 1888-1891; b) um Estado de senhores de terras ou latifundiários da Proclamação da República até a Revolução de 1930; c) um Estado dos capitalistas de 1930 até hoje. Mas é mais interessante destacar aqui que esse pesquisador também não se inclinaria por uma outra variante de interpretação marxista da evolução do Estado no Brasil, sugerida pelos trabalhos recentes de história econômica que seguem a matriz interpretativa instaurada por Caio Prado Jr. Para os autores dessa corrente, a economia colonial brasileira é capitalista porque: a) ela produz para a troca: é uma economia mercantil; b) e mais ainda: acha-se integrada de modo subordinado a uma economia que, por meio de políticas mercantilistas, dá início a um processo de acumulação de capital que já se configura, mesmo em sua fase pré-industrial, como um elemento essencial da transição para o capitalismo. Os pesquisadores que se colocam nessa perspectiva poderiam concluir que o aparelho de Estado implantado no Brasil Colônia (isto é, governo central + câmaras municipais), ao orientar a economia colonial para a troca e ao favorecer a transferência de um excedente econômico para a metrópole, já se configuraria como um Estado capitalista. Essa é, esclareça-se, uma possibilidade teórica contida nos textos recentes da escola de Caio Prado Jr.; mas ela se concretiza explicitamente pelo menos num texto do cientista político Ruy Mauro Marini. No artigo "El Estado en América Latina", Marini, analisando o Estado brasileiro num período posterior (o Império), desenvolve um raciocínio análogo ao que acabamos de apresentar. Para esse autor, no Brasil imperial, a despeito de as relações de produção serem escravistas, o "modelo de dominação" e as "formas políticas" seriam burguesas; não haveria aí, entretanto, contradição entre a vigência do escravismo e a presença de formas políticas burguesas. Na verdade, o papel do Estado imperial seria justamente o de *mediador* entre a economia escravista periférica e o mercado mundial. Assim sendo, o Estado imperial já preencheria, a despeito de sua base de classe escravista, uma função econômica capitalista.

Já o pesquisador orientado por uma teoria política marxista de corte althusseriano seguiria um outro rumo. A saber: ele não conferiria um peso decisivo ao compromisso do aparelho de Estado na Colônia e no Império com as atividades mercantis, na investigação sobre a sua filiação a um tipo histórico determinado de Estado. Em vez disso, ele procuraria descobrir a natureza da estrutura subjacente ao aparelho estatal da Colônia e do Império, bem como caracterizar os efeitos ideológicos produzidos por essa estrutura sobre os agentes econômicos e os agentes estatais. Adotando esse procedimento, poderia chegar à seguinte visão geral da evolução do Estado no Brasil: a) presença de um Estado escravista moderno, desde a implantação de uma economia de plantação (em meados do século XVI) até a Abolição da escravidão e a desagregação da ordem monárquica (entre 1888 e 1891); b) presença de um Estado burguês ou capitalista, desde esse momento histórico até os nossos dias. A seguir, exporemos a linha de argumentação que permitiria ao pesquisador chegar a essa visão geral.

O Estado escravista moderno no Brasil

Analisemos brevemente a estrutura subjacente ao aparelho de Estado colonial e imperial. Em primeiro lugar, o direito aplicado, nesses dois períodos históricos, pelos agentes estatais às relações econômicas e sociais é dominantemente um direito escravista. Ou seja: o direito do Brasil Colônia e do Brasil Império não é um direito que trate igualmente os desiguais e reconheça a capacidade jurídica de todos os homens, independentemente de sua condição socioeconômica (não é, portanto, um direito burguês ou capitalista). Todavia, esse direito não tem como aspecto central a distribuição desigual de privilégios e obrigações (não é, portanto, um direito feudal). Na verdade, tal direito está fundado na distinção absoluta entre capacidade e incapacidade, que permite a classificação de todos os homens, para fins tanto econômicos como políticos, em duas categorias: a ordem dos escravizados (homens considerados coisas) e a ordem dos homens livres (homens considerados pessoas). Ele é, consequentemente, um direito escravista. Isso significa, concretamente, que as instituições portuguesas de origem feudal, como o regime de capitanias hereditárias e de sesmarias e o morgadio, tiveram de ganhar um novo significado no Brasil e de se adaptar ao caráter escravista da economia de plantação. Caso essa adaptação não ocorresse, essas instituições se converteriam num obstáculo político à expansão das relações econômicas escravistas. Deve-se, porém, agregar que esse direito escravista do Brasil Colônia e do Brasil Império não é uma reprodução integral do direito escravista antigo; ele se configura, antes, como um direito escravista moderno. Qual é a diferença entre essas duas versões históricas do direito escravista? Na Antiguidade, o direito não só reconhecia a legitimidade da escravidão (isto é, a propriedade de um homem sobre outro homem) como também prescrevia formas legais de escravização de novos homens (por exemplo, a escravização por dívidas ou por roubo) e de novas populações (era a escravização, segundo o *jus gentium*, de populações conquistadas na guerra). Ele era, portanto, não só um direito escravista (assegurador da propriedade sobre o escravizado) como também um direito escravizador (isto é, assegurador de procedimentos de escravização de novos homens e de novas populações). Ora, nas economias coloniais surgidas na fase do renascimento comercial europeu, o direito pode ser ainda escravista, mas não pode mais ser escravizador. E isso porque, nessa fase de consolidação dos Estados absolutistas, de implementação de políticas mercantilistas e de emergência de poderosas burguesias comerciais, o tráfico de escravizados para as colônias é reivindicado pelo capital mercantil das grandes potências europeias, que o vê como uma fonte importante de lucro. Reelaborado sob a pressão contínua dos traficantes internacionais de escravizados e dos seus agentes internos, o direito do Brasil Colônia e do Brasil Império garante a propriedade sobre o escravizado; porém, não mais contempla formas de escravização legal de novos homens e de novas populações. A esse respeito, é importante notar que, no período colonial, a política paulista de apresamento de populações indígenas nunca teve o respaldo legal do governo central e da Coroa: esta, pelo Alvará de 26/7/1596, determinava a "domesticação" dos indígenas em aldeamentos como procedimento alternativo à sua estrita escravização. Essa postura do Estado na Colônia fez com que, a despeito da ação em sentido contrário da Câmara Municipal de São Paulo, fosse reduzido o número de escravizados legais entre os indígenas, já que a legislação da Coroa só admitia a escravização de indígenas no caso bastante limitado da "guerra justa". Isso significava concretamente a dificuldade de converter o indígena aprisionado em objeto de compra e venda, de troca, de cessão, de herança etc.; e, de um modo mais geral, a dificuldade de converter o indígena aprisionado em *mercadoria*, como o africano. No Império, finalmente, uma lei declarou, em 1831, totalmente ilegal a escravização do indígena.

Em segundo lugar, o modo de organização do aparelho de Estado na Colônia e no Império é escravista, pois vigora nesses dois períodos históricos a interdição do acesso de escravizados ao aparelho de Estado na condição de funcionários. A legislação dos dois períodos (Decreto de 1693, Alvará de 1773, Alvará de 1811, Circular de 1860) define o escravizado como "incapaz para os ofícios públicos" e permite, no máximo, que o escravizado seja serviçal de funcionários, jamais um funcionário de Estado dotado de funções e responsabilidades. Além da proibição do acesso dos membros da classe explorada fundamental – os escravizados de plantação – ao aparelho de Estado, vigoram também no Brasil Colônia e no Brasil Império restrições de caráter estamental ou censitário à participação de homens livres, não originários da classe dominante, na vida estatal. Na Colônia, só podem integrar as câmaras municipais os "homens bons"; e estão excluídos dessa categoria os homens livres que desempenhem "ofícios mecânicos". No processo eleitoral imperial, vigoram restrições censitárias (por exemplo, quanto ao nível de renda) que inviabilizam a participação eleitoral dos homens livres pobres.

Por obra dessas interdições e restrições, o aparelho de Estado na Colônia e no Império coincide praticamente com a classe dominante. É este fato – vale dizer, o caráter abertamente classista do corpo funcional do Estado – que explica um traço do aparelho de Estado colonial e imperial sempre qualificado como a sua característica central por muitos cientistas políticos. Esse traço consiste no fato de que os funcionários do Estado utilizam, aí, os seus próprios recursos materiais pessoais no desempenho das suas atividades administrativas. Para a maioria dos adeptos da tese do Estado patrimonial, essa indistinção entre recursos materiais dos funcionários e recursos materiais do Estado se deve à pobreza da sociedade brasileira, cuja economia não seria, portanto, passível de ser tributada. Na perspectiva teórica aqui apresentada, é o fato de todos os funcionários do Estado pertencerem à classe dominante, e não a pobreza da sociedade brasileira, que torna possível essa indistinção e desnecessária a constituição de um "fundo público" radicalmente separado do patrimônio privado dos membros da classe dominante. A constituição de um "fundo público" para as atividades administrativas só é indispensável quando as classes dominadas podem pleitear um cargo no aparelho de Estado. Sendo essas classes sociais destituídas de recursos materiais, não se poderia exigir que os seus membros entrassem com o seu patrimônio privado no desempenho de atividades administrativas.

E quais seriam os efeitos ideológicos produzidos por essa estrutura jurídico-política escravista sobre os agentes econômicos e os agentes estatais? Em primeiro lugar, ela engendra nos proprietários de escravizados e nos funcionários do Estado a convicção de que é natural submeter integralmente certos homens – declarados "coisas" – à vontade dos seus proprietários em todos os terrenos, inclusive no econômico. Constitui aspecto central dessa convicção o sentimento de que é perfeitamente legítimo coagir tais homens por todos os meios – inclusive o aparato militar – à prestação de sobretrabalho. Em segundo lugar, tal estrutura também produz efeitos ideológicos, embora com menor eficácia, sobre a própria classe explorada. Dito de outra forma: ela induz os membros dessa classe social a pensarem que é um fato natural – uma verdadeira fatalidade – a submissão de certos homens à vontade de outros homens. É esse sentimento que atenua a inclinação contínua da massa escravizada a se rebelar contra o trabalho compulsório.

O Estado burguês no Brasil

O destino do Estado escravista moderno no Brasil será selado pelos acontecimentos políticos de 1888-1891. A Abolição da escravidão, em 1888, significa não apenas o fim do regime de trabalho escravista como também a destruição do direito escravista, que era o fundamento de toda a organização do Estado. A Proclamação da República, em 1889, e a Assembleia Constituinte, em 1891, completam o trabalho iniciado pela Abolição, na medida em que promovem a abertura do aparelho de Estado a todos os homens, agora declarados "cidadãos". A Revolução política de 1888-1891 leva, portanto, à formação, no plano nacional, de uma estrutura jurídico-política burguesa ou capitalista. Desde a Abolição, o direito já igualiza todos os homens (sejam eles capitalistas, operários, camponeses etc.) ao declará-los, todos, sujeitos individuais de direitos. Desse modo, a relação de exploração do trabalho adquire doravante um caráter contratual. Quanto ao Código Civil de 1917, elaborado por Clóvis Beviláqua, os seus dispositivos apenas confirmam o caráter burguês assumido pelo direito brasileiro a partir da Abolição. E o modo de organização do aparelho de Estado é, desde aquela revolução política, institucionalmente universalista e meritocrático. A saber: todos os homens, independentemente de sua condição socioeconômica, podem agora pleitear o acesso à condição de funcionários do Estado; e os processos de recrutamento e de hierarquização dos funcionários estatais implicam doravante o apelo formalizado ao critério da competência. É verdade que ocorrerão, ao longo da Primeira República, reformas profissionalizantes das Forças Armadas nacionais, das Forças Públicas regionais e da administração civil da União, bem como da de algumas regiões mais avançadas. Mas tais *reformas* representam o *desenvolvimento* do caráter burocrático-capitalista do aparelho de Estado, depois de a *Revolução política* de 1888-1891 ter instaurado os fundamentos desse desenvolvimento: a introdução dos princípios do universalismo e da meritocracia dentro do Estado.

Mas quais efeitos ideológicos essa nova estrutura jurídico-política poderia produzir sobre os agentes econômicos e os agentes estatais? De um lado, ela produzia nos agentes econômicos a convicção de que a prestação de sobretrabalho em troca de meios materiais de subsistência deve ocorrer por livre e espontânea vontade de proprietários dos meios de produção e de trabalhadores; isto é, a convicção de que tal "troca" deve decorrer de um *contrato*. De outro lado, ela produzia nos agentes estatais a convicção de que é preciso garantir, até mesmo com a ameaça de emprego da força, a liberdade de os diferentes agentes econômicos celebrarem esse tipo de acordo; isto é, a convicção de que é preciso garantir a *liberdade de trabalho*. A estrutura jurídico-política instaurada, no plano nacional, entre 1888 e 1891, ao produzir esse duplo efeito ideológico, vai permitir a difusão progressiva do trabalho assalariado na formação social brasileira e, consequentemente, a implantação de relações capitalistas de produção. Evidentemente, o desenvolvimento do capitalismo no Brasil – como de resto em qualquer outra formação social – dar-se-á de modo desigual nas diversas regiões e dentro de cada região. De qualquer modo, ao cabo de sessenta ou setenta anos de expansão nacional das relações capitalistas de produção, o modo de produção capitalista tornar-se-á *dominante* (embora não exclusivo) na formação social brasileira.

A análise que acabamos de fazer se choca com a tese de muitos pesquisadores marxistas sobre a evolução política do Brasil; isto é, a tese de que é a Revolução de 1930 que teria determinado a formação de um Estado burguês no Brasil (veja-se, por exemplo, os textos que Octavio Ianni produziu, nas décadas de 1960 e 1970, sobre o Estado brasileiro). Na perspectiva aqui exposta, a formação do Estado burguês – isto é, de uma estrutura jurídico-política especificamente burguesa – ocorre, como já vimos, algumas décadas antes da Revolução de 1930, resultando da Revolução política de 1888-1891. Já a Revolução de 1930 corresponde a uma segunda etapa política da transição para o capitalismo no Brasil. As suas principais consequências políticas são a liquidação da hegemonia política da burguesia mercantil agroexportadora, bem como a instauração de uma crise de hegemonia no seio do bloco das classes dominantes, que viabilizará a reorientação da política econômica e social implementada pelo Estado. Mais precisamente, a Revolução de 1930 abrirá um espaço de intervenção política autônoma para a burocracia civil e militar; ou melhor, criará condições favoráveis à emergência de uma política de Estado bonapartista. A política estatal pós-1930 não fixa mais como prioridade a expansão da economia agroexportadora em geral e da economia cafeeira em particular; nem a preservação dos lucros das burguesias agroexportadoras em geral e da burguesia cafeeira em particular. Tal política é antes orientada por preocupações como a afirmação da soberania nacional ou a modernização do estilo de vida do povo brasileiro. Essas preocupações exigem a substituição do antigo intervencionismo estatal de caráter mercantil (apoio estatal à comercialização de produtos agrícolas de exportação) por um novo intervencionismo estatal, voltado para a esfera da produção e para as relações de trabalho: um intervencionismo estatal de caráter industrializante e orientado para a integração política das classes trabalhadoras urbanas.

Uma visão panorâmica da evolução do Estado no Brasil estaria incompleta caso não fossem mencionados dois aspectos centrais da evolução política no pós-1930. O primeiro deles: o Estado burguês no Brasil passa, entre 1930 e 1990, por vários regimes políticos: um regime político provisório, ainda pouco institucionalizado, entre 1931 e 1934; uma democracia representativa e pluripartidária entre 1934 e 1937; a ditadura estado-novista entre 1937 e 1945; uma nova experiência democrática (esta, mais durável) entre 1945 e 1964; a ditadura militar entre 1964 e 1984; um novo regime democrático a partir da Constituinte de 1988. O segundo aspecto: algo permanece, entretanto, a despeito da instabilidade do regime político, de 1930 a 1990, no Estado burguês do Brasil. Esse elemento duradouro consiste na vigência de um compromisso mínimo com um projeto de desenvolvimento capitalista para o Brasil; compromisso esse que se concretiza com uma política estatal de apoio ao prosseguimento da industrialização por meio da "substituição de importações". Ora, o grande paradoxo aparente da vida política brasileira nos anos 1990 consiste no fato de que a redemocratização de 1988, ao restaurar as eleições diretas para a Presidência da República e ao desalojar o grupo militar da chefia do Executivo nacional, viabilizou a revogação desse compromisso histórico. Ou seja: a redemocratização de 1988 abriu a via para o estabelecimento de um total controle do Estado brasileiro e de uma total dominação da economia brasileira pelo capital financeiro internacional. Sujeito à pressão direta dos representantes políticos do capital financeiro internacional (como o FMI, o Banco Mundial ou o governo dos Estados Unidos) e dos agentes econômicos dessa fração do capital (como as grandes corporações e os grandes bancos estrangeiros), o Estado brasileiro, conduzido sucessivamente por dois presidentes civis eleitos pelo voto direto, não mais se pauta por qualquer projeto de desenvolvimento nacional. Polarizados pelas metas do equilíbrio monetário e orçamentário, os condutores da política estatal dos anos 1990 abrem grandes oportunidades de ganho ao capital financeiro internacional; e, em contrapartida, atacam o setor público, promovem a desnacionalização e a desindustrialização da economia brasileira, e assumem a iniciativa da destruição dos grupos econômicos nacionais.

Registra-se, portanto, algo de novo no Estado brasileiro dos anos 1990. O Estado nacional pós-colonial ostentava, em qualquer das suas fases, um caráter invariavelmente dependente. No Império, a base da dependência política era fundamentalmente a dependência financeira diante da potência capitalista emergente (a Inglaterra). Do início da fase de transição para o capitalismo até as fases mais recentes de desenvolvimento capitalista, é uma dependência simultaneamente financeira e tecnológica que tem lastreado a dependência política. Todavia, a condição de dependente assumida pelo Estado e pela economia nacionais desde o fim do estatuto colonial não implicou, até a década de 1990, a inexistência de grandes grupos econômicos nacionais. Ao contrário: a transição para o capitalismo no Brasil – e o desenvolvimento capitalista subsequente – abriram regularmente espaço para a emergência de sucessivas "burguesias internas" (na expressão de Nicos Poulantzas), incapazes de dirigir a luta anti-imperialista, mas, ainda assim, não totalmente identificadas com os interesses do capital estrangeiro. Assumiram as características de "burguesias internas" – distinguindo-se desse modo tanto das "burguesias nacionais" como das "burguesias compradoras" – frações capitalistas como a burguesia industrial do período 1930-1964 e o capital bancário nacional do período ditatorial. Ora, o Estado brasileiro conduz, desde os anos 1990, uma política destinada a liquidar o arranjo político instável, mas efetivamente vigente até então, entre o capital monopolista nacional, o capital estrangeiro e os dirigentes de empresas públicas (o famoso "tripé" da economia brasileira, sobre o qual tanto discorreu o então sociólogo Fernando Henrique Cardoso). Tal política se configura objetivamente como ação de extermínio econômico da "burguesia interna" e deságua na transmissão progressiva do seu espaço econômico à burguesia financeira internacional. Se essa contrarrevolução imperialista, conduzida "do alto" pelo Estado brasileiro agora dirigido por sociólogos e tecnocratas, vai atingir plenamente os seus objetivos, só o futuro próximo nos dirá.

CAPITALISMO E PROCESSO POLÍTICO NO BRASIL: A VIA BRASILEIRA PARA O DESENVOLVIMENTO DO CAPITALISMO[1]

Este texto é dedicado à análise política da via brasileira para o desenvolvimento do capitalismo, o que implica o exame das características políticas essenciais: a) do processo de transição para o capitalismo no Brasil; b) do processo de desenvolvimento capitalista subsequente. A ideia diretriz de nossa análise é a de que os traços políticos próprios a certo padrão de transição para o capitalismo repercutem decisivamente no processo subsequente de desenvolvimento capitalista. A análise política do presente exige, portanto, a volta ao passado e o reencontro com a nossa condição pregressa: uma sociedade colonial, dependente e atrasada. E mais especificamente: a análise do curso do desenvolvimento capitalista no Brasil tem de começar pela reconstituição da particularidade do processo brasileiro de revolução política burguesa.

O padrão do processo de transição para o capitalismo no Brasil

A transição para o capitalismo no Brasil se inicia com dois processos políticos particulares, que, de modo combinado, compõem a nossa revolução política burguesa: a Abolição da escravidão (1888) e a Proclamação da República (1889)[2]. O ponto final da transição pode ser localizado no momento histórico (fins da década de 1950) em que a atividade industrial suplanta a agricultura; superação essa convencionalmente aferida segundo o critério da participação relativa dos dois setores no PIB. Como

---

[1] Os editores observam que os comentários de conjuntura talvez possam ser considerados datados, pois inseridos na Era Lula (o texto, a despeito de ser inédito, foi redigido em 2009). No entanto, tais comentários ocupam um espaço restrito no texto.

[2] A caracterização da Abolição da escravidão e da Proclamação da República como os momentos fundamentais da revolução política burguesa no Brasil foi por nós empreendida em *A formação do Estado burguês no Brasil (1888-1891)* (Rio de Janeiro, Paz e Terra, 1985). Como

na maior parte dos países do Primeiro Mundo a transição para o capitalismo já se completou em fins do século XIX ou início do século XX[3], muitos economistas e historiadores brasileiros concluem, corretamente, que o capitalismo brasileiro deve ser qualificado como um capitalismo tardio ou retardatário[4]. De fato, do ponto de vista cronológico, esse atraso é inegável, e influenciará o curso do desenvolvimento do capitalismo no país.

Do ponto de vista sociológico, porém, talvez não seja essa a característica mais importante do processo de transição para o capitalismo no Brasil, e sim o fato de que o Brasil não transita, a partir da década de 1890, de uma sociedade feudal para uma sociedade capitalista, como os países europeus ou o Japão, mas de uma sociedade escravista para uma sociedade capitalista. Essa diferença não é meramente formal. A economia escravista é estagnacionista e predatória, em razão da relativa incompatibilidade entre inovação técnica e trabalho forçado. Por isso, o sistema de produção escravista só pode proporcionar uma base limitada, do ponto de vista material, técnico e humano, ao capitalismo em gestação. A transição para o capitalismo, quando se concretiza sem a intermediação de uma longa etapa feudal, faz-se num quadro econômico marcado pelo baixo desenvolvimento das forças produtivas, o que terá repercussão no curso do desenvolvimento capitalista subsequente. Já a economia feudal pode ser considerada desenvolvimentista, quando comparada à economia escravista; no feudalismo, o produtor rural (camponês dependente) detém a posse da terra e a iniciativa na organização da produção, o que faz com que ele tenha interesse e motivação para introduzir inovações técnicas e aumentar a produtividade da economia agrária. A economia feudal, no seu desenvolvimento, chega a uma agricultura camponesa que comporta aperfeiçoamentos técnicos; bem como a um artesanato rural que se constituirá na base técnica para a proliferação, em pleno período medieval, de manufaturas, do tipo rural ou urbano. Essa compatibilidade do feudalismo com o desenvolvimento da técnica e das habilidades permitirá que as sociedades feudais proporcionem uma base material, técnica e humana sólida às sociedades capitalistas, que as substitui.

Voltemos ao Brasil. Quando comparada com o padrão típico do Primeiro Mundo, a transição para o capitalismo no Brasil se mostra, desde o seu início, marcada por uma enorme limitação. A economia escravista brasileira é uma economia com baixo nível de desenvolvimento técnico (o progresso técnico, em geral, só se registra na esfera do beneficiamento dos produtos tropicais de exportação). Os produtores

---

[3] Ao afirmar que a transição para o capitalismo já se completou no Primeiro Mundo, queremos apenas dizer que, em tais países, o modo de produção capitalista já se tornou dominante, o que não significa dizer "exclusivo".

[4] Veja-se, por exemplo, João Manuel Cardoso de Mello, *O capitalismo tardio* (São Paulo, Editora da Unesp, 2009).

diretos, por prestarem trabalho forçado, não têm como desenvolver habilidades na esfera da produção destinada ao grande proprietário rural. Também não se desenvolve o artesanato rural ou urbano, o que impede a criação de uma base material mínima para o desenvolvimento manufatureiro. E o caráter predatório do sistema de produção escravista faz com que se esgotem rapidamente os recursos naturais utilizados, e se organize rapidamente a exploração de novos recursos naturais, que, por sua vez, serão rapidamente inutilizados.

Caracterizamos as limitações técnicas e econômicas que o caráter escravista da economia brasileira impõe ao processo de transição para o capitalismo no Brasil. Temos agora de mencionar as limitações sociais e políticas que o modo de produção predominante na formação social brasileira (escravismo) impõe a tal processo. O caráter dominantemente escravista da economia rural inviabiliza a eclosão, durante a revolução política burguesa de 1888-1891, de um processo social capaz de criar bases materiais mais amplas e profundas para a formação do capitalismo no país: a reforma agrária. A historiografia marxista sempre relembra que a revolução burguesa no Brasil foi incapaz de executar duas tarefas democráticas essenciais: a) a repartição da grande propriedade fundiária; b) a criação de um mercado interno de massas para o setor industrial.

A ausência de um movimento popular pela reforma agrária no processo de desagregação do escravismo não é casual. O movimento revolucionário dos escravizados de plantação, seja na Antiguidade (Império Romano), seja na Época contemporânea (Brasil), é dominantemente um movimento pela cessação imediata do trabalho forçado; e recorre, em função desse objetivo, à tática das fugas de massa. Essa tática, na medida em que implica o abandono do local de produção, não tem como priorizar a palavra de ordem da repartição das terras do latifúndio escravista. No Império Romano em crise, o movimento de fuga dos escravizados de plantação se orientava pelo objetivo da migração para as comunidades germânicas, onde vigorava uma estrutura socioeconômica igualitária, ou para os seus países de origem. No fim do período imperial brasileiro, o movimento de fuga dos escravizados de plantação visava à formação de quilombos (isto é, comunidades autônomas), à margem da sociedade imperial.

A luta pela repartição da grande propriedade fundiária sempre foi pouco viável na economia escravista, pois esse sistema de produção colocava as condições de vida e de trabalho de toda a massa de escravizados num patamar muito baixo. Inexistia, portanto, na economia escravista, um segmento camponês vivendo numa situação intermediária entre a do grande proprietário e a do trabalhador escravizado de plantação. Só um segmento camponês intermediário, que já tivesse superado a questão elementar do provimento da subsistência, seria capaz de se envolver numa dinâmica reivindicatória que abrisse caminho para a luta pelo acesso à propriedade da terra.

Era pouco viável, assim, a deflagração, na economia escravista imperial brasileira, daquela *dialética do movimento camponês* que operou eficazmente no curso da

Revolução Francesa. Numa primeira fase, um segmento do campesinato dependente francês (o campesinato médio) passou a comercializar a sua produção pessoal; e iniciou um movimento reivindicatório visando à revogação dos direitos senhoriais e ao perdão das dívidas. Esse movimento ideológico e político abriu espaço para que, numa segunda fase, o campesinato pobre atuasse de modo mais radical, passando a exigir o acesso à propriedade da terra e a repartição da grande propriedade fundiária. A reivindicação de extinção da servidão, que equivalia ao programa máximo do campesinato médio, foi aquela que produziu mais impacto no processo político durante os anos 1791-1792. A partir de 1793, uma vez extintos os direitos senhoriais, a palavra de ordem da reforma agrária, própria ao campesinato pobre, passou a repercutir na ação daquela que se tornara a corrente política predominante no aparelho de Estado: os jacobinos. A distribuição das terras dos aristocratas imigrados aos camponeses pobres (medida decretada pela Junta de Salvação Pública em 1793, e juridicamente confirmada por Napoleão Bonaparte dez anos mais tarde) foi um ato político decisivo para a constituição progressiva de um mercado interno de massas, que será a base para o desenvolvimento da manufatura (primeira fase) e da grande indústria (segunda fase) na França do século XIX.

No Brasil, inversamente, a revolução política burguesa não se fez acompanhar de uma reforma agrária, justamente em razão da impossibilidade de operação daquela já mencionada dialética do movimento camponês no quadro de uma economia escravista em crise. Essa dialética também não logrou operar em momentos posteriores, já que a agricultura pós-escravista, fundada na grande propriedade e na dependência pessoal do camponês, sempre apresentou baixo desenvolvimento técnico, o que impediu o avanço da diferenciação entre campesinato médio e campesinato pobre. Por falta dessa dinâmica social no campo, a transição para o capitalismo no Brasil não pôde contar com uma reforma agrária redistributiva, voltada para a destruição do latifúndio. A consequência histórica desse déficit foi a indisponibilidade, para a burguesia industrial nascente, de um mercado interno de massas e de um contingente de força de trabalho previamente treinado no artesanato rural.

Desde a Primeira República, a indústria nacional se voltou para mercados urbanos de caráter restrito e para a prática da substituição de importações (ou seja, a produção interna de manufaturados encarecidos pela escassez de divisas). Essa ligação da burguesia industrial brasileira com um mercado interno restrito explica, pelo menos parcialmente, a fraqueza não só econômica como também política dessa classe social, ao longo da transição para o capitalismo como também no curso do desenvolvimento capitalista subsequente. Nas últimas décadas, graças ao MST e outras organizações populares, a luta das massas pela reforma agrária finalmente se intensificou, mas num contexto histórico que é bastante diferente da fase inicial do capitalismo brasileiro. No atual contexto, o acesso das massas à propriedade privada da terra e a difusão da pequena agricultura familiar não podem mais desempenhar um papel relevante na definição dos rumos do desenvolvimento capitalista no Brasil. E isso porque foi iniciada, há algumas décadas, a transformação capitalista da agricultura brasileira, o que implicou: a) a mecanização e o aumento da produtividade da economia rural; b) o recurso à química e à biologia para aperfeiçoar as culturas; c) a consequente liberação de mão de obra agrícola e urbanização das populações rurais.

Talvez a relativa condescendência de certos segmentos burocráticos e das classes dominantes para com o MST, na fase atual, deva-se ao caráter capitalista defasado de sua principal palavra de ordem econômica (repartição da grande propriedade rural), embora essa bandeira de luta seja perfeitamente compreensível do ponto de vista social e político (acesso das massas rurais à propriedade da terra: construção, com grande atraso histórico, de uma economia camponesa independente). A ação econômica e política do MST se reveste de grande valor social e histórico; mas se mostra impotente para colocar em xeque o modelo global de desenvolvimento capitalista vigente no Brasil. Hoje, apenas uma parte das antigas massas rurais aspira a voltar ao campo na condição de pequenos proprietários, para praticarem uma agricultura de subsistência, com reduzidos ganhos monetários. Quanto à política de assentamentos, ela dificilmente levará à formação de um mercado rural de massas, similar àquele criado na Coreia do Sul pela reforma agrária que o exército estadunidense de ocupação executou a partir de 1954. A reduzida relevância de um amplo processo de redistribuição de terras (improdutivas ou devolutas) para o modelo de desenvolvimento capitalista em curso não significa, obviamente, o desaparecimento da palavra de ordem da reforma agrária. Mas, na fase atual, essa mobilização adquire um novo significado: a reforma agrária deixa agora de ser vista como um instrumento camponês de transformação radical da estrutura agrária e passa a ser encarada como um instrumento proletário de conquista de condições de vida e de trabalho mais seguras e menos precárias dentro do modelo capitalista vigente.

A INDUSTRIALIZAÇÃO RETARDATÁRIA E O CARÁTER ACELERADO DA TRANSIÇÃO PARA O CAPITALISMO NO BRASIL

Faz parte da análise do curso do desenvolvimento capitalista no Brasil o exame das características econômicas e políticas da burguesia industrial brasileira. Esse exame implica relembrar os traços gerais do processo de industrialização no Brasil. Já indicamos que a industrialização brasileira foi cronologicamente retardatária com relação aos processos de industrialização ocorridos no Primeiro Mundo. Esse processo teve, além disso, uma extensão limitada, em razão da estreiteza do mercado interno que foi se constituindo a partir da desagregação do escravismo. Agora, temos de mudar o foco da análise, passando da observação do processo de industrialização (que é um processo social mais restrito) para a observação do processo global de transição para o capitalismo. Este é um processo social mais amplo, abrangendo a revolução política burguesa – isto é, a formação do Estado burguês – e a acumulação de capital comercial anteriormente à industrialização.

Se compararmos os ritmos da transição para o capitalismo no Brasil e noutros países, constataremos que o Brasil figura no bloco dos países que passaram por um processo de transição mais rápido. Na verdade, os primeiros países a deflagrarem o processo de transição realizaram a passagem para o capitalismo num ritmo mais lento. A Inglaterra realiza a sua revolução política burguesa, que liberta o trabalho, a propriedade privada e a riqueza, entre 1640 (Revolução Puritana) e 1689 (Revolução Gloriosa), mas a predominância da grande indústria moderna sobre a manufatura só se estabelece, na Inglaterra, na década de 1840 (ou seja, duzentos anos após a Revolução Puritana). A França realiza a sua revolução política burguesa entre 1789 e 1794; mas a predominância da grande indústria moderna só se estabelece, nesse país, na década de 1880 (ou seja: quase cem anos após o início da revolução política burguesa)[5]. Já a transição para o capitalismo é muito mais acelerada nos países retardatários. Os Estados alemães realizam a sua revolução política burguesa em 1848 (extinção da servidão e do monopólio legal da aristocracia sobre os cargos do Estado); mas a grande indústria moderna já predominará, na Alemanha unificada, a partir da década de 1880 (isto é, pouco mais de trinta anos depois). O Japão realiza a sua revolução política burguesa (A Revolução *Meiji*) na década de 1860; algumas décadas mais tarde, a sociedade japonesa já se converteu numa grande potência industrial e militar (na década de 1900, o Japão, recém-saído do feudalismo, derrota militarmente a Rússia czarista).

No bloco dos países retardatários, figura o Brasil. A formação social brasileira passa por um processo de transição não tão rápido quanto a Alemanha e o Japão, porém mais rápido que o dos países pioneiros (Inglaterra e França). A revolução política burguesa transcorre, aqui, entre 1888 e 1891, concretizando-se por meio de episódios que, no seu conjunto, determinam a substituição, no plano nacional, do Estado escravista pelo Estado burguês: a Abolição da escravidão, a Proclamação da República e a Assembleia Constituinte. No entanto, as atividades industriais passam a predominar sobre as atividades agrícolas, em termos de participação percentual no PIB, somente no fim da década de 1950.

Analisando a transição no bloco dos países retardatários, o pesquisador de história social se vê obrigado a levantar a seguinte questão: por que o processo de transição para o capitalismo tende a ser mais rápido nos países retardatários? A resposta, em sua primeira formulação, pode ser dada de modo simples: é justamente pelo fato de

---

[5] Dados relevantes sobre a passagem da manufatura a grande indústria, em países como a Inglaterra e a Franca, podem ser encontrados em Eric Hobsbawm, *A era do capital: 1848-1875* (Rio de Janeiro, Paz e Terra, 1977).

certos países serem retardatários que eles transitam mais rapidamente para o capitalismo. Ou seja: os países que iniciam mais tarde a transição para o capitalismo se envolvem inevitavelmente em relações econômicas, comerciais e financeiras com os países pioneiros, e tendem por isso a incorporar a tecnologia industrial desses países a seu aparelho de produção. A adoção, pela via da importação, de maquinaria industrial permite aos países retardatários: a) encurtar a fase manufatureira; b) acelerar a implantação da grande indústria moderna.

Uma vez esboçado brevemente o padrão assumido pela transição para o capitalismo no Brasil, podemos indicar os traços centrais da burguesia industrial brasileira no seu período de formação. Essa classe social se forma rapidamente, graças à possibilidade objetiva de grupos comerciais passarem às atividades industriais por intermédio da importação de maquinaria produzida por países como a Inglaterra e a Alemanha. (No caso brasileiro, os fundadores de grandes indústrias não foram dominantemente, no momento anterior, donos de manufaturas; eles podem ter sido comerciantes ou banqueiros.) O preço a pagar pela formação rápida da classe capitalista é a fragilidade orgânica da burguesia industrial emergente no Brasil: ela não cria sua própria tecnologia, e depende sempre do exterior para se expandir. Essa dependência vai jogar a burguesia industrial contra o próprio projeto de industrialização; isto é, vai indispô-la com a produção interna de máquinas e insumos industriais. O avanço nesse terreno será encarado pelos industriais brasileiros como um fator de elevação dos seus custos de produção, dada a estreiteza do mercado interno disponível para tais bens.

A condição retardatária da burguesia industrial brasileira explica, portanto, que, em momentos decisivos do processo histórico, o próprio empresariado industrial nacional tenha tomado partido, de modo mais ou menos ostensivo, contra o projeto de industrialização. Na Revolução de 1930, a burguesia industrial paulista se alia ao PRP, que representa politicamente os interesses da burguesia exportadora de café (comissários, empresas de exportação, bancos etc.); e se volta contra as forças progressistas e industrializantes, integradas à frente revolucionária. Durante o Estado Novo, na Conferência Nacional das Classes Produtoras (1942), o empresariado industrial se opõe ao projeto estatal de implantação da indústria siderúrgica de Volta Redonda, sob a alegação de que o aço importado sempre seria mais barato e, portanto, mais vantajoso para a indústria nacional. No pós-guerra, é visível sua reticência diante da Campanha Nacional do Petróleo, cujo resultado seria a criação da Petrobras em 1953.

O LUGAR DA ESTRUTURA JURÍDICO-POLÍTICA NA TRANSIÇÃO PARA O CAPITALISMO NO BRASIL

A caracterização histórica da burguesia industrial brasileira como um grupo socioeconômico dependente tecnologicamente do exterior, e tendencialmente contrário a avanços industrializantes, suscita imediatamente uma nova questão: que outra classe social terá assumido o papel político em tese cabível à burguesia industrial; qual seja, o papel de força dirigente do processo de industrialização? Para responder a tal pergunta, é preciso levar em conta os efeitos combinados da transformação econômica e da transformação política ocorridas no último quartel do século XIX. De um lado, o mais recente surto de expansão da economia agrícola de exportação levou à implantação de um aparelho de serviços urbanos no Centro-Sul; de outro lado, foi possível iniciar a construção, a partir de 1891, de um aparato burocrático típico do Estado burguês moderno nas regiões mais desenvolvidas (DF, SP e RS). O efeito social da combinação desses dois processos foi o surgimento de uma classe média urbana, rapidamente atraída pelo padrão de vida e de consumo gozado pela classe média das sociedades capitalistas ocidentais.

Submetida a um *efeito-demonstração*, a classe média das grandes cidades brasileiras exerceu, desde a década de 1920, uma pressão difusa pelo avanço da industrialização, procurando levar a sociedade brasileira (da qual ela se via intuitivamente como a expressão mais autêntica) a um padrão de vida e de consumo já gozado pela classe média do Primeiro Mundo[6]. A participação ideológica e política da classe média na Revolução de 1930 é intensa, fazendo-se representar pela média oficialidade do Exército (movimento tenentista), por burocratas ideologicamente já desembaraçados das lealdades tradicionais e por intelectuais progressistas (advogados e juristas hostis à deformação oligárquica da legalidade constitucional, educadores voltados para a emancipação intelectual do povo, engenheiros comprometidos com as metas do progresso industrial e da modernização da infraestrutura). É a ação ideológica e política da classe média urbana (e não a presença de "dissidências oligárquicas" na frente revolucionária) que leva à instauração, no pós-1930, de um novo intervencionismo estatal: um intervencionismo industrializante, radicalmente distinto do intervencionismo mercantil que, durante a Primeira República, havia servido aos interesses do segmento da burguesia comercial consagrado à exportação de produtos agrícolas. Entre 1930 e 1964, o Estado brasileiro canaliza as divisas ganhas pelo setor agroexportador para a importação de máquinas e insumos industriais: é a política que se convencionou chamar "confisco cambial". Por essa via, o aparelho estatal estimula

---

[6] A análise da submissão das populações urbanas do Brasil a um *efeito-demonstração*, a partir da década de 1920, foi feita por Luiz Pereira, em *Trabalho e desenvolvimento no Brasil* (São Paulo, Difel, 1965), especialmente nos capítulos II e III.

a passagem da manufatura (produção não mecanizada) para a grande indústria (que opera máquinas); realiza investimentos diretos em infraestrutura e em indústria de base; e apoia o capital industrial privado na promoção da "substituição de importações" (exemplo: a implantação da indústria automobilística).

É importante notar que, se a movimentação política da classe média levou à instauração de um intervencionismo estatal industrializante, a implementação desse modelo de política governamental acabou ocorrendo num contexto político globalmente desfavorável. Isso porque, de um lado, a classe dominante agrária se colocava abertamente contra a industrialização do país e contra as políticas estatais destinadas a favorecer esse processo; e, de outro lado, os empresários industriais se mostravam, no mínimo, reticentes com relação ao avanço da industrialização, por suporem que tal avanço implicaria o encarecimento dos seus custos de produção. Para executar a política de industrialização, os governos do pós-1930 terão, portanto, de buscar uma base social de apoio ampla, que compense a oposição da classe dominante agrária e as reticências do empresariado industrial. São as classes trabalhadoras urbanas que integrarão essa base social de apoio. Para obter a sua adesão, os governos terão de recorrer a uma política de antecipação das reivindicações populares. Essa política antecipadora inclui medidas como a criação de uma legislação social e trabalhista (reunida na CLT durante o Estado Novo), a decretação do salário mínimo, a legalização da vida sindical etc.

Essas medidas, ao se anteciparem à emergência de reivindicações populares com o mesmo conteúdo, acabam frustrando a emergência de partidos trabalhistas de massa, cuja força derivaria justamente do seu papel de vanguarda no movimento reivindicatório. A política governamental antecipadora, decorrente da influência exercida pela classe média dentro do aparelho de Estado pós-1930, acaba assim colocando as massas nas mãos do governo, o que implica até mesmo o seu enquadramento em partidos trabalhistas oficiais, de origem estatal, como o PTB. Tal política é aquilo que a ciência política convencionou chamar "política populista"; ela será executada regularmente entre 1930 e 1964, como expediente típico de governos instabilizados pela falta de apoio das classes dominantes ao intervencionismo industrializante.

O governo militar de 1964 dará prosseguimento à política de industrialização; mas dispensará a política populista como forma de mobilização de uma base de apoio popular, já que ele governará baseado na força e, inclusive, na intimidação das próprias classes dominantes. Desde o fim do regime militar, os cientistas políticos fazem especulações sobre a seguinte questão: o populismo está definitivamente morto no Brasil? Ou a restauração do regime democrático, em 1988, abriu novas possibilidades e permitiu a visualização de novas funções para a política populista? É um fato que o desenvolvimento da indústria em São Paulo, nas décadas de 1960 e 1970, implicou também um desenvolvimento e um relativo amadurecimento político da classe operária fabril, o que tornou mais difícil a renovação de atitudes estritamente governistas nas massas urbanas. Do ponto de vista da evolução do proletariado, um dos resultados mais importantes do desenvolvimento capitalista dos anos 1950/1960/1970 foi o surgimento do primeiro partido trabalhista de massa da história do Brasil: o Partido dos Trabalhadores (PT). Mas essa vitória política pode, por força da própria natureza do jogo institucional, desaguar num processo de involução política. Teoricamente, as etapas desse processo são as que se seguem: a) respaldado pelas massas, o partido trabalhista chega ao governo; b) o governo partidário, seguro de sua força política e eleitoral, começa a se distanciar da organização partidária e das bases partidárias, a fim de governar com maior "independência"; c) encetado esse percurso, o governo tende a se apoiar crescentemente numa liderança pessoal, e a adquirir um caráter crescentemente suprapartidário; d) para manter o apoio de sua base eleitoral e política, o governo recorrerá a ações assistencialistas e desmobilizadoras, destinadas a atrelar as massas ao governo e a cortar os laços entre as massas e o partido.

Uma vez completado esse percurso, estará reatado o circuito da política populista, que agora serve não genericamente a uma política de industrialização, mas à consolidação da hegemonia política de algum segmento economicamente frágil da burguesia.

As relações com o imperialismo e a presença do capital estrangeiro na economia brasileira

Já sugerimos que a transição para o capitalismo no Brasil se concretiza num quadro histórico marcado pela dependência tecnológica da economia brasileira em relação às grandes potências capitalistas. Agora temos de propor uma nova questão: como essa dependência repercute na estrutura de classes do país, ou, mais especificamente, na configuração do bloco das classes dominantes?

A grande transformação política de 1888-1891 (derrubada do Estado escravista e formação, no plano nacional, de um Estado burguês moderno) se fez acompanhar da confirmação e mesmo do reforço da relação entre o Brasil e a grande potência imperialista daquele período (a Inglaterra), representada especialmente pelo capital bancário. Mas a reiteração da dependência não resultou numa apropriação do aparelho produtivo nacional pelo capital estrangeiro. Pode-se especular sobre as razões da ausência do capital estrangeiro nesse aparelho, no início da transição para o capitalismo no Brasil. A nosso ver, a razão mais geral e profunda é o fato de que a revolução política burguesa não se fez acompanhar, no Brasil, de um processo de redistribuição de renda (como ocorreu no caso francês, por meio da difusão da pequena propriedade rural); e, consequentemente, não contribuiu para a gestação de um mercado interno de massas. A ausência de um mercado desse tipo teria inibido os investimentos estrangeiros na esfera produtiva. O não cumprimento das "tarefas democráticas" na revolução burguesa brasileira talvez explique que o capital estrangeiro tenha se concentrado em operações puramente financeiras (empréstimos a governos ou aos negócios de exportação) e em investimentos nos serviços públicos (energia elétrica, transporte urbano, ferrovias) ou na exploração de recursos minerais (companhias mineradoras).

Durante algum tempo (isto é, pelo menos até meados da década de 1950), o caráter estreito, em termos relativos e absolutos, do mercado interno de consumo de países como o Brasil fará com que as economias industriais do Primeiro Mundo encarem as economias periféricas como mercado de consumo para os produtos industriais fabricados na metrópole, e não como campo para investimentos diretos em indústria. Por isso, a burguesia industrial, que vai surgindo em função desse mercado (limitado, porém real), será uma burguesia nativa, e não estrangeira.

Esse segmento burguês não constitui propriamente uma burguesia nacional, pois não se coloca à frente do processo de desenvolvimento capitalista do país; mas também não constitui uma burguesia associada, totalmente subordinada aos interesses do capital estrangeiro e defensora de sua penetração no aparelho produtivo nacional. A rigor, a sua atuação econômica e política é típica de uma burguesia interna. Por um lado, não quer ceder todo o espaço econômico do país ao capital estrangeiro; por outro, não se dispõe a renunciar à sua dependência tecnológica diante das grandes economias industriais, nem a assumir a vanguarda do processo de industrialização[7]. A configuração do bloco das classes dominantes no Brasil só mudará na segunda metade da década de 1950, quando o capital estrangeiro passa a considerar que o mercado interno de consumo, a despeito de ser inexpressivo em termos relativos, já é suficiente, em termos absolutos, para justificar investimentos diretos na área industrial. Emerge, assim, uma burguesia industrial associada, no setor automobilístico e dos insumos industriais.

Tal burguesia, a despeito de estar implantada no país, é uma burguesia colonialista, pois se pauta invariavelmente pelos interesses da matriz, aceitando quase incondicionalmente a tecnologia vinda da metrópole e dando prioridade aos objetivos

---

[7] Os diversos mecanismos de fracionamento da classe capitalista são tratados em várias obras de Nicos Poulantzas, como *Pouvoir politique et classes sociales* (Paris, La Découvert, 1982); *Les classes sociales dans le capitalisme aujourd'hui* (Paris, Éditions du Seuil, 1974); e *Fascisme et dictature* (Paris, Maspero, 1970). Neste texto, adotamos a terminologia poulantziana para designar as frações burguesas, com uma exceção: deixamos de lado a expressão "burguesia compradora", que Poulantzas extraiu dos textos produzidos pelo marxismo revolucionário chinês. Embora a expressão "compradora" (utilizada na língua portuguesa pelos marxistas chineses) tenha claramente uma conotação mercantil, Poulantzas preferiu utilizá-la de modo amplo, para designar qualquer posição burguesa de submissão aos interesses do capital estrangeiro. Optamos, aqui, por utilizar a expressão "burguesia associada", de uso corrente nas análises sociológicas da América Latina, para designar toda burguesia (comercial, industrial ou bancária) que se paute por uma submissão estrita aos interesses do capital estrangeiro.

da remessa de lucros e do pagamento de patentes. Em termos políticos, a influência da burguesia associada delineou uma curva ascendente no período 1956-2002, que abrange a fase final do período populista, a integralidade do regime militar e o primeiro decênio da Nova República. Essa influência se manifestou regularmente por meio da obtenção de vantagens fiscais e creditícias para os investimentos estrangeiros, bem como de uma legislação favorável à remessa de lucros e ao pagamento de patentes.

No período da Nova República, essa influência se exprimiu na adoção, pelo governo FHC e pelos governos estaduais, de programas de privatização das empresas públicas; e na obtenção, pelo capital estrangeiro, de condições favoráveis à participação nesses programas. Só a partir do primeiro governo federal petista, a burguesia interna, em seus três principais segmentos funcionais – bancário, industrial e agroexportador –, vê aumentada a sua influência. Desde o fim do governo FHC, o projeto governamental parece ser o de transformar o Brasil numa economia capitalista moderna, do tipo da Coreia do Sul, voltada para a exploração da franja inferior do mercado mundial (América Latina, Oriente Médio, África). Em função desse projeto, a gestão petista protege os bancos nacionais (Itaú, Bradesco) contra a invasão bancária estrangeira; reforça o setor bancário estatal, até porque esse segmento dispõe de melhores condições políticas para se opor ao capital bancário internacional; propõe financiamentos vantajosos para os grupos industriais exportadores, em áreas como a de material bélico ou de informática; e concede benefícios (como o perdão de dívidas) às empresas agroexportadoras.

Neste ponto, voltamos a uma das ideias centrais deste texto. O pano de fundo econômico sobre o qual evolui a burguesia brasileira é organicamente frágil e limitado: a) uma das maiores concentrações de renda em escala mundial; b) consequentemente, um mercado interno pouco expressivo em termos relativos, a despeito de ser razoável em termos absolutos. Essas características crônicas do sistema industrial brasileiro limitam a penetração dos seus produtos no mercado externo: o uso do mercado interno como instrumento aferidor da qualidade dos bens exportáveis se revela ineficaz e pouco confiável. A burguesia interna é, portanto, economicamente frágil, por estar apoiada numa economia capitalista limitada; mas ela é também uma burguesia politicamente fraca por ser tecnologicamente dependente do exterior. Essa é a raiz sociológica do principal problema político enfrentado pela gestão petista: ao buscar representar politicamente um segmento frágil da burguesia, o governo federal tem de procurar a ampliação de sua base social de apoio. Para atingir esse objetivo, o governo federal poderia, em tese, executar reformas sociais profundas, que beneficiassem as classes trabalhadoras. Na prática, porém, um programa desse tipo colocaria a equipe governamental em rota de colisão com o conjunto da classe dominante, e, mais especificamente, com a burguesia interna, que difunde na mídia a temática conservadora do "custo Brasil", utilizando-a como arma da crítica à legislação social e trabalhista vigente.

Diante dessas limitações políticas, o governo federal petista tem de executar programas sociais mais modestos: políticas de distribuição de renda que beneficiam os segmentos mais desfavorecidos da população, como o Bolsa Família. Ao executar esse tipo de política, tendente a produzir efeitos imediatos sobre o rendimento das camadas populares, o governo federal parece voltar ao terreno do populismo. Isso porque ele parece capitalizar para si mesmo o efeito político final da execução de tais programas: aumentar a sua distância com relação ao partido situacionista (PT) e ao movimento de massas. Por essa via, aumenta também a tendência, como no populismo histórico, de o governo federal assumir um caráter suprapartidário, bem como de girar fundamentalmente em torno da figura do chefe do Executivo (presidente da República).

A questão do retorno do populismo está, portanto, emergindo no Brasil; mas tal questão tende igualmente a se manifestar em outros países da América Latina. E isso porque está colocado para muitos países do continente latino-americano o seguinte dilema: a) o avanço, sempre difícil, da industrialização; nesse caso, governos tendencialmente instáveis terão de recorrer a políticas populistas; b) o recuo histórico ao modelo econômico agroexportador; nesse caso, a política governamental se encaminhará para o favorecimento ao consumo de bens industriais (e, eventualmente, de gêneros alimentícios) importados, o que envolverá a busca de apoio social e político junto à classe média, e não junto às classes populares.

Desenvolvimento capitalista e regime político no Brasil

Não podemos finalizar este panorama histórico sem examinar a evolução do regime político ao longo do processo de transição para o capitalismo, bem como do período subsequente de desenvolvimento capitalista no Brasil. Alguns cientistas políticos têm sustentado que, da Revolução Republicana de 1889 até os nossos dias, o regime político assumiu uma forma democrática em pelo menos três subperíodos: a) a Primeira República (1889-1930); b) a fase da "redemocratização" (1945-1964); c) a Nova República (a partir de 1988). Em geral, tais autores agregam que, na comparação com os regimes democráticos dos países capitalistas avançados, os regimes democráticos brasileiros se mostram *limitados*. E pelo menos uma parte deles propõe uma explicação histórico-cultural ou antropológica para o caráter persistentemente limitado do regime democrático no Brasil: tal limitação resultaria do fato de o Brasil ser um herdeiro da cultura ibérica, visceralmente autoritária.

Parece-nos justa a tese de que os três regimes democráticos brasileiros se mostram limitados na comparação com as democracias dos países capitalistas avançados; mas é desarrazoado fornecer uma explicação geral, de caráter supra-histórico e cultural, para tais limitações. Examinemos o regime democrático vigente na Primeira República.

Tal regime político é, de fato, limitado do ponto de vista democrático, já que um único partido político (o Partido Republicano) é eleitoralmente viável ao longo de todo o período (quarenta anos), o que inviabiliza a alternância partidária no governo central e determina a operação informal de um *regime de partido único*. O processo eleitoral é manipulado pelos grandes proprietários de terras, que controlam o voto do eleitorado rural e impõem práticas fraudulentas às juntas eleitorais, garantindo desse modo a vitória eleitoral permanente do PR. A razão para essa limitação do regime democrático não é histórico-cultural, e sim política: a burguesia comercial-exportadora, que controla o aparelho de Estado central e os principais governos estaduais, não pode aceitar o aumento da representatividade popular do processo eleitoral, pois o seu projeto histórico é anti-industrial e elitista. Portanto, a democracia oligárquica é a forma político-institucional que convém à hegemonia política da burguesia comercial-exportadora, só remotamente tendo algo a ver com a cultura autoritária ibérica.

A limitação do regime democrático de 1945-1964 não tem a mesma natureza que a limitação do regime democrático da Primeira República. O regime político, agora, é de fato multipartidário; mas os partidos não exercem uma influência decisiva sobre os governos, de modo que não se pode falar propriamente em *governos partidários*, como para os países capitalistas avançados. A democracia populista implica, portanto, uma redução da influência dos partidos na definição das políticas governamentais, em benefício da influência do grupo diretamente detentor do controle do aparelho de Estado (burocracia administrativa, quadros técnicos, Forças Armadas). Aqui, também, a razão para o caráter limitado do regime democrático é política, e não histórico-cultural. A execução de uma política estatal, elaborada na perspectiva de longo prazo de um segmento frágil da burguesia (a burguesia industrial interna), exige do governo que ele conquiste uma base popular de apoio pela via direta, sem a mediação de partidos independentes de massa. Para ter êxito, o governo põe em prática uma política de *antecipação de reivindicações*, descolada da realidade programática dos partidos. Em suma, é a instabilidade da situação da burguesia industrial no processo de transição para o capitalismo, num país periférico e dependente como o Brasil, e não a cultura autoritária ibérica, que explica o caráter limitado do regime democrático de 1945-1964.

O regime democrático que emerge do processo constituinte de 1986-1988 se caracteriza por um presidencialismo forte, cujo eixo é a elevada capacidade governamental de executar políticas por meio de decretos-lei do Poder Executivo, agora denominados *medidas provisórias*. Implantado num contexto pluripartidário (sempre mais de dez partidos após 1988), o presidencialismo forte leva à formação de maiorias *ad hoc* no Parlamento e a uma relativa despartidarização do governo federal. É interessante notar que o reforço dos poderes presidenciais e a despartidarização dos governos nacionais se revelaram "funcionais" em duas situações políticas bastante diferentes. Entre 1990 e 2002, o reforço do Poder Executivo foi um instrumento importante para a imposição, ao conjunto da sociedade e inclusive a certos segmentos da classe dominante (como a burguesia interna), de uma política neoliberal, favorável aos interesses do capital estrangeiro e da burguesia associada. A partir de 2003, o presidencialismo forte se coloca a serviço de um projeto político elaborado na perspectiva da burguesia interna, projeto esse que se choca com os interesses do capital estrangeiro e da burguesia associada.

Tentemos, agora, resumir nossa visão sobre a evolução do regime democrático no Brasil, desde a fase de transição para o capitalismo até a fase de reprodução ampliada do modo de produção capitalista. A presença de limitações nos sucessivos regimes democráticos brasileiros se deve à impossibilidade de emergência, como nos países capitalistas anglo-saxões, de um modelo relativamente consensual de desenvolvimento capitalista; e isso por razões históricas que procuramos apresentar ao longo deste texto. Um cientista político partidário da tese da "cultura política autoritária" poderia, obviamente, endereçar-nos a seguinte questão: a tendência política predominante na formação social brasileira não seria aquela que se concretizou no Estado Novo (1937-1945) e no regime militar (1964-1984)? E os dispositivos autoritários subsistentes nos diversos períodos democráticos da história política do capitalismo brasileiro não representariam a confirmação dessa tendência?

A nosso ver, a resposta a essa questão deve assumir a mesma direção teórica definida anteriormente: a explicação é histórico-política, não cultural. Em 1930, a destruição da "democracia oligárquica" e do sistema informal de partido único foi necessária para a liquidação da hegemonia política da fração mercantil da classe dominante (a burguesia comercial exportadora), e para a colocação do aparelho de Estado a serviço de um projeto de industrialização. Em 1964, o golpe de Estado foi o processo político que tornou possível o aumento da influência, dentro do aparelho estatal, de forças políticas de cunho antinacional, dificilmente representáveis no sistema partidário vigente no período populista: o capital estrangeiro e a burguesia associada.

Esta é, portanto, a nossa conclusão mais geral sobre a configuração do processo político ao longo da história do capitalismo brasileiro (transição, reprodução ampliada): o Brasil capitalista não revela nenhuma vocação orgânica para o autoritarismo, assim como também não evidencia nenhuma vocação orgânica para a democracia. A ocorrência de variações no regime político, dentro do quadro institucional geral do Estado burguês, depende sempre do estado das relações políticas entre as classes sociais e/ou dentro das classes sociais; e essas relações estão, em última instância, conectadas com o padrão assumido pelo desenvolvimento capitalista no país.

DEMOCRACIA E CAPITALISMO NO BRASIL: BALANÇO E PERSPECTIVAS

Pertence quase ao senso comum a ideia de que a experiência republicana brasileira registra um déficit permanente de democracia. São incontáveis as análises que apontam certas características crônicas da vida político-institucional brasileira no século XX: o caráter sempre *limitado* – para os padrões do capitalismo central – das nossas diversas experiências democráticas e a *instabilidade* da democracia no Brasil republicano. Valeria a pena voltar ao assunto? Na verdade, a abordagem do déficit democrático brasileiro se constitui não apenas numa possibilidade, mas também em um imperativo para aqueles analistas que discordam do modo pelo qual a corrente dominante da ciência política brasileira: a) conceitua aquelas características: limitação, instabilidade; b) procura explicá-las teoricamente. Tais analistas, para os quais a metodologia de pesquisa proposta por Florestan Fernandes em *A revolução burguesa no Brasil* deve ser uma referência fundamental[1], têm, portanto, a incumbência de cumprir duas tarefas. Em primeiro lugar, cabe-lhes reconceituar (em vez de rejeitar liminarmente) os indicadores do déficit democrático brasileiro. Em segundo lugar, devem buscar uma explicação teórica para esse déficit democrático que se constitua numa efetiva alternativa àquela predominante nos estudos sobre a vida política brasileira. Desempenhando essas duas tarefas, os analistas políticos estarão aptos a examinar por um outro ângulo a vida política no Brasil atual, bem como a propor uma nova reflexão sobre as perspectivas da democracia nesse contexto. Este texto apresenta algumas ideias sobre os indicadores do déficit democrático brasileiro, bem

---

[1] Referimo-nos, mais especificamente, ao capítulo 7 desse livro: "O modelo autocrático-burguês de transformação capitalista". Não estamos endossando aqui as conclusões a que chega Florestan Fernandes nesse texto; queremos somente proclamar a superioridade da metodologia de análise empregada por Florestan com relação àquela que predomina nos estudos sobre a democracia no Brasil. Ver Florestan Fernandes, *A revolução burguesa no Brasil: ensaio de interpretação sociológica* (Rio de Janeiro, Zahar, 1975), especialmente p. 289-366.

como sobre os elementos determinantes da concretização desse déficit. E se serve dessas ideias na avaliação das perspectivas da democracia no Brasil atual.

O CARÁTER LIMITADO DAS EXPERIÊNCIAS DEMOCRÁTICAS NO BRASIL REPUBLICANO

Entre os analistas, é quase consensual que as duas primeiras experiências democráticas do Brasil republicano – a de 1889-1930 e a de 1945-1964 – tiveram um caráter *limitado*. Isso quer dizer: a forma de Estado e o regime político não se revestiram, nesses dois períodos, de *todos* os atributos que podemos detectar nas instituições políticas dos países capitalistas centrais habitualmente qualificadas como "democráticas". A nosso ver, essa observação é justa. O problema, entretanto, começa quando ela se acopla a uma desconsideração da *diferença* existente entre as limitações registradas num e noutro caso: a democracia de 1889-1930 e a democracia de 1945-1964. Essa desconsideração não resulta, nos melhores cientistas políticos, de um desconhecimento do processo histórico concreto; na verdade, ela tem uma fundamentação teórica precisa. A saber: a suposição de que, no Brasil, algum fator trans-histórico – a fraqueza da sociedade civil diante do Estado, a força do patrimonialismo ou o caráter autoritário da cultura nacional – funciona regularmente como dispositivo limitador de toda e qualquer experiência democrática. Caso se parta dessa suposição, chegar-se-á seguramente à conclusão de que eventuais diferenças entre as diversas experiências democráticas concernem aos seus aspectos secundários, sendo o seu aspecto fundamental a filiação comum a um *traço permanente* da evolução da sociedade brasileira.

A nosso ver, a democracia de 1889-1930 e a democracia de 1945-1964 se diferenciam, *na sua limitação*, pelo fato de se relacionarem com fases distintas da evolução da formação social brasileira. Abordemos, em primeiro lugar, a democracia da Primeira República brasileira (1889-1930), com vistas a: a) apontar as limitações aí impostas à forma de Estado democrática e ao regime político democrático; b) apresentar os elementos que determinam a imposição de tais limitações. Por que se poderia afirmar que essa democracia – não por acaso, qualificada por muitos autores como uma "democracia oligárquica" – teve um caráter limitado? É visível que o pluralismo partidário não se constituiu, a despeito de não estar constitucionalmente proscrito, numa possibilidade política concreta nesse período. O controle estrito exercido por um único partido político – o Partido Republicano sobre os poderes Executivo e Legislativo, tanto no plano nacional como no plano regional, inviabilizou a ocorrência da alternância de partidos diversos – o mais radical indicador da efetividade do pluripartidarismo – à frente do governo, num ou noutro plano.

Estamos, portanto, diante de uma democracia, já que a forma de Estado e o regime político implicam no funcionamento do Parlamento e na realização regular de eleições para o Executivo e o Legislativo, em todos os níveis. Tal democracia tem, porém, um caráter limitado, já que ela jamais viabiliza o estabelecimento de uma efetiva alternância partidária e, consequentemente, de um pluripartidarismo "de fato". Diante desse quadro, seria em princípio tentador recorrer a um conhecido conceito de Maurice Duverger: a democracia da Primeira República brasileira seria uma democracia fundada não num sistema efetivamente pluripartidário, e sim num "sistema de partido dominante". Isto é, um sistema que implicaria a "hegemonia" nacional de um partido sobre os demais, ao longo de todo um período histórico; uma situação obviamente diferente da exclusão coercitiva do conjunto dos partidos por um "partido dirigente", controlador do aparelho de Estado. Todavia, quando se aprofunda a análise do processo político desse período, pode-se constatar que o funcionamento de um "sistema de partido dominante" foi aí mais aparente que real. Na verdade, as características do sistema partidário da Primeira República brasileira são relativamente diferentes daquelas presentes em sistemas partidários – aos quais se poderia atribuir com mais propriedade a qualidade de "sistemas de partido dominante" – como os do México pós-revolucionário e dos recém-formados Estados africanos do período pós-colonial. O fato de um único partido político – o Partido Republicano – ter exercido uma duradoura hegemonia nacional ao longo da Primeira República brasileira poderia nos fazer atribuir ao sistema partidário, assim caracterizado, um lugar central dentro do processo político do período em questão. Ou seja: a durabilidade do predomínio nacional do Partido Republicano poderia nos levar à conclusão de que a *instância partidária* teria exercido um controle estrito sobre o aparelho de Estado e, consequentemente, sobre o processo decisório estatal. Ocorre, entretanto, que o processo político da Primeira República brasileira teve uma configuração distinta. Os diversos segmentos regionais da fração hegemônica da classe dominante – a burguesia comercial ligada à exportação de produtos primários – tenderam, mais que à construção de uma *organização partidária de cunho nacional*, a se articular politicamente por uma *via extrapartidária*: a "política dos governadores". Tal política representou um acordo político direto entre a Presidência da República, os governos estaduais, o Congresso e os legislativos estaduais. Esse acordo amplo fixava, na prática, regras permanentes para o exercício da hegemonia política no seio do bloco no poder. Ao promover a articulação política direta – sem uma mediação especificamente partidária – dos diferentes segmentos regionais da fração hegemônica da classe dominante, a "política dos governadores" enfraqueceu a vida partidária das classes dominantes regionais. Tornou-se assim inviável a formação de um *partido dominante de caráter nacional*; daí o artificialismo e a efemeridade de partidos nacionais como o Partido Republicano Federal (PRF) de Francisco Glicério ou o Partido Republicano Conservador (PRC) de Pinheiro Machado.

É nesses termos, portanto, que se deve conceituar a natureza limitada da chamada "democracia oligárquica" da Primeira República brasileira. Ou seja: tal democracia se mostrou limitada não apenas por inviabilizar a efetiva alternância de diferentes partidos políticos à frente do governo (o que significa: limitada em comparação com as democracias típicas dos países capitalistas centrais), mas também por excluir o funcionamento real de um "sistema de partido dominante" (o que significa: limitada em comparação até mesmo com uma variante de democracia presente em certos países periféricos). Seria, porém, excessivo, não obstante essas limitações, retirar a forma de Estado e o regime político da Primeira República brasileira do rol das democracias do século XX, a menos que se considere – o que não é o nosso caso – imprópria a atribuição do qualificativo "democrático" a Estados e regimes políticos cujo funcionamento concretiza uma dominação de classe. O exercício da dominação de classe implicou, num caso histórico como o que estamos examinando, a vigência formal do sufrágio universal e a realização periódica de eleições para o Executivo e o Legislativo. E a especificidade dessa combinação de elementos (coexistência da dominação de classe e da encenação da representação política do povo-nação) deve ser levada em conta pelo analista político, por mais crítica que seja a sua postura.

Como explicar essa *dupla limitação* da democracia em nosso primeiro período republicano? Para toda uma corrente do pensamento político brasileiro, o caráter "oligárquico" de tal democracia é apenas mais uma manifestação histórica, entre muitas, de algum traço permanente da sociedade brasileira: a fraqueza da sociedade civil diante do Estado, a força do patrimonialismo ou o caráter autoritário da cultura nacional. Aqui, pretendemos apenas indicar, de um modo ainda bastante genérico, um caminho alternativo para a explicação do déficit democrático – agora reconceituado como uma "dupla limitação" da democracia – constatado nesse período. A saber: esse déficit democrático deve ser relacionado não com algum fator trans-histórico, e sim com as características econômicas e políticas próprias a uma etapa específica do processo brasileiro de transição para o capitalismo; noutros termos, próprias a uma etapa específica da revolução burguesa, em sentido lato[2].

Um aspecto fundamental da primeira etapa do processo global de revolução burguesa no Brasil consiste no fato de que a revolução *política* burguesa – isto é, a formação de um Estado burguês – não se fez acompanhar de um processo de repartição da terra (reforma agrária) que levasse à destruição da grande propriedade fundiária. Nesse sentido, pode-se dizer que a revolução burguesa, em sentido lato, esteve aqui despida, desde o início, de uma dimensão "democrática". A primeira etapa do processo global de revolução burguesa no Brasil apresenta, portanto, duas

---

[2] Aqui, concebemos a *revolução burguesa em geral* (ou revolução burguesa num sentido amplo) como o conjunto dos aspectos da passagem ao capitalismo: formação de novas relações de produção, de uma nova configuração da divisão do trabalho, de novas classes sociais, de uma nova ideologia dominante, de uma nova estrutura jurídico-política. Quanto à *revolução política burguesa* (ou revolução burguesa num sentido estrito): ela é aqui concebida, basicamente, como a transformação da estrutura jurídico-política; isto é, como a formação do Estado burguês.

dimensões distintas. De um lado, a revolução *política* de 1888-1891 – cujos momentos fundamentais foram a Abolição da escravidão, a Proclamação da República e a Assembleia Constituinte – determinou a liquidação do escravismo e a destruição do Estado imperial-escravista. Esse processo destrutivo significou, num plano afirmativo, a construção de um Estado nacional burguês, cujo funcionamento implicaria: a) a fixação de todos os homens, independentemente de sua condição socioeconômica, como sujeitos individuais de direito; b) a adoção, na organização de seu próprio aparelho, de critérios universalistas e formalmente meritocráticos (isto é, a decretação da possibilidade de acesso de qualquer indivíduo – agora declarado "cidadão" – ao aparelho de Estado, desde que constatada previamente sua "competência"). A formação do Estado nacional burguês, na conjuntura política de 1888-1891, implicou a instauração de condições jurídicas e ideológicas (a "libertação" de todos os homens sujeitos a trabalho compulsório, o que resultou em incentivo à imigração estrangeira) necessárias à formação e ao desenvolvimento do mercado de trabalho e, consequentemente, ao nascimento da grande indústria moderna. De outro lado, a *ausência* de uma revolução agrária, concomitante à revolução política burguesa, determinou a conservação da grande propriedade fundiária em plena etapa de surgimento da grande indústria moderna. Mais especificamente, o latifúndio escravista, nesse momento histórico, nem cedeu lugar à pequena propriedade agrária e à agricultura familiar, nem foi substituído pela grande empresa agrícola, fundada na mecanização e no trabalho assalariado. Na verdade, a plantação escravista se metamorfoseou, por obra da liquidação do escravismo, em latifúndio feudal; ou, para recorrer à expressão de Jacob Gorender, em latifúndio apoiado em "formas camponesas dependentes" (no qual o camponês detém o uso, porém não a propriedade, da terra em que trabalha, consequentemente se envolvendo, tanto do ponto de vista econômico como do ponto de vista ideológico, numa relação de dominação e dependência pessoais com o grande proprietário que lhe cede o uso da terra)[3].

Sublinhe-se igualmente que, correspondendo essa etapa inicial da transição para o capitalismo no Brasil ao momento histórico do *nascimento* da grande indústria moderna, é natural que a agricultura domine – em múltiplos sentidos – a indústria. Como o latifúndio apoiado em "formas camponesas dependentes" ocupa, nessa etapa, um lugar central dentro da economia agrária, pode-se concluir que, na Primeira República brasileira, o contingente das classes populares inserido na esfera ideológica pré-capitalista é sensivelmente superior àquele já integrado à esfera ideológica propriamente capitalista. Em termos mais claros: a porcentagem de trabalhadores subjugados pelos sentimentos de lealdade pessoal para com o proprietário de terras

---

[3] Tal conceito é apresentado por Jacob Gorender em "Gênese e desenvolvimento do capitalismo no campo brasileiro", constante na coletânea *Trabalhadores, sindicatos e política* (São Paulo, Cedec/Global, 1979).

e de consequente fidelidade aos chefes políticos por ele apoiados é bastante superior à porcentagem de trabalhadores já tomados pelo sentimento de "cidadania" (isto é, de liberdade civil e de independência política). Essa é, a nosso ver, a causa fundamental da *primeira limitação* – ausência de um pluralismo partidário efetivo e, consequentemente, das condições necessárias à concretização da "alternância" – imposta à democracia na Primeira República brasileira. Em 1894 – isto é, com o fim do subperíodo militar –, o Estado burguês recém-formado se articula a instituições políticas de caráter democrático-presidencialista, fundadas em dois princípios: a) realização regular de eleições para o Executivo e o Legislativo em todos os níveis; b) vigência do sufrágio universal[4]. Todavia, as características econômicas e ideológicas, anteriormente mencionadas, da formação social brasileira na etapa inicial da transição para o capitalismo inviabilizaram a "dinamização democrática" dessas instituições políticas pela via da operação de um pluripartidarismo efetivo. Estando as classes populares rurais sujeitas, na sua maior parte, à dominação pessoal exercida pelos grandes proprietários de terras, elas se convertem no plano eleitoral em massa de manobra à disposição dos "coronéis" (latifundiários e chefes políticos locais). Desse modo, o campesinato da Primeira República se acha colocado – por obra da vigência de relações de dominação e dependência pessoais no campo – a serviço do partido político organicamente comprometido com o interesse geral das classes dominantes: o Partido Republicano. Por essa razão, nenhum partido camponês se forma ao longo da Primeira República, a despeito de o contingente de trabalhadores rurais ser, nesse período, amplamente superior ao contingente de trabalhadores urbanos. Um partido camponês só poderia surgir onde o campesinato dependente tivesse sido maciçamente substituído por um campesinato independente (vale dizer, pequeno proprietário ou "parcelar").

    O processo social que acabamos de descrever rapidamente tem, entretanto, implicações políticas mais amplas. O estrito controle exercido pelos "coronéis" sobre o comportamento eleitoral das massas rurais não inviabiliza apenas a emergência de partidos populares rurais; ele também bloqueia a constituição de partidos trabalhistas

---

[4] Na vigência desse segundo princípio reside o caráter progressista da democracia "oligárquica" de 1889-1930. A Constituição brasileira de 1891 não abrigava nenhum sistema, de caráter censitário (por nível de renda ou de propriedade) ou outro (por exemplo, por raça), de limitação do corpo de eleitores ou de elegíveis; e isso num momento histórico em que tais processos de exclusão eleitoral vigoravam, isolada ou conjugadamente, na maior parte dos países capitalistas centrais. A limitação dos direitos políticos decorria, na primeira Constituição republicana do Brasil, de uma restrição cultural (a interdição do voto do analfabeto) compatível com a ideologia meritocrática em ascensão no ambiente urbano; e da ausência de uma autorização expressa ao voto feminino (o que permitia que prevalecesse uma interpretação jurídica em sentido contrário). Uma exposição minuciosa das limitações impostas à democracia nos países capitalistas centrais se encontra em Göran Therborn, "The Rule of Capital and the Rise of Democracy", *New Left Review,* Londres, n. 103, maio/jun. 1977.

urbanos voltados para a participação no jogo político-institucional. As classes trabalhadoras urbanas têm consciência de sua impotência eleitoral, decorrente da inviabilidade política de alianças eleitorais com as massas rurais (estando estas subjugadas, como já se viu, à política dos "coronéis"). Por isso, uma política independente – isto é, não controlada pelas classes dominantes – será perseguida pelas classes trabalhadoras urbanas, não por meio da organização de partidos trabalhistas direcionados para a participação eleitoral, e sim por meio do apelo a outros instrumentos de ação: a greve geral (classe operária) e a revolta tenentista (classe média).

A cena política da Primeira República brasileira se revela, portanto, em primeiro lugar, carente de partidos populares, rurais ou urbanos. Sublinhe-se, em segundo lugar, que não chega a se constituir, nesse período histórico, sequer um "pluripartidarismo estrito de classe dominante". Ambos os aspectos do sistema partidário "oligárquico" são sobejamente conhecidos. Para os nossos propósitos teóricos e metodológicos, mais vale destacar a relação existente entre o primeiro e o segundo aspectos. Analisando a sociedade capitalista, Umberto Cerroni sustenta na sua "teoria do partido político" que a tendência espontânea da classe dominante (burguesia) é se fazer representar politicamente pelo Estado, organicamente comprometido com a preservação da ordem social vigente e, consequentemente, com a defesa dos interesses gerais da classe social que dela se beneficia. Garantida pelo Estado burguês, a classe dominante se torna "antiassociativista"; ora, isso não pode ocorrer com as classes trabalhadoras, para as quais a construção de uma organização política independente – o partido – é o único caminho que leva à ruptura da ordem social vigente. Por isso, nas sociedades capitalistas concretas, os partidos políticos das classes trabalhadoras tendem a surgir *antes* dos partidos políticos das classes dominantes. E mais: o surgimento destes tende a se configurar como um *processo político induzido*; vale dizer, como uma "resposta" política direta (sem mediação estatal) das classes dominantes ao surgimento de partidos políticos das classes trabalhadoras. Essa reação política é necessária: se os partidos políticos das classes trabalhadoras funcionam objetivamente – quaisquer que sejam as intenções da direção partidária – como instrumentos de pressão sobre o Estado burguês, impõe-se que as classes dominantes ocupem o seu lugar dentro do campo de jogo recém-instalado e criem mecanismos institucionais que contrabalancem essa pressão[5]. Aplicando-se essa formulação teórica na análise da vida partidária na

---

[5] Ver Umberto Cerroni, *Teoria do partido político* (São Paulo, Ciências Humanas, 1982). Cerroni afirma na p. 14: "(...) não é um acidente o fato de que, em todos os países evoluídos, o partido que primeiro se atribui uma organização difusa e um programa nacional é exatamente o partido operário-socialista". E, na p. 15 o autor pondera, de modo lapidar: "Típica da burguesia moderna é a ideia de que a sociedade política nasce e vive apenas para garantir o livre dinamismo das esferas privadas; típica do proletariado moderno, ao contrário, parece ser a instância oposta: a instância da liberdade mediante a associação. Na ausência de organização, digamos assim, o burguês ou proprietário encontra a expansão da sua liberdade, o proletário encontra uma trava à sua liberdade.

Primeira República brasileira, conclui-se que a ausência de um partido latifundiário (o Partido Republicano estando longe de representar, mormente no estado de São Paulo, esse papel político de classe) relaciona-se diretamente com a inexistência de qualquer partido camponês; e que a ausência de um partido industrial – qualidade que não se poderia atribuir a nenhuma "dissidência" do Partido Republicano, nem mesmo ao Partido Democrático de São Paulo – relaciona-se diretamente com a inexistência de qualquer partido trabalhista urbano, de massa e institucional. Em suma: o déficit partidário das classes dominadas se desdobra em déficit partidário das classes dominantes.

A primeira etapa do processo global de revolução burguesa no Brasil apresenta também um outro aspecto fundamental: ela implica a preservação da situação de *dependência* – nos planos econômico, tecnológico e político – da formação social brasileira com relação aos países capitalistas centrais, bem como a configuração de um *padrão retardatário de industrialização* (cuja evolução se mostra atrasada quando comparada à evolução industrial dos países capitalistas de que a economia brasileira então depende). Essa dupla característica – natureza dependente da formação social brasileira, natureza retardatária do processo brasileiro de industrialização – é a nosso ver o fundamento da *segunda limitação* imposta à democracia na Primeira República brasileira: o funcionamento mais aparente que real de um "sistema de partido dominante". Para os fins que nos interessam aqui, anote-se que a dependência se exprime, no plano da composição das classes dominantes e da organização do bloco no poder, por meio da preponderância econômica e da hegemonia política de uma "burguesia--mediadora" ou "burguesia-tampão"[6] – isto é, uma burguesia comercial e bancária envolvida na exportação de produtos primários – sobre a classe fundiária e sobre a burguesia industrial nascente. Assim como comissários, exportadores e banqueiros dominam, por meio dos mecanismos de financiamento, os agricultores, essa fração burguesa, no seu conjunto, "controla" o aparelho de Estado nos planos nacional e regional (pelo menos nas regiões onde o desenvolvimento da agricultura de exportação foi suficiente para provocar a diferenciação da burguesia comercial de mercado externo com relação à classe fundiária). Esse "controle" consiste fundamentalmente – advirta-se logo, para evitar mal-entendidos – no alinhamento *objetivo* das políticas estatais com os interesses econômicos gerais dessa fração. Quanto à classe fundiária:

Sozinho, o burguês-proprietário se sente mais forte e seguro; sozinho, o proletário se sente menos seguro e menos forte. Daí a tendência do mundo burguês a não exprimir formas de organização que vão além do Estado garantidor, de um 'direito à solidão'".

[6] É Florestan Fernandes que propõe a expressão "burguesia-tampão" para caracterizar a burguesia, típica de economias coloniais e neocoloniais em transição para o capitalismo e para a emancipação nacional, da qual a melhor ilustração seria a "burguesia compradora" chinesa. Ver Florestan Fernandes, *A revolução burguesa no Brasil*, cit., p. 326.

sendo ela economicamente dominada pela burguesia comercial-exportadora, acaba também por se submeter politicamente, em última instância, a essa fração burguesa. Vejamos a natureza dessa submissão política. A classe fundiária se configura, não obstante o fato de exercer poder socioeconômico sobre o campesinato dependente e de controlar o chamado "poder local" (e nesses dois planos reside sua "força"), como o polo subalterno de uma aliança política selada com a burguesia comercial--exportadora (e nesse plano específico reside a sua "fraqueza"). Obtendo do Estado ("controlado" pela burguesia comercial-exportadora), nos níveis nacional e regional, garantias quanto à preservação do padrão vigente de distribuição da propriedade agrária e do controle exercido pelos "coronéis" sobre o "poder local", a classe fundiária presta, em troca, um serviço político de natureza eleitoral à burguesia comercial--exportadora. Ou seja: a classe fundiária garante, por meio da organização do processo eleitoral no campo (o que significa: o exercício de um controle estrito sobre o voto do campesinato dependente), a vitória eleitoral da burguesia comercial-exportadora e consequentemente a legitimação (por mais limitada que ela seja) da hegemonia política dessa fração burguesa.

Devemos, agora, refletir sobre a relação existente entre esse quadro – a composição das classes dominantes e a organização do bloco no poder, no contexto de uma formação social dependente iniciando a sua transição para o capitalismo – e as características da vida partidária na Primeira República brasileira. Ainda que ocupando um lugar preponderante dentro da aliança política latifundiário-burguesa, a burguesia comercial-exportadora não pode se lançar numa empreitada de estruturação do Partido Republicano como um "partido efetivamente dominante", dotado de vida política própria e de caráter nacional. Tal empreitada se configuraria como uma operação política de alto risco para a preservação de sua hegemonia política no seio do bloco no poder. Dados o caráter dominantemente agrário da formação social brasileira e a considerável superioridade numérica da classe fundiária com relação à burguesia comercial-exportadora nesse período histórico, qualquer tentativa de "dinamização" da vida interna do único partido institucional – o Partido Republicano – poderia redundar na criação de um novo espaço político, potencialmente útil para a classe fundiária numa luta eventual pela modificação dos termos de seu relacionamento político com a burguesia comercial-exportadora. Em qualquer caso, tal "dinamização" seria inconveniente na visão da fração hegemônica, pois ela induziria o reforço da ação partidária diante de um aparelho de Estado já controlado, desde o início da República, pelo capital comercial-exportador. Por essa razão, tal fração se inclinará, ao longo da Primeira República brasileira, a práticas políticas informais – sobretudo a "política dos governadores" –, em detrimento de práticas partidárias institucionalizadas (debates internos, convenções amplas etc.). Como ilustração da atitude reticente da burguesia comercial-exportadora diante de qualquer tentativa de "dinamização" da vida partidária, é interessante mencionar que, na década de

1900, a classe fundiária paulista, ligada à cafeicultura, buscava sua incorporação em termos coletivos[7] – isto é, como "Partido da Lavoura" – ao Partido Republicano Paulista. Ora, a Comissão Executiva desse partido – controlada por comissários, exportadores e banqueiros – jamais atendeu a essa reivindicação, que de resto ela contestava na sua própria legitimidade. Para tal comissão, a política partidária seria uma atividade própria aos homens da cidade – dotados dos níveis de cultura e de civilização indispensáveis para tanto –, devendo, portanto, ser mantidos à distância os "agricultores" ou "lavradores"; vale dizer, a classe fundiária. A rigor, o único fator de dinamização do sistema unipartidário vigente na Primeira República brasileira foi o processo intermitente de emergência de "dissidências" internas no Partido Republicano, por ocasião das sucessões presidenciais. Mas tais "dissidências" tiveram um caráter superficial, já que não corresponderam à emergência de novos interesses de fração – por exemplo, interesses industriais – no sistema partidário institucional; consistiram, portanto, conforme a expressão gramsciana, em movimentos "inorgânicos". Esse caráter é atestado pelo fato de tais "dissidências" serem regularmente reabsorvidas no Partido após cada insucesso eleitoral (processo que, excepcionalmente, não chegou a atingir o Partido Democrático de São Paulo, já que a reconciliação com o Partido Republicano, bem como a consequente reabsorção do primeiro no segundo foram inviabilizadas pela deflagração de um movimento político-militar: a Revolução de 1930).

Para completarmos a caracterização da segunda limitação imposta à democracia na Primeira República brasileira, impõe-se ainda explorar as implicações políticas do caráter não só dependente como também retardatário da industrialização no Brasil. Aqui, a grande indústria moderna nasce não no bojo de uma economia já manufatureira, e sim dentro de uma economia primário-exportadora; vale dizer, uma economia integrada ao mercado mundial como exportadora de produtos primários e, consequentemente, votada a se manter numa situação de *dependência* dentro da economia mundial, já liderada pelas economias industriais. Além disso, há "atraso" no nascimento da grande indústria moderna no Brasil; ele ocorre aproximadamente cem anos depois da irrupção do moderno sistema fabril nas economias centrais, com a Inglaterra à frente. Tudo isso significa que a burguesia industrial brasileira estará "dispensada", na implantação da grande indústria moderna, de revolucionar formas de produção anteriores (artesanato, manufatura) com a criação, por iniciativa própria, de novos instrumentos de trabalho (as máquinas). Não há "Revolução Industrial" no Brasil, mas somente a incorporação dos frutos da "Revolução Industrial" deflagrada

---

[7] O exemplo mais conspícuo de incorporação coletiva a um partido político é o do *Labour Party* britânico, ao qual estavam filiados, na primeira metade da década de 1960, 86 sindicatos, bem como cinco sociedades socialistas ou cooperativas. Ver Albert Mabileau e Marcel Merle, *Les partis politiques en Grande-Bretagne* (Paris, Presses Universitaires de France, 1965), p. 57-86.

pelos outros (ou seja, as economias centrais). A tecnologia industrial será importada dos países capitalistas centrais pela burguesia brasileira; e os recursos financeiros necessários para tanto serão as divisas geradas pela exportação de produtos primários (ou, por um outro ângulo, divisas propiciadas pela ação econômica da burguesia comercial-exportadora). Ora, a dependência econômica da burguesia industrial diante da burguesia comercial-exportadora se constitui no fundamento da dependência política da primeira com relação à segunda, dependência essa que se exprime inclusive no plano partidário. Como já vimos anteriormente, não emergiu na Primeira República nenhum partido trabalhista de massa que *induzisse* a formação de um "Partido industrial" destinado ao combate "antiproletário". Agregue-se agora que, pelas razões já apontadas, também não se delinearam na Primeira República condições políticas capazes de induzir a formação de um "Partido industrial" votado ao combate "antiagrário". À burguesia industrial emergente só restou, portanto, acomodar-se ao Partido Republicano, controlado pela burguesia comercial-exportadora. E a sua dependência econômica com relação a esta última classe não explica apenas a incapacidade de a burguesia industrial construir um "Partido industrial"; ela também é o fator determinante da *fragilidade* do seu relacionamento com aquele partido político. Os industriais, vivendo à sombra da expansão da economia agrícola de exportação, não encontraram nesse período histórico razões suficientemente poderosas para justificar a deflagração de uma luta política com vistas a retirar das mãos da burguesia comercial-exportadora – fração preponderante naquela economia – o controle do aparelho partidário (PRP). Deixaram, portanto, de se constituir em fator de "dinamização" do único partido político das classes dominantes, e assim conferiram, pelo seu abstencionismo, ainda mais liberdade à burguesia comercial-exportadora para: a) desvalorizar a instância partidária; b) fazer política, no seio das classes dominantes, por meio de acordos suprapartidários (ou, no melhor dos casos, extrapartidários).

É quase consensual, entre os estudiosos, que a experiência democrática brasileira de 1945-1964 também apresenta um caráter limitado. Essa limitação é, porém, de natureza distinta daquela vigente na Primeira República. Se neste período histórico vigora – e de modo precário, como procuramos indicar anteriormente – um sistema unipartidário, já no período histórico aberto pela derrubada do Estado Novo entra em operação um sistema pluripartidário, cujo núcleo é ocupado por três legendas: PSD, PTB e UDN. Constatando esse fato inegável – a superação do unipartidarismo no período pós-Estado Novo –, poderíamos ser induzidos a situar a democracia brasileira de 1945-1964 no mesmo nível das democracias vigentes nos países capitalistas centrais; isto é, das democracias em que o pluralismo político se desenvolveria até o limite das suas possibilidades dentro do Estado capitalista. Entretanto – e já aqui surge uma limitação –, o sistema pluripartidário de 1945-1964 ocupa, no *processo decisório estatal* (ou seja, na implementação da política de Estado), um lugar menos importante que aquele detido pelos sistemas pluripartidários nos países capitalistas centrais. Quando se estabelecem "correias de transmissão" entre os partidos políticos da classe dominante e a burocracia de Estado, pode-se afirmar que o sistema partidário desempenha, mesmo que indiretamente, um papel importante na implementação da política de Estado, não obstante a ascendência crônica, no interior do Estado capitalista, da burocracia estatal sobre o lugar institucional preferencialmente votado à ação partidária: o Parlamento. Ora, na democracia brasileira de 1945-1964, o sistema partidário se mantém *aquém* desse papel. Isso, porém, não ocorre, como na Primeira República, pelo fato de a fração hegemônica da classe dominante: a) governar por meio de acordos políticos extrapartidários ("política dos governadores"); b) descartar, portanto, a prática do "governo partidário"; c) desvalorizar consequentemente a instância partidária. Isso ocorre em virtude de ainda subsistir, nesse período histórico, uma *crise de hegemonia* no seio do bloco no poder, crise essa instaurada pela Revolução de 1930. No contexto dessa crise (que poderíamos caracterizar sumariamente como uma situação política em que a burguesia comercial-exportadora foi derrotada *sem* que a burguesia industrial emergente tenha conquistado a vitória), a burocracia estatal se converte em *força política autônoma*; e conquista a preponderância absoluta dentro do processo decisório estatal, mesmo que para promover uma política de desenvolvimento capitalista relacionada em última instância com os interesses econômicos de longo prazo da burguesia industrial. Nessa situação, não se estabelecem "correias de transmissão" entre os partidos políticos da classe dominante e a burocracia de Estado. Ao contrário, é esta que logra ativar de modo controlado a vida partidária, viabilizando desse modo: a) a legitimação em termos democráticos do Estado capitalista; b) a ocultação da centralidade do "Partido burocrático" dentro do processo decisório estatal. Lembre-se, a esse respeito, que partidos políticos como o PSD e o PTB foram praticamente criados pela burocracia de Estado: o PSD nasceu ligado às interventorias do Estado Novo, e o PTB foi uma criação do Ministério do Trabalho no fim desse mesmo período. Consigne-se igualmente que esses dois partidos forneceram continuamente no Parlamento base de apoio à política estatal conduzida substancialmente pela burocracia de Estado. Por essas razões, não se formaram, no período 1945-1964, "governos rigorosamente partidários". Ou seja, a implementação da política de Estado não foi, nesse período histórico, prioritariamente a expressão de algum programa partidário; ela obedeceu, antes, às inclinações ideológicas e políticas imperantes na alta burocracia de Estado. Podemos, portanto, concluir que uma limitação específica, distinta daquela registrada na Primeira República, impôs-se à democracia no período 1945-1964: o sistema partidário, a despeito de seu caráter pluralista, confrontou-se em condições altamente desfavoráveis, no terreno do processo decisório estatal, com a burocracia de Estado, então organizada como força política autônoma.

Para explicar a limitação imposta à democracia de 1945-1964 pela intervenção política "bonapartista" da burocracia estatal, devemos recorrer ao mesmo método de análise anteriormente empregado. Tal limitação não é determinada por nenhum fator trans-histórico como a crônica fraqueza da sociedade civil diante do Estado no Brasil. Também essa limitação se relaciona com uma característica específica da transição para o capitalismo no Brasil: a natureza dependente e retardatária do processo brasileiro de industrialização. Esta não se configura como um processo de evolução interna das formas de produção industrial, isto é, como a trajetória do artesanato à manufatura, e desta à grande indústria. Como esclarecem os historiadores econômicos, a industrialização brasileira se desenvolveu sobre a base da incorporação sucessiva de conquistas tecnológicas realizadas pela indústria dos países capitalistas centrais. Para os fins que nos movem neste texto, é importante destacar, em primeiro lugar, que a industrialização brasileira, sendo dependente e retardatária, desenrola-se em *ritmo acelerado*, ou seja, "queimando etapas". Essa afirmação pode ser explorada em dois sentidos diversos. De um lado, nossa industrialização se revela acelerada quando é comparada com a industrialização dos países capitalistas centrais; o tempo físico que medeia entre o surgimento das primeiras unidades produtivas do tipo "grande indústria moderna" e a implantação, por exemplo, da indústria automobilística é bem maior no caso destes países que no caso brasileiro. De outro lado, a industrialização brasileira também se mostra acelerada quando é comparada com o estágio do desenvolvimento interno das forças produtivas; mais "natural" seria – caso inexistisse a articulação dependente com a economia mundial – que a economia brasileira, de caráter ainda basicamente agrícola no fim do século XIX, passasse por um estágio (intermediário) manufatureiro antes de se converter em economia propriamente industrial.

Qual a implicação política fundamental do caráter acelerado da industrialização brasileira? Os estudiosos do populismo abordaram-na, de modo mais ou menos rigoroso: ela diz respeito à posição política das classes trabalhadoras urbanas na formação social brasileira em transição para o capitalismo. A outra face do caráter acelerado da industrialização brasileira é a rapidez do processo de formação das classes trabalhadoras urbanas. Os trabalhadores manuais da indústria e dos serviços não são aqui recrutados, como no "arranque" industrial dos países capitalistas centrais, entre artesãos e trabalhadores manufatureiros. Caso a formação das classes trabalhadoras urbanas tivesse se dado no Brasil por essa via "gradualista", as massas inseridas nas esferas industrial e de serviços teriam passado por uma experiência associativa e reivindicativa prévia (em corporações de ofício, em "ligas" etc.), ainda que limitada. E essa experiência teria constituído um suporte valioso para a sua escalada até o terreno da vida propriamente partidária. Ora, os trabalhadores manuais urbanos são maciçamente oriundos, no Brasil pós-1930, do campesinato dependente, envolvido em relações sociais pré-capitalistas. Portanto, trazem consigo, ao adentrarem o mundo urbano-industrial, uma postura ideológica centrada na lealdade pessoal para com o "senhor" (que, na esfera urbana, tende a se transformar em lealdade pessoal para com o "patrão") e na fidelidade pessoal ao "chefe político" (que, na esfera urbana, tende a se transformar em fidelidade pessoal à autoridade estatal nacional). A sobrevivência – viabilizada pela continuidade do fluxo migratório rural-urbano – dessa postura ideológica no mundo urbano-industrial se constituirá num obstáculo poderoso ao envolvimento das massas urbanas em experiências partidárias de envergadura.

Mas o caráter acelerado da industrialização brasileira tem também uma outra implicação política. Nesse padrão – dependente, retardatário e acelerado – de industrialização, as exigências do aparelho de produção e de serviços quanto à reprodução da força de trabalho (isto é, quanto aos padrões de habitação, transporte, educação, saúde, "cultura" etc.) são ditadas "de fora". Vale dizer, elas decorrem de padrões tecnológicos instaurados pelos países capitalistas centrais e sucessivamente incorporados pela economia brasileira. Tais exigências estão, portanto, continuamente adiante do nível alcançado de "urbanização" dos custos de reprodução da força de trabalho. Ora, a superação dessa defasagem se coloca como uma questão material crucial e "urgente" para as massas urbanas. No contexto da industrialização dependente, retardatária e acelerada, as massas urbanas não podem se acomodar a uma evolução natural e espontânea – isto é, comandada por imperativos do mercado – do seu padrão material de vida; caso o fizessem, estariam colocando em risco a própria reprodução de sua condição de trabalhadores urbanos. Essa "urgência" material acabará enfim por se traduzir em "urgência" política; as massas urbanas se dirigirão *diretamente* – isto é, sem a mediação da esfera partidária – ao Estado, para dele obter uma intervenção compensatória que liquide a defasagem entre o seu padrão material de vida e as exigências capitalistas de reprodução da força de trabalho. Pouco propensas ideologicamente à ação política organizada e independente, e envolvidas no exercício de uma "pressão difusa" sobre o Estado, as massas urbanas darão uma contribuição objetiva ao estabelecimento, a partir de 1945, de um jogo político democrático de tipo "populista". Durante a democracia de 1945-1964, na ausência de um autêntico partido trabalhista de massa, as classes trabalhadoras urbanas serão politicamente controladas pelo Estado, seja por meio de um partido trabalhista artificial e de origem burocrática (o PTB), seja por meio de sindicatos "oficiais", diretamente subordinados ao Ministério do Trabalho (os chamados "sindicatos de Estado").

Inexistindo um partido trabalhista de massa, não poderia emergir nesse período, por meio de um *processo induzido*, um "Partido industrial" votado ao combate "antiproletário". Mas cabe perguntar, neste ponto, se a derrota política imposta pela Revolução de 1930 à burguesia comercial-exportadora não teria instaurado condições políticas favoráveis à formação de um "Partido industrial" direcionado para a luta "antiagrária" e para a defesa de um progresso industrial contínuo, capaz de reduzir drasticamente a defasagem entre a economia periférica brasileira e as economias capitalistas centrais. A resposta a tal questão pode parecer paradoxal, se não se leva em conta o caráter dependente e retardatário do processo brasileiro de industrialização. Neste padrão de industrialização, a burguesia industrial não almeja o aprofundamento da industrialização. Favorecida pela disponibilidade de recursos financeiros (engendrados na economia primário-exportadora) para importação e pela continua oferta internacional de novas tecnologias industriais, essa classe social prefere se manter na condição de consumidora dos meios de produção fabricados noutro lugar a internalizar, com altos custos, o departamento econômico produtor de meios de produção. Ora, uma burguesia industrial que abdica da direção do processo de industrialização está, ao mesmo tempo, renunciando à luta pela conquista da hegemonia política no seio do bloco no poder. Nessas condições, dificilmente essa classe social se lançaria na construção de um "Partido industrial", salvo se fosse induzida a isso por um movimento contrário de auto-organização política das classes trabalhadoras urbanas.

Essas ponderações teóricas nos permitem indicar uma outra dimensão da "democracia populista" de 1945-1964: a burocracia de Estado, traduzindo a aspiração das classes populares urbanas (parte da classe média, trabalhadores da indústria e dos serviços), dirige politicamente o processo de industrialização. O sistema pluripartidário, que fornece uma base de apoio parlamentar à política de industrialização, chega a tanto pelo fato de estar em última instância controlado pela burocracia estatal, e não pelo fato de se submeter ao predomínio de um "Partido industrial". Um único partido político da classe dominante denunciará, ao longo do período 1945-1964, a fraqueza do sistema partidário diante da burocracia de Estado; denúncia essa que se manifesta, no plano do discurso político, como crítica ao caráter "populista" do sistema político. Tal partido político é a UDN, representante do ponto de vista da "burguesia-tampão", em todas as suas dimensões (comércio importador ou exportador, atividade financeira etc.), sobre a via mais adequada para o desenvolvimento econômico do Brasil. O vigor da ação política (agitação antipopulista, golpismo etc.) implementada por essa organização partidária não é ocasional; ele se relaciona com o fato de a "burguesia-tampão" se constituir, nesse período histórico, na única fração da classe dominante efetivamente disposta a lutar pela conquista – no seu caso, uma reconquista – da hegemonia política no seio do bloco no poder. Já a burguesia industrial e a propriedade fundiária aceitam, ambas, a fragilidade do sistema partidário diante do aparelho de Estado, mas por motivos diversos: a burguesia industrial, porque vacila – para dizer o mínimo – diante do projeto político de industrialização; a propriedade fundiária, porque está confinada, em plena fase de transição para o capitalismo, numa posição puramente defensiva dentro do bloco no poder (defesa da grande propriedade rural, bloqueio à reforma agrária).

A INSTABILIDADE DA DEMOCRACIA NO BRASIL REPUBLICANO

Passemos à análise do segundo indicador usual do déficit democrático brasileiro no século XX: a *instabilidade* da democracia no Brasil republicano. Essa característica se manifesta em dois níveis. Em primeiro lugar: se tomarmos como padrão de medida a vida política dos países capitalistas centrais, concluiremos que a duração das experiências democráticas brasileiras (Primeira República, 1945-1964) é relativamente curta (de duas a quatro décadas, no máximo). Em segundo lugar: os movimentos políticos extrainstitucionais que interromperam tais experiências não produziram apenas efeitos efêmeros, como a exclusão de certas lideranças ou correntes partidárias da vida político-institucional (isto é, o chamado "saneamento temporário" da vida democrática). Na verdade, aqueles movimentos ultrapassaram esse limite e desaguaram na implantação de formas de Estado e de regime políticos autocráticos, cuja existência se prolongou num caso por quase uma década e no outro por quase duas: o Estado Novo (1937-1945) e a ditadura militar de 1964. Na verdade, a instabilidade da democracia, evidenciada nos dois níveis apontados, faz com que a história do Brasil republicano se configure como uma sucessão de subperíodos políticos democráticos e autocráticos.

O tema da instabilidade da democracia no Brasil republicano é sobejamente conhecido. Convém, entretanto, que voltemos a ele, com vistas a abordá-lo segundo a metodologia de análise anteriormente apresentada. Essa metodologia exclui a possibilidade de interpretar a instabilidade da democracia – do mesmo modo que o caráter limitado das experiências democráticas – como a expressão de elementos trans-históricos como o "caráter nacional brasileiro" ou, mais modestamente, a "cultura política brasileira".

Na verdade, uma explicação menos superficial da instabilidade da democracia no Brasil republicano deve passar pela exploração das suas conexões com uma característica central do processo de transição para o capitalismo no Brasil: o seu ritmo acelerado. Havíamos indicado anteriormente que a industrialização brasileira se configura, na sua primeira fase, como uma industrialização não só dependente e retardatária, como também acelerada. Ora, tais características conferem uma configuração particular ao processo de transição para o capitalismo no Brasil: este se delineia, na comparação com processos análogos registrados na Europa ocidental, como um processo relativamente curto e concentrado no tempo. Se tal processo assume essa configuração específica é porque os últimos países a transitar para o capitalismo converterão o seu "atraso" numa "vantagem"; isto é, poderão incorporar, por meio de importações, as novas tecnologias engendradas pelas economias já capitalistas. Criam-se nos países retardatários, portanto, condições para o estabelecimento rápido da predominância da indústria sobre a agricultura; o que também significa, num plano mais geral, uma transição rápida para o capitalismo.

Vejamos agora uma implicação política crucial dessa rapidez. Os processos de redefinição da hegemonia política no seio da classe dominante – processos esses inevitáveis no curso da transição de uma formação social qualquer para o capitalismo[8] – tendem a se suceder, nesse caso, em espaços de tempo também mais curtos. Ora, a redefinição da hegemonia política no seio do bloco no poder supõe usualmente a transformação da forma de Estado e do regime político; isso ocorre porque a fração de classe anteriormente hegemônica se apoia na forma de Estado e no regime político vigentes para preservar a sua hegemonia política (por exemplo, alimentando – no mínimo – a subordinação ideológica das Forças Armadas, no caso de uma ditadura militar; ou manipulando o processo eleitoral, no caso de uma democracia representativa). Consequentemente, a fração de classe dominante que aspirar à conquista da hegemonia política no seio do bloco no poder terá de interromper o funcionamento das instituições políticas vigentes (tanto as ditatoriais como as democráticas) e promover a sua substituição forçada[9]. Nessa perspectiva, pode-se concluir que, nas democracias capitalistas, as *crises de hegemonia* no seio do bloco no poder abrem o caminho – na medida em que culminam num processo de redefinição dessa hegemonia – para a revogação das instituições políticas democráticas.

Voltemos, agora munidos desse esquema teórico, à análise do Brasil republicano. As nossas duas primeiras experiências democráticas entraram rapidamente em colapso por obra da emergência de crises de hegemonia dentro do bloco no poder, bem como de processos subsequentes de redefinição dessa hegemonia. Em 1930, as forças políticas que se opunham à hegemonia política da burguesia comercial-exportadora derrubaram a chamada "democracia oligárquica". Fizeram-no por entender que essa *democracia limitada* era um instrumento básico de preservação dessa hegemonia; e, como tal, um obstáculo à deflagração de uma política estatal favorável ao progresso industrial e à integração política das classes trabalhadoras urbanas. Liquidar essa democracia aparecia, portanto, aos revolucionários de 1930, como uma providência

---

[8] Dizemos "inevitáveis" porque toda transição para o capitalismo implica constantes remanejamentos – envolvendo capital comercial, capital industrial, capital bancário, capital financeiro – da *preponderância econômica* no seio da classe dominante. Ora, toda fração de classe dominante que chega à preponderância econômica passa a se sentir estimulada, por essa mesma vantagem, a lutar pela conquista da hegemonia propriamente política (isto é, o exercício de uma influência sobre o Estado capaz de levar a política estatal a se alinhar com os seus interesses específicos de fração).

[9] Esclareça-se desde logo que, se a redefinição da hegemonia política no seio do bloco no poder implica, em geral, a transformação da forma de Estado e do regime político, a relação em sentido inverso não pode ser estabelecida. Ou seja: nem toda transformação da forma de Estado e do regime político resulta de uma redefinição da hegemonia política no seio do bloco no poder. A rigor, ela pode também resultar da pressão popular. Nesse caso, a fração hegemônica da classe dominante terá de se adaptar às novas condições imperantes no aparelho de Estado e no processo de luta político-institucional a fim de não perder a hegemonia política para qualquer outra fração da classe dominante.

indispensável para: a) desalojar a burguesia comercial-exportadora – os "plutocratas" urbanos – do aparelho central de Estado; b) dar início a uma reforma progressista e modernizante do Estado. Em 1964, um golpe militar derrubou a chamada "democracia populista". Num contexto histórico marcado por uma ausência crônica de hegemonia política no seio do bloco no poder, os segmentos monopolistas da classe dominante que aspiravam a conquistá-la (a subfração monopolista do capital industrial, comandada pelo capital monopolista bancário) entenderam que a reorganização do bloco no poder passava pela destruição das instituições políticas democráticas, não obstante o seu caráter *limitado*. Para tais segmentos, o funcionamento da democracia *limitada* e "populista" viabilizava a implementação de uma política de industrialização nem sempre compatível – dado o peso das ideologias estatista e nacionalista – com os desígnios do "bloco monopolista", bem como a concretização de um processo de integração política das classes trabalhadoras urbanas que em tudo se chocava com a perspectiva do capital monopolista.

Tudo o que foi colocado anteriormente sugere que nenhum "modelo geral de instabilidade da democracia" é aplicável na análise do colapso de cada experiência democrática do Brasil republicano. Mais claramente: não se deve trabalhar com a hipótese de que todos os processos de desestabilização da democracia têm, no Brasil republicano, o mesmo significado histórico, o que se deveria ao fato de esses processos serem, todos, igualmente determinados por um fator trans-histórico, como "a crônica fraqueza da sociedade civil diante do Estado". Na fase de transição para o capitalismo no Brasil, cada processo de redefinição da hegemonia política no seio do bloco no poder tem um conteúdo específico, o que faz com que cada interrupção de uma experiência democrática tenha – na medida em que resulte de uma *crise de hegemonia* – um significado histórico igualmente específico. Um dos mais abalizados analistas de nossa vida militar – Nelson Werneck Sodré – tem de resto alertado os pesquisadores sobre o erro de se atribuir a *todas* as intervenções do grupo militar no processo político brasileiro um *mesmo* significado histórico (por exemplo, o de serem manifestações de uma tendência permanente da vida social brasileira à "militarização"). Para Sodré, o conjunto dessas intervenções segue antes uma trajetória *pendular*: alternância histórica – de modo não obrigatoriamente simétrico – de intervenções "progressistas" (exemplos: a Abolição da escravidão e a Proclamação da República em 1888-1889, a Revolução de 1930) e intervenções "conservadoras" (exemplos: a instauração do Estado Novo em 1937, o golpe de Estado de 1964). Ora, essa diversidade de significados históricos também nos pode ser restituída pela análise dos dois processos já mencionados de desestabilização da democracia no Brasil republicano. A destruição da "democracia oligárquica" de 1889-1930 representou a *superação revolucionária* de uma forma de Estado e de um regime político cujo funcionamento concreto favorecia os interesses das classes dominantes "arcaicas" (mormente os da burguesia comercial-exportadora), bem como bloqueava a aceleração do processo de industrialização e a integração política das classes trabalhadoras urbanas. Inversamente, a destruição da "democracia populista" de 1945-1964 se configurou como um *processo contrarrevolucionário*, amplamente favorável aos desígnios do capital monopolista e do imperialismo, de "contenção política" das massas brasileiras, objetivamente envolvidas, desde 1961, num processo de "dinamização pela esquerda" da democracia vigente. Pode-se, portanto, concluir que, assim como as limitações impostas à democracia respectivamente na Primeira República e no período 1945-1964 foram de natureza diversa, a instabilidade da democracia teve um significado histórico específico em cada um desses períodos.

PERSPECTIVAS DA DEMOCRACIA NO CAPITALISMO BRASILEIRO ATUAL

Também a forma de Estado e o regime político que emergiram do processo constituinte de 1988 merecem ser inscritos no rol das *democracias limitadas*. Todavia, as suas limitações são de natureza diversa daquelas impostas à democracia na Primeira República e no período de 1945-1964. Em primeiro lugar, algumas dessas limitações são *sobrevivências* do processo de militarização – deflagrado a partir do golpe de 1964 – do aparelho de Estado brasileiro. A Constituição de 1988 continua – e o faz por meio do artigo 142 – a superdimensionar o papel político das Forças Armadas; o texto constitucional confere a estas a prerrogativa de intervir politicamente a favor da "manutenção da ordem", genericamente definida, sem que seja necessária a autorização prévia do Congresso. É desnecessário destacar que essa orientação constitucional implica legitimar a conversão das Forças Armadas em "partido político", o que destoa do "padrão democrático" vigente nos países capitalistas centrais. Além disso, as Forças Armadas mantêm importante presença no *conjunto* do aparelho de Estado brasileiro, e não apenas nos seus ramos especificamente militares; continuam, portanto, não obstante as sucessivas metamorfoses (SAE e outros) do extinto SNI, a agir como uma *rede estatal paralela*[10] que cruza horizontalmente os diversos ramos do aparelho de Estado. Essa modalidade específica de presença, inusual nas grandes democracias capitalistas ocidentais[11], permite de resto que as Forças Armadas exerçam

---

[10] Essa expressão é empregada em Nicos Poulantzas, *A crise das ditaduras* (Rio de Janeiro, Paz e Terra, 1978). Ver especialmente o capítulo 5, "Os aparelhos de Estado".

[11] Nos anos 1950/1960, desenvolvia-se entre os analistas políticos "radicais" (como Wright Mills, Fred Cook, John Gerassi) a perigosa tendência a encarar a implementação de uma política estatal imperialista e expansionista como a expressão de um processo de militarização do Estado. Na verdade, a política estatal imperialista e expansionista de potências como os Estados Unidos e a França foi implementada num quadro político democrático e conduzida por forças políticas civis; não exigiu, portanto, a militarização do Estado e a colocação da política estatal nas mãos das altas patentes militares. Inversamente, Estados militarizados como os da América Latina (por exemplo, o Chile,

controle sobre o tratamento estatal de temas e matérias que, naquelas democracias, estariam inseridos na esfera de competência do Parlamento: questão nuclear, política de fronteiras etc.

Uma segunda limitação da nova democracia brasileira advém do fato de que o processo constituinte de 1988 reforçou a posição do Executivo, formalmente já devolvido às forças políticas civis, diante do Legislativo, ao dotar o governo de um instrumento de ação legiferante mais poderoso – porque sujeito a condições menos rigorosas – que o antigo decreto-lei: a *medida provisória*. As decisões fundamentais dos dois últimos governos foram basicamente implementadas por meio dessa figura jurídica, e não de uma tramitação congressual[12]. Desse modo, a nova democracia brasileira se vê limitada por uma combinação complexa de sobrevivências da ditadura militar e de dispositivos constitucionais (como a medida provisória) que, *no contexto brasileiro*[13], contribuem para a implantação de um hiperpresidencialismo capaz de sufocar a ação propriamente parlamentar das diversas forças políticas.

A terceira limitação da democracia brasileira de 1988 parece à primeira vista mera reiteração de uma limitação já presente na "democracia populista" de 1945--1964. Ou seja: não se constituem, num e noutro caso, "governos rigorosamente partidários", o que evidencia a ascendência da burocracia de Estado, genericamente considerada, sobre o processo decisório estatal. Ocorre, entretanto, que as raízes desse déficit democrático não são exatamente as mesmas nos dois casos. Se, no caso da "democracia populista" de 1945-1964, esse déficit exprime a reprodução de uma *crise de hegemonia* no seio do bloco no poder, tal não se verifica na nova democracia de 1988. São, aí, as sobrevivências institucionais da ditadura militar e o novo presidencialismo – invulgarmente forte, para os padrões democráticos do Primeiro Mundo – que se conjugam para dificultar: a) o estrito alinhamento dos governos (veja-se o caso dos governos Collor, Itamar Franco e Fernando Henrique Cardoso) com algum programa partidário; b) o estrito alinhamento de algum partido com cada governo (veja-se a frequência da "infidelidade" *de toda uma ala* de um partido ao *seu* governo). E mais: essa combinação institucional, em vez de abrir espaço para uma intervenção "bonapartista" da burocracia estatal no processo político, é instrumentalizada pelos segmentos da classe dominante que organizam ativamente a sua hegemonia política no seio do bloco no poder.

---

a Argentina ou o Brasil) não chegaram a dispor das condições mínimas necessárias a uma escalada expansionista (daí a fragorosa derrota das Forças Armadas argentinas na guerra das Malvinas).

[12] Dados relevantes sobre o uso governamental de medidas provisórias foram apresentados no artigo "O entulho provisório", *Veja*, 8 de maio 1996, p. 30-2.

[13] A medida provisória também pode existir noutros contextos; como, por exemplo, num sistema de governo parlamentarista. É o caso da Itália atual, onde a medida provisória é prerrogativa do órgão colegiado: o Conselho de Ministros.

Estamos, portanto, no Brasil, desde 1988, diante de mais um exemplar histórico de democracia limitada; isto é, diante de uma experiência democrática que se revela pouco desenvolvida quando comparada com o padrão democrático vigente nos países capitalistas centrais. Neste ponto, impõe-se refletir sobre as perspectivas dessa democracia limitada no Brasil atual. Essa variante específica de democracia capitalista tende a: a) estabilizar-se, garantindo a sua sobrevivência no médio prazo; b) evoluir a médio prazo para uma democracia capitalista ampliada, situada em nível próximo ao das democracias capitalistas centrais; c) ou a degradar-se, retrocedendo a médio prazo para alguma forma de autoritarismo?

Do elenco de hipóteses apresentado, está visivelmente excluída uma hipótese extrema: a da superação de qualquer modalidade de "democracia representativa" (limitada ou ampliada), no Brasil das décadas vindouras, por um modelo democrático qualitativamente diverso, a "democracia participativa". Em nosso entendimento, a efetiva participação de todo o povo no processo macrodecisório não é possível dentro dos limites do Estado capitalista. Inversamente, tal participação é condição essencial da existência de um Estado socialista: este só pode existir como materialização do poder político *de fato* dos trabalhadores[14]. Assim sendo, a implantação de uma "democracia participativa" dependeria da derrubada do Estado capitalista no Brasil; e se configuraria como um dos aspectos centrais do processo de transição para o socialismo na formação social brasileira. Ora, o atual estágio do desenvolvimento ideológico e político das massas brasileiras (no seio das quais ainda são fracas as tendências anticapitalistas), bem como das tensões no seio do bloco das classes dominantes do Brasil (nas quais ainda não se esboça uma "crise de hegemonia"), não permite prever uma acumulação rápida de contradições que deságue, a médio prazo, num processo de ruptura da ordem política capitalista. Por isso, pensamos – a despeito de estarmos conscientes do caráter sumário das observações precedentes – que a formação de uma "democracia participativa" não é um dos cenários viáveis para o Brasil atual.

Voltemos, então, às três hipóteses anteriormente apresentadas (as da estabilização, da evolução e da degradação da democracia vigente). Qual delas nos parece mais provável a médio prazo? Na abordagem dessa questão, recorreremos, ainda uma vez, à metodologia de análise proposta no início deste artigo. Vale dizer: para especularmos sobre tais hipóteses, teremos de nos apoiar no conhecimento das características: a) da atual fase do desenvolvimento capitalista brasileiro; b) da atual configuração, no

---

[14] Contrariamente a uma parte da esquerda ocidental, que nutre a esperança de ver implantada uma "democracia radical" nas próprias sociedades capitalistas, pensamos que só a destruição do poder político da classe capitalista abre o caminho para a formação de uma "democracia participativa". É claro que a defesa de qualquer uma das duas posições exige a apresentação de uma argumentação teórica minimamente desenvolvida. Foi o que tentamos empreender em nosso ensaio "Cidadania e capitalismo (uma abordagem teórica)", *Caderno n. 8: Instituto de Estudos Avançados da USP*, São Paulo, 2000.

Brasil, do bloco no poder; c) da orientação ideológica e política predominante no seio das classes populares.

A década de 1990 marca a passagem da economia brasileira a uma nova fase. Nessa fase, reiteram-se, por um lado, as suas características de economia capitalista, monopolista e dependente. Por outro lado, nela se processa uma redefinição do peso econômico dos diferentes setores capitalistas: o capital monopolista estatal e o capital monopolista privado nacional tendem a perder peso econômico (o primeiro, por meio da privatização; o segundo, por meio da desnacionalização) em benefício do capital monopolista estrangeiro (meramente industrial ou financeiro).

Redefine-se, portanto, na década de 1990, a direção do desenvolvimento capitalista no Brasil. A essa redefinição, corresponde, no plano político, uma nova organização interna do sistema de interesses capitalistas que exerce, desde 1964, a hegemonia no seio do bloco no poder. O golpe militar de 1964 abriu caminho para o estabelecimento da hegemonia, no seio do bloco no poder, de uma rede de múltiplos interesses monopolistas. Tal rede apresentava duas características fundamentais: a) era dirigida pelo *capital bancário* (o segmento monopolista que obtinha, proporcionalmente, maiores vantagens com a política pró-monopolista implementada pelos sucessivos governos militares[15]; b) articulava três segmentos monopolistas: a empresa estatal, o capital monopolista privado nacional e o capital monopolista privado estrangeiro (o chamado "tripé", cujos interesses fundamentais teriam inspirado a política econômica da ditadura militar). Ora, já na segunda metade da década de 1980 – isto é, durante a Nova República – vai se definindo progressivamente a tendência ao estabelecimento de um novo *arranjo interno* no sistema hegemônico de interesses monopolistas[16]. Esse novo arranjo interno apresenta duas características fundamentais: a) agora, o capital *financeiro* internacional – e não mais o capital puramente *bancário*, até então de origem em grande parte nacional – passa a dirigir o sistema de interesses monopolistas; b) o "tripé" fundamental da economia capitalista brasileira pós-1964 se desfaz: os interesses ligados à *preservação* da empresa estatal

---

[15] Noutro capítulo deste livro ("Estado e classes sociais no capitalismo brasileiro dos anos 1970/1980"), indico a preponderância política do capital bancário no seio do sistema de interesses monopolistas, a partir de 1964. Todavia, a caracterização mais precisa dessa preponderância exige um nível de desenvolvimento conceitual ainda não alcançado pela teoria do bloco no poder sob o Estado capitalista. Mais especificamente, ainda não encontramos nesse corpo teórico resposta para a seguinte questão: é possível a formação de um subsistema hegemônico de interesses capitalistas diferenciados, no lugar de uma mera hegemonia de fração capitalista singular, no seio do bloco no poder?

[16] Muitos analistas econômicos definem – de resto, com certo fundamento – o afastamento de Dilson Funaro do quadro ministerial da Nova República como o marco de uma ruptura na orientação da política econômica estatal; a reforma ministerial exprimiria o crescimento da influência, no seio do governo Sarney, da ideologia neoliberal da "modernização", difundida pelos *lobbies* empresariais e por certos segmentos tecnocráticos.

e da empresa monopolista privada nacional passam a ser cada vez menos levados em conta no terreno do processo decisório estatal. O estabelecimento desse novo arranjo – que, por corresponder a uma reorganização interna de um subsistema hegemônico e não a uma redefinição radical da hegemonia no seio do bloco no poder, dispensou uma ruptura institucional – já está concluído desde o início da década de 1990. Atesta-o a ausência da defesa do "setor público" e da "empresa nacional" entre os objetivos proclamados – e efetivamente perseguidos – pelos sucessivos governos brasileiros da década atual.

Ora, a *democracia limitada* de 1988 serve concretamente a esse novo arranjo do sistema de interesses monopolistas. Isso significa especificamente que tal formato institucional não se constituiu, até agora, em obstáculo à formação de governos (como os de Collor e de Fernando Henrique Cardoso) cuja política – privatizações, desregulamentação, abertura econômica etc. – é prioritariamente orientada pelos interesses do capital financeiro internacional. Num contexto histórico em que a subordinação ideológica das massas brasileiras – e não apenas destas – chega ao extremo da "aceitação" do programa político neoliberal (hostil, como se sabe, a qualquer proposta de preservação ou construção de um *Welfare State*), a adequação prática da democracia limitada de 1988 aos desígnios do capital financeiro internacional parece, à primeira vista, garantir a *estabilidade* dessa variante de democracia capitalista no médio prazo.

Entretanto, ocorre que, a despeito da ausência de uma poderosa oposição popular às políticas neoliberais, o papel dirigente do capital financeiro internacional não se exerce sem *tensões*. Estas se manifestam não só no seio do bloco no poder (no qual certas frações não monopolistas da classe dominante se subordinam ao "sistema monopolista"), como também no seio do sistema de interesses monopolistas (em que as frações não financeiras do capital monopolista se submetem ao capital financeiro internacional); para não falar daquelas tensões que se insinuam na base popular de apoio ao programa político neoliberal. A emergência de tais tensões se deve ao fato de que só o capital financeiro internacional apoia o *conjunto* da política neoliberal; é o efeito conjugado de *todo* o elenco de medidas neoliberais que determina um salto qualitativo nas suas oportunidades de ganho e nas suas possibilidades de "ancoragem" na esfera econômica interna (produção industrial, serviços). Quanto às demais frações integrantes do bloco no poder e aos demais segmentos componentes do sistema de interesses monopolistas: ainda que, no plano político, tais setores se submetam (1º caso) ou apoiem (2º caso) o projeto neoliberal, eles se mostram reticentes quanto à política estatal neoliberal *quando* esta fere os seus interesses específicos. Os grandes proprietários fundiários se manifestam a favor do programa neoliberal, desde que este não implique o fim da intervenção estatal a favor da "agricultura" (subsídios, créditos especiais, suspensão de dívidas etc.). A grande burguesia industrial apoia o programa neoliberal, desde que este não implique a abertura do *seu* setor ao capital internacional. Os grandes bancos nacionais – um capital de natureza pré-financeira –

querem a execução de uma política estatal neoliberal, desde que esta não contemple uma abertura incondicional do "setor financeiro" ao capital estrangeiro. Este modelo de comportamento – apoio político ao projeto neoliberal, conjugado a uma postura reticente quanto à concretização de um tópico específico desse programa – pode ser igualmente detectado na base popular de apoio ao projeto neoliberal. Amplos setores da classe média e das classes trabalhadoras se identificam com o programa neoliberal pelo fato de o verem como a arma mais eficaz na luta pela liquidação do *Estado parasitário* (praticante do cartorialismo, do clientelismo e das formas mais variadas de corrupção). Contudo, esses mesmos setores rejeitam a política neoliberal de "modernização" quando esta significa a liquidação de direitos trabalhistas que os beneficiam[17].

Ora, essas reticências, emergentes no próprio campo político que apoia o projeto neoliberal, constituem uma ameaça à *estabilidade* da *democracia limitada* de 1988, ainda que esse formato institucional não tenha se constituído em obstáculo à formação de governos neoliberais. Dada a ausência de uma oposição popular de massa ao projeto neoliberal, os representantes políticos do capital financeiro internacional podem concluir que dispõem de margem de manobra suficiente para dar uma resposta institucional às múltiplas manifestações, emergentes no seu próprio campo político, de resistência parcial ao projeto neoliberal.

Em que consistiria essa resposta? Basicamente, na adoção de métodos políticos e procedimentos institucionais que viabilizassem a frustração das *resistências conservadoras* ao projeto neoliberal; vale dizer, que tornassem possível a concretização radical, rápida e eficaz da plataforma neoliberal. Tais métodos e procedimentos contemplariam desde o recrudescimento das práticas repressivas (que poderiam atingir – é sempre bom lembrar – até mesmo aqueles setores do movimento sindical já conquistados pela ideologia neoliberal) até a intensificação acelerada da ação legiferante do Poder Executivo (o que significaria promover a proliferação de medidas provisórias em todos os terrenos do processo decisório estatal) ou a proposição de uma "reforma do Estado" que redundasse numa diminuição sensível da capacidade decisória dos poderes Legislativo e Judiciário (nos quais estariam concentrados representantes ideológicos e políticos dos segmentos conservadores reticentes quanto a aspectos específicos do projeto neoliberal). Ora, esses remanejamentos fariam com que a já limitada democracia de 1988 se encaminhasse progressivamente para uma "versão reciclada" da forma de Estado e do regime político autoritários. Mais especificamente, a *democracia limitada* de 1988 evoluiria gradativamente não para o "velho" autoritarismo militar dos anos 1960/1970, e sim para um *novo autoritarismo civil de base presidencialista*. Nesse novo autoritarismo, as prerrogativas ditatoriais estariam

---

[17] Em um capítulo deste livro ("A política neoliberal e o campo político conservador no Brasil atual"), analisamos as resistências localizadas e parciais, emergentes no próprio campo político conservador, à orientação neoliberal das políticas implementadas pelo governo federal na década de 1990.

concentradas não nas mãos do alto-comando das Forças Armadas, e sim nas mãos do presidente da República (a despeito de o chefe do Executivo, como em qualquer Estado capitalista, depender – e, portanto, se submeter a elas nesse terreno específico – das Forças Armadas para garantir a preservação da ordem social capitalista). Essa evolução gradual – sem ruptura radical – de um formato institucional (*democracia limitada*) para outro (*autoritarismo civil de base presidencialista*) seria viável no presente contexto político, já que: a) não estaria ocorrendo um processo radical de redefinição da hegemonia no seio do bloco no poder, e sim um processo de redefinição do modo de exercício de uma mesma hegemonia dentro desse bloco; b) essa hegemonia não estaria sendo contestada por um poderoso movimento popular (caso em que seria alta a probabilidade de uma radical ruptura institucional).

A análise política precedente sugere indiretamente que a emergência de um *novo autoritarismo civil* (a "pior" das hipóteses) ou a estabilização da *democracia limitada* (a "melhor" das hipóteses) são *por ora* politicamente mais viáveis que a restauração pura e simples da ditadura militar. Essa restauração só se tornaria politicamente necessária, para o conjunto da classe dominante ou para o capital financeiro internacional, caso emergisse um poderoso movimento popular de contestação à ordem social capitalista ou, mais especificamente, ao projeto neoliberal de "modernização capitalista". Fora dessa situação extrema, a restauração do autoritarismo militar é politicamente arriscada para o capital financeiro internacional por pelo menos duas razões: a) o compromisso histórico de parte da oficialidade militar com a empresa pública e o capitalismo de Estado; b) a consequente ausência de unidade, nas Forças Armadas, quanto ao projeto neoliberal de "modernização" capitalista. Não obstante a surpreendente velocidade com que grande parte da alta oficialidade das Forças Armadas – antes envolvida num discurso nacionalista de "grande potência" – adapta-se à ideologia da "modernização" e se lança à relativização de conceitos como o de "soberania nacional", esse risco permanece real; e, como tal, é levado permanentemente em conta pelo capital financeiro internacional (o que explica pelo menos em parte propostas como a do ex-secretário de Defesa dos Estados Unidos Robert McNamara: dissolução das Forças Armadas latino-americanas e atribuição da sua função de defesa nacional às Forças Armadas estadunidenses).

A força da tendência à emergência, no Brasil atual, de um autoritarismo civil de base presidencialista é evidenciada pelo fato de que tal tendência não é um processo isolado, nem puramente brasileiro. Em inúmeras sociedades capitalistas dependentes da América Latina, governos neoliberais democraticamente eleitos têm de enfrentar resistências localizadas – empresariais, de classe média, sindicais – à execução das suas plataformas de ação. Ora, as respostas governamentais a esse tipo de resistência vão do recrudescimento inusual da ação legiferante do Poder Executivo (caso do presidente Menem, na Argentina) até operações como a dissolução do Parlamento ou prolongamentos sucessivos do mandato presidencial (caso do presidente Fujimori, no Peru), para não falarmos de certos procedimentos de banalização do estado de sítio (caso do presidente Sánchez de Lozada, na Bolívia). Portanto, a emergência de um autoritarismo civil de base presidencialista é um dos cenários políticos possíveis para outras sociedades latino-americanas nas quais governos liberais democraticamente eleitos se deparam com resistências localizadas e parciais à sua plataforma de ação. De resto, a adoção desse formato institucional na América Latina é conveniente para o governo estadunidense, já que este conta com o apoio das forças políticas civis defensoras do projeto neoliberal – ao mesmo tempo que desconfia da atitude das Forças Armadas locais (potencialmente nacionalistas e estatistas) – para manter as suas próprias Forças Armadas nos países dessa área, sob pretexto de "combater o narcotráfico" (caso da Bolívia ou da Colômbia) ou de "debelar a crise política" (caso do Haiti).

Para finalizar este balanço, resta abordar a hipótese de evolução da democracia limitada, por ora vigente, para uma democracia capitalista ampliada, próxima do padrão democrático ocidental. Essa evolução dependeria da emergência, no Brasil, de um projeto político de desenvolvimento capitalista alternativo ao projeto político neoliberal. Seria desse tipo, por exemplo, um neodesenvolvimentismo de tipo conservador, que, em vez de contestar a ordem capitalista mundial numa perspectiva terceiro-mundista, buscasse uma nova inserção específica da economia brasileira – como economia industrial-exportadora especializada – nessa ordem. O programa de ação desse neodesenvolvimentismo – chamemo-lo, para simplificar, um desenvolvimentismo de tipo "coreano" – implicaria, em vez de desmantelar o Estado (meta do neoliberalismo), atribuir ao aparelho estatal um papel seletivo, porém ativo (investimentos maciços em pesquisa e desenvolvimento, em educação e em segmentos tecnológicos específicos), bem como realizar reformas numa perspectiva conservadora (por exemplo: uma reforma agrária redistributiva, concebida como um instrumento de estabilização social do campo e da cidade, bem como de formação de um mercado interno mais amplo; e não como a via para a conquista da "democracia agrária" ou como a etapa intermediária de um processo global de transformação social)[18].

A luta pela concretização de um projeto político desse tipo poderia resultar na ampliação da democracia capitalista brasileira, caso os segmentos da classe dominante e da burocracia estatal envolvidos nessa luta escolhessem não a via autoritária militar (como ocorreu no início da experiência coreana), e sim a via democrática, como método para chegar ao seu objetivo. Nessa última hipótese, tais segmentos deveriam mobilizar politicamente as massas brasileiras contra a política neoliberal e o formato institucional (democracia limitada) que a tem viabilizado.

---

[18] Subentendendo-se aqui que a plataforma de apoio necessária à criação de uma economia industrial *eficazmente* exportadora é a existência de um sólido mercado interno que funcione como "campo de provas" para o setor exportador.

A dificuldade de concretização dessa hipótese não deriva apenas do fato de que o projeto de desenvolvimento capitalista à moda "coreana" só polariza, na fase atual, uma minoria de economistas de oposição, de pequenos e médios empresários, ou de militares. Ela também se configura como dificuldade de mobilização política das massas brasileiras contra o projeto neoliberal, já que o mau funcionamento – para dizer o mínimo – do *Welfare State* e o caráter aberrante das práticas estatais parasitárias contribuíram de modo considerável para o esmaecimento da esperança popular de alcançar um intervencionismo estatal justo e eficaz. Por isso, é passando pela experiência de sucessivos governos liberais que as massas brasileiras *poderão* se distanciar do projeto neoliberal, caso avaliem que o resultado histórico das políticas neoliberais terá sido, afinal de contas, prejudicial aos seus interesses. Entretanto, nenhum analista político teria elementos suficientes para assegurar aos seus leitores que uma avaliação política desse tipo (a condenação do neoliberalismo pelas massas) é o único cenário possível após um ciclo de gestões neoliberais

A QUESTÃO DA EVOLUÇÃO DA CIDADANIA POLÍTICA NO BRASIL[1]

No período recente – e especialmente desde a entrada em vigor da Constituição Federal de 1988 –, a configuração da cidadania política no Brasil tem sido um dos temas preferenciais de politólogos e constitucionalistas. Arrisco-me a abordá-lo ainda uma vez. Meu objetivo, entretanto, não é o de apresentar um quadro morfológico da evolução da cidadania política no Brasil. O mapeamento dos seus estágios sucessivos tem sido realizado, com maior ou menor grau de minúcia, por inúmeros cientistas sociais, historiadores e juristas. Os livros, ensaios e artigos produzidos por esses autores têm tornado a marcha dos direitos políticos no Brasil – nos seus sucessivos avanços e recuos – razoavelmente conhecida pelo público interessado na história contemporânea do Brasil. Por isso, lançar-me num trabalho dominantemente descritivo não teria muito sentido do ponto de vista acadêmico. Esse trabalho seria, além do mais, monótono para o público leitor, que seguramente já passou os olhos por inúmeras listagens das carências do Brasil no plano da cidadania política:

---

[1] Neste texto apresenta-se resultado parcial das atividades de pesquisa desenvolvidas pelo autor no Instituto de Estudos Avançados da USP, de agosto de 1999 até julho de 2001. Ao longo desse período, trabalhou no projeto "Capitalismo e cidadania no Brasil: um estudo sociológico sobre o padrão brasileiro de evolução da cidadania, da República Velha à Nova República (1891-1988)". A tal projeto também se filia o texto "Cidadania e capitalismo (uma abordagem teórica)", anteriormente publicado pelo IEA na Coleção Documentos, série especial, *Caderno n. 8*, 2000. Como este último apresenta de modo mais sistemático e detalhado o esquema teórico subjacente ao presente artigo, pode-se dizer que os dois textos são complementares. O texto aqui publicado corresponde, nas suas linhas gerais, à conferência proferida pelo autor no dia 18 de outubro de 2000, no Instituto de Estudos Avançados da USP. Foram de grande valia, para a preparação deste ensaio, as observações feitas pelos participantes do seminário e, em especial, os comentários lúcidos formulados pelos colegas Geraldo de Figueiredo Forbes e Francisco Pereira de Farias. Mas, segundo o autor, nenhuma dessas pessoas é minimamente responsável pelos erros aqui eventualmente cometidos.

- interdição do voto do analfabeto, desde a lei imperial de 1881 até a Constituição Federal de 1988;
- ausência do voto feminino, do voto secreto e de uma Justiça eleitoral de cunho burocrático e profissional até o Código eleitoral de 1932 e a Constituição Federal de 1934;
- limitação prática do exercício do direito de voto durante toda a Primeira República, por obra da submissão da maioria do eleitorado a práticas coronelistas;
- crescimento constante, desde a redemocratização do regime político em 1945, do clientelismo urbano, como instrumento de deformação das vontades no plano eleitoral;
- supressão total (no caso do Estado Novo) ou quase total (no caso do regime militar) dos direitos políticos etc.

Tentaremos aqui, portanto, realizar um outro tipo de trabalho. Mais precisamente, a busca de uma explicação para a configuração assumida no Brasil pelo processo de evolução da cidadania política. Se vale a pena incursionar nesse terreno, é porque poucos estudiosos propõem a esse respeito hipóteses suficientemente explícitas, sistemáticas e desenvolvidas. Dentre os autores que se mostram visivelmente conscientes de não ser possível passar pelo tema da evolução da cidadania em geral ou da cidadania especificamente política no Brasil sem que se reflita minimamente sobre as causas históricas da emergência de certo padrão evolutivo, destacam-se José Murilo de Carvalho, com seu livro *Desenvolvimiento de la ciudadanía en Brasil*[2] e Luiz Carlos Bresser-Pereira, com seu artigo "Cidadania e *res publica*: a emergência dos direitos republicanos"[3]. A "consciência teórica" desses autores torna os seus textos liminarmente superiores aos trabalhos de orientação empirista, que só involuntária ou inadvertidamente acabam incursionando no terreno das hipóteses explicativas (e, se o fazem, é porque, do ponto de vista do próprio leitor médio, há uma questão que não pode ser contornada por nenhum especialista: qual seria a razão histórica de tal déficit de cidadania, de tal carência de democracia no Brasil?). Se destacamos aqui o trabalho desses dois autores (cujas hipóteses explicativas serão examinadas adiante), é porque, desse modo, legitimamos indiretamente a nossa própria investigação acerca das razões históricas da concretização de certo padrão de evolução da cidadania política no Brasil. Essa investigação implicará, de um lado, a crítica a outras hipóteses explicativas constantes da bibliografia disponível sobre o tema; de

---

[2] Ver José Murilo de Carvalho, *Desenvolvimiento de la ciudadanía en Brasil* (México, Fondo de Cultura Económica, 1995).

[3] Ver Luiz Carlos Bresser-Pereira, "Cidadania e *res publica*: a emergência dos direitos republicanos", em Denis L. Rosenfield (org.), *Filosofia Política – nova série*, v.1 (Porto Alegre, L&PM, 1997).

outro lado, a imposição de certos retoques ao mapa da evolução da cidadania política no Brasil. Com relação a esse último ponto, esclareça-se que, se a descoberta de novas hipóteses explicativas não altera, *nas suas linhas gerais*, o mapa convencional da marcha dos direitos políticos, ela exige que se confira maior relevo a certos aspectos, menos valorizados nas análises dominantemente descritivas; ou que se redimensione outros aspectos, cujo significado só se torna visível à luz do esquema explicativo que se está testando.

O CONCEITO DE CIDADANIA POLÍTICA

Não podemos passar à abordagem do processo histórico brasileiro sem antes apresentar, ainda que de modo relativamente sumário, o nosso conceito de cidadania política[4]. Nossa perspectiva, no estabelecimento de uma definição operacional, é a da revisão crítica do conceito liberal contemporâneo – vale dizer, marshalliano – de cidadania política. Para Marshall, a cidadania política na sociedade industrial moderna ou contemporânea (nós diríamos, sociedade burguesa ou capitalista) designa a participação do povo – isto é, dos indivíduos que o compõem – no exercício do poder político. Tal participação concretiza-se, segundo Marshall, como exercício efetivo, por parte do povo, do direito de escolher os seus governantes. E o exercício efetivo desse direito implica, de um lado, a existência de um processo eleitoral autêntico, supervisionado por instituições judiciárias independentes, que garantam a correspondência entre o resultado das eleições e a vontade eleitoral da maioria social; de outro lado, a existência de governantes que de fato governem, o que supõe a presença de um parlamento forte, efetivamente participante na tomada das grandes decisões nacionais.

A rigor, a definição apresentada indica que Marshall se submete ao mito contemporâneo da cidadania, ao invés de propor – como seria de se esperar de um cientista político – instrumentos conceituais utilizáveis na crítica desse mito. A "participação do povo no exercício do poder político" é, mais que uma realidade ou uma possibilidade, uma magnífica alegoria, que reproduz o princípio de funcionamento reivindicado e proclamado – porém não cumprido – pelas instituições políticas capitalistas. Ou por outra: essa fórmula traduz um ideal político, mas não se presta à caracterização do funcionamento real do Estado capitalista. Os limites desse funcionamento são entrevistos até mesmo por um autor conservador como Gaetano Mosca. Nos seus *Elementi di scienza politica* [Elementos da ciência política], a cidadania política

---

[4] Apresentamos anteriormente o nosso conceito de cidadania política no texto "Cidadania e capitalismo (uma abordagem teórica)", *Caderno n. 8: Instituto de Estudos Avançados da USP*, São Paulo, coleção "Documentos", série especial , abr. 2000.

contemporânea se reduz, na melhor das hipóteses, ao exercício, por parte das massas, de uma influência periférica e marginal sobre os agentes tomadores das macrodecisões políticas. Mesmo no sistema político mais democrático, tal influência só pode ser, segundo Mosca, periférica e marginal, já que as macrodecisões políticas estão concentradas nas mãos de uma elite política ou classe governante. Dessa formulação de Mosca, poderíamos – descontadas as diferenças teóricas – aproveitar a ideia de que o exercício da cidadania política pelas massas é insuscetível de revolucionar a natureza do poder político dentro da sociedade capitalista. Mas, se assim é, coloca-se inevitavelmente a seguinte pergunta: a cidadania política não seria uma *ilusão*, pelo menos dentro dos limites da sociedade capitalista?

Na verdade, não há como responder de um modo simples e unívoco a essa questão. A estrutura econômica capitalista – vale dizer, a relação entre capital e trabalho assalariado – não pode se reproduzir numa sociedade qualquer, se nela não tiver se implantado previamente a forma sujeito de direito. Essa forma, em sua versão elementar, corresponde ao reconhecimento, por parte do Estado, de que todos os agentes da produção – proprietários dos meios de produção ou trabalhadores – são sujeitos individuais de alguns direitos essenciais, sem os quais não se pode celebrar contratos de trabalho (isto é, um acordo livre entre vontades individuais) nem portanto chegar à formação de um mercado de trabalho. Tais direitos consistem na liberdade de ir e vir e de manifestar livremente a sua vontade, bem como na capacidade de se apropriar de bens ou de si mesmo e de fazer valer contra terceiros essa capacidade.

A forma sujeito de direito concretiza-se, portanto, em sua versão elementar, em liberdades civis, sem as quais o capitalismo não pode ser implantado. Esses direitos elementares não são ilusórios; eles representam *prerrogativas reais*, conquistadas a duras penas pelas classes trabalhadoras mediante lutas contra as classes dominantes. Eles adquirem, porém, na sua formulação estatal, uma aparência universalista e igualitária, que é ilusória, pois sob a forma da troca de equivalentes (salário *versus* trabalho) assumida pela relação entre capitalista e trabalho assalariado jaz a desigualdade fundamental entre os despossuídos (coagidos pela necessidade material de prestar sobretrabalho) e os proprietários dos meios de produção (que contam com esses recursos materiais para subjugar as vontades dos trabalhadores). Desse modo, a concretização da forma sujeito de direito mediante a criação de direitos civis implica, de um lado, a corporificação de liberdades que são reais, ainda que sejam desigualmente distribuídas entre as classes sociais (liberdades ou prerrogativas essas que correspondem ao aspecto concreto da cidadania civil). De outro lado, ela produz um efeito ideológico de cidadania; ou seja, o sentimento de que essa concessão de prerrogativas reais igualiza todos os indivíduos, o que alimentará no plano social o próprio ideal da igualdade.

Passemos agora à análise da cidadania propriamente política. Ela se configura como um desdobramento secundário e contingente da forma sujeito de direito na sociedade capitalista. Esta pode se reproduzir, em sua estrutura econômica, sem que se concedam quaisquer direitos políticos às classes trabalhadoras. São necessários para que essa reprodução ocorra: no plano econômico, a vigência de liberdades civis que permitam a celebração de contratos de trabalho e a consequente emergência de um mercado de trabalho; no plano político, a vigência de *qualquer* mecanismo de legitimação do Estado capitalista, podendo tal mecanismo ter inclusive um caráter pré-democrático (como a legitimação fundada na competência de uma burocracia oficialmente recrutada segundo princípios universalistas e meritocráticos). Porém, ainda que não corresponda a uma necessidade estrutural do capitalismo, a concessão de direitos políticos às classes trabalhadoras pode ocorrer, conforme o esquema teórico proposto por Göran Therborn[5], caso se combinem a pressão das classes trabalhadoras sobre o Estado capitalista e a emergência de conflitos políticos no seio do bloco das classes dominantes.

Como as liberdades civis, as liberdades políticas apresentam um aspecto real: elas tornam possível às classes trabalhadoras exercerem influência periférica e marginal sobre os processos de tomada das macrodecisões, por participação independente na escolha dos governantes. Também produzem, como as liberdades civis, um efeito ideológico: o sentimento generalizado de igualdade política entre todos os membros da nação. Do ponto de vista institucional, é frequente que a diferença entre o caráter real das prerrogativas reconhecidas pelo Estado capitalista e o seu efeito ideológico sobre o conjunto da sociedade se manifeste como diferença entre dispositivos da legislação constitucional (tendentes a encarnar princípios universalistas e igualitários) e dispositivos da legislação ordinária (tendentes a outorgar prerrogativas diferenciadas a grupos socioeconômicos diversos: não apenas às classes sociais antagônicas, mas também a camadas de uma mesma classe, a grupos ocupacionais etc.). Hobsbawm caracterizou de modo lapidar a tendência à defasagem entre os princípios constitucionais e o âmbito real da legislação ordinária na sociedade capitalista:

Por isso, as Declarações de Direitos foram, na teoria, universalmente aplicáveis. Na verdade, sua força maior de atração foi o fato de fornecerem a *grupos* que reclamam melhores condições para si mesmos por motivos *especiais* – por exemplo, as mulheres, ou os negros, ou os operários – justificativas *universais* para fazê-lo, o que torna mais difícil para outras pessoas, que aceitem a ideia desses direitos, resistir à reivindicação em princípio.[6]

Agregue-se que é ainda possível a instauração, dentro do próprio texto constitucional de um Estado capitalista, da contradição formal entre universalismo e particularismo, entre igualdade e desigualdade. Isso tende a ocorrer sobretudo em

---

[5] Ver Göran Therborn, "The Rule of Capital and the Rise of Democracy", *New Left Review,* Londres, n. 103, maio/jun. 1977.

[6] Eric Hobsbawm, *Mundos do trabalho* (Rio de Janeiro, Paz e Terra, 1987), p. 416.

constituições de caráter analítico, que descem à explicitação da orientação a ser imposta às políticas econômica, social, externa etc. (as constituições de caráter sintético sendo menos propensas a serem atravessadas por contradições formais).

Até agora, abordamos num plano estritamente teórico a dupla dimensão da forma sujeito de direito (caráter real das prerrogativas de grupo; e caráter ilusório da igualdade entre todos os indivíduos, proclamada pelo Estado). Pensando agora na concretização da forma sujeito de direito em formações sociais capitalistas, devemos salientar desde logo que prerrogativas civis ou políticas, reconhecidas por um Estado capitalista concreto, também podem ser ilusórias, caso permaneçam "no papel" e não sejam cumpridas na vida real. Muitos pequenos países apresentam-se, do ponto de vista dos textos jurídicos, como "paraísos de direitos", quando na verdade nem a Constituição nem o próprio Código Civil são respeitados na prática. Essa é evidentemente uma situação extrema, em que pode viver por muito tempo algum país situado na periferia do sistema capitalista mundial. Ela não pode, portanto, ser confundida com situações qualitativamente distintas, que correspondem na verdade a fases por que passam, *necessariamente*, todas as formações sociais capitalistas. A dinâmica política que envolve o Estado capitalista e as classes trabalhadoras contempla uma fase em que o aparelho de Estado, sob a pressão popular, declara novos direitos (civis ou políticos).

A seguir, apoiados nessa declaração, certos segmentos das classes trabalhadoras, auxiliados por aquela parte da burocracia estatal que é portadora da ideologia jurídica da classe média (o corpo judiciário), procurarão impô-los na prática às classes dominantes. O próprio Marshall o reconhecia: não pode haver concretização de direitos, na sociedade contemporânea, sem luta popular e burocrática pela aplicação concreta da lei, a ausência dessa luta permitindo de resto que se lancem dúvidas sobre a efetividade da dinâmica de instauração e de desenvolvimento da cidadania num país capitalista qualquer. É a presença dessa dinâmica que comprova que certas sociedades capitalistas, mesmo que ainda não tenham chegado à aplicação da lei por toda parte, não são "falsos paraísos do direito", como algumas repúblicas nas quais o texto constitucional é apenas mais uma das peças do folclore nacional.

A situação teórica mencionada implica a existência de uma defasagem entre a estrutura econômica (capitalista) e os direitos efetivamente em vigor (desrespeito prático ao texto da legislação sobre contrato de trabalho). Mas tal defasagem não equivale a uma contradição; a luta popular e burocrática pela concretização das liberdades civis elementares é inclusive um fator essencial de desenvolvimento do capitalismo, já que ela visa substituir a figura do trabalhador concreto pela *capacidade abstrata de trabalho* e, desse modo, contribui decisivamente para a transformação da manufatura (forma econômica de transição) em grande indústria moderna. Situação teórica diferente desta é aquela em que a presença, dentro de uma formação social em transição para o capitalismo ou já capitalista, de uma área onde predominam formas econômicas pré-capitalistas determina o bloqueio, no médio ou longo prazos, da expansão dos direitos civis ou políticos já vigentes na área capitalista dessa formação social. Nesta segunda situação teórica, configura-se, diferentemente do que ocorria na primeira, uma contradição entre uma estrutura econômica parcial (pré-capitalista) e os direitos, típicos do modo de produção capitalista, proclamados como válidos no plano nacional. Ilustremos a diferença entre essas duas situações teóricas. De um lado, uma economia urbana que implique a existência de um parque manufatureiro e de um aparelho de prestação de serviços pessoais fornece um patamar material mínimo a partir do qual a forma sujeito de direito pode ser implantada, integralizando a transformação da economia urbana numa economia capitalista. De outro lado, uma economia agrária estruturada sobre a base de relações de dominação pessoal bloqueia liminarmente o exercício das liberdades civis elementares por parte dos trabalhadores rurais, para não falarmos das liberdades políticas, totalmente desvirtuadas pela extensão, até o campo político-eleitoral, das relações de lealdade pessoal entre proprietário rural e trabalhador. Nessa última situação, só no longo prazo – com a transformação da agricultura por obra de sua subordinação à indústria capitalista – torna-se possível a efetiva penetração dos direitos civis e políticos na área rural em questão.

Algumas hipóteses sobre o padrão brasileiro de evolução da cidadania política

Podemos agora passar à análise da evolução da cidadania política no Brasil. A realização desse trabalho implica descrever, ainda que minimamente, os diferentes estágios por que passaram os direitos políticos no país, bem como propor alguma explicação para a configuração assumida pelo elenco de direitos políticos em cada subperíodo político da fase republicana. Para chegarmos a um esquema explicativo próprio – o que, como esclarecemos anteriormente, implica impor certos reajustes ao mapa dos direitos políticos no Brasil –, temos de começar fazendo um exame crítico das hipóteses mais relevantes, constantes da bibliografia disponível sobre o tema.

Em *Desenvolvimiento de la ciudadanía en Brasil*, José Murilo de Carvalho confere um valor praticamente universal à caracterização da evolução da cidadania na sociedade industrial moderna proposta por Marshall em *Cidadania, classe social e status*[7]. Analisando a Inglaterra de sua época – o livro foi lançado em 1950 –, esse autor detectara a concretização de certo padrão de evolução da cidadania naquele país: instauração predominante das liberdades civis elementares no século XVIII; de direitos políticos no século XIX; e de direitos sociais no século XX. Já Carvalho vai

---

[7] Ver Thomas Humphrey Marshall, *Cidadania, classe social e status* (trad. Meton Porto Gadelha, Rio de Janeiro, Zahar, 1967).

mais longe, sustentando que o padrão inglês, desenhado por Marshall, é na verdade o padrão *normal* de instauração progressiva da cidadania na sociedade contemporânea. Na sua perspectiva, qualquer outro padrão seria anômalo, isto é, representaria um desvio da normalidade com consequências funestas sobre aquilo que poderíamos chamar "o resultado final": a situação presente da cidadania, considerada globalmente, numa sociedade qualquer.

Munido desse dispositivo teórico, Carvalho passa à análise política da sociedade brasileira e detecta a presença constante de pelo menos duas grandes anomalias no processo de implantação e de desenvolvimento da cidadania no Brasil. A primeira anomalia consistiria na existência de uma defasagem permanente entre os direitos legalmente declarados e os direitos efetivamente exercidos, ou melhor, numa contradição persistente entre o "país legal" e o "país real". A segunda anomalia consistiria numa inversão constante da ordem normal de implantação de diversos elencos de direitos. Assim, por exemplo, amplas liberdades políticas ter-se-iam instaurado em pleno Império, isso ocorrendo paradoxalmente numa sociedade (escravocrata) que negava liberdades civis elementares a escravizados e a homens livres pobres. Além disso, os direitos políticos teriam passado por sucessivos avanços e recuos (o que implicaria a alternância, na história política do Brasil, de períodos democráticos e de períodos ditatoriais). Finalmente, importantes elencos de direitos sociais teriam sido concedidos, a título compensatório, por dois regimes ditatoriais: o Estado Novo e o regime militar de 1964-1984 (o que significaria uma antecipação anômala da instauração de direitos sociais sobre a de direitos políticos).

Como Carvalho explica tais anomalias (e, repetimos, é um mérito seu o de procurar tal explicação)? Na reflexão sobre as causas históricas desse desvio, o autor recorre em primeira instância ao tema da carência relativa de lutas populares pela conquista de direitos no Brasil; carência essa que se evidenciaria na comparação com o caso inglês, no qual avulta a importância, no processo de conquista de direitos, de movimentos populares como o cartismo, numa primeira etapa, e o trabalhismo organizado em partido político, numa segunda etapa. Porém, é um fator cultural de natureza trans-histórica que, em última instância, explica, segundo Carvalho, não só tal carência de lutas populares pela cidadania como também, de um modo mais geral, as anomalias da implantação e do desenvolvimento da cidadania no Brasil. Esse fator seria a cultura política ibérica: ela teria transmitido ao Brasil, desde o início da colonização, um ideal de comunidade paternalista, no qual não há lugar para a luta pela conquista de direitos, sendo esta substituída pela distribuição de favores por parte dos de cima e pela manifestação de lealdade ou gratidão por parte dos de baixo.

O modelo explicativo esboçado por Carvalho coloca, ao leitor minucioso, problemas teóricos que não são de pequena monta: o fator cultural de caráter trans--histórico intervém, como uma força externa deformadora, num processo – o da emergência e desenvolvimento da cidadania – cujas causas se encontram alhures?

Ou ele é a causa geral de um processo anômalo único – o da emergência e desenvolvimento da cidadania –, insuscetível de ser decomposto, para fins explicativos, em aspectos "positivo" (a ideia de direitos) e "negativo" (o desrespeito prático à ideia de direitos)? No caso de a primeira fórmula exprimir mais adequadamente o pensamento de Carvalho, o problema não resolvido é o da caracterização do motor do processo, cujo percurso sofreria um desvio por obra da influência do fator cultural de natureza trans-histórica. No caso de a segunda fórmula corresponder mais estreitamente à perspectiva de Carvalho, avultará a incongruência metodológica consistente em buscar a explicação de uma mudança política real (a instauração e o desenvolvimento da cidadania, ainda que com "déficits" e "carências") em elementos invariantes, quando seria mais razoável pesquisar, na busca de alguma relação causal entre processos, variações concomitantes. Em qualquer um dos dois casos, o modelo culturalista de Carvalho bloqueia a busca do motor do processo de implantação e de desenvolvimento da cidadania; processo esse que se configura como uma mudança política real, por mais "atípica" e "anômala" que possa ser considerada com relação ao padrão inglês.

Já Luiz Carlos Bresser-Pereira busca, em "Cidadania e *res publica*: a emergência dos direitos republicanos", um modelo explicativo que capte a relação causal subjacente a duas variações concomitantes: o desenvolvimento do capitalismo e o processo de instauração de direitos políticos. Para Bresser-Pereira, o desenvolvimento do capitalismo ocasiona a desconcentração de quatro atributos que conferem poder aos grupos sociais: a força, a riqueza, a hegemonia ideológica e o conhecimento técnico e organizacional. Ora, essa desconcentração de recursos, engendrada no longo prazo pelo capitalismo, é, segundo o autor, o patamar indispensável à instauração efetiva de direitos políticos e à consequente implantação de regimes democráticos. Num outro texto ("Sociedade civil: sua democratização para a reforma do Estado")[8], Bresser-Pereira parece se servir desse modelo explicativo na análise do processo histórico brasileiro. Para ele, há uma clara defasagem entre a evolução política dos países capitalistas avançados e a de países periféricos, como o Brasil ou outros da América Latina: enquanto os primeiros alcançaram a cidadania política e o regime democrático na primeira metade do século XX, os últimos só chegaram a esse patamar na segunda metade do século XX. E essa defasagem no plano do advento da cidadania política e da democracia parece exprimir o atraso dos países periféricos no plano do desenvolvimento do capitalismo.

A reflexão crítica sobre o esquema explicativo sugerido por Bresser-Pereira deve começar destacando o seu aspecto positivo: vale dizer, as implicações materialistas de sua postura teórica. Tais implicações conferem à sua análise um interesse superior

---

[8] Ver, Luiz Carlos Bresser-Pereira, "Sociedade civil: sua democratização para a reforma do Estado", *Enap: Texto para discussão*, Brasília, out. 2001; disponível on-line.

àquele apresentado por análises fundadas numa postura idealista. A seguir, porém, devemos qualificar como problemática a tese de que o desenvolvimento do capitalismo produz genericamente efeitos desconcentradores. É certo que tal desenvolvimento engendrou um aparelho de serviços e, consequentemente, uma nova classe média em permanente expansão, o que desmentiu a suposição marxiana inicial de uma crescente polarização econômica na sociedade capitalista. Também é incontestável que os ganhos de produtividade, ensejados por esse desenvolvimento, viabilizaram o aumento dos salários reais dos trabalhadores (aumento esse que exprimiria não a liberalidade da classe capitalista, mas a complexificação crescente da pauta de consumo incorporada ao processo de reprodução da força de trabalho alocada no sistema produtivo capitalista).

Uma vez reconhecidos tais efeitos, deve-se levar em conta que a dinâmica do modo de produção capitalista envolve um processo altamente concentrador: a concentração e a centralização do capital, que determinam a passagem do capitalismo de sua fase concorrencial para a sua fase monopolista e se mantêm inclusive na fase atual, ainda que ocultas sob formas institucionais descentralizadoras (por exemplo, empresas com autonomia jurídica, mas estratégica e organizacionalmente dependentes do capital financeiro). Ora, esse processo econômico, como já foi apontado por Marx em *O capital*[9], implica também a concentração espacial da indústria e o fim da dispersão das unidades fabris (que inicialmente tendiam a se localizar no campo, por serem metamorfoses das velhas manufaturas rurais). A concentração espacial do aparelho produtivo capitalista cria, por sua vez, condições mais favoráveis à emergência, no seio das classes trabalhadoras, de um movimento reivindicativo e político numericamente mais extenso e organizativamente mais poderoso. Há, portanto, um ângulo do processo de desenvolvimento do capitalismo que não foi explorado por Bresser-Pereira: a concentração e a centralização do capital têm como subproduto o aumento da capacidade de pressão das classes trabalhadoras sobre o Estado, o que pode redundar na conquista de direitos. Existe assim uma relação tendencialmente positiva – mas que não se concretiza sempre, como nos mostraram o nazismo e o fascismo – entre a concentração/centralização do capital e a conquista de direitos políticos.

Essa observação sobre as implicações políticas de um aspecto da dinâmica do modo de produção capitalista abre caminho para a proposição de uma fórmula teórica geral sobre a evolução da cidadania política nas formações sociais capitalistas. Tal evolução relaciona-se com o padrão de desenvolvimento do capitalismo, no sentido amplo da expressão (abrangendo tanto o processo de transição para o capitalismo

---

[9] A análise de Marx sobre este ponto foi retomada por Hobsbawm, que se referiu à relação entre concentração/centralização do capital, concentração espacial da indústria e organização reivindicatória ou política das classes trabalhadoras. Ver especialmente o capítulo 12, "A cidade, a indústria, a classe trabalhadora", em Eric Hobsbawm, *A era do capital* (Rio de Janeiro, Paz e Terra, 1977).

quanto o processo de reprodução ampliada do capitalismo), que se concretiza numa formação social determinada. Mais precisamente, a evolução da cidadania política é *parte* do processo de desenvolvimento do capitalismo numa formação social, e isso num duplo sentido: ela é influenciada pela dimensão especificamente econômica desse processo, mas, por sua vez, também exerce influência sobre a dimensão econômica. A evolução interna de um sistema econômico pré-capitalista – evolução essa que pode envolver, por exemplo, a mercantilização crescente da produção, o aumento da produtividade e a intensificação da pressão sobre o produtor direto com vistas à obtenção de mais renda – acirra antagonismos sociais que acabarão por colocar em crise o Estado pré-burguês. A configuração específica desse processo evolutivo pode determinar, ou não, uma radicalização da luta popular pela instauração do Estado "republicano" (burguês) até a incorporação da bandeira da "democracia" (caso em que a luta pelas liberdades civis elementares se desdobra em luta pela instauração da cidadania propriamente política). Também dependem de tal configuração o nível de diferenciação interna das classes dominantes e, consequentemente, a intensidade do conflito político no seio do bloco das classes dominantes, conflito esse que influencia a amplitude da luta popular – "republicana" *tout court* ou "republicano-democrática" – contra o Estado pré-burguês. Inversamente, o resultado político final de tais conflitos e lutas – resultado que advém de uma democracia representativa ou de uma ditadura republicana –, por ser decisivo para a definição da hegemonia política no seio do bloco no poder[10], delineia-se como um dos fatores que influenciam o *curso* da transição para o capitalismo, já que o avanço desse processo depende da capacidade hegemônica das diferentes classes ou frações dominantes. (Por exemplo, os obstáculos ao avanço da grande indústria moderna e à subordinação da agricultura à indústria, numa formação social em processo de transição, não poderão ser superados caso não seja destruída a capacidade da burguesia mercantil agroexportadora de colocar o aparelho de Estado a serviço dos seus interesses econômicos de fração.)

Já a dinâmica interna de um sistema econômico capitalista assume mais cabalmente a forma marxista clássica do desenvolvimento das forças produtivas (concentração e centralização crescentes do capital, interdependência crescente das atividades econômicas). Tal desenvolvimento contribui para a constituição dos trabalhadores assalariados, previamente atomizados por força de sua inserção na esfera da circulação (mercado de trabalho), como coletivo capaz, no mínimo, de pressionar o Estado capitalista pelo reconhecimento de sua existência, ou, no máximo (especialmente no

---

[10] Estamos aqui sugerindo a existência de uma correlação entre as variações do regime político e as variações da hegemonia política no seio do bloco no poder: mudando um, tende a mudar também a outra (o que está longe de significar – esclareça-se logo – que a uma certa espécie de regime político corresponda necessariamente uma certa configuração da hegemonia política no seio do bloco no poder). Abordaremos mais sistematicamente esta questão na parte final deste texto.

caso de se configurar uma situação revolucionária, ou seja, uma crise social e política aguda), de se organizar tendo em vista a derrubada da ordem social capitalista.

Desnecessário dizer que o desenvolvimento das forças produtivas numa formação social capitalista acirra os conflitos políticos no seio das classes dominantes (por exemplo, o conflito entre capital monopolista e médio capital, ou entre capital bancário e propriedade fundiária); e que tais conflitos abrirão espaço para a luta popular pela instauração e ampliação da cidadania política. Inversamente, a trajetória das lutas populares pela conquista de direitos políticos e o percurso dos conflitos políticos no seio das classes dominantes exercerão uma influência decisiva sobre o *curso* do desenvolvimento capitalista (política intervencionista e keynesiana ou política neoliberal? Ação estatal de ampliação prioritária do mercado interno ou de incentivo prioritário às exportações?) na formação social em questão. Também nesse caso atua como elemento mediador entre os dois processos a configuração da hegemonia política no seio do bloco no poder, já que, por um lado, ela é o efeito do entrecruzamento de lutas populares e de conflitos intraburgueses e, por outro, contribui para acelerar, retardar ou desviar o curso do desenvolvimento capitalista numa formação social.

É esse esquema teórico que pretendemos testar na análise da evolução da cidadania política no Brasil. O leitor perceberá facilmente que os termos de sua formulação são bastante gerais. Esse procedimento generalizante resultou de certa cautela metodológica. Já que ainda não nos acodem todos os conhecimentos teóricos necessários à especificação dos diversos mecanismos causais evocados, preferimos conferir às nossas formulações um caráter "aberto". Desse modo, a pesquisa histórica, em vez de ser proposta e apresentada como mera confirmação de um esquema teórico totalmente fechado, terá um papel positivo a cumprir no enriquecimento de nossas hipóteses explicativas (o que não se fará de modo imediato: o desenvolvimento teórico é um processo bem mais lento que o da produção de um único texto).

Um breve quadro morfológico da evolução da cidadania política no Brasil

Uma vez estabelecido que o nosso objetivo principal neste texto é a busca das causas históricas da concretização de certo padrão de evolução da cidadania política no Brasil, devemos apresentar, como ponto de partida, uma síntese das características morfológicas desse processo evolutivo. Tais características são, basicamente, duas. Em primeiro lugar, os direitos políticos instaurados no Brasil entre 1891 e 1988 apresentaram, em fases sucessivas, limitações *específicas*, não similares às limitações apresentadas, também em fases sucessivas, pelos direitos políticos instaurados nos países capitalistas centrais. Para que todas as implicações da enunciação dessa característica possam ser apreendidas pelo leitor, impõem-se dois esclarecimentos. Quando aludimos a limitações impostas aos direitos políticos numa formação social capitalista qualquer, não estamos nos referindo a eventuais obstáculos ao exercício efetivo do poder político pela maioria social, pois, como procuramos indicar anteriormente, seria esperar demais da cidadania política supor que ela pudesse ser o instrumento institucional da instauração do poder político da maioria social *no quadro de uma sociedade capitalista*.

Tais limitações têm, portanto, um caráter mais modesto: elas consistem antes em obstáculos ao exercício, por parte da maioria social, de uma influência meramente marginal ou periférica sobre o processo de tomada das macrodecisões políticas. Influência essa que, obviamente, é relevante para a definição da situação das classes trabalhadoras dentro da sociedade capitalista, embora não o seja para a caracterização sociológica da natureza de classe do poder político atuante nesse tipo de sociedade. À luz desse primeiro esclarecimento, convém advertir que, mesmo no sentido modesto apontado, limitações aos direitos políticos não são peculiaridades dos países capitalistas periféricos; elas também aparecem na história política dos países capitalistas centrais. Caberia, portanto, à análise política comparada estabelecer as especificidades dos dois blocos de países capitalistas – centrais e periféricos – nesse terreno. Esse trabalho seria de grande utilidade para o pesquisador empenhado em estabelecer a combinação de limitações aos direitos políticos presente, em fases sucessivas, numa formação social capitalista determinada, central ou periférica.

Prossigamos na apresentação da primeira característica morfológica da evolução da cidadania política no Brasil. As limitações aos direitos políticos aqui concretizadas, em fases sucessivas, entre 1891 e 1988 resultaram da *combinação* de limitações presentes desde logo no plano das definições constitucional e legal dos direitos políticos com limitações impostas ao exercício de direitos políticos já declarados. A natureza dessa combinação de limitações aos direitos políticos será esclarecida mais adiante.

Passemos agora à enunciação da segunda característica morfológica da evolução da cidadania política no Brasil. Esta, além de ter apresentado limitações de caráter específico, foi, no período em questão (1891-1988), instável e intermitente. Tal característica distancia o Brasil de países onde a instauração da cidadania se delineou, após uma ruptura institucional radical (a "revolução política burguesa"), como um longo processo evolutivo, sem recuos ou sobressaltos (o que não quer dizer sem lutas sociais), como a Inglaterra ou alguns países do norte da Europa.

Deveremos, a seguir, reapresentar de modo mais detalhado essas duas características morfológicas e, quase concomitantemente, propor alguma reflexão sobre as causas históricas da concretização desse padrão de evolução da cidadania política no Brasil.

As limitações da cidadania política na Primeira República brasileira (1889-1930)

O ponto de partida para a instauração da cidadania, civil e política, no Brasil é a revolução política burguesa, que, entre 1888 (Abolição da escravidão) e 1891 (proclamação da Constituição republicana), subverteu o sistema jurídico, instaurando a forma sujeito de direito em sua versão elementar (o que significa o reconhecimento estatal de todos os agentes da produção, independentemente de sua posição na estrutura econômica – proprietário dos meios de produção, trabalhador – como sujeitos individuais de direitos). Seria inviável a concretização da cidadania, civil ou política, na sociedade escravista imperial, dada a total incompatibilidade da forma sujeito de direito com qualquer modo de produção escravista, antigo ou moderno. Os escravizados eram considerados "coisas" pelo direito escravista; estavam, portanto, por definição, excluídos da categoria dos sujeitos individuais de direitos. Consequentemente, a forma universalista e igualitária dos direitos individuais jamais poderia se impor numa sociedade escravista. Assim, tinham razão os abolicionistas e os republicanos radicais, quando sustentavam que, no Brasil imperial, não havia *direitos*; apenas *privilégios* (vale dizer, prerrogativas enunciadas em termos particularistas, pois formalmente reservadas aos integrantes da ordem dos homens livres).

Na perspectiva teórica aqui adotada, não haveria como aceitar a conclusão que José Murilo de Carvalho, na obra já citada, tira da análise de dados referentes à evolução da participação eleitoral no Brasil. Carvalho lembra que, na década de 1870 (isto é, antes da reforma eleitoral de cunho restritivo concretizada por meio da Lei de 1881), a participação eleitoral chegara a 11% da população total (o que equivalia a 13% da população livre), para depois descer a 2,2%, em plena fase inicial do período republicano (1894). Da análise desses dados eleitorais, Carvalho tira a conclusão de que, na passagem do Império à República (isto é, de um Estado escravista a um Estado burguês moderno), teria ocorrido uma considerável regressão no plano da cidadania política. Mais especificamente, a eliminação, com a Proclamação da República, dos critérios censitários de definição da amplitude do eleitorado não teria sido suficiente para compensar a limitação da população eleitoral resultante da confirmação, na Constituição federal de 1891, da interdição do voto dos analfabetos (introduzida pela Lei de 1881).

Alguém poderia sustentar que, uma vez descontadas as diferenças terminológicas (que fazem Carvalho detectar a presença de direitos ali onde vemos apenas privilégios), poderíamos nos render às evidências proporcionadas pelos dados quantitativos eleitorais e concluir, com Carvalho, que teria havido de fato uma regressão política na passagem do Império à República. Ocorre, entretanto, que, de um ponto de vista substantivo, o aspecto central do processo político imperial era a exclusão eleitoral da classe explorada fundamental (os escravizados de latifúndio), o que significava a ilegitimidade da incorporação dos seus interesses ao processo decisório imperial. Ora, foi justamente porque a classe explorada fundamental estava excluída oficial e explicitamente da comunidade política que se poderia (inclusive, se *deveria*) estender a participação efetiva das classes sociais em princípio admitidas na comunidade política; vale dizer, as diversas classes sociais filiadas à ordem dos homens livres. Assim, não houve casualidade alguma na aparente regressão política apontada por Carvalho; portanto, essa diminuição relativa da participação eleitoral, na passagem do Império à República, não deveria ser tratada como mais uma *anomalia* do processo político brasileiro. Na passagem de um Estado escravista, na qual os agentes político-institucionais eram apenas os proprietários de escravizados e os seus aliados, a um Estado burguês moderno, em que todo indivíduo nascido no território nacional era declarado cidadão, seria previsível que se implantassem mecanismos de limitação da participação política efetiva. E isso porque qualquer eventual extensão da participação política provocaria não apenas incômodos operacionais ou cisões políticas no seio das classes dominantes, como também o perigo da subversão, por via institucional, da ordem social vigente.

Feitas essas observações preliminares – cujo objetivo principal foi o de caracterizar como um anacronismo a busca da cidadania política na sociedade escravista imperial – impõe-se a reflexão sobre a seguinte questão: por que a cidadania política emergiu, logo após a revolução política burguesa de 1888-1891, por uma declaração constitucional de direitos políticos que parece conter simultaneamente aspectos "avançados" (como o sufrágio masculino adulto sem restrições censitárias) e aspectos "atrasados" (como a interdição do voto do analfabeto)?[11]. Ou por outra, qual foi a causa histórica da subordinação da cidadania política a essa configuração específica,

---

[11] Ao mencionarmos aqui os "avanços" ou "atrasos" da cidadania política no Brasil, estamos parafraseando outros autores. E, se o fazemos, não é porque consideremos conveniente a construção teórica de um percurso ideal da cidadania política na sociedade capitalista, percurso a partir do qual se poderia avaliar o estágio alcançado (elevado, embrionário, intermediário etc.) ou a situação vivida (normal, anômala etc.) pela cidadania política nas diferentes sociedades capitalistas (centrais, periféricas etc.). Muito pelo contrário: pensamos que indicadores do "atraso" e do "avanço" da cidadania política, indicadores que podem ser fixados segundo um critério democrático radical (o da máxima participação política das massas, em termos de influência efetiva, ainda que marginal, sobre os agentes tomadores das macrodecisões), podem se combinar numa mesma sociedade capitalista, dificultando os diagnósticos unilaterais e simplificadores. Assim, por exemplo, numa democracia "avançada" como os Estados Unidos, os negros ainda estavam, no início da década de 1960, praticamente impedidos de votar (a despeito da inexistência de qualquer proscrição constitucional desse direito). De modo similar, na "modelar" democracia suíça, as mulheres só conquistaram o direito de voto no início da década de 1970. A lição a se tirar desses exemplos é a de que, na análise política, o mais importante é descobrir as causas históricas – a serem procuradas no terreno dos efeitos conjugados do padrão de desenvolvimento do capitalismo e da configuração da hegemonia política no seio do bloco no poder – do aparecimento de combinações aparentemente abstrusas, como as mencionadas.

por ocasião do nascimento da República? Pondo em operação o nosso método de análise (apresentado anteriormente como um dispositivo teórico adequado a este trabalho), diremos que essa combinação republicana entre a proclamação do princípio do sufrágio universal e a adoção de restrições eleitorais de cunho meritocrático (como a interdição do voto do analfabeto) ou sexual (como a não proclamação oficial e explícita da legitimidade do voto feminino) deveria ser encarada como o resultado do entrecruzamento, na revolução política burguesa de 1888-1891, de dois projetos políticos de classe. De um lado, exprimia-se nesse resultado institucional o projeto radical de cidadania política defendido por um segmento – o liberal-democrático – da classe média abolicionista e republicana, cuja ação política foi uma garantia contra toda eventual tentativa de imposição de um sistema eleitoral censitário ao Estado burguês nascente, como ocorrera em praticamente todos os países capitalistas europeus. De outro lado, também se refletia em nossa primeira declaração constitucional de direitos políticos o projeto do segmento mais organizado e poderoso da classe dominante pós-imperial – a burguesia mercantil-exportadora –, em luta pela conquista da hegemonia política no seio das classes dominantes. Como a classe média revolucionária, essa fração burguesa se dispensava de propor restrições censitárias ao voto. Não foram, contudo, inclinações democráticas radicais que a levaram a essa posição, mas a sua disposição de controlar e manipular o voto do campesinato dependente por intermédio dos proprietários fundiários, colocando desse modo o vasto eleitorado rural a serviço de seu projeto de exercício da hegemonia política.

A emergência de tais projetos políticos de classe resultou, por sua vez, da evolução interna do sistema econômico pré-capitalista – mais especificamente, escravista moderno – vigente no Brasil imperial. Com a entrada do café brasileiro no mercado internacional, o caráter mercantil da economia agrária imperial se estabilizou e se regularizou na região Centro-Sul, o que viabilizou um duplo progresso na diferenciação interna do sistema de classes sociais: a emergência de uma classe média economicamente separada das classes dominantes (por exemplo, profissionais liberais, empregados de escritórios ou jornalistas que viveram, então, basicamente do seu ofício) e a consolidação de uma burguesia mercantil-exportadora economicamente destacada da classe fundiária (entre outros, os "comissários" e as casas exportadoras). Assim, o "movimento da economia" fez com que também se pusesse em movimento o sistema de classes sociais, no qual se enraizaram os novos projetos políticos.

Os dois projetos políticos mencionados coexistiram em equilíbrio instável no governo republicano provisório, mas já se encontrando claramente dissociados por ocasião das primeiras eleições republicanas (as eleições de 15 de setembro de 1890 para a Assembleia Nacional Constituinte). Nestas, o projeto republicano radical – a conversão de todos os indivíduos, independentemente de sua condição socioeconômica, em verdadeiros cidadãos – da classe média liberal-democrática foi derrotado pelas chamadas "oligarquias"; vale dizer, pela aliança entre proprietários fundiários e burguesia mercantil-exportadora, sob a direção desta[12]. E mesmo a ditadura militar implantada por Floriano Peixoto – de resto, rapidamente derrubada pelas "oligarquias" – não pôde trazer qualquer auxílio a tal projeto, já que o grupo militar representava politicamente, nessa conjuntura, as tendências nacionalistas e antiliberais de um outro segmento ideológico da classe média. No novo quadro institucional – republicano, democrático-representativo e presidencialista –, as eleições, no seu conjunto, continuavam a ser estritamente controladas pela classe fundiária (esta agindo a serviço da hegemonia política da burguesia mercantil-exportadora). Ora, a constante manipulação eleitoral das massas rurais representou a frustração do projeto republicano radical de atribuir a todos os indivíduos a prerrogativa real de escolher, com toda independência e liberdade, os seus governantes.

Quando evocamos a derrota política da classe média defensora de uma liberal-democracia radical e autêntica perante as classes dominantes, após a Abolição e a Proclamação da República, damo-nos conta de que, na Primeira República, as principais limitações impostas à cidadania política não decorreram fundamentalmente do caráter limitado da declaração constitucional de direitos políticos, que proscrevia o voto do analfabeto. Tais limitações decorreram principalmente do fato de o exercício do direito de voto estar globalmente controlado pelas classes dominantes politicamente aliadas: a propriedade fundiária (elemento subalterno da aliança) e a burguesia mercantil-exportadora (elemento dominante da aliança). A ausência de uma Justiça eleitoral independente e profissional na República recém-instalada não deveria ser encarada como uma falha técnica das novas instituições políticas ou como um indício do atraso cultural e civilizacional do Brasil pós-escravista. Na verdade, tal ausência foi uma expressão da derrota política da classe média liberal-democrática, portadora de ideais meritocráticos e igualitários à luz dos quais a existência desse tipo de instituição só poderia parecer obrigatória.

Sabe-se que, ao invés da Justiça eleitoral, instaurou-se um rígido controle do exercício do direito de voto por parte das classes dominantes, e isso em vários níveis. Primeiro nível, o do controle do voto da população rural – composta majoritariamente de camponeses dependentes – por parte dos proprietários fundiários; noutras palavras, o da manipulação do voto das massas eleitorais pelos coronéis (manipulação essa tecnicamente viável, dada a ausência, no plano constitucional, do princípio do voto secreto, e graças à presença de uma legislação ordinária – como a Lei Rosa e Silva, de 1904 – que autorizava o voto a descoberto). Segundo nível, o do controle do processo eleitoral pelos chefes políticos locais a serviço da aliança entre propriedade

---

[12] A derrota do líder republicano radical Silva Jardim nas eleições de 1890 para a Assembleia Nacional Constituinte e, a seguir, a sua morte trágica na voragem do Vesúvio parecem simbolizar a rápida neutralização política, por parte das "oligarquias", da classe média liberal, envolvida na busca da cidadania política "autêntica".

fundiária e burguesia comercial-exportadora, controle esse que se realizava por meio das *mesas eleitorais*, dotadas de poderes discricionários (como o de fazer os mortos, os analfabetos e os ausentes votarem) e estritamente submissas às chefias políticas locais. Terceiro nível, o do controle do resultado eleitoral pelo processo de qualificação dos eleitos – a chamada "verificação de poderes" –, institucionalmente atribuído ao Poder Legislativo em todos os níveis e politicamente controlado pela corrente majoritária em cada uma dessas casas legislativas.

Nunca é demais insistir sobre a relação existente entre esse estado da cidadania política – ou seja, essa combinação específica de determinada limitação constitucional do direito de voto com certo tipo de limitação de fato do exercício do direito de voto – com o processo de desenvolvimento do capitalismo no Brasil; ou, mais diretamente, com as especificidades da fase inicial do processo de transição para o capitalismo na formação social brasileira. A regularização e a estabilização do desenvolvimento da economia escravista mercantil, em meados do século XIX, incentivaram a urbanização e a extensão do aparelho de Estado imperial, do que resultou o surgimento de uma classe média envolvida na luta pela cidadania, encarada como o caminho para a valorização dos trabalhadores não manuais perante as classes dominantes. Esse processo de desenvolvimento não desaguou, porém, numa revolução agrária, que poderia ter viabilizado uma aliança entre campesinato dependente e movimento abolicionista-republicano urbano. E se isso não ocorreu, foi porque, numa economia cujo eixo dinâmico era o setor escravista mercantil, o campesinato dependente só poderia desempenhar um papel político secundário, diferentemente do que ocorreu nas formações sociais feudais em crise. Essas características do processo histórico brasileiro explicaram a feição peculiar do processo de formação da cidadania política no curso da revolução política burguesa de 1888-1891. De um lado, a classe média urbana, que dirigia o processo de destruição da ordem social escravista e do Estado escravista imperial, tendia, na moldagem da cidadania política republicana, a rejeitar qualquer restrição censitária (que lhe parecesse ser uma exigência plutocrática e que objetivamente se chocasse com a sua disposição a valorizar o trabalho, ainda que sob a forma de trabalho intelectual, diante da propriedade), aceitando em compensação a adoção de uma restrição de tipo capacitário (a exclusão política do analfabeto, que se coadunava com a sua ideologia meritocrática). De outro lado, as classes dominantes ligadas à agricultura de exportação poderiam, num contexto histórico marcado pela ausência de revolução agrária e, consequentemente, pela inexistência em escala nacional de um extenso campesinato independente, aceitar o sufrágio masculino adulto desguarnecido de restrições censitárias, já que estavam conscientes de que seriam as massas rurais, estritamente enquadradas pelos coronéis, o seu grande trunfo eleitoral.

Uma proposta de democracia censitária e de cidadania política limitada, à moda da Europa ocidental do século XIX e do início do século XX, só poderia partir, na Primeira República brasileira, de uma corrente política burguesa de caráter progressista, representativa de uma burguesia industrial com vocação nacionalista. Uma fração burguesa com essas características poderia defender o alijamento eleitoral das massas rurais, por vê-las como um instrumento inconsciente das "oligarquias"; e se engajar numa proposta de redução do contingente eleitoral total ao eleitorado urbano (classe média, operariado, trabalhadores dos serviços), suscetível de ser mobilizado por uma proposta de desenvolvimento nacional alternativo. Como a burguesia industrial nascente esteve longe de revelar essa vocação e de assumir essa posição, as propostas de instauração de um sistema eleitoral censitário, como a de Rodrigues Alves em 1913, ou a de Monteiro Lobato em 1924, revelaram-se, para usar uma expressão de Gramsci, *inorgânicas* do ponto de vista de sua representatividade de classe.

O retorno a um sistema eleitoral censitário – que já havia vigorado no Império – era, portanto, improvável, dado que tal proposta não integrava nenhum projeto político de classe. Teoricamente, outras reações à configuração assumida pela cidadania política republicana eram possíveis. Advirta-se, entretanto, que seria infrutífero buscar propostas estritas de superação das limitações aí vigentes na ação das massas rurais ou do operariado urbano. Os camponeses sem-terra, amarrados aos proprietários fundiários por relações de dependência pessoal e enquadrados ideologicamente pelo dever de lealdade pessoal para com o seu senhor, funcionavam apenas, conforme a inspirada fórmula de Virgínio Santa Rosa, como "o gigantesco tacape com que os caciques rurais inutilizavam os esforços em prol da melhoria das classes médias"[13]. Já o operariado de cidades como São Paulo ou Rio de Janeiro estava altamente impregnado por ideias anarquistas, tendendo, portanto, a rejeitar a política em geral e o relacionamento com o Estado em particular. Nesse quadro político particular, dificilmente a resistência fabril à exploração capitalista do trabalho poderia se prolongar na luta pelo reconhecimento estatal de direitos propriamente políticos. Na verdade, o grande agente político da crítica à configuração assumida pela cidadania política na Primeira República foi a classe média urbana, ou, mais especificamente, o segmento liberal-democrático dessa classe social, decepcionado com a rápida conversão da República democrática, anunciada na Constituição Federal de 1891, num regime "oligárquico".

Quando levamos em conta a multiplicidade de movimentos que, de uma ou de outra forma, representaram politicamente a classe média urbana – ligas cívicas, movimento tenentista etc. –, poderíamos concluir que tal crítica assumiu dois caminhos ideológicos diversos. De um lado, delineou-se o caminho da denúncia às limitações de fato do exercício do direito de voto (coronelismo, controle do processo eleitoral pelas "oligarquias" etc.), seguida coerentemente pela proposta de instauração da Justiça eleitoral e do voto secreto. De outro lado, abriu-se o caminho da denúncia ao sufrágio universal como uma ilusão encenada por partidos políticos oligárquicos, seguida de

---

[13] Ver Virgínio Santa Rosa, *Que foi o tenentismo?* (Rio de Janeiro, Civilização Brasileira, 1963), p. 31.

modo consequente pela defesa da instauração da representação de classe ou profissional (substituição do tipo liberal de cidadania política por um novo tipo, de caráter "orgânico"). Nos dois caminhos ideológicos, era cabível a proposta de ampliação da declaração constitucional dos direitos políticos, no sentido da extensão do direito de voto à mulher, isso porque, nos anos 1920, a mulher trabalhadora de classe média já era uma realidade, estando presente em bancos, escritórios, repartições públicas etc.

O PERÍODO 1930-1964: CRISE, DESTRUIÇÃO E RESTAURAÇÃO DA CIDADANIA POLÍTICA

Analisemos agora a configuração assumida pela cidadania política no período 1930-1964. O título desta seção sugere, de um lado, que o período em questão apresentou certa unidade política, e, de outro, que dentro desse período a cidadania política passou por diferentes estágios. Se tais estágios são, todos eles, examinados num mesmo item, é porque se deve relacioná-los, um a um, com as características assumidas pelo processo de transição para o capitalismo no período 1930-1964.

A Revolução de 1930 teve como força dirigente um segmento da classe média urbana, o que explica que ela tenha chegado a resultados que não eram desejados por nenhuma fração de classe dominante: a perda, por parte do capital mercantil-exportador, do controle sobre o aparelho de Estado central, e a conversão da burocracia estatal civil e militar, descompromissada com relação à tese da "vocação agrícola do Brasil" e defensora de um projeto de industrialização relacionado com a afirmação da soberania nacional, em força política independente. Tais resultados corporificaram, no período 1930-1964, o que se convencionou chamar de uma "crise de hegemonia" no seio do bloco das classes dominantes. A expressão "crise de hegemonia" não indica, aqui, a ocorrência de reviravoltas constantes durante o período em questão, no terreno da definição dos objetivos a serem perseguidos pela política econômica e social de Estado. Ela sugere sobretudo que nenhuma fração da classe dominante – propriedade fundiária, burguesia mercantil-exportadora, capital bancário, burguesia industrial – poderia de fato se identificar com a orientação geral assumida pela política de Estado a partir da Revolução de 1930.

Em que consistiu essa orientação? De um lado, ela representou o fim do atendimento prioritário aos interesses do comércio de exportação de produtos agrícolas; de outro, implicou o estabelecimento de proteção cambial para a importação de meios de produção, bem como a realização de investimentos em setores essenciais ao crescimento industrial. Se podemos, ainda assim, falar de "crise de hegemonia", é porque a burguesia industrial brasileira, pelo seu caráter duplamente dependente – isto é, dependente diante do capital mercantil-exportador que lhe propiciava divisas para importar máquinas e diante dos países capitalistas centrais que lhe forneciam uma tecnologia industrial avançada –, não poderia se reconhecer numa política estatal antecipadora, voltada para a conquista da independência econômica e para a formação de uma verdadeira burguesia nacional. Não se identificando, pelas razões objetivas apontadas, com o papel que a burocracia estatal pós-1930 procurava lhe impor, a burguesia industrial brasileira se revestiu nesse período das características de uma burguesia interna, mais que daquelas próprias a uma burguesia nacional[14]. Assumindo a condição de burguesia interna, o empresariado industrial brasileiro tendeu, no período 1930-1964, a oscilar politicamente, deixando de prestar um apoio claro, explícito e vigoroso à política econômica e social de Estado, que era de resto hostilizada de modo mais ou menos aberto, conforme o momento, pelas antigas classes dominantes ligadas à agricultura de exportação.

Teve-se, portanto, no pós-1930, uma "crise de hegemonia", não obstante a implementação, por parte do aparelho de Estado, de uma política de industrialização. E foi essa situação peculiar que obrigou a burocracia estatal a implementar uma política bonapartista, com o objetivo de obter o apoio político das classes trabalhadoras. Os dois aspectos básicos dessa política foram, de um lado, o atendimento de aspirações difusas das classes trabalhadoras, como a criação de uma legislação fabril e o reconhecimento de direitos sociais a uma parte dos trabalhadores urbanos; de outro lado, a frustração do processo de conquista, por parte dos trabalhadores urbanos, de independência organizativa, frustração essa decorrente da criação de um sindicalismo rigidamente controlado pelo Estado e, por isso mesmo, sem força para atuar na construção de uma experiência partidária de massa de caráter independente.

Se fizemos essa apresentação, por certo resumida, dos contornos da "crise de hegemonia" do período 1930-1964, foi porque não se poderia explicar as sucessivas metamorfoses da cidadania política nesse período se não se levasse em contas as condições históricas gerais em que transcorreu a marcha – seja para a frente, seja para trás – dos direitos políticos. A rigor, a cidadania política passou, no período 1930--1964, por três estágios: o da crise, o da destruição e o da restauração. O primeiro estágio – que correspondeu a uma fase política específica do período de "crise de hegemonia" – começou com a Revolução de 1930 e se encerrou com a instauração do Estado Novo (1937). No âmbito de um estudo sobre a evolução da cidadania política no Brasil, a abordagem dessa fase política oferece especial interesse, já que se travava então, no terreno político, de um debate sobre o próprio conceito de cidadania política, ou, mais especificamente, sobre a via institucional adequada para a concretização da cidadania política. Logo após a vitória do movimento político-militar de 1930, os segmentos da classe média urbana que haviam se envolvido – enquanto simpatizantes

---

[14] A diferença entre burguesia compradora, burguesia interna e burguesia nacional foi abordada teoricamente por Nicos Poulantzas, *Les classes sociales dans le capitalisme aujourd'hui* (Paris, Éditions du Seuil, 1974), especialmente p. 77-204.

ou participantes ativos – no processo revolucionário tenderam a se dividir entre duas grandes propostas de (re)construção da cidadania política no país: a) a concretização da cidadania política liberal-burguesa "autêntica"; b) a instauração de um modelo *alternativo* de cidadania política, a cidadania "orgânica". Ora, essa divergência se resolveu conciliatoriamente no Código Eleitoral de 1932 e na Constituição Federal de 1934, mediante a adoção de um sistema misto de representação política. Na Câmara dos Deputados, coexistiam desde então representantes eleitos pelo sufrágio universal (4/5 do total) e representantes de classe ou profissionais, indicados por sindicatos ou associações de patrões e de empregados (1/5 do total). Dentro desse sistema misto de representação política, a dimensão burguesa-liberal da cidadania política evoluía, graças à instauração da Justiça eleitoral, do voto secreto e da cabine indevassável, bem como por obra da introdução do voto feminino. Essa evolução compósita (reforma progressista da cidadania política "liberal", conjugada à introdução da representação de classe) da cidadania política esteve, na verdade, intimamente relacionada com a margem de liberdade e a força política conquistadas pela classe média na fase inicial da "crise de hegemonia". Após a Revolução de 1930, nem as antigas classes dominantes tinham força política suficiente para preservar integralmente a antiga democracia "oligárquica" (devendo por isso submeter-se taticamente ao reformismo liberal de parte da classe média), nem a burguesia industrial tinha força política suficiente para se opor à representação de classe, firmemente defendida pelo movimento tenentista por meio de órgãos políticos, como o Clube 3 de Outubro.

Mesmo uma análise superficial da conjuntura política de 1931-1934 nos permite concluir que a configuração assumida pela cidadania política nessa fase política era instável, e tendia a ser de curta duração. No biênio 1934-1935 a radicalização de segmentos da classe média urbana à esquerda e à direita, com o surgimento da Aliança Nacional Libertadora (ANL) e da Ação Integralista Brasileira (AIB), criou condições políticas para que a burocracia estatal civil e militar rompesse os seus laços de representação política direta com essa classe social, instaurando a ditadura estado-novista. Começava assim o segundo estágio da evolução da cidadania política no contexto da "crise de hegemonia" no bloco das classes dominantes.

Sob o Estado Novo (1937-1945), a burocracia estatal aproveitou eficazmente a cisão política no interior da classe média urbana para suprimir a cidadania política ("liberal" ou "orgânica"), e para aumentar, por essa via, a sua capacidade decisória. A burocracia estatal também prosseguiu, durante o Estado Novo, na sua política de criação ou consolidação de direitos sociais para os trabalhadores urbanos: codificação das leis trabalhistas e sociais na CLT, criação efetiva do salário mínimo etc. Ela pôs em prática, portanto, uma política compensatória, consistente em revogar direitos políticos, substituindo-os por direitos sociais. Tal política, a que se agregaram os efeitos do controle estatal dos sindicatos, contribuiu para levar as classes trabalhadoras urbanas a prestar um apoio difuso ao governo. Esse apoio se mostrou especialmente importante num contexto político em que o aparelho de Estado reprimia as correntes liberais, de esquerda e de direita da classe média; e, ao mesmo tempo, implementava uma política de desenvolvimento que não contava com o apoio das antigas classes dominantes nem da nova classe dominante. A política compensatória da burocracia estado-novista não deveria, portanto, ser vista como uma "anomalia histórica", por implicar uma "antecipação" dos direitos sociais com relação aos direitos políticos. Essa suposta "antecipação" não era a expressão de uma falha cultural ou civilizacional, pois ela resultava, muito concretamente, do aumento da força política da burocracia estatal e do correlato enfraquecimento político da classe média urbana, tudo isso ocorrendo dentro de um contexto geral de "crise de hegemonia" no bloco das classes dominantes. É por isso que a representação de classe, defendida por várias correntes da classe média (como católicos, integralistas, fascistas, corporativistas puros), não foi implementada no Estado Novo, estando já constitucionalmente ausente do Parlamento (que, aliás, permaneceu fechado) e só figurando formalmente na organização do Conselho de Economia Nacional.

Com a queda do Estado Novo, começou em fins de 1945 o terceiro estágio da evolução da cidadania política no contexto da "crise de hegemonia" no bloco das classes dominantes. Restauraram-se o regime democrático e a cidadania política. O prosseguimento da "crise de hegemonia" garantiu porém à burocracia estatal a força política necessária para que ela levasse adiante, sem o apoio explícito e sistemático de qualquer uma das classes dominantes, a implementação do seu projeto de industrialização e de integração política das classes trabalhadoras urbanas pela via da política social. Mas qual seria a cidadania política possível nesse contexto histórico? Das grandes limitações constitucionais anteriormente impostas ao direito de voto, só restava na Carta de 1946, a interdição do voto do analfabeto. Quanto às condições de exercício do direito de voto, nesse período, restaurou-se a Justiça eleitoral (Constituição federal de 1946 e Código Eleitoral de 1950) e introduziu-se a cédula única e oficial (leis de 1955 e de 1962). Houve, entretanto, algo de novo nesse período político, que fez com que ocorresse, entre 1946 e 1964, algo mais que uma mera restauração do estágio em que se encontrava a cidadania política na Primeira República. No pós-1930, como consequência da intensificação dos processos de urbanização e de industrialização, o eleitorado das grandes cidades, tendencialmente assalariado e desvinculado de relações de dependência pessoal, viu-se bastante ampliado[15]. Essa evolução do universo eleitoral – condicionada por

---

[15] Sobre as modificações por que passou sucessivamente o eleitorado brasileiro e a sua repercussão sobre a política partidária, ver Gláucio A. D. Soares, *Sociedade e política no Brasil* (São Paulo, Difel, 1973), especialmente o capítulo III, "A extensão da cidadania às classes trabalhadoras e as transformações do eleitorado brasileiro", no qual o autor apresenta boa quantidade de dados significativos sobre essa questão.

certo desenvolvimento do sistema econômico – provocou um remanejamento interno no campo das limitações práticas do exercício do direito de voto. Diminuiu – embora não se tenha liquidado – a importância relativa do controle coronelista do voto das populações rurais. A presença da Justiça eleitoral impôs alguma limitação à influência dos chefes políticos locais na organização e condução do processo eleitoral nessas áreas. De modo correlato, aumentou a importância do clientelismo urbano (isto é, da troca de favores por votos) no processo eleitoral. É importante assinalar que a burocracia estatal se mostrou apta a assimilar tais mudanças. De um lado, ela dispunha das condições político-institucionais necessárias à sua própria conversão em agente do clientelismo urbano e à colocação dessa prática eleitoral a serviço do seu projeto de desenvolvimento capitalista. E foi de fato o que fez essa categoria social, ao criar um partido popular urbano e trabalhista fundamentalmente controlado pelo aparelho de Estado: o PTB. De outro lado, ela poderia contar com a desesperança dos chefes políticos locais quanto à utilização do controle eleitoral da área rural como arma eficaz para a restauração da hegemonia política do capital mercantil-exportador, já que diminuía continuamente a importância relativa do eleitorado dos distritos rurais, politicamente controlado pelos coronéis. Nessas novas condições, só a introdução do voto do analfabeto poderia servir como arma política para as antigas classes dominantes: caso os analfabetos passassem a votar, tais classes sociais teriam condições, pelo menos, de jogar o peso do eleitor rural analfabeto contra o peso do eleitorado urbano alfabetizado. O fato de que as antigas classes dominantes jamais tivessem se lançado na defesa do voto do analfabeto, e de que tivessem se inclinado antes a temê-lo pelo seu pretenso potencial revolucionário, indica quão grande era o seu declínio político e quão profunda a sua incapacidade de lutar pela hegemonia política. Foi por isso, de resto, que chegaram a imaginar, já em desespero de causa, que o golpe militar de 1964 serviria como instrumento de uma "restauração oligárquica". A configuração assumida pela cidadania política no novo período democrático (1945-1964) se correlacionava, portanto, com a persistência do poderio bonapartista da burocracia estatal após a queda do Estado Novo, pois essa categoria social logrou fazer funcionar a seu favor (ou, mais especificamente, a favor do seu projeto de desenvolvimento capitalista) o clientelismo urbano, bem como colocar a seu serviço (isto é, a serviço de tal projeto) os chefes políticos locais, que já não tinham esperanças de que ocorresse uma "restauração oligárquica" pelas urnas.

Avaliando-se historicamente os dois ciclos de cidadania política (o de 1889-1930 e o de 1930-1964), deve-se concluir que, de um período a outro, houve uma evolução, dentro dos limites impostos à participação política pelo modelo capitalista de sociedade. Na passagem da submissão às práticas coronelísticas ao enquadramento em práticas clientelísticas, a consciência popular realizou um salto qualitativo, que traduziu o deslocamento de um universo ideológico feudal para um universo ideológico burguês. Ou, noutras palavras, passou-se, aí, de um comportamento político constrangido e cerceado pelo dever de lealdade pessoal a um comportamento político livre, que traduzia a visão do voto como mercadoria, a ser utilizado em função das vantagens pessoais proporcionadas pela escolha. De resto, o avanço do clientelismo indicou indiretamente que, no segundo período em questão, a transição para o capitalismo estava chegando a seu termo. E isso porque, diferentemente do coronelismo, as práticas clientelísticas são o mecanismo de limitação concreta do exercício do direito de voto que mais se expandem nas sociedades capitalistas[16].

O REGIME MILITAR E O CONFINAMENTO DA CIDADANIA POLÍTICA

Em fins da década de 1950 a transição para o capitalismo no Brasil estava praticamente integralizada, significando concretamente que a importância econômica do setor capitalista (a indústria) ultrapassava a de um setor ainda basicamente pré-capitalista (a agricultura). Em 1960, a agricultura respondia por 22% do PNB, enquanto a indústria já respondia por 33%. Estava assim objetivamente colocada a possibilidade de o setor agrícola se integrar ao desenvolvimento capitalista, enquanto mercado consumidor de meios de produção e de insumos gerados pela indústria; integração essa que repercutiria nas relações econômico-sociais vigentes na agricultura, determinando a difusão do arrendamento de terras e do trabalho assalariado rural. Nesse contexto econômico, colocou-se um novo dilema para as forças políticas envolvidas objetivamente no processo de industrialização. Dever-se-ia romper o compromisso histórico com a grande propriedade fundiária e promover uma reforma agrária distributiva, capaz de engendrar uma agricultura familiar que, com o apoio creditício do Estado, propiciaria um mercado de consumo para os bens leves e para os meios de produção fornecidos pela indústria? Ou, inversamente, dever-se-ia dar prosseguimento à industrialização sem ruptura do compromisso histórico com o latifúndio e com apoio em alguns fatores alternativos de dinamização do processo de industrialização, como a entrada de capital estrangeiro no setor industrial/bancário ou os efeitos dinâmicos das relações econômicas intersetoriais (a indústria comprando da indústria, a indústria requisitando serviços, os serviços comprando da indústria e consumindo outros serviços)?

Esse dilema, como se sabe, cindiu politicamente a sociedade brasileira. Os defensores da segunda alternativa, politicamente representados pelo alto comando das Forças Armadas e guarnecidos de um apoio de massa fornecido por uma parte considerável da classe média urbana, derrotaram os defensores da primeira

---

[16] Sobre a importância do clientelismo – de tipo moderno, em oposição ao tipo tradicional – nas sociedades capitalistas avançadas, consultar o sugestivo artigo de Martine Droulers, "Emprego público e clientelismo", *Sociedade e Estado*, Brasília, v. IV, n. 1, jan./jun. 1989.

alternativa pelo golpe de Estado de 1964. Sublinhe-se, entretanto, que a intervenção político-militar de 1964 ocorreu num quadro histórico bastante diferente daquele da Revolução de 1930 e da redemocratização de 1945. Nesses momentos históricos anteriores, a burguesia industrial estrangeira só encarava os países periféricos como mercado de consumo para as suas mercadorias, pois os efeitos da crise mundial de 1929 ainda se faziam sentir mesmo nos países centrais. Já a partir de meados da década de 1950, a burguesia industrial dos países capitalistas centrais foi progressivamente redefinindo a sua posição, passando a encarar os países capitalistas periféricos como campo para investimentos diretos. Assim se viram solapados o solo histórico da "crise de hegemonia" anterior, o poderio bonapartista da burocracia estatal e as políticas de industrialização antecipatórias, prioritariamente comprometidas com o ideal da soberania nacional.

Foi nesse novo contexto histórico, marcado pelo fim da transição para o capitalismo no Brasil e pelo surgimento do interesse do capital estrangeiro em se internalizar nas economias periféricas, que se situou o regime militar. Interagindo com tal contexto, o grupo militar e a burocracia estatal solucionariam, mediante uma nova política econômica e social, a "crise de hegemonia", instaurando no seio do bloco das classes dominantes a hegemonia política de um subsistema de interesses econômicos capitalistas. Tal subsistema correspondia a uma rede de interesses monopolistas, que articulava o capital monopolista estrangeiro, o capital monopolista interno e o capital monopolista estatal, com a preponderância dos interesses do grande capital bancário nacional[17]. Ao longo de vinte anos, o regime militar promoveria persistentemente a concentração e a centralização do capital industrial e do capital bancário, só secundariamente levando em conta os interesses da agricultura pré-capitalista e do médio capital (e isso, sobretudo no caso de esse capital se integrar economicamente ao grande capital, como fornecedor de insumos).

Passemos agora à análise da configuração assumida pela cidadania política no contexto histórico do regime militar. Muitos cientistas políticos tenderam a sustentar que, tendo o regime militar um caráter ditatorial, só poderia ter ocorrido, correlatamente à sua implantação, a supressão absoluta da cidadania política; isto é, algo similar ao que ocorrera, antes, com a implantação da ditadura estado-novista. Na verdade, o tratamento dado à cidadania política pelo regime militar foi mais complexo que isso. O grupo militar, tendo assumido o controle do aparelho de Estado, buscou não a supressão absoluta, mas o confinamento da cidadania política. E se o fez, foi porque julgou conveniente, por razões que abordaremos a seguir, encenar a existência da cidadania política e da representação política. Relembre-se que o

---

[17] Abordei a questão da preponderância do grande capital bancário no seio do subsistema de interesses monopolistas politicamente hegemônico a partir do golpe militar de 1964 no artigo "Estado e classes sociais no capitalismo brasileiro dos anos 1970/1980", republicado neste livro.

regime militar reafirmou o direito de voto e manteve pelo menos as eleições para os legislativos, ainda que sujeitas por vezes a adiamentos. Preocupou-se em manter aberto o parlamento, a despeito de ter decretado, por vezes, o recesso parlamentar fora de prazo. Ao mesmo tempo, o grupo militar procurou implementar uma estratégia de limitação dos efeitos políticos práticos do exercício do direito de voto. Os detentores de cargos executivos foram escolhidos predominantemente por meio de eleições indiretas ou nomeações. A liberdade partidária foi limitada pela imposição autoritária de um bipartidarismo que era apenas uma caricatura dos sistemas partidários anglo-saxões (tal bipartidarismo durou até o início da crise do regime militar em 1979). Estreitou-se a margem de ação do parlamento, reduzido a uma mera caixa de repercussão das decisões do Executivo militarizado e punido sempre que tentou preencher outro papel.

Do ponto de vista morfológico, a disposição do regime militar de, ao mesmo tempo, confinar a cidadania política e preservar a simbologia liberal-democrática exprimiu-se pela conciliação de duas posturas jurídicas. De um lado, manifestou-se uma postura de conservação de uma forma constitucionalista para o regime político. Isso se deu pela edição de sucessivas emendas constitucionais, de uma Carta constitucional (1967) e de uma lei com funções praticamente constitucionais (1969); todos esses dispositivos sendo apresentados como a cristalização – definitiva, até prova em contrário – da institucionalidade do regime político. De outro lado, delineou-se a postura de criação regular de uma legislação casuística, capaz de promover a adequação constante dos procedimentos de limitação da cidadania política à realidade política sempre em mutação: autorização da sublegenda, Lei Falcão, imposição do "senador biônico" etc. Conciliavam-se, desse modo, os pruridos constitucionalistas do grupo militar e a sua disposição de exercer cruamente o arbítrio. É importante sublinhar, neste ponto da análise, que esse misto de confinamento da cidadania política e de encenação liberal-democrática e constitucionalista não foi ocasional, nem se deveu a traços psicológicos individuais dos líderes do regime militar. Na verdade, essa política de dupla face esteve nesse período intimamente relacionada à configuração assumida pela hegemonia política no seio do bloco das classes dominantes. De um lado, o regime militar não poderia deixar intactos o alcance e o modo de organização do processo eleitoral, bem como a configuração do sistema partidário, sob pena de trazer de volta ao governo forças políticas que se oporiam à nova configuração da hegemonia política. De outro lado, deveria prestar culto à liberal-democracia, caso quisesse conservar a classe média urbana – ou pelo menos a parte mais importante dela, os chamados "formadores de opinião" – como a sua base social de apoio, e caso optasse, complementarmente, por uma postura conciliatória com relação às disposições políticas do capital monopolista estrangeiro e dos governos estrangeiros, sempre atentos com relação a possíveis degenerações nacionalistas das ditaduras militares periféricas. Pode-se, portanto, concluir que, para os militares que se apoderaram do aparelho de Estado em 1964, colocou-se, com muito mais força que para os instauradores do Estado Novo, a necessidade de manter em funcionamento mecanismos de legitimação política do regime militar, tanto no plano nacional quanto no plano internacional. A relação entre o estado da cidadania política, decorrente dessa necessidade, e a configuração da hegemonia política no seio do bloco das classes dominantes também pode, finalmente, ser comprovada por uma via negativa: os setores militares que propunham a supressão absoluta da cidadania política – ou seja, a chamada "linha dura" – eram ao mesmo tempo os setores que se opunham à preponderância política de um bloco monopolista no qual participasse o capital estrangeiro, e que defendiam a hegemonia política conjunta do capitalismo de Estado e da empresa privada nacional.

Em fins da década de 1970 intensificaram-se as divergências de diferentes frações da classe capitalista com o regime militar. O médio capital industrial opunha-se ao caráter pró-monopolista da política econômica estatal; o capital monopolista nacional e o capital monopolista estrangeiro se insurgiram contra o excessivo poderio da tecnocracia na definição dos rumos da política econômica (poderio esse indevidamente qualificado por certos capitalistas dissidentes e pela imprensa liberal em termos de um nível inaceitável de "estatização" da vida econômica). A tais divergências articularam-se os efeitos políticos da resistência movida pelas classes trabalhadoras à política de contenção dos salários implementada pelo regime militar. Delineava-se assim a crise do regime militar, que resultou da oposição a múltiplas dimensões da sua política econômica e social, mas não se configuraria como o coroamento de uma supostamente preexistente "crise de hegemonia" no seio do bloco das classes dominantes. A longa crise do regime militar (cuja duração foi de aproximadamente uma década) chegou a seu termo com a aprovação da Constituição Federal de 1988 e com a realização de uma eleição direta para a Presidência da República. É quase unânime, entre os cientistas políticos brasileiros, a opinião de que, com a Constituição de 1988, a cidadania política chegara a seu ápice na história brasileira, pelo menos no plano da declaração de direitos políticos. E isso porque não mais subsistia a proibição do voto do analfabeto. Além disso, instaurou-se uma relativa liberdade de organização partidária.

Não se poderia ter chegado a esse resultado institucional se, desde os fins da década de 1970, as classes trabalhadoras não tivessem oposto uma forte resistência política ao regime militar. Com a aprovação da Constituição de 1988, abriu-se a possibilidade de as classes trabalhadoras desenvolverem, num quadro histórico em que foi restaurada a eficácia política prática do exercício do direito de voto, experiências partidárias de caráter massivo e independente. Porém, ao especularmos sobre as possibilidades de gozo efetivo da cidadania política, devemos ser fiéis ao nosso método, e atentar para a configuração da hegemonia política no quadro da democracia presidencialista pós-1988. Os governos civis da década de 1990 concretizaram uma nova hegemonia política (cuja possibilidade só se desenharia nos últimos anos do chamado "governo de transição", na segunda fase do governo Sarney): a do capital financeiro internacional, que desmantelou o setor público e desorganizou a burguesia de Estado mediante o programa de privatizações; confrontou-se com o grande capital bancário nacional, procurando minar a sua posição ainda forte; levou parte da burguesia industrial interna à falência; e subjugou, pelo crédito e pela taxa de juros, até mesmo os setores mais dinâmicos da grande agricultura. Como as classes trabalhadoras, também o capital financeiro internacional está presente – por intermédio de seus representantes políticos internos – na cena política. E também ele procura fazer funcionar em seu proveito a cidadania política, contando para tanto com a prática em escala mais ampla (e por vias mais sofisticadas) do clientelismo eleitoral em suas várias versões: o clientelismo privado (promovido com apoio de recursos empresariais, internos ou estrangeiros); o clientelismo estatal (promovido pela implementação de políticas imediatistas, destinadas a arregimentar votos a partir de obras públicas de interesse paroquial); o clientelismo público-privado (concessão de benefícios pessoais, mas com recursos financeiros desviados do Estado). Vivemos, portanto, num momento histórico em que pelo menos duas forças políticas distintas disputam a possibilidade de aproveitamento dos direitos políticos instaurados em 1988. De um lado, as classes trabalhadoras procurando transformá-los em plataforma para o desenvolvimento e a expansão de uma política independente de massa. De outro, o capital financeiro internacional procurando reverter a seu favor os direitos políticos restaurados por obra da resistência das classes populares ao regime militar, enquadrando o seu exercício em práticas clientelísticas de caráter cada vez mais complexo e sofisticado, como é de se esperar de qualquer sociedade capitalista.

A INSTABILIDADE DA CIDADANIA POLÍTICA NO BRASIL REPUBLICANO

Procuramos, neste texto, caracterizar as diversas limitações impostas à cidadania política nos diferentes períodos políticos por que passou o Brasil republicano. E, mais ainda, procuramos relacionar tais limitações com a configuração assumida pela hegemonia política no seio das classes dominantes e com o alcance das lutas populares travadas no contexto do exercício dessa hegemonia. Para finalizar este ensaio, devemos abordar brevemente um fato sobejamente conhecido: a alternância de períodos democráticos e de períodos ditatoriais ao longo de nossa (curta) história republicana. Relembremos, em termos sintéticos, essa alternância:

- democracia "oligárquica", entre 1894 e 1930;
- período de transição, entre 1930 e 1937;
- ditadura estado-novista, de 1937 a 1945;

- democracia nacional-populista, de 1946 a 1964;
- ditadura militar, de 1964 a 1984;
- novo regime democrático-constitucional, a partir de 1988.

Como explicar essa instabilidade da cidadania política no Brasil ao longo de um período de pouco mais de cem anos, se nos países do norte da Europa, na Inglaterra e nos Estados Unidos (neste, pelo menos desde a Guerra de Secessão) ela permaneceu estável por períodos bem mais longos? Para alguns cientistas políticos, brasileiros ou brasilianistas, esse déficit de estabilidade política poderia ser explicado pela tendência militarista inerente ao Brasil republicano: as Forças Armadas possuiriam, aqui, uma inclinação congênita a intervir no processo político. A nosso ver, essa é mais uma explicação que merece ser questionada. Nelson Werneck Sodré objetou corretamente a esse tipo de formulação, advertindo tratar-se de tese formalista se não se faz acompanhar de uma análise do conteúdo e do significado de cada intervenção militar no processo político. Ora, quando se analisa tais conteúdos e significados, percebe-se o quanto é simplificador igualizar todas as intervenções políticas do grupo militar sob a rubrica do "militarismo". Como é possível, por exemplo, conferir equivalência teórica e política à participação militar em eventos tão diferentes como a Abolição, a Proclamação da República, o golpe de Estado antivarguista de 1954, a Revolução de 1930, o ensaio de golpe de Estado contra Kubitschek em 1955, a derrubada do Estado Novo e o golpe militar de 1964?

A nosso ver, é conveniente relacionar a instabilidade da cidadania política no Brasil republicano não com um suposto militarismo peculiar à sociedade brasileira, mas – ainda uma vez, conforme o método de análise já exposto – com a configuração assumida pelo processo de desenvolvimento do capitalismo no Brasil e com a natureza dos processos de redefinição da hegemonia política no seio das classes dominantes, peculiares a tal processo. O desenvolvimento do capitalismo no Brasil (seja na fase de transição, seja na fase de reprodução ampliada) configura-se como um desenvolvimento capitalista retardatário (pois o Brasil iniciou esse processo cem anos – ou mais – após os países capitalistas centrais) e dependente (pois o Brasil incorporou tecnologia industrial gerada anteriormente pelos países capitalistas centrais). Ora, a outra face do caráter retardatário e dependente do desenvolvimento capitalista no Brasil é o seu caráter *acelerado*: como o Brasil incorporou, mediante importações, tecnologia industrial já pronta, ele pode andar mais rápido, passando em tempo histórico bem menos longo da fase de transição à fase de reprodução ampliada.

O caráter acelerado do desenvolvimento capitalista no Brasil implicou, por sua vez, redefinições mais rápidas da hegemonia política no seio das classes dominantes, já que esse desenvolvimento supunha, sucessivamente, a chegada do capital mercantil ao seu ápice e, a seguir, o seu declínio; a ascensão progressiva da burguesia industrial; a diferenciação do capital em capital monopolista e médio capital (tal desenvolvimento *pode*, finalmente, abranger a constituição – por uma dentre algumas das vias possíveis – do capital financeiro).

Mas como se processou politicamente a redefinição da hegemonia política no seio do bloco das classes dominantes? Nicos Poulantzas sustenta, em vários trabalhos[18], que tal redefinição supõe, em geral, uma ruptura institucional. Ou seja: para instaurar a sua hegemonia política, uma nova fração ou classe dominante deveria desalojar a fração ou classe, antes hegemônica, *do conjunto* do aparelho de Estado (administração, aparato judiciário, Forças Armadas, polícia etc.), e não apenas ganhar as eleições (isto é, apoderar-se somente do governo *stricto sensu*). Daí a frequência dos golpes militares e das revoluções populares nas sociedades capitalistas. Esses movimentos têm funcionado, muitas vezes, como a alavanca de processos de redefinição da hegemonia política no seio das classes dominantes, embora alguns deles apresentassem – ainda uma vez nos termos de Gramsci – um caráter *inorgânico*.

Ligando todos os elos de nossa cadeia argumentativa, poderemos finalmente propor de modo formal e sistemático a hipótese de que a instabilidade da cidadania política no Brasil republicano se deveu, em última instância, ao caráter retardatário, dependente e consequentemente acelerado do processo de desenvolvimento do capitalismo no país; e, em primeira instância, à rapidez com que ocorreram sucessivas redefinições da hegemonia política no seio das classes dominantes (redefinições essas responsáveis por rápidas mudanças de regime político). Evidentemente, o teste decisivo para essa hipótese explicativa consistiria na apresentação exaustiva de evidências acerca da ocorrência, ou não, de amplos processos de "saneamento" do conjunto do aparelho de Estado a cada redefinição da orientação da política de Estado em função de novos interesses econômicos de fração ou classe dominante. Ainda que o material propiciado por inúmeras investigações de elevado gabarito científico sobre a história do Brasil republicano nos permita supor que algum "saneamento" do aparelho de Estado – de natureza e extensão variáveis – tenha ocorrido em processos de ruptura institucional (como a Proclamação da República, a Revolução de 1930 e o golpe militar de 1964), entendemos que a comprovação cabal da ocorrência de tais "saneamentos" exigiria uma nova pesquisa, complementar àquela cujos resultados apresentamos parcialmente neste texto. Diante dessa limitação expressa do processo de demonstração da hipótese explicativa em questão, é preferível que nossa menção às causas históricas da instabilidade da cidadania política no Brasil republicano seja provisoriamente encarada como um mero coroamento da exposição da linha teórica que orientou todas as nossas reflexões sobre a evolução da cidadania política no Brasil.

---

[18] Ver, por exemplo, Nicos Poulantzas, *Fascisme et dictature* (Paris, Maspero, 1970), p. 356.

DIREITOS SOCIAIS E TRANSIÇÃO PARA O CAPITALISMO: O CASO DA PRIMEIRA REPÚBLICA BRASILEIRA (1889-1930)[1]

Já se dispõe de um bom número de trabalhos que abordam de modo sistemático a evolução dos direitos sociais no Brasil republicano, da República Velha à Nova República. Se retomamos aqui esse tema, não é porque queiramos retocar a descrição – aliás minuciosa – desse processo evolutivo, encontrada nas melhores obras sobre o tema. Nosso enfoque, na verdade, não é o da história institucional ou da história jurídica. Intentamos analisar a configuração dos direitos sociais na Primeira República brasileira (1889-1930) com o objetivo de colocar a sua instauração em conexão causal com outros processos sociais. O objetivo que nos move, nessa análise, é duplo: a) de um lado, queremos contribuir para um melhor conhecimento da configuração da esfera jurídico-política no processo de transição da formação social brasileira para o modo de produção capitalista; b) de outro lado, queremos testar as linhas gerais de um esquema teórico capaz de explicar a evolução dos direitos sociais não só no Brasil republicano como também em outras formações sociais em transição para o capitalismo.

A transição para o capitalismo, iniciada no Brasil com a revolução política burguesa de 1888-1891, não se encerra com a Revolução de 1930. Tal processo chega a seu termo apenas no fim da década de 1950, quando a importância econômica do setor capitalista (a indústria) ultrapassa a de um setor ainda basicamente pré-capitalista (a agricultura); em 1960, 33% do PNB são gerados pela indústria, ao passo que a

---

[1] Este texto é um resultado parcial das atividades de pesquisa referentes ao projeto "Capitalismo e cidadania no Brasil: um estudo sociológico sobre o padrão brasileiro de evolução da cidadania, da República Velha à Nova República (1889-1930)". Tais atividades foram desenvolvidas no quadro do Instituto de Estudos Avançados da USP, onde o autor foi professor visitante de agosto de 1999 a julho de 2001. Anteriormente, o IEA/USP publicou, do mesmo autor, dois outros textos relacionados com o projeto em questão: "Cidadania e Capitalismo (uma abordagem teórica)", *Caderno n. 8*, coleção "Documentos", série especial, abril 2000; e "A questão da evolução da cidadania política no Brasil", *Estudos Avançados*, USP, São Paulo, n. 42, 2001.

agricultura responde, agora, por apenas 22% do mesmo. Portanto, ao abordarmos apenas a Primeira República, estaremos levando em conta somente a fase inicial do processo de transição para o capitalismo no Brasil. Mais precisamente: recorreremos à periodização política convencional (Primeira República/populismo/ditadura militar /Nova República), e não a uma periodização estritamente econômica do desenvolvimento capitalista (fase de transição para o capitalismo/fase de reprodução ampliada do capitalismo), na análise da evolução dos direitos sociais no Brasil. Esse procedimento é possível uma vez que sucessivos padrões de evolução dos direitos sociais são, em última instância, condicionados pelo patamar de desenvolvimento capitalista alcançado numa formação social qualquer; mas também dependem diretamente da configuração da hegemonia política no seio do bloco no poder, do nível de conflito entre classes sociais antagônicas e da natureza do regime político que exprime a ambos (hegemonia política, conflito social). Deve-se reconhecer que, dentro de cada fase do desenvolvimento capitalista, a evolução dos direitos sociais apresenta certa continuidade. Todavia, as mudanças de regime político impõem alguma ruptura a tal evolução, não obstante a continuidade assegurada, num outro nível, pela vigência de um único padrão de desenvolvimento capitalista. Como nossa análise se pautará pela periodização política, e não pela periodização econômica, a ênfase, na qualificação do padrão de evolução dos direitos sociais, recairá neste texto nos aspectos desse padrão que são específicos de certo regime político; e não na dimensão contínua – exterior a um regime político específico – dessa evolução.

O conceito de direitos sociais

Mas o que são direitos sociais? Em qualquer formação social capitalista, vigora a forma sujeito de direito; isso significa que o Estado, aí, converte todos os homens, independentemente de sua posição (proprietário dos meios de produção, trabalhador) no processo social de produção, em pessoas capazes de praticar atos de vontade. Tal figura jurídica, garantida coercitivamente pelo aparelho de Estado, é um elemento essencial do modo de produção capitalista. E isso porque ela se corporifica liminarmente em direitos civis, que consistem nas liberdades fundamentais reconhecidas pelo Estado às classes trabalhadoras: as liberdades de ir e vir, de se movimentar e de assinar contratos (inclusive o contrato de trabalho). Tais liberdades são essenciais ao modo de produção capitalista, pois, sem a sua vigência, a relação de exploração do trabalho não pode assumir a forma da relação entre capital e trabalho assalariado; isto é, a forma de uma relação entre partes contratantes igualmente dotadas da capacidade de praticar atos de vontade.

Já os direitos sociais consistem na projeção da forma sujeito de direito numa outra esfera, distinta da esfera do mercado de trabalho: a esfera da reprodução da força de trabalho. Eles correspondem, formalmente, a prerrogativas[2], reconhecidas pelo Estado capitalista às classes trabalhadoras, que implicam uma melhoria das condições de trabalho e de vida dessas classes, bem como do nível de consumo das massas. Tais prerrogativas não são apenas atribuídas àqueles homens que, não sendo jovens demais nem velhos demais, têm condições físicas de vender a sua força de trabalho a um capitalista. Elas também são atribuídas àqueles seres que, por serem crianças ou idosos, não apresentam os requisitos fisiológicos necessários à integração de qualquer homem no mercado de trabalho. Noutras palavras, os direitos sociais podem ser atribuídos não apenas aos trabalhadores do presente, como também aos trabalhadores do passado e do futuro.

Essa amplitude do âmbito de aplicação dos direitos sociais explica que, de um ponto de vista técnico-jurídico, seja conveniente classificar a legislação social *lato sensu* em três categorias[3]. A legislação trabalhista refere-se às prerrogativas que determinam uma melhoria das condições de trabalho dentro da empresa, privada ou pública.

---

[2] Pode-se dizer que os direitos sociais correspondem sempre, do ponto de vista da forma jurídica, a prerrogativas reconhecidas pelo Estado capitalista às classes trabalhadoras. Todavia, não é sempre que os direitos sociais consistem, de fato, em prerrogativas que o indivíduo pode fazer valer ou não; ou seja, não é sempre que a proclamação de direitos sociais pelo Estado gera direitos subjetivos individuais de caráter simples e indiscutível. Muitos direitos sociais declarados pelo Estado capitalista correspondem, de fato, a obrigações que o aparelho de Estado capitalista impõe, por razões econômicas e/ou políticas, aos cidadãos. Frequentemente, medidas de política educacional, trabalhista ou de saúde se revestem de um caráter coercitivo. Assim, por exemplo, muitas constituições de Estados capitalistas definem a escolarização de base como uma obrigação imposta a todos os cidadãos; muitos governos submetem a população dos bairros pobres a medidas de higiene pública (vacinação, saneamento, combate a certas doenças etc.); e, na maioria dos países capitalistas, o Estado proíbe o trabalho do menor. Evidentemente, há direitos sociais que não assumem o caráter de uma obrigação e que, consequentemente, geram um direito subjetivo individual. É o caso, por exemplo, do direito de sindicalização, que pode ser usado, ou deixar de ser usado, conforme o arbítrio de cada trabalhador, mesmo em países onde a contribuição financeira de cada trabalhador da categoria profissional ao sindicato que a representa legalmente é obrigatória. É também o caso do direito do trabalhador de usar a creche da empresa onde trabalha, nos países onde toda empresa tem a obrigação legal de fornecer creche aos filhos dos seus empregados. Mas, como procuramos sugerir, essa não é a regra geral.

Ao apontar o caráter coercitivo de muitas políticas sociais do Estado capitalista, não estamos endereçando às mesmas um protesto antiautoritário e de "esquerda". Afinal, políticas impostas coercitivamente às classes trabalhadoras podem, em certos casos, servir objetivamente aos interesses de curto prazo dessas classes sociais; e, precisamente por isso, não devem ser criticadas liminarmente. De todo modo, a intenção desta nota é esclarecer que, na busca da integridade ideológica, que é importante para o desempenho de sua função legitimadora, o Estado capitalista procura apresentar as políticas sociais nos termos propiciados pela teoria burguesa liberal da cidadania.

[3] Deixamos de lado, neste texto, a análise do direito à educação como direito social, já que, por ser frequentemente qualificado como um "direito instrumental", isto é, um direito que é condição essencial do exercício de todos os outros direitos civis, políticos ou sociais, ele merece ser tratado à parte.

A legislação previdenciária refere-se às prerrogativas que determinam uma melhoria, presente ou futura, das condições de vida e de consumo dos que trabalham. A legislação assistencial refere-se às prerrogativas que determinam uma melhoria imediata das condições de vida e de consumo de todos os necessitados, independentemente de estarem ou não integrados ao mercado de trabalho: crianças, idosos, desempregados, indigentes etc. É importante registrar desde logo que toda essa legislação não constitui, a despeito da relevância que lhe possa ser atribuída pelos trabalhadores nas sociedades capitalistas concretas, um elemento essencial do modo de produção capitalista (e nisso os direitos sociais diferem radicalmente das liberdades civis elementares). Isso não significa que qualquer ação de proteção à reprodução da força de trabalho seja desnecessária à reprodução ampliada do capitalismo. Todavia, essa ação não tem necessariamente de assumir a forma da atribuição, por parte do Estado, de direitos aos trabalhadores; ela também pode ser implementada individualmente pelas empresas capitalistas. Aliás, a classe capitalista sempre tendeu, no terreno do resguardo mínimo à reprodução da força de trabalho, a defender a implementação de políticas filantrópicas privadas e a criticar a interferência estatal. Dada a hostilidade da classe capitalista à instauração de direitos sociais[4], é desarrazoado supor que tal processo tenha sido, nas sociedades capitalistas concretas onde ele ocorreu, uma consequência natural da instauração, num momento inicial, das liberdades civis elementares. É verdade que as classes trabalhadoras puderam se apoiar nos direitos civis vigentes para reivindicar certos direitos sociais, argumentando muitas vezes que só a criação de novas condições materiais de trabalho, vida e consumo daria um conteúdo a liberdades civis até então só vigentes no plano formal. Contudo, nessa luta por direitos sociais as classes trabalhadoras tiveram de enfrentar regularmente a oposição da classe capitalista, para quem os direitos sociais representariam uma violação ou deformação dos direitos civis. É inconveniente, portanto, definir a instauração de direitos sociais como uma etapa necessária e irreversível da evolução política de qualquer sociedade capitalista. Tais direitos, assim como foram instaurados, podem ser revogados; é o que está ocorrendo – de modo parcial, porém progressivo – em muitas sociedades capitalistas atuais onde os governos implementam políticas neoliberais.

Definimos os direitos sociais como prerrogativas atribuídas pelo Estado às classes trabalhadoras na sociedade capitalista. Impõe-se, agora, abordar a seguinte questão: tais prerrogativas são "universais", seja no sentido de serem igualmente atribuídas a todos os segmentos das classes trabalhadoras ou a todas as condições vivenciadas por tais segmentos (caso em que se daria um tratamento absolutamente igualitário às classes trabalhadoras), seja no sentido de serem proporcionalmente atribuídas a tais segmentos ou condições, compensando-se desse modo as diferenças (caso em que

---

[4] Essa hostilidade é examinada em Albert O. Hirschman, *Deux siécles de rehétorique reactionnaire* (Paris, Fayard, 1991).

se daria um tratamento relativamente igualitário às classes trabalhadoras)? Certos autores, examinando essa questão, sugeriram que os direitos sociais deveriam (e poderiam) tender, nas sociedades contemporâneas, ao "universalismo". Encontramos na bibliografia diferentes modos de apresentar essa sugestão. Por exemplo: para o Marshall[5], o direito social surge, nas sociedades capitalistas, como uma prerrogativa de grupo, que ainda não alcança amplos contingentes das classes trabalhadoras; a seguir, porém, tal direito se estenderia aos demais grupos das classes trabalhadoras, universalizando-se[6]. Perspectiva diversa é aquela que sugere – algumas vezes, sem afirmá-lo de modo taxativo – a existência de uma diferença entre a via normal de evolução da cidadania, peculiar aos países capitalistas centrais, e a via anômala, própria aos países da periferia do capitalismo. A primeira via consistiria na instauração, desde os primórdios da sociedade capitalista, de direitos sociais universais; a segunda consistiria na concessão regular de direitos sociais a setores específicos das classes trabalhadoras. Tal perspectiva nos parece ser a adotada por Wanderley Guilherme dos Santos em *Cidadania e justiça*. De acordo com essa obra, a política social do Estado teria instaurado, no pós-1930, uma anomalia – a "cidadania regulada" –, ao invés de uma cidadania verdadeiramente universal[7].

Na verdade, os autores que encaram como normal a tendência dos direitos sociais ao "universalismo", na sociedade capitalista, o fazem por estarem eles próprios ideologicamente submetidos ao efeito "universalista" produzido pela forma sujeito de direito. Ajustando o foco exclusivamente sobre a forma sujeito de direito, que se exprime no plano jurídico "supremo"[8] como declaração constitucional de direitos individuais (inevitavelmente "universais"), tais autores deixam de analisar sistematicamente o processo de corporificação da forma sujeito de direito em prerrogativas concretas; corporificação essa que ocorre por intermédio da criação de uma legislação ordinária. Caso chegassem a analisar os conteúdos e os âmbitos de aplicação dos direitos sociais criados nos países capitalistas avançados (a propósito dos quais nenhum autor se inclinaria a falar de uma "via anômala"), esses estudiosos teriam de colocar

---

[5] Ver Thomas Humphrey Marshall, *Cidadania, classe social e status* (Rio de Janeiro, Zahar, 1967).

[6] Posteriormente, Marshall já se mostra bem menos otimista, pois constata na Inglaterra da década de 1960 um bloqueio ao avanço do *Welfare State*; isto é, à implementação de políticas sociais "universalistas". Ver Ibidem.

[7] Ver Wanderley Guilherme dos Santos, *Cidadania e justiça* (Rio de Janeiro, Campus, 1979).

[8] Entenda-se: o plano constitucional é o plano jurídico supremo somente para a ideologia jurídica constitucional-liberal que habitualmente predomina no seio do aparelho de Estado capitalista e também se impõe às classes sociais de qualquer formação social capitalista. A uma sociologia crítica das formas jurídicas incumbe destruir essa ilusão, evidenciando que é no direito privado, e não no direito constitucional, que se encontram definidas, autorizadas e legitimadas as relações socioeconômicas vigentes numa formação social qualquer.

sob caução a sua visão acerca da possível e provável universalidade de tais direitos. A esse respeito, encontramos em uma obra de Eric Hobsbawm uma formulação lapidar:

> [...] as Declarações de Direitos foram, na teoria, universalmente aplicáveis. Na verdade, sua força maior de atração foi o fato de fornecerem a *grupos* que reclamam melhores condições para si mesmos por motivos *especiais* – por exemplo, as mulheres, ou os negros, ou os operários – justificativas universais para fazê-lo, o que torna mais difícil para outras pessoas, que aceitem a ideia destes direitos, resistir à reivindicação em princípio.[9]

A tendência do Estado capitalista a atribuir direitos sociais a grupos específicos, e não ao conjunto dos trabalhadores, é igualmente assinalada por estudiosos das políticas sociais de países capitalistas avançados. No já citado *Política social*, T. H. Marshall esclarece que, na Inglaterra da década de 1930, o seguro social excluía todas as categorias de trabalhadores agrícolas bem como os empregados domésticos[10]. Na verdade, a cidadania social que se constrói e se desenvolve por obra da concessão de direitos específicos a segmentos determinados das classes trabalhadoras é um fenômeno recorrente nas sociedades capitalistas. A homogeneização relativa das prerrogativas sociais dos diferentes segmentos das classes trabalhadoras é teoricamente possível, pois em si mesma ela não traria um risco econômico absoluto ao capitalismo. Todavia, essa homogeneização não pode ser vista como uma tendência irreversível, nem mesmo como a tendência dominante na evolução dos direitos sociais em qualquer formação social capitalista. E isso porque a distribuição de direitos sociais aos diversos segmentos das classes trabalhadoras é condicionada permanentemente pela diferente importância estratégica, dos pontos de vista econômico e político, de cada segmento das classes trabalhadoras para a fração capitalista hegemônica, bem como pela capacidade de luta diferenciada que caracteriza os diversos segmentos das classes trabalhadoras.

UM ESQUEMA TEÓRICO PARA A ANÁLISE DA EVOLUÇÃO DOS DIREITOS SOCIAIS

Uma vez exposto o nosso conceito de direitos sociais, temos de abordar uma nova questão, já vislumbrada na última frase do item anterior: como explicar a evolução dos direitos sociais numa sociedade capitalista qualquer, como a sociedade brasileira?

---

[9] Eric Hobsbawm *Mundos do trabalho* (Rio de Janeiro, Paz e Terra, 1987), p. 416.

[10] É interessante cotejar essa informação acerca da política social de um dos países capitalistas mais louvados pela sua adesão aos princípios do *Welfare State* com a afirmação, frequente nos estudos sobre políticas sociais no Brasil, de que a falta de proteção social aos trabalhadores rurais e aos empregados domésticos, registrada no Brasil até o início da década de 1970, seria um fenômeno característico das políticas sociais de países capitalistas atrasados.

Wanderley Guilherme dos Santos[11] opera com um sistema explicativo binário: as medidas de política social, tomadas pelo Estado ao longo de nossa história republicana, decorreriam alternativamente de exigências da acumulação de capital e de exigências de equidade. Assim, os imperativos econômicos capitalistas e o senso de justiça social se revezariam no comando da política social do Estado capitalista; e ao pesquisador incumbiria descobrir qual dessas duas exigências estaria por trás de cada medida social decretada pelo Estado. Esse esquema teórico, que nos traz à memória a formulação de James O' Connor[12] acerca da contradição permanente, dentro do Estado capitalista, entre os objetivos da acumulação e da legitimação, parece-nos inconveniente por duas razões. Em primeiro lugar, a ideia de "exigências da acumulação" é excessivamente genérica e abstrata; na realidade histórica, as exigências da acumulação são diferentes de uma fase do capitalismo para outra; ou de uma fração capitalista para outra. Só levando em conta essas diferenças e especificidades a análise da evolução dos direitos sociais pode adquirir poder explicativo.

Em segundo lugar, a ideia de "exigência de equidade" não só é excessivamente genérica e abstrata como também traduz de modo inadequado o que se passa no processo decisório estatal capitalista. O Estado capitalista, além de pôr permanentemente em operação mecanismos de legitimação da ordem social capitalista e de sua própria existência, também implementa uma ação mais especificamente destinada a conquistar uma base de apoio política para o governo. Porém, essa ação estatal de legitimação do governo não resulta do senso de justiça social dos tomadores das decisões estatais. Tal ação tende a se configurar como uma resposta às pressões exercidas sobre o Estado pelas classes dominadas com vistas à satisfação dos seus interesses econômicos; e/ou como uma resposta às exigências ideológicas de grupos sociais intermediários, como a classe média[13]. Isso significa que, na análise da evolução dos direitos sociais, deveremos levar em conta, no lugar da exigência genérica de acumulação e da exigência de equidade, a fase em que se encontra o desenvolvimento do capitalismo, os interesses econômicos das frações de classe dominante características dessa fase, a luta das classes trabalhadoras – nessa fase – pela melhoria das suas condições de trabalho, vida e consumo, além das exigências ideológicas da classe média.

Também digno de exame é o esquema teórico evocado por Antoine Jeammaud[14]. Esse esquema – cujos fundamentos estariam, segundo o autor, na própria obra de

---

[11] Ver Wanderley Guilherme dos Santos, *Cidadania e justiça*, cit.

[12] Ver James O'Connor, *USA: a crise do Estado capitalista* (Rio de Janeiro, Paz e Terra, 1977).

[13] Tais exigências são muitas vezes formuladas por categorias profissionais estrategicamente aptas a representar politicamente a classe média, como a burocracia estatal (ou, em certos contextos particulares, um segmento específico dessa categoria profissional: a média burocracia).

[14] Ver Antoine Jeammaud, "Algumas questões a abordar em comum para fazer avançar o conhecimento crítico do direito", em Carlos Alberto Plastino (org.), *Crítica do direito e do Estado* (Rio de Janeiro, Graal, 1984).

Marx – postula a existência de uma relação entre a legislação do trabalho e as fases do capitalismo. Segundo tal esquema, a legislação relativa ao trabalho assalariado passaria, em sua evolução, por três etapas. Na fase de acumulação primitiva, implantar-se-ia uma legislação abertamente repressiva, destinada a propiciar pela via coercitiva força de trabalho aos capitalistas emergentes. Na fase do capitalismo liberal, implantar-se-ia um liberalismo contratual integral. E, numa fase posterior (supostamente a do capitalismo monopolista), instaurar-se-ia um direito próprio ao trabalho assalariado, destinado a proteger a força de trabalho contra uma exploração intensa demais, perigosa para a própria sobrevivência do capitalismo. Jeammaud parece querer dizer, à guisa de conclusão, que esse esquema teórico – a seu ver, corrente entre os marxistas – ainda é útil, desde que se leve em conta que essa evolução, típica dos países capitalistas centrais, não terá se repetido em todas as formações capitalistas periféricas. O pesquisador deveria, portanto, estar atento à possibilidade de encavalamento (isto é, ocorrência simultânea) de duas etapas distintas na história de uma formação social qualquer.

O esquema teórico evocado por Jeammaud traz algo de positivo à análise da evolução dos direitos sociais numa formação social qualquer: ele introduz, nessa análise, as fases do capitalismo como fator explicativo. O problema, entretanto, está em que tais fases, na versão apresentada por Jeammaud, estão caracterizadas de modo excessivamente genérico e abstrato, cada uma delas correspondendo a uma exigência econômica específica do capital em geral. Ora, as exigências econômicas do capital, em cada fase do desenvolvimento capitalista, são na verdade exigências econômicas específicas das diferentes frações capitalistas (comercial, industrial, bancária, financeira). E como tais exigências econômicas são diferenciadas, elas deságuam numa luta incessante entre as frações capitalistas pela conquista da hegemonia política no seio das classes dominantes. Além disso, as exigências econômicas do capital também se manifestam, a cada fase do desenvolvimento capitalista, como necessidades específicas das classes trabalhadoras quanto à reprodução de sua força de trabalho. Tais exigências também se encontram, portanto, em última instância, por trás das lutas populares pela melhoria das condições de trabalho, vida e consumo das classes trabalhadoras. E a presença dessas classes sociais no terreno da ação reivindicatória potencia a intervenção, na luta ideológica, de grupos sociais intermediários, como a classe média.

Nosso comentário crítico ao esquema teórico apresentado – e, em certa medida, defendido – por Jeammaud já expõe os contornos gerais de nosso próprio esquema de análise da evolução dos direitos sociais numa formação social qualquer. A configuração do desenvolvimento capitalista, numa formação social determinada, implica: a) lutas pela hegemonia política no seio das classes dominantes; b) lutas populares pela melhoria das condições de trabalho, vida e consumo das massas; c) a intervenção ideológica de grupos sociais intermediários (frequentemente representados por alguma categoria profissional específica, como a burocracia estatal, ou por um segmento burocrático específico, como a média burocracia). E é das lutas travadas nesses três níveis que resulta a instauração de direitos sociais. Mas quais são as consequências da inserção de uma formação social, mesmo que na condição de periferia, no sistema capitalista mundial? E mais especificamente: a legislação social já instaurada nos países capitalistas centrais poderia atuar como fator independente na instauração de direitos sociais na periferia capitalista?

Grande parte da bibliografia sobre legislação do trabalho e direitos sociais no Brasil alude, em registro empirista, à influência que o Tratado de Versalhes (junho de 1919) e a primeira Conferência Internacional do Trabalho (Washington, outubro de 1919 – junho de 1920) teriam exercido na instauração de direitos sociais no Brasil. A suposição de que esses acontecimentos internacionais teriam tido uma importância decisiva na criação de direitos sociais no Brasil se escuda inclusive no fato de que essa influência foi reconhecida explicitamente pela Presidência da República brasileira em 1919-1920. Em mensagem presidencial ao Congresso, Epitácio Pessoa conclamava o Parlamento a adotar as "modificações" decorrentes das "convenções" firmadas na Conferência de Washington.

A abordagem dessa questão teórica exige que se distinga, seguindo Jeammaud, dois tipos diversos de recepção jurídica. Pode ocorrer, numa formação social qualquer, uma recepção jurídica forçada: ela corresponde à recepção de um direito do colonizador imposto pela força ao colonizado. Nesse caso, o fator determinante da recepção jurídica é a conquista militar, e não a influência das fórmulas jurídicas do país conquistador sobre as classes sociais do país conquistado. Já a recepção jurídica espontânea é aquela que se dá por importação voluntária de um direito estrangeiro. Nesse caso, a influência externa só ocorre quando ela se soma a condições econômicas e políticas internas que solicitam a implantação de um direito similar ao direito estrangeiro. Nesta segunda situação, a influência externa existe, porém, não é predominante, já que ela só se exerce no caso de ir na mesma direção das condições econômicas e políticas internas. Tal influência se configura aqui, mais especificamente, como influência sobre o ritmo de instauração de um novo direito; isto é, como fator de aceleração da criação de novas regras jurídicas. Dito de outro modo: a formalização de uma regra jurídica num primeiro país viabiliza a aceleração do processo de formalização dessa mesma regra jurídica num segundo país. É, portanto, dentro desses limites estritos que se estabelece uma relação de influência jurídica entre países capitalistas centrais e países capitalistas periféricos/dependentes (porém não coloniais), como o Brasil republicano.

A TRAJETÓRIA DOS DIREITOS SOCIAIS NA PRIMEIRA REPÚBLICA BRASILEIRA (1889-1930)

Passaremos agora à reconstituição da trajetória dos direitos sociais na Primeira República brasileira; e, a seguir, buscaremos as razões históricas da concretização, nesse período, de um padrão determinado de evolução dos direitos sociais. Antes de tudo, cumpre reiterar que o uso da periodização política convencional de nossa história republicana na caracterização de diferentes fases da evolução dos direitos sociais no Brasil se justifica pelo fato de que, nessa periodização, os cortes correspondem a rupturas na configuração da hegemonia política no seio das classes dominantes. Ora, a configuração da hegemonia política é um critério bastante adequado para a caracterização de sucessivos padrões de implantação de direitos sociais, já que nela estão embutidos: a) uma certa fase do desenvolvimento capitalista, que engendra interesses capitalistas específicos (inclusive o da fração capitalista hegemônica); b) reivindicações populares, a que a fração capitalista hegemônica dá uma resposta específica, normalmente de caráter transformista (isto é, retendo uma parte e descartando outra parte da reivindicação original)[15].

Mas por que fixamos a Proclamação da República como marco inicial de nosso estudo sobre a evolução dos direitos sociais no Brasil? O fundamento de tal procedimento é a suposição de que a instauração de direitos sociais não poderia ocorrer antes que se formasse um Estado burguês no Brasil; isto é, antes da Abolição da escravidão e da Proclamação da República[16]. Antes da transformação jurídico-política de 1888--1891, a forma sujeito de direito não poderia se impor à sociedade brasileira, por força da vigência do escravismo. Na sociedade escravista imperial, alguns homens – os chamados "homens livres" – eram considerados pelo Estado pessoas (isto é, sujeitos individuais de direitos); e outros homens – os "escravizados" – eram considerados pelo Estado, dominantemente, coisas e, transitoriamente (isto é, para fins criminais ou comerciais), pessoas. Estando a classe dominada fundamental (os escravizados rurais) excluída, enquanto sujeito, do sistema jurídico imperial, seria inimaginável que o Estado concedesse direitos sociais a trabalhadores a quem não se reconhecia sequer as liberdades civis elementares. É verdade que os escravizados podiam obter, ao longo de sua vida, algumas vantagens materiais. Todavia, isso ocorria, não por

---

[15] Tal periodização está presente, pelo menos em "estado prático", em vários estudos sobre a evolução dos direitos sociais no Brasil. É o caso, por exemplo, de James Malloy, *A política da previdência social no Brasil* (Rio de Janeiro, Graal, 1983); Evaldo Vieira, *Estado e miséria social no Brasil* (São Paulo, Cortez, 1983); Alberto Cignolli, *Estado e força de trabalho: introdução à política social no Brasil* (São Paulo, Brasiliense, 1985).

[16] A caracterização da Abolição da escravidão (1888) e da Proclamação da República (1889) como momentos da Revolução política burguesa no Brasil se encontra em nosso livro *A formação do Estado burguês no Brasil (1888-1891)* (Rio de Janeiro, Paz e Terra, 1985).

força da lei, e sim pela via individual da ação filantrópica do senhor de escravizados (e, mais frequentemente, de sua mulher ou de suas filhas). Ademais, a filantropia escravista favorecia um número inexpressivo de escravizados, em geral pertencentes à categoria dos escravizados domésticos, já relativamente integrados ao universo da casa-grande. Quanto aos trabalhadores livres, embora não pudessem se organizar para a defesa do seu ofício (já que a Constituição imperial de 1824 proibia, no seu artigo 179, n. 25, a existência de corporações de ofício), eles lograram organizar alguma proteção social mediante a prática do mutualismo; complementava-se assim o assistencialismo praticado pela Igreja por meio das Santas Casas de Misericórdia, dos conventos e das irmandades.

Com a formação do Estado burguês, entre 1888 e 1891, e a consequente instauração da forma sujeito de direito na sociedade brasileira, tornava-se pelo menos teoricamente possível que algum ator social deflagrasse uma ação organizada em prol da atribuição de direitos sociais às classes trabalhadoras. Porém, a configuração do processo de transição para o capitalismo, iniciado pela revolução jurídico-política de 1888-1891, fixou os limites estritos dentro dos quais essa ação poderia se desenvolver; e, portanto, também circunscreveu os seus resultados. Antes de investigarmos tais conexões, cumpre recapitular em termos descritivos a trajetória dos direitos sociais na Primeira República. Ocorreram, neste período, dois grandes surtos de ação legiferante no terreno da política social. O primeiro deles se desenrola, entre 1889 e 1891, sob o governo provisório. Este cria rapidamente toda uma legislação que dá proteção material, em termos setoriais, às diversas categorias de trabalhadores do serviço público federal, bem como uma legislação que regulamenta o trabalho do menor no Distrito Federal (interdição do trabalho fabril aos menores de 12 anos, jornada máxima de nove horas não consecutivas para esses menores etc.). O segundo grande surto tem como cenário o Congresso Nacional, e se desenrola entre meados da década de 1910 e a segunda metade da década de 1920. Nesse período, um grande número de projetos referentes às áreas trabalhista e previdenciária é apresentado no Congresso. A intensificação da atividade legiferante nesse domínio levará inclusive à criação, em 1917, da Comissão de Legislação Social na Câmara dos Deputados (comissão pela qual passarão todos os projetos antes de serem encaminhados à votação em plenário); bem como levará à transformação, por obra da reforma constitucional de 1926, da "legislação referente ao trabalho" em matéria de competência exclusiva do Congresso Nacional[17]. Contudo, dos projetos apresentados, apenas alguns poucos

---

[17] Eliminava-se, com essa reforma, a indefinição da Constituição de 1891 quanto a essa questão; indefinição essa que permitia que certas correntes políticas reivindicassem para os governos estaduais a competência exclusiva para legislar sobre o trabalho. A redação de 1926 do artigo 34, n. 28, da Constituição de 1891, informava que "Compete privativamente ao Congresso Nacional legislar sobre o trabalho."

serão aprovados. Cabe aqui mencionar os principais projetos aprovados e a seguir buscar, a partir da análise desse bloco de leis, o significado histórico de toda essa ação legiferante.

Em 1919, foi aprovado o projeto apresentado por Adolfo Gordo ao Congresso em 1915, referente a acidentes de trabalho ocorridos na área urbano-industrial e também na agroindústria[18]. A novidade desse dispositivo legal com relação à lei civil anteriormente vigente estava em que ele substituía o princípio da responsabilidade pelo princípio do risco profissional. No regime jurídico anterior, para que se pudesse pedir ao empregador na justiça uma indenização por danos pessoais resultantes de um acidente do trabalho dever-se-ia provar em juízo que tal acidente teria sido provocado, por dolo ou por culpa, pelo patrão. A partir da lei de 1919, todo acidente do trabalho passava a ser de responsabilidade do empregador, pois era encarado como um risco objetivamente inerente a certo tipo de atividade econômica.

Em 1923, décadas depois de o governo republicano provisório iniciar um ciclo de legislação previdenciária referente aos trabalhadores do setor público (tanto funcionários da administração quanto trabalhadores manuais), foi aprovado o primeiro projeto de legislação previdenciária privada. O projeto Eloy Chaves[19] criava Caixas de Aposentadorias e Pensões para a categoria dos ferroviários, segundo um modelo organizacional que a seguir será aplicado a outras categorias. Tais Caixas, embora nominalmente relacionadas com a categoria profissional dos ferroviários, seriam organizadas por empresa, abrangendo todos os empregados – ferroviários ou não – de cada empresa do ramo. O financiamento de cada Caixa se faria por contribuição tripartite (empregador/empregado/governo); e deveria cobrir tanto as aposentadorias por tempo de serviço quanto as pensões por velhice, invalidez ou morte. Finalmente, a administração de cada Caixa estaria a cargo de representantes dos patrões e dos empregados, sem interferência do governo. Seguindo o modelo proposto pelo projeto Eloy Chaves, uma lei de 1926[20] criava as Caixas de Aposentadorias e Pensões para portuários e marítimos. Desde então, difundiu-se rapidamente esse formato previdenciário: em 1926, já havia 33 CAPs e no fim da Primeira República, 47.

Em 1926, o Congresso aprovou projeto de lei concedendo quinze dias de férias anuais a todos os trabalhadores urbanos, embora o projeto inicial – de 1925 – fizesse especificamente referência aos comerciários[21]. E em 1927 foi aprovado o chamado "Código dos Menores". Esse foi o nome pelo qual se tornou conhecido o dispositivo legal que regulamentava o trabalho dos menores, determinando: a) a proibição de trabalhos pesados para menores de 14 anos; b) uma jornada de trabalho de no

---

[18] Trata-se da lei n. 3.724, de 15 jan. 1919, regulamentada pela lei n. 13.499, de 5 mar. 1919.

[19] Convertido no decreto-lei n. 4.682, de 24 jan. 1923.

[20] Trata-se da lei n. 5.109, de 20 dez. 1926.

[21] Convertido no decreto 17.496, de 30 out. 1926.

máximo seis horas para os menores de 18 anos; c) a proibição do trabalho noturno do menor. Essa lei[22] foi emendada nesse mesmo ano, ampliando-se para oito horas a jornada máxima de trabalho dos menores entre 14 e 18 anos.

Fazendo um balanço dos dois surtos principais de ação legiferante da Primeira República, podemos concluir que tal ação engendrou um conjunto heteróclito e não muito significativo de leis sociais. A saber: a) uma legislação previdenciária de setor público; b) uma legislação previdenciária privada, limitada a poucas categorias profissionais; c) uma legislação do trabalho referente ao menor (proteção aos trabalhadores menores do Distrito Federal, no fim do século XIX, e Código do Menor, em 1927); d) uma lei de férias para trabalhadores urbano-industriais e da agroindústria (1926); e) uma lei de acidentes do trabalho. Mas, além do alcance socialmente limitado desses dispositivos legais, é necessário que a análise leve em conta que a maioria deles não foi aplicada na prática. De todas essas leis, as mais viáveis do ponto de vista prático eram as leis previdenciárias, públicas ou privadas, já que era a elas que a classe capitalista tendia a opor menor resistência, por considerar que seus encargos – inclusive a contribuição financeira patronal às Caixas privadas – poderiam em última instância ser transferidos ao consumidor pelo mecanismo de formação dos preços. Quanto às demais leis, elas só poderiam ser de difícil aplicação, já que o processo legiferante não chegara a criar aquilo que Marshall chama de remédios jurídicos (sem os quais os direitos projetados não saem do papel): isto é, um poderoso aparelho de fiscalização capaz de impor a lei aos recalcitrantes (no caso em questão, os membros individuais das classes dominantes). Exemplifiquemos. No caso da lei sobre acidentes do trabalho, os pedidos de indenização deveriam tramitar, com todos os percalços habituais para os trabalhadores, na justiça comum, sem qualquer intervenção mediadora do governo. Por isso, o número de pedidos de indenização trazidos à justiça seguramente foi muito inferior ao número de acidentes de trabalho ocorridos no período. Quanto à legislação sobre o trabalho do menor, é consensual na bibliografia que ela foi descumprida, em razão da inexistência de qualquer órgão fiscalizador. Um Ministério do Trabalho só foi criado (sob a denominação de "Ministério do Trabalho, Indústria e Comércio") após a Revolução de 1930; e o projeto de criação de um Departamento Nacional do Trabalho (DNT) direcionado para a execução das leis sociais, embora aprovado em 1918, não foi cumprido até o fim da República Velha. Pela mesma razão, só depois da Revolução de 1930 o Estado brasileiro passou a fazer cumprir o direito a férias anuais.

---

[22] Trata-se do decreto n. 17.943, de 12 out. 1927.

Condicionantes históricos da cidadania social na Primeira República Brasileira (1889-1930)

Passemos agora à análise das razões históricas da concretização de certo padrão – delineado anteriormente – de evolução dos direitos sociais na República Velha. Tal padrão se relaciona em última instância com a configuração do processo de transição para o capitalismo no Brasil[23]. Em fins do século XIX, inicia-se no Brasil um processo de transição do escravismo moderno para o capitalismo. Nesse processo, a classe média urbana dirige a revolução política burguesa, organizando a massa escrava rural (por meio do movimento abolicionista) com vistas à promoção do colapso da economia escravista e atuando como grupo de vanguarda na derrubada do Estado escravista imperial. Após a Abolição, o latifúndio escravista se converte em latifúndio feudal e se submete à hegemonia política do capital mercantil-exportador, controlador do aparelho central de Estado e dos aparelhos de Estado regionais mais fortes e organizados (como São Paulo, Minas Gerais, Pernambuco). Também se submete a tal hegemonia a indústria nascente, que se acomoda à política mercantilista e anti-industrialista do Estado republicano.

Esse quadro histórico geral se traduzirá de um modo preciso no processo concreto de instauração de direitos sociais na Primeira República. A classe média, o capital mercantil-exportador e o capital ligado aos serviços urbanos são os agentes ativos e propositivos nesse processo. Já a propriedade fundiária e a indústria são forças dominantemente negativas, opondo-se e resistindo às medidas sociais propostas pelos outros atores; e procurando, no melhor dos casos, modificar os projetos apresentados, tendo em vista a diminuição do seu próprio prejuízo. As massas rurais, estando submetidas à dominação pessoal no âmbito do latifúndio pós-escravista, permanecem distantes de qualquer processo reivindicativo, com raras exceções. E os trabalhadores industriais, por estarem submetidos à influência exercida pelas lideranças anarquistas, não se exprimem diretamente no terreno da luta por direitos. Mas, de qualquer modo, a massa trabalhadora das indústrias exerce uma pressão difusa em prol da satisfação das suas necessidades materiais, o que acaba influenciando as lideranças de classe média.

---

[23] A teoria do processo de transição para o capitalismo apresenta pontos de contato com o tema marxiano da acumulação primitiva de capital; mas ambos diferem em aspectos essenciais, inclusive porque o âmbito da primeira é mais abrangente que o do segundo. Nosso ponto de vista sobre a transição para o capitalismo se baseia, nos seus aspectos mais gerais, no trabalho teórico de Etienne Balibar; mas também implica retificações a certas formulações desse autor. A esse respeito, ver Étienne Balibar, "Sur lês concepts fondamentaux du matérialisme historique", em Louis Althusser e Étienne Balibar, *Lire le capital II* (Paris, Maspero, 1973); Décio Saes, "O impacto da teoria althusseriana na história da vida intelectual brasileira", em João Q. de Moraes (org.), *História do marxismo no Brasil*, v. 3 (Campinas, Editora da Unicamp, 1998).

Para se aquilatar a real importância da classe média urbana na criação das primeiras leis sociais, é preciso se ter em conta que essa classe social desempenhou um papel revolucionário na formação do Estado burguês (1888-1891); e que ela ainda dispunha, nos primeiros anos da República, de força política suficiente para pressionar o governo provisório a favor da instauração de leis do trabalho, como as que estavam sendo implantadas na Inglaterra, e de leis previdenciárias, como as que haviam sido instauradas na Alemanha de Bismarck. O Apostolado Positivista, dirigido por Teixeira Mendes e Miguel Lemos, ao apresentar ao governo republicano provisório, em fins de 1889, um anteprojeto de legislação social para as "oficinas públicas" (anteprojeto esse que contemplava itens como salário mínimo, jornada máxima, férias, estabilidade, licenças, pensões, aposentadorias etc.), configurava-se como o representante mais fiel dessa classe média revolucionária. Derrotada politicamente em 1894 pelas classes dominantes, a classe média, depois de ter contribuído para a construção de um aparelho de Estado comprometido formalmente com princípios meritocráticos e universalistas, afastou-se da cena política nacional. O seu retorno ocorreu mais de duas décadas depois, quando, antes mesmo que se constituísse o movimento tenentista, juristas e profissionais liberais como Maurício de Lacerda, Nicanor Nascimento, Pontes de Miranda, Evaristo de Moraes e Medeiros de Albuquerque passaram a lutar no Congresso Nacional por leis sociais como o Código do Trabalho, o Código de Menores, a proteção ao trabalho feminino, a redução da jornada de trabalho etc. A ação parlamentar da classe média urbana em prol de reformas sociais favoráveis às classes trabalhadoras foi, sem dúvida, influenciada pelo ciclo ascensional do movimento popular no fim da década de 1910; ciclo esse do qual os pontos mais altos foram a greve geral de 1917, em São Paulo, e chamada "greve insurrecional" de 1918, no Rio de Janeiro. Tal ação foi igualmente influenciada pelas conquistas das classes trabalhadoras em escala internacional, consubstanciadas no Tratado de Versalhes. E é retrospectivamente visível que a luta parlamentar da classe média a favor da proteção ao trabalhador prenunciava a ruptura ideológica, ocorrida na década de 1920, de amplos contingentes da classe média com relação à "democracia oligárquica" da Primeira República; ruptura essa que se manifestaria de modo mais agudo no movimento tenentista.

Todavia, a ação parlamentar da classe média em prol de um vasto leque de direitos sociais não poderia ser bem-sucedida, dado o isolamento político dessa classe social. As massas do campo permaneciam desorganizadas e submetidas ao dever de lealdade pessoal para com o seu "senhor", isto é, o proprietário de terras, orientação essa indicativa da vigência de formas econômicas pré-capitalistas na área rural. Os trabalhadores rurais não tinham, portanto, condições de exigir politicamente a extensão de todas as leis sociais, eventualmente aprovadas, ao campo. Os trabalhadores industriais, submetidos a lideranças bastante influenciadas pelas orientações anarquistas e anarcossindicalistas, não se envolviam incisivamente na luta pelo reconhecimento, por parte do Estado capitalista, de direitos sociais. A esse respeito, registre-se que uma das poucas prerrogativas conquistadas pelas classes trabalhadoras na Primeira República – a legislação previdenciária contida nos projetos de Caixas de Aposentadorias e Pensões – nem sequer foi mencionada e reivindicada pelo III Congresso Operário de 1919. Se houve um segmento das classes trabalhadoras que prestou apoio político à ação parlamentar da classe média em prol dos direitos sociais, esse segmento foi o dos trabalhadores dos serviços urbanos, públicos ou privados. De resto, não foi por acaso que esse segmento, juntamente com os funcionários públicos, foi aquele basicamente contemplado com a aprovação de leis sociais, ainda que a ambição legiferante das lideranças de classe média fosse bem mais ampla (isto é, implicasse a criação de uma legislação social para todas as categorias de trabalhadores: industriais, comerciais, rurais e de serviços). Enfim, cotejado com esses objetivos amplos perseguidos pela ação parlamentar reformista da classe média, o resultado global do processo legiferante só pode ser considerado um fracasso político.

Mas por quem essa classe social, cuja ação parlamentar se desenrolava numa situação de grande isolamento político, foi derrotada nesse terreno? O vencedor foi, antes de qualquer outro grupo social, a fração capitalista que detinha a hegemonia política na Primeira República: o capital mercantil-exportador, ao qual estava integrado o capital ligado aos serviços urbanos (bancos, ferrovias, companhias de docas etc.)[24]. Foi o projeto oriundo desse setor – isto é, o projeto Adolfo Gordo –, e não qualquer projeto oriundo de lideranças de classe média, como o de Medeiros de Albuquerque em 1904, aquele finalmente aprovado em 1919. Tal projeto trazia as seguintes vantagens para o empregador: a) todo processo nessa área tramitaria na justiça comum, dado que a lei não criava nenhum aparelho estatal especial de execução e fiscalização da lei; isso significava que as dificuldades normalmente enfrentadas por qualquer empregado que recorresse à justiça estariam igualmente presentes nessa situação específica; b) pagar-se-ia ao acidentado uma única indenização, em vez de uma pensão vitalícia (o que havia sido proposto pelo projeto de 1904); c) autorizava-se a formação de seguradoras privadas para a cobertura patronal dos acidentes de trabalho, o que propiciaria novas oportunidades de ganho para o capital mercantil-exportador, já que os seguros são um tipo de atividade econômica habitualmente exercida por bancos e sociedades financeiras.

Passemos à legislação previdenciária referente a ferroviários, a portuários e a marítimos. É consensual entre os estudiosos do assunto que tais segmentos das classes trabalhadoras foram os primeiros contemplados pela legislação previdenciária por

---

[24] Sobre essa integração, ver Flávio Saes, *A grande empresa de serviços públicos na economia cafeeira* (São Paulo, Hucitec, 1986), especialmente o capítulo I, "A formação do grande capital em São Paulo (1850-1889)".

sua importância estratégica para a chamada economia primário-exportadora; vale dizer, para os interesses econômicos da fração de classe dominante mais poderosa dentro do complexo primário-exportador (isto é, o capital mercantil-exportador). O funcionamento deficiente das ferrovias, dos portos e dos depósitos acabaria repercutindo negativamente nas exportações agrícolas; daí o empenho da fração capitalista hegemônica em agir de modo antecipado no plano legiferante, com a finalidade de frustrar a emergência de movimentos reivindicatórios e grevistas nessa área. Esse empenho levou tal fração a aceitar a inclusão, no projeto Eloy Chaves, de um item aparentemente polêmico para a classe capitalista, mas que sobreviveu a todos os debates parlamentares e se integrou à legislação sobre Caixas de Aposentadorias e Pensões: a estabilidade no emprego por tempo de serviço (dez anos).

É nesse sentido específico – o da influência decisiva exercida pelos interesses do capital mercantil-exportador sobre o processo legiferante – que se pode resgatar uma afirmação de James Malloy em *Política de previdência social no Brasil*: a legislação social na Primeira República estaria em conexão estreita com o caráter primário-exportador da economia brasileira.

A PROPRIEDADE FUNDIÁRIA E OS DIREITOS SOCIAIS

Esclareça-se agora que, para entendermos o significado histórico exato dessa legislação, devemos ir além de analisar a ação legiferante da classe média urbana e do capital mercantil-exportador. Mais especificamente, devemos abordar a inação legiferante daqueles setores da classe dominante que se opunham sistematicamente a todo projeto de legislação social: os proprietários fundiários e a burguesia industrial.

A transição do escravismo moderno para o capitalismo no Brasil não envolveu a deflagração de uma revolução agrária que difundisse a pequena propriedade no campo; nem implicou um considerável desenvolvimento prévio das forças produtivas no campo. Na verdade, essa transição se deu sob a forma da conservação da grande propriedade fundiária e de formas econômicas pré-capitalistas, como o colonato, a parceria, a meação, a moradia, a quarta etc. Consequentemente, estiveram ausentes do campo brasileiro, durante a Primeira República, inclusive das áreas mais integradas ao mercado mundial (como São Paulo e Minas Gerais), processos de mecanização da agricultura (salvo no setor de beneficiamento da produção agrícola) e de assalariamento dos trabalhadores. Nesse contexto de baixo desenvolvimento das forças produtivas, era normal que, a despeito da presença de um considerável subemprego nos setores decadentes da economia agrária, houvesse liberação insuficiente de mão de obra desses setores para os setores em expansão da economia brasileira: a agricultura de mercado externo em alta no período (economia cafeeira) e o setor industrial. Diante desse quadro, os proprietários fundiários do setor agroexportador em expansão se viram obrigados, desde antes mesmo da Abolição, a promover a imigração, que, no entanto, sofreu um enorme salto quantitativo com a extinção da escravidão em 1888.

A política imigrantista promovida pelos fazendeiros de café e pelo governo estadual paulista engendrou um excesso apenas aparente de imigrantes com relação às necessidades de mão de obra da economia paulista. Quando se tem em conta que grande parte dos imigrantes, confrontada com as práticas socioeconômicas feudais vigentes nas fazendas, fugia para as cidades a fim de se empregar na indústria e nos serviços, deve-se concluir que, na realidade prática da vida econômica, o excesso de imigrantes se desvanecia diante da necessidade permanente de a economia cafeeira em expansão incorporar mais mão de obra. Como em nenhuma área rural do país o desenvolvimento das forças produtivas era suficiente para determinar a liberação de amplos contingentes de trabalhadores, fica claro porque, comparada à média da remuneração monetária rural de outros Estados, a remuneração praticada no oeste cafeeiro de São Paulo era relativamente alta. Em *Cotidiano e sobrevivência*, Maria Inez Machado Borges Pinto mobiliza uma série de dados interessantes sobre a mão de obra na economia cafeeira; dados esses que podem ser aproveitados para evidenciar a considerável pressão que a relativa carência interna de mão de obra e as incertezas "políticas" da ação imigrantista governamental exerciam sobre a remuneração monetária vigente no setor[25]. Assim, por exemplo, em 1910 um colono do café ganhava em Ribeirão Preto três vezes mais que um trabalhador rural do Rio Grande do Sul; e a remuneração monetária dentro da economia cafeeira, depois de ter caído em 1888 abaixo do nível de 1886, sofria em 1912 um aumento de 25% (carpa) e 50% (colheita) com relação ao nível de 1886 (o mais elevado dos dois). A política imigrantista não podia ser a solução absoluta e definitiva para o problema da carência de mão de obra, pois muitas vezes a entrada de imigrantes apenas compensava a saída (de volta para os seus próprios países ou então para algum terceiro país) de trabalhadores estrangeiros descontentes com as condições de trabalho aqui vigentes. Assim, por exemplo, em São Paulo a saída superou a entrada de imigrantes em 1899 e em 1900; e, em 1903, a primeira foi mais que o dobro da segunda.

Evidentemente, o discurso político das classes dominantes paulistas sobre o problema da mão de obra na economia regional ocultava, como seria de se esperar, tal carência, bem como as pressões altistas sobre as remunerações monetárias dela decorrentes. Em 1897, a Secretaria da Agricultura de São Paulo declarava que havia um excesso de trabalhadores no estado; no entanto, alguns meses depois, o governo

---

[25] Esclareça-se que estamos aproveitando os dados sugestivos levantados pela autora de forma bastante diferente daquela contida em sua obra. Para Borges Pinto, as providências tomadas pelas classes dominantes e pelo Estado para resolver o problema da carência de mão de obra em São Paulo tiveram efetivamente como resultado a criação de um excesso de mão de obra em São Paulo. Ver especialmente o capítulo 1, "Pauperização e política imigrantista", de Maria Inez Machado Borges Pinto, *Cotidiano e sobrevivência: a vida do trabalhador pobre na cidade* (São Paulo, Edusp, 1994).

estadual paulista deliberava financiar a entrada de 60 mil imigrantes. Para muitos historiadores, a política imigrantista paulista tinha um caráter antecipador e visava à formação de um "exército de reserva de mão de obra" dentro da economia cafeeira, no que teria sido bem-sucedida. Parece-nos, todavia, um procedimento anacrônico abordar a economia cafeeira, estruturada no plano da produção como uma economia pré-capitalista, com o auxílio de conceitos como os de "mercado de trabalho" e de "exército industrial de reserva". O fluxo de imigrantes da área cafeeira para as cidades se manteve ativo por força das fugas contínuas de colonos descontentes com o regime de trabalho feudal a que estavam submetidos. Nesse contexto, não poderia se delinear a presença permanente de um excedente de mão de obra no campo; e o deslocamento maciço de imigrantes do campo para as cidades acabou beneficiando a indústria nascente, também às voltas com o problema da escassez da força de trabalho.

Voltemos agora ao tema dos direitos sociais. Qual poderia ter sido a posição dos proprietários fundiários – tanto os dos setores estagnados quanto os dos setores dinâmicos e em expansão da economia rural – com relação aos direitos das suas próprias classes trabalhadoras? Os proprietários fundiários dos setores estagnados tinham apenas necessidade de repor regularmente a mão de obra faltante, e só se preocupavam em reter nas suas propriedades os trabalhadores já submetidos a formas econômicas pré-capitalistas. Para este segmento da classe latifundiária, o objetivo fundamental era manter as formas tradicionais de controle da mão de obra (dominação pessoal) e, com isso, impedir a sua mobilidade e a sua circulação. Tal segmento não estava, portanto, interessado nem mesmo na instauração das liberdades civis elementares no campo, para não falarmos obviamente da criação de direitos sociais. E mais: dadas as condições socioeconômicas vigentes, esse segmento do latifúndio dispunha do poder social necessário para frustrar a aplicação efetiva de uma legislação capitalista sobre o contrato de trabalho na área rural. Tal poder se manifestava inclusive no Congresso Nacional, onde os representantes políticos da propriedade fundiária procuraram, durante a Primeira República, bloquear toda tramitação de qualquer legislação propriamente capitalista sobre contratos de trabalho. Em fevereiro de 1890, o Governo Provisório revogou, por meio do decreto n. 213, de 22 de fevereiro de 1890, a derradeira lei imperial de locação de serviços: a lei n. 2.827, de 15 de março de 1879. Esta lei, destinada a reger os contratos de trabalho agrícola com homens livres, convertia o colono, tal como as leis anteriores (de 1830 e de 1837), num semiescravo ou "escravo incompleto", já que ela prescrevia penas de prisão e de trabalhos forçados para o colono inadimplente; proclamava a responsabilidade familiar, e não pessoal, por dívidas, e atribuía ao colono a obrigação de reembolsar parte das despesas do fazendeiro com o seu transporte e a sua instalação. Uma vez revogada em 1890 a lei de 1879, instaurou-se no terreno da locação de serviços um hiato jurídico que duraria até 1916. Nessa data, o projeto de Código Civil redigido por Clóvis Beviláqua – que começara o seu trabalho em 1899 – foi aprovado no

Congresso Nacional. Esse corpo legal continha dispositivos que regiam a locação de serviços e a parceria agrícola. Todavia, bem antes que o Código Civil fosse finalmente aprovado, os representantes políticos da propriedade fundiária já apresentavam ao Senado, em 1895, um projeto (assinado pelo paulista Moraes Barros) de restabelecimento da lei de locação de serviços de 1879. Esse projeto – classificado pelos seus opositores como uma tentativa de converter os trabalhadores do campo em "servos da gleba" – teve uma longa tramitação, inclusive mediante substitutivos; mas não foi aprovado. De todo modo, a vitória política dos proprietários fundiários veio menos de dez anos depois – isto é, em 1904 – com a aprovação, no Congresso Nacional, de uma lei[26] instituindo a Caderneta Agrícola; lei essa cuja execução em São Paulo seria incumbência, a partir de 1911, de uma nova instituição, o Patronato Agrícola.

A Caderneta Agrícola era o contrário do contrato de trabalho típico das sociedades capitalistas. Não visava instaurar e garantir a mobilidade e a circulação de uma força de trabalho que já tivesse sido convertida em capital variável pelo empresariado capitalista. Sua função social era, ao contrário, a de prender o trabalhador à terra, por meio de um sistema de obrigações reais e prerrogativas aparentes, que incluíam a cessão de moradia e de terra de plantio em troca de alguns serviços pessoais. A caderneta agrícola, enquanto instrumento legal de consolidação das relações socioeconômicas pré-capitalistas vigentes no campo, foi desnecessária nas áreas rurais mais atrasadas, onde o mero costume, transmitido de geração para geração, bastava para garantir a reprodução de tais relações. A legalização das relações costumeiras podia, na verdade, ter mais sentido e eficácia nas áreas rurais em expansão, onde o trabalhador era o imigrante, mais inclinado em tese a protestar – inclusive, junto aos consulados – contra as formas mais intensas e violentas de exercício da dominação pessoal.

Se a posição dos proprietários fundiários das áreas estagnadas, quanto aos direitos das classes trabalhadoras, era dominantemente defensiva, a posição dos proprietários fundiários das áreas em expansão tinha de ser algo diferente. Enquanto para os latifundiários do setor de baixa produtividade a preocupação fundamental era apenas reter o camponês e os seus descendentes na propriedade, impedindo a migração, os fazendeiros do setor mais produtivo (o setor agroexportador) deviam se empenhar não apenas em reter os seus colonos pelos tradicionais métodos pré-capitalistas, mas também em promover a vinda de novos colonos que substituíssem os trabalhadores em fuga para as cidades. Assim, se de um lado os fazendeiros paulistas do café podiam apoiar instituições de controle tradicional e de retenção coercitiva da mão de obra, como a Caderneta Agrícola, de outro lado eles se esforçavam para criar garantias legais mínimas que preservassem a parte monetária dos ganhos dos colonos. Essa estratégia visava impedir que se interrompesse o fluxo de imigração, sem o qual a economia cafeeira entraria em crise. Por isso, os fazendeiros paulistas

---

[26] Trata-se da lei n. 1.150, de 5 jan. 1904, alterada a seguir pela lei n. 1607, de 29 dez. 1906.

do café apoiaram o projeto, de autoria de Bernardino de Campos, apresentado pela primeira vez em 1893 e reapresentado em sua versão final no ano de 1901, referente à impenhorabilidade dos salários agrícolas. A lei resultante desse projeto, aprovado no Congresso Nacional em 1904, determinava a proteção prioritária aos salários agrícolas no caso de o fazendeiro ser obrigado judicialmente a pagar dívidas com os recursos monetários resultantes da safra em questão[27]. Alguns anos depois, em 1906, o Congresso ampliou a cobertura aos salários agrícolas, determinando que as dívidas patronais decorrentes do não pagamento de salários deveriam ser ressarcidas com o produto de qualquer colheita, e não apenas com o produto da colheita em que havia se gerado a dívida.

Evidentemente, pode-se duvidar, como faz grande parte da bibliografia, da imparcialidade da justiça paulista, sobretudo a do interior do estado, no julgamento de questões econômicas envolvendo fazendeiros de café, comerciantes de exportação, banqueiros e colonos. Em qualquer caso, o surgimento dessa legislação indica que uma parte – a mais esclarecida e provavelmente a mais envolvida com projetos de expansão – dos fazendeiros paulistas achava necessária alguma demonstração oficial de interesse pela situação dos colonos estrangeiros, antes que se rompesse de uma vez por todas o fluxo migratório. Com tal legislação, criava-se um instrumento legal para a defesa da remuneração monetária dos colonos, o que projetava a sua luta, ainda que nem sempre com resultados individuais favoráveis, para um patamar político superior.

Esclareça-se, entretanto, que o surgimento dessa legislação progressista não significa que os proprietários fundiários (improdutivos, com baixa produtividade ou em expansão) estivessem se descuidando da tarefa de reforçar as relações socioeconômicas pré-capitalistas no campo. A esse respeito, poderia parecer contraditória a aprovação no Congresso, em 1903, de um projeto de lei autorizando a sindicalização rural; aprovação essa que, de resto, antecipava em quatro anos a aprovação de projeto legalizando a sindicalização dos trabalhadores urbanos. A análise do texto legal revela, porém, a intenção dos legisladores de conferir ao associativismo rural menos um espírito classista e mais um espírito cooperativista ou mesmo corporativista. Embora essa lei, complementada com um dispositivo legal de 1905, permitisse a formação de sindicatos exclusivamente representativos dos trabalhadores agrícolas, ela, na verdade, aconselhava a formação de organizações corporativas, nas quais coexistiriam os representantes de patrões e empregados (o chamado "sindicalismo misto"). Além do mais, a lei de 1903 atribuía aos sindicatos rurais não a função classista de organizar a luta pelas reivindicações dos trabalhadores agrícolas contra os fazendeiros, e sim funções como as de cooperativa de crédito e de venda para colonos com produção própria. De qualquer modo, o aspecto fundamental da questão consiste em que, dada

---

[27] Tanto essa deliberação quanto as normas sobre a Caderneta Agrícola faziam parte de um mesmo texto legal: o decreto 1.150, de 5 jan. 1904.

a vigência de formas econômicas pré-capitalistas e de relações de dominação pessoal no campo, seria impossível a difusão de formas de organização e de luta próprias do trabalho assalariado na área rural.

Na verdade, o sindicalismo rural só ganharia alguma expressão no Brasil em dois outros momentos históricos. Em plena crise final da política nacional-desenvolvimentista, foi criado o Estatuto do Trabalhador Rural (1963), que contemplava e legitimava as atividades sindicais rurais. Naquele momento, que coincidiu com o início da desagregação das formas econômicas pré-capitalistas em certas áreas rurais, os trabalhadores agrícolas foram incentivados a se organizar com a finalidade de participar da luta política pela reforma agrária. E sob o regime militar criou-se, em 1971, o programa Prorural, que concedia benefícios previdenciários e assistenciais aos trabalhadores agrícolas, com a mediação exclusiva dos sindicatos rurais oficiais, chamados a participar inclusive da administração dos recursos financeiros destinados a essas atividades. Por obra dessa nova legislação, a sindicalização rural entraria em fase de grande expansão, mas a orientação dominante no sindicalismo rural articularia assistencialismo e submissão ao paternalismo autoritário oficial.

A BURGUESIA INDUSTRIAL E OS DIREITOS SOCIAIS

Analisemos agora as razões históricas da inação legiferante da burguesia industrial no terreno da política social. A revolução política burguesa de 1888-1891 havia instaurado no plano jurídico a liberdade de trabalho; estavam criadas desse modo as condições jurídico-políticas e ideológicas necessárias à formação de um mercado de trabalho urbano e ao desenvolvimento de atividades industriais, antes bloqueadas pela vigência do escravismo. Nessas novas condições, surgiram logo dois importantes parques industriais: o do Rio de Janeiro, primeiro, e o de São Paulo, depois (mas este superará rapidamente o primeiro). Mas qual era a configuração do setor industrial nascente? Segundo boa parte dos historiadores[28], coexistiam dentro desse setor um contingente minoritário de grandes indústrias, tendencialmente alojadas no ramo têxtil e mais propensas, por serem mecanizadas, a poupar mão de obra; e um contingente bem maior de unidades de caráter manufatureiro ou semi-industrial, tendencialmente alojadas nos ramos metalúrgico, gráfico e mobiliário, entre outros, e proporcionalmente empregadoras de mais mão de obra.

---

[28] Nesta parte, recorremos às análises e aos dados apresentados por Maria Inez Machado Borges Pinto, *Cotidiano e sobrevivência*, cit., especialmente o capítulo 2, "Escassez e instabilidade do emprego fixo em São Paulo"; por Paul Singer, "Capítulo 3 – A formação da classe operária no Brasil", *A formação da classe operária* (4. ed., São Paulo, Atual, 1982); e por Palmira Teixeira, *A fábrica do sonho: trajetória do industrial Jorge Street* (Rio de Janeiro, Paz e Terra, 1990).

Como o setor industrial nascente resolvia o problema – decisivo em qualquer processo de transição para o capitalismo – do recrutamento de força de trabalho? Relembremos que, no escravismo, o nível de desenvolvimento das forças produtivas sempre fora baixo; e que a vigência desse modo de produção havia inviabilizado a emergência de um artesanato rural (como aquele que existiu nas sociedades feudais). Por isso, o fim do regime de trabalho escravista não foi suficiente para provocar a incorporação da mão de obra rural ao setor industrial nascente. Este apresentava características manufatureiras, semiartesanais ou mesmo artesanais, que excluíam procedimentos de qualificação quase instantânea da mão de obra no próprio local de trabalho. Desse modo, instaurou-se logo uma carência de força de trabalho minimamente qualificada para as atividades industriais. Um sintoma de que o subemprego e a baixa produtividade vigentes em grande parte do campo brasileiro não redundavam em grande oferta, nas cidades, de mão de obra minimamente aceitável para as indústrias é o fato de que, nas primeiras décadas do século XX, 80% dos trabalhadores industriais de São Paulo eram estrangeiros, ainda que se devesse pagar a eles um salário relativamente mais alto que aquele a ser pago ao elemento nacional. Em certos setores industriais, em que a contratação de artesãos de alta qualificação era decisiva – como, por exemplo, o segmento mais sofisticado da construção civil –, os operários conseguiam sucessivos aumentos salariais, dada a dificuldade de se encontrar a mão de obra adequada.

Diante desse quadro econômico, caracterizado pela ocorrência da escassez de mão de obra em segmentos urbanos específicos, a burguesia industrial, não só em São Paulo como também noutras cidades, inclinou-se a implementar uma ação de controle da circulação e de limitação da mobilidade da força de trabalho, procurando reter nas suas unidades de produção, por meio da filantropia articulada à coação psicológica, a mão de obra qualificada[29]. A expressão mais direta desse tipo de ação foi a construção, junto às fábricas, de vilas operárias, onde os operários deveriam morar com suas famílias, estudar, alimentar-se, tratar da saúde, frequentar a igreja etc. A mais famosa dessas vilas foi a Vila Maria Zélia, anexa à Companhia Nacional de Tecidos de Juta, pertencente até 1924 a Jorge Street. Tal vila se destacou dentre as demais, não apenas pelo seu alto padrão de organização, como também pela rigidez do padrão de comportamento imposto aos seus moradores. Muitas outras vilas operárias existiram na Primeira República, como as da Fábrica Votorantim, em Sorocaba (com 3 mil habitantes), da vidraria Santa Marina, do Cotonifício Crespi,

---

[29] Nesta parte, retomamos a análise que Palmira Teixeira faz das posições da burguesia industrial paulista na Primeira República. A autora não apenas reconstitui as práticas empresariais de controle da mão de obra como também estabelece, no plano interpretativo, uma relação entre tais práticas e a relativa escassez de trabalhadores razoavelmente qualificados; Palmira Teixeira, *A fábrica do sonho*, cit.

das Indústrias Matarazzo, da Fábrica de Chapéus Ramenzoni, da Companhia Lacta, da Companhia Antártica, da fábrica de cigarros Sudam, da fábrica de calçados Clark etc. Tais vilas, embora fossem mais numerosas em São Paulo, também surgiram em outros estados, como Bahia (a do Empório Industrial do Norte, de Salvador), Pernambuco (a da Industrial Pernambucana) ou Rio de Janeiro (a da Companhia América Fabril e a da Companhia Corcovado). A difusão desse tipo de ação empresarial, em que coexistiam o objetivo prático de controlar e reter a mão de obra, uma ideologia do filantropismo e, eventualmente, práticas pré-capitalistas como o sistema de "barracão" (adotado, por exemplo, na Vila Maria Zélia, de Jorge Street), indica basicamente que não havia se formado, concomitantemente à emergência do setor industrial, um exército industrial de reserva.

A consequência dessa postura empresarial só poderia ser a defesa permanente de uma "privatização da questão social" pela via das práticas filantrópicas individuais. Assim, entidades industriais como o CIB ou o CIFTSP e lideranças importantes como Jorge Street ou Pupo Nogueira tenderam a se posicionar sistematicamente contra toda proposta de legislação do trabalho, como as de regulamentação da jornada de trabalho, do trabalho noturno, do trabalho do menor e da mulher, das férias anuais etc. No plano da ação legiferante, as entidades e lideranças industriais estiveram aliadas, no Congresso, às correntes políticas que, por espírito doutrinário, por compromisso com certos interesses ou pelos dois motivos ao mesmo tempo, opunham-se a toda proposta de legislação do trabalho por considerá-la contraditória com a legislação civil (isto é, como uma interferência estatal indevida na liberdade de trabalho).

Os debates parlamentares da Primeira República evidenciam que os representantes políticos das classes dominantes se opuseram tenazmente à criação de direitos sociais em nome da integridade dos direitos civis. Obviamente, não se pode dizer que os industriais, com as suas práticas de confinamento da classe operária nas vilas anexas às fábricas, fossem grandes entusiastas das liberdades civis. Não obstante, a sua tática central, no plano da ação parlamentar, consistiu em defender a integridade dessas liberdades contra uma interferência ilegítima do Estado na questão social. A esse respeito, é sintomático que Jorge Street, a despeito de ter se tornado conhecido como o "burguês filantropo" por excelência, fosse veementemente contrário à regulamentação do trabalho do menor e da mulher; e se opusesse, em nome do respeito à integridade do contrato de trabalho, à concessão de férias anuais aos trabalhadores (o que, segundo ele, representaria uma premiação legal do ócio).

Antes de arrematarmos esta análise, devemos lembrar que um decreto de 1907 autorizava a organização de sindicatos e de associações profissionais sem prévia anuência governamental; tal decreto instaurava, portanto, a liberdade sindical. Isso ocorria, entretanto, num contexto jurídico marcado pela punição de greves violentas e do "aliciamento de trabalhadores" (conforme lei penal de 1890, consecutiva à edição do Código Penal), e pela ausência de Justiça do Trabalho, bem como de qualquer aparelho de fiscalização da execução das leis sociais. A influência dos sindicatos de trabalhadores urbanos na vida das empresas se via limitada pelo fato de que a sua criação não tinha sido acompanhada pela criação de outros direitos instrumentais (como o direito de greve e de "remédios jurídicos" favoráveis às classes populares, como a Justiça do Trabalho, um departamento de fiscalização do trabalho etc.). Ainda assim, coube à burguesia industrial impedir que tais sindicatos exercessem influência, mesmo que marginal, na vida das empresas; daí sua oposição a que os sindicatos de trabalhadores assumissem a função de fiscalização, dentro das empresas, do cumprimento das poucas leis sociais criadas (como a lei sobre acidentes do trabalho, de 1919).

Foi somente a partir da Revolução de 1930 que os sindicatos de trabalhadores urbanos adquiririam a função de fiscalizar o cumprimento das leis sociais; e isso ocorreria como consequência da vitória política da classe média, que teve força, na conjuntura pós-revolucionária, para impor à burguesia industrial (em particular) e às classes dominantes (em geral) uma série de medidas que implicavam a redefinição da relação entre capital, trabalho e Estado. A nova legislação sindical levava à legitimação das atividades sindicais e, simultaneamente, ao controle estatal do movimento sindical. Além disso, criavam-se novas figuras legais (como as convenções coletivas) e novos aparelhos (como o Ministério do Trabalho e o Departamento Nacional do Trabalho, as Juntas de Conciliação e Julgamento e, a seguir, a Justiça do Trabalho). Apoiada nesses novos instrumentos institucionais, a ação reivindicatória das classes trabalhadoras urbanas seria doravante de novo tipo; o direito de pleitear estaria garantido pelo Estado, mas o conteúdo da reivindicação seria recorrentemente filtrado por obra da submissão organizacional e política do movimento sindical ao aparelho estatal.

DIREITOS SOCIAIS E TRANSIÇÃO PARA O CAPITALISMO

Mencionamos anteriormente uma formulação de James Malloy: a legislação social da Primeira República brasileira seria típica de uma economia primário-exportadora. Essa formulação nos interessa, por se situar no terreno que escolhemos para a nossa análise: o da interpretação macro-histórica da evolução dos direitos sociais. Impõe-se, porém, uma vez encerrada a exposição de nosso ponto de vista sobre o assunto, que apresentemos uma formulação sintética alternativa, derivada estritamente de nosso enfoque teórico (problemática da transição para o capitalismo), que obviamente não é similar ao de Malloy.

A legislação social da Primeira República brasileira é típica de uma formação social em processo de transição de um escravismo mercantil moderno para o capitalismo. Nesse processo, a sobrevivência da propriedade fundiária pré-capitalista fez com que nem mesmo as liberdades civis elementares vigorassem no campo. Pode-se deduzir, com mais razão ainda, que a presença soberana do latifúndio feudal inviabilizou a vigência, nessa área, de direitos sociais, que terão de esperar a difusão do assalariamento e da mecanização, a partir dos anos 1960/1970, para chegarem ao campo brasileiro. A burguesia industrial desse período combinou características minoritariamente industriais com características dominantemente manufatureiras ou artesanais. E mais: tal classe não se beneficiou de nenhum processo interno de acumulação primitiva; por essa razão, lançou-se em estratégias de controle/fixação da mão de obra e se opôs ao tratamento público da questão social, assumindo posição contrária à criação de uma legislação fabril.

Já a burguesia mercantil-exportadora, nacionalmente hegemônica, aceitou a criação de uma legislação previdenciária referente às categorias profissionais que se revestiam de uma importância estratégica para os interesses mercantis exportadores. As lideranças de classe média lutaram por uma legislação trabalhista e previdenciária a mais ampla possível; vale dizer, uma legislação que abrangesse até mesmo as massas rurais. Porém, tais lideranças só foram bem-sucedidas, nessa luta, nos terrenos nos quais se estabeleceram linhas de menor resistência, como no caso da legislação previdenciária para ferroviários, portuários e marítimos, ou da lei sobre acidentes do trabalho. Em tais casos, tornou-se possível, como sugerimos anteriormente, uma aliança parlamentar pontual e passageira entre os representantes políticos da classe média e da burguesia mercantil-exportadora. O proletariado urbano esteve politicamente isolado, dada a subordinação ideológica e política das massas rurais ao latifúndio; por isso, mas também pela importante presença de artesãos em seu seio, inclinou-se para a tendência ideológica anarquista e para a prática de certo abstencionismo político. A apresentação de reivindicações ao Estado, isto é, a luta por direitos, não foi uma dimensão decisiva da ação proletária, embora essa classe achasse natural lutar contra o patrão pela obtenção de certas melhorias materiais.

Noutros tipos de transição para o capitalismo, a implantação de direitos sociais teria se dado de outra forma. Eric Hobsbawm, ao analisar as implicações políticas do nascimento do capitalismo, esclarece que o caráter oficialmente comunitário da economia feudal levou ao surgimento, no plano ideológico, de uma "economia moral", segundo a qual incumbia aos senhores e à monarquia garantir a sobrevivência dos pobres de cada domínio[30]. Essa "economia moral", que legitimava inclusive as revoltas populares contra situações de miséria e de penúria, redundou na criação, a partir do século XVI, de sucessivas "Leis dos Pobres", voltadas para o atendimento assistencial, em termos anti-igualitários e estigmatizantes, aos chamados pobres[31].

---

[30] Ver Eric Hobsbawm, *Mundos do trabalho* (Rio de Janeiro, Paz e Terra, 1987).

[31] Ver o capítulo 17, "O operariado e os direitos humanos" do livro citado na nota anterior. Uma análise do papel ideológico e político da "economia moral" nas lutas das classes trabalhadoras inglesas também se encontra nos trabalhos de E. P. Thompson. Ver, por exemplo, Edward Palmer Thompson,

Ora, a "economia moral" da sociedade feudal inglesa foi a tradição ideológica na qual se apoiaram os trabalhadores industriais da Inglaterra, alguns séculos mais tarde, para reivindicar direitos ao Estado, já em termos igualitários.

As economias escravistas modernas, por sua vez, não poderiam legar às sociedades burguesas que as sucederam nenhum compromisso moral das classes proprietárias e do pessoal de Estado com o atendimento aos pobres; e nenhum sentimento popular acerca da legitimidade moral da revolta contra situações de miséria. Os escravizados jamais foram considerados pela ideologia dominante integrantes de qualquer comunidade que incluísse os homens livres. Sendo considerados "coisas" pelo direito e pela ideologia vigentes, só lhes restava serem objetos da indiferença moral dos homens livres, o que de resto explica a facilidade e a falta de sentimentos de culpa com que se procedeu à marginalização econômica e social dos escravizados após a Abolição. Essa carência de uma "economia moral" nas sociedades escravistas também parece ser a chave para a explicação do enraizamento profundo, tanto nas classes dominantes quanto nas classes populares do Brasil, da tendência à naturalização da pobreza, isto é, da tendência a encarar a pobreza como um fato natural, e não como o resultado de processos sociais bem determinados[32].

A existência de fenômenos ideológicos diferenciados, como a "economia moral" das sociedades feudal-absolutistas e a "indiferença moral à pobreza" típica das sociedades escravistas, chama a atenção para a necessidade de, na explicação da trajetória dos direitos sociais em qualquer formação social capitalista, levar-se em conta não apenas os traços comuns a toda transição para o capitalismo, mas também os traços particulares de cada tipo de transição para o capitalismo. Finalmente, resta ao pesquisador atentar para a especificidade do modo pelo qual se realiza, numa formação social concreta, algum tipo de transição para o capitalismo. Tal especificidade decorre da articulação variável, numa formação social qualquer que inicia a transição para o capitalismo, de elementos pertencentes a diferentes modos de produção não capitalistas (dos quais apenas um é dominante, sendo os demais subordinados). Portanto, a trajetória dos direitos sociais numa formação social em transição para o capitalismo estará sempre em relação com essas três dimensões do processo histórico.

A formação da classe operária inglesa, v. 1 (Rio de Janeiro, Paz e Terra, 1987), especialmente o capítulo 3, "As fortalezas de Satanás". Se recorremos à análise de Hobsbawm, é porque ela se ajusta mais que a de Thompson à nossa perspectiva teórica e aos objetivos deste artigo.

[32] A centralidade da tendência à naturalização da pobreza na vida ideológica brasileira é um dos temas centrais – senão o tema central – do livro de Vera Telles, *Direitos sociais: afinal do que se trata* (Belo Horizonte, Editora da UFMG, 1999).

ESTADO CAPITALISTA E CLASSE DOMINANTE

Além de ter sido o orientador da tese de doutorado que se encontra na origem do livro *Estado e capital cafeeiro em São Paulo (1889-1930)*, de Renato Perissinotto, sou o prefaciador da obra publicada pela Annablume em 2000. Pelas regras acadêmicas – cuja conveniência não deve ser contestada de modo apressado e irrefletido –, não seria de bom tom lançar-me em considerações públicas sobre um trabalho realizado sob minha direção. Sinto-me aqui, porém, à vontade para abordar algumas questões teoricamente relevantes levantadas por Perissinotto. O comentário que se segue não preenche a função literária da resenha: não apresento um resumo do livro, nem enumero as qualidades do autor. Mas espero que minha incursão no campo de problemas instaurado pela análise de Perissinotto indique indiretamente a alta relevância científica do seu trabalho de investigação.

O objeto fundamental da análise proposta por Perissinotto é a relação que se estabelece, ao longo da Primeira República brasileira (1889-1930), entre a burocracia estatal paulista e o grande capital cafeeiro (ou capital cafeeiro *tout court*). Confirmando os termos da análise contida em seu trabalho anterior[1], Perissinotto sustenta, com base em alentada pesquisa histórica, que a política econômica implementada pelos sucessivos governos estaduais paulistas concretiza a hegemonia política do grande capital cafeeiro diante das demais frações da classe dominante. O autor, entretanto, tem dificuldade em manter o vigor dessa tese ao longo de todo o trabalho, pois os próprios fatos e processos por ele evocados se encarregam de lhe mover um ataque cerrado.

Mesmo para os que não estão envolvidos numa pesquisa específica sobre a história política da Primeira República brasileira (é, pelo menos por ora, o meu caso), é interessante refletir sobre as raízes dessa dificuldade. Ela me parece decorrer do empenho

---

[1] Ver Renato Perissinotto, *Classes dominantes e hegemonia na República Velha* (Campinas, Editora da Unicamp, 1994).

inicial de Perissinotto em colocar a suposição poulantziana do fracionamento dos interesses da classe dominante no processo político capitalista a serviço de uma "sociologia dos grupos sociais", como se tal fracionamento dependesse da constituição prévia de um contingente de membros da classe dominante como grupo social, dotado de coesão interna e voltado para o exercício de influência política a favor de seus interesses comuns. O grande capital cafeeiro, reconhecido por Perissinotto como o ator político fundamental da Primeira República brasileira, é um grupo dominante multifuncional ou polivalente: os seus membros são sobretudo exportadores e banqueiros, mas também fazendeiros de café, donos de ações de ferrovias e industriais[2]. Nele se abrigam, portanto, diferentes interesses econômicos (os da propriedade fundiária, os do capital comercial e bancário, os do capital industrial). Caso os portadores de tais interesses fossem grupos sociais diferenciados (e não um só grupo social, como no caso em pauta), seria inevitável o conflito entre eles, pois todo segmento da classe dominante sabe que, dado certo montante de produto social, é possível aumentar os seus ganhos relativos às expensas da diminuição dos ganhos relativos de outros segmentos dessa classe (e isso independentemente da adoção de procedimentos destinados a intensificar a exploração do trabalho). Sendo, inversamente, um grupo social dominante portador de múltiplos interesses econômicos, seria inevitável que ele se inclinasse, ao exercer pressão sobre o Estado, por aqueles interesses que fossem mais significativos (isto é, que fossem potencialmente geradores de maiores ganhos), já que, num sistema de posições relativas como aquele que relaciona os diferentes interesses econômicos das diferentes frações da classe dominante, é politicamente inviável equacionar uma repartição igualitária ideal dos ganhos totais (lucros, juros, rendas da terra). Nesse caso, uma dimensão econômica específica desse grupo social dominante primaria, nos terrenos da ação econômica e da ação política, sobre as demais; e, consequentemente, impor-se-ia a predominância, no processo político, do fracionamento de interesses segundo a função dos agentes na estrutura econômica global (produção, circulação).

Para explorar todas as possibilidades lógicas, suponhamos que o grupo social dominante endereçasse ao Estado um elenco de reivindicações balanceado, contemplando equitativamente diversos interesses econômicos próprios à classe dominante. Seria impossível que o Estado atendesse essa demanda igualitária: cada medida proposta pelos agentes governamentais seria objetivamente mais favorável aos ganhos de uma ou outra fração; e, no plano subjetivo, também seria encarada como tal. Nesse caso, o Estado atuaria como fator primordial de fracionamento dos interesses econômicos da classe dominante, chocando-se nessa empreitada com a configuração superficial dessa classe: vale dizer, com a sua decomposição em grupos sociais construídos sobre outras bases (uma rede local de interesses, a origem familiar ou clânica etc.). Não me parece que Perissinotto ignore que, a partir de uma "sociologia dos grupos sociais",

---

[2] Ver Renato Perissinotto, *Estado e capital cafeeiro em São Paulo (1889-1930)*, cit, tomo I, p. 26.

jamais se chegará a uma visão teoricamente ajustada do exercício da hegemonia política no seio da classe dominante. O autor, inclusive, rapidamente esclarece que a dimensão predominante no grande capital cafeeiro é a mercantil-exportadora; e que, como capital bancário e comercial, o grande capital cafeeiro submete à sua hegemonia política "lavradores" e "fazendeiros de café". Por outro lado, Perissinotto demonstra, ao longo de todo o seu trabalho, que o processo de definição da política de Estado regional paulista (tributação, políticas de valorização do café etc.) não é apenas a expressão de uma hegemonia política mercantil-exportadora já plenamente constituída. Na verdade, a implementação da política de Estado implica a explicitação dos interesses em jogo, e atua, nessa medida, como fator crucial de diferenciação e fracionamento dos interesses econômicos da classe dominante paulista. Pode-se, portanto, dizer que, no fim das contas, Perissinotto acaba dando prioridade, na análise do processo de formação e exercício da hegemonia política no interior da classe dominante, a uma fração "econômica" da classe dominante em detrimento de um grupo social dominante de caráter multifuncional. Restaria aqui sublinhar a justeza desse encaminhamento, bem como sugerir ao leitor que se fie, teoricamente, mais no percurso total da análise que na declaração inicial de intenções.

O CARÁTER CONFLITUOSO DO EXERCÍCIO DA HEGEMONIA POLÍTICA NO SEIO DO BLOCO NO PODER

A análise da relação existente entre a burocracia estatal paulista e o grande capital cafeeiro – que, na prática, age e se posiciona como capital mercantil-exportador – chega a seu patamar mais elevado quando Perissinotto caracteriza de modo minucioso a oposição dessa fração a uma política governamental que, analisada retrospectivamente, parece criar as condições gerais necessárias à manutenção da lucratividade das atividades de comercialização e exportação do café. Para Perissinotto, a burocracia estatal pode estar implementando uma política econômica que corresponde objetivamente aos interesses econômicos de uma fração da classe dominante, mas nem por isso se reduz à condição de mero instrumento da vontade política dos membros de tal fração. Essa conclusão, por sua vez, suscita em nós leitores uma indagação de caráter teórico: o conflito entre burocracia estatal e fração hegemônica é ocasional? Ou ele é uma dimensão permanente da relação entre ambos, no contexto das formações sociais capitalistas?

Inclino-me a pensar que tal conflito nada tem de ocasional; e que a sua eclosão não depende de variações conjunturais. Já em *Poder político e classes sociais*[3],

---

[3] Ver Nicos Poulantzas, *Pouvoir politique et classes sociales* (Paris, Maspero, 1971), 2 v., especialmente o item "L'État capitaliste et les classes dominantes" [ed. bras.: *Poder político e classes sociais*, trad. Maria Leonor F. R. Loureiro, Campinas, Editora da Unicamp, 2019].

Nicos Poulantzas repete insistentemente – e tem razão em fazê-lo – que, no que diz respeito à classe dominante, a função política da burocracia estatal capitalista não é exatamente garantir a preponderância dos interesses econômicos – isto é, a hegemonia política no sentido estrito – de uma fração da classe dominante sobre as demais, mas sim manter a unidade política da classe dominante *sob a égide* da fração hegemônica. Essas duas fórmulas parecem *ligeiramente* diferentes; porém, quando se compara os padrões de relacionamento político entre frações da classe dominante resultantes, respectivamente, de uma e de outra, essa diferença se revela maior do que se poderia inicialmente pensar. É o que se evidencia em *Fascismo e ditadura*[4], em que Poulantzas explicita, na análise da política fascista, as implicações políticas para a burocracia estatal capitalista, do exercício da função de unificar politicamente a classe dominante sob a égide da fração hegemônica. A cúpula do partido fascista, alçada à condição de burocracia estatal, implementa uma política econômica que concretiza a hegemonia política do capital monopolista no seio do bloco no poder; ao mesmo tempo, a burocracia estatal fascista deve, a fim de manter e consolidar a unidade política da classe dominante, "neutralizar", "amortecer" ou "sufocar" as contradições entre o capital monopolista e as demais frações da classe dominante (isso sendo possível porque, como Poulantzas esclarece liminarmente, tais contradições não têm um caráter "antagônico").

Ora, "neutralizar", "amortecer" ou "sufocar" as contradições entre fração hegemônica e frações subalternas da classe dominante implica contemplar, na implementação da política de Estado, alguns interesses econômicos secundários das frações subalternas às expensas de interesses econômicos igualmente secundários da fração hegemônica. O Estado capitalista tende assim à execução de uma *política de compromisso* (trata-se aqui da fórmula empregada por Poulantzas em *Fascismo e ditadura*, e não da fórmula de Weffort) que, ao em vez de inviabilizar, por meio da neutralização recíproca de interesses econômicos das frações, a concretização da hegemonia política no seio do bloco no poder, instaura, por meio da neutralização dos conflitos políticos entre frações, as condições indispensáveis ao exercício de tal hegemonia. A política de compromisso exige, por exemplo, que o aparelho de Estado capitalista por vezes tribute pesadamente a fração hegemônica e submeta as frações subalternas a uma tributação mais leve, inclusive porque a fração politicamente hegemônica *tende* a ser aquela que já preponderam no terreno estritamente econômico (preponderância essa, de resto, que se metamorfoseia regularmente em recursos ideológicos e políticos que são de grande importância no equacionamento da relação entre essa fração e o Estado capitalista). Ora, é previsível que *todas* as classes sociais e frações da classe dominante – inclusive a fração hegemônica – resistam

---

[4] Ver Nicos Poulantzas, "Partie III – Fascisme et classes dominantes", em *Fascisme et dictature* (Paris, Maspero, 1970) [ed. bras.: *Fascismo e ditadura*, São Paulo, Martins Fontes, 1978].

aos tributos que lhes são impostos, já que em princípio – isto é, salvo em situações hipotéticas em que toda tributação se tornaria economicamente inviável – é sempre possível alguma redistribuição da carga tributária entre as classes sociais ou entre as frações da classe dominante. A resistência à tributação é a postura mais razoável, do ponto de vista dos interesses econômicos de cada fração da classe dominante, já que a submissão silenciosa às alíquotas vigentes no presente pode agravar a sua situação no futuro. Ou seja, pautando-se pela regra, politicamente eficaz, segundo a qual "quem cala consente", o fisco pode se sentir autorizado a gravar mais intensamente os rendimentos da fração da classe dominante que tiver optado pela aceitação tácita do modelo oficial de distribuição da carga tributária, aliviando aqueles que se decidem pelo protesto aberto contra tal modelo.

Diante disso, é desarrazoado supor que a fração hegemônica se submeteria sem luta à política econômica implementada pela burocracia estatal (e, em particular, à política tributária); e que o faria por ter uma compreensão plena – similar à de um historiador analisando o passado – da relação positiva entre o ataque burocrático a seus interesses econômicos imediatos e a preservação de seus interesses econômicos de médio ou longo prazos. A partir dessas observações, concluímos nossa intervenção sobre esse tema com uma formulação incisiva: é praticamente impossível o exercício da hegemonia política no seio do bloco no poder sem que irrompam conflitos políticos entre a fração hegemônica e a burocracia estatal, cuja ação político-administrativa redunda em concretização de tal hegemonia.

Essa formulação resolve algumas questões – porém não todas – que se colocam para o analista do processo político típico das formações sociais capitalistas. Ela tem, é verdade, a utilidade de descartar a aplicação da distinção entre "consentimento" e "oposição" como critério de diferenciação das posições "hegemônica" e "subordinada" dentro do bloco no poder (procedimento que é obviamente simplista, mas que permanece de pé caso não seja contestado no plano teórico). Paralelamente, ela amplia a importância do trabalho de estabelecimento de conexões entre interesses econômicos de fração e política estatal. Nesse terreno, a operação mais fácil é aquela que consiste em estabelecer a distinção entre interesses econômicos de fração priorizados pela política estatal e interesses econômicos de fração só secundariamente levados em conta pelos agentes burocráticos. O analista político pode, entretanto, deparar com situações históricas bem mais complexas, como aquelas em que a ação estatal procura induzir a transformação – "pelo alto" – da "situação de classe" e dos interesses econômicos de uma fração da classe dominante, sem que seja plausível (e, portanto, visível) o consentimento de tal fração com relação a essa política transformadora. Assim, por exemplo, a burocracia estatal pode buscar a transformação, mediante uma série de medidas econômicas, de uma burguesia industrial nativa, duplamente dependente (isto é, dependente diante dos países capitalistas centrais, que lhe fornecem tecnologia industrial; e diante do capital mercantil-exportador local, que lhe fornece as divisas necessárias à importação dessa tecnologia industrial), numa burguesia nacional, capaz de liderar o processo interno de industrialização e a luta pela independência econômica do país diante das grandes potências capitalistas. Ela pode também perseguir a conversão de uma classe fundiária pré-capitalista em burguesia agrária típica das formações sociais capitalistas. É previsível que tanto a burguesia industrial dependente quanto o latifúndio pré-capitalista resistam à ação estatal de transformação "pelo alto" de sua "situação de classe".

Entenda-se, porém, que não estamos aqui diante da resistência de uma fração hegemônica à ação burocrática que redunda, em última instância, na concretização de sua própria hegemonia política no seio do bloco no poder. Nos casos em pauta, a resistência da fração de classe dominante sujeita à pressão burocrática consiste, antes, na "reserva" diante de uma política estatal que busca liquidar certos interesses econômicos em prol da instauração de novos interesses econômicos. Essa empreitada estatal de destruição/construção de interesses econômicos inviabiliza, no plano da análise, o estabelecimento de conexões objetivas entre a ação estatal e os interesses econômicos *atuais* (sejam eles de curto, médio ou longo prazos) da fração em questão. Consequentemente, ela também impossibilita que o analista político atribua à fração, cuja "situação de classe" a ação burocrática procura transformar, a hegemonia política no seio do bloco no poder. Se as observações feitas até aqui forem procedentes, muito trabalho teórico deverá ainda ser realizado no terreno da distinção dos diferentes tipos de oposição de classe dominante à ação burocrática estatal: a) a oposição movida pelas frações subalternas do bloco no poder; b) a oposição movida pela fração hegemônica no seio do bloco no poder; c) a oposição movida por frações cuja "situação de classe" está em vias de ser transformada "pelo alto", por força da ação burocrática estatal.

OS OBJETIVOS DA BUROCRACIA ESTATAL

Reconhecer o elevado valor científico da análise inovadora contida em *Estado e capital cafeeiro em São Paulo (1889-1930)* não implica, entretanto, endossar todas as premissas teóricas de Perissinotto. Entre estas, figura a hipótese de que a concretização da hegemonia política no seio do bloco no poder se dá por entrecruzamento de projetos políticos paralelos: o projeto de conformar a política de Estado com a defesa prioritária de certos interesses econômicos (projeto de alguma fração da classe dominante) e o projeto de aumentar a capacidade extrativa do Estado, ou – dito de outro modo – de ampliar o controle estatal dos recursos materiais propiciados pela sociedade (projeto da burocracia estatal). Tal entrecruzamento ocorre, segundo Perissinotto, porque a burocracia estatal deve garantir a expansão do setor economicamente mais poderoso da classe dominante, caso queira extrair da "sociedade" recursos materiais que tornem mais poderoso o Estado, em sua relação com o seu ambiente social. A fundamentação teórica da tese da concretização da hegemonia política por entrecruzamento de projetos políticos paralelos é – para recorrermos a uma linguagem vulgar – a ideia de que o Estado deve engordar, e não matar, a galinha dos ovos de ouro. Se a expressão "economicismo" não estivesse totalmente desgastada pela falta de rigor e de critério dos que a utilizam frequentemente, seria o caso de dizer que Perissinotto, ao recorrer a tal argumentação, acaba fazendo uma incursão nesse terreno. Afinal de contas, não são apenas as frações economicamente mais poderosas da classe dominante – isto é, aquelas que desfrutam da *preponderância econômica* – que chegam ao exercício da hegemonia política no seio do bloco no poder, embora se possa admitir que a articulação da preponderância econômica e da hegemonia política confere ao bloco no poder uma configuração mais estável e mais duradoura.

Revoluções populares ou golpes de Estado podem abrir o caminho para a instauração, mesmo que por um breve período, da hegemonia política de frações economicamente menos poderosas da classe dominante. Na fase inicial da Revolução portuguesa de 1974, por exemplo, esboçou-se uma orientação antimonopolista no terreno da política econômica (orientação defendida não apenas por uma tendência do Movimento das Forças Armadas (MFA), como também por certos partidos políticos). Tal orientação foi logo superada pela tendência à defesa prioritária dos interesses do capital monopolista; porém, enquanto durou, abriu a possibilidade de o médio capital construir a sua hegemonia política no seio do bloco no poder. Também é possível levantar a hipótese de que, *numa fase inicial*, a ação de certos governos vinculados à social-democracia ou de unidade popular da Europa ocidental tenha se inclinado mais para os interesses do médio capital que para os do grande capital. Situações históricas como essas parecem desmentir a argumentação de Perissinotto segundo a qual a burocracia estatal capitalista procura sempre converter – por motivos próprios – a fração burguesa economicamente preponderante em fração politicamente hegemônica no seio do bloco no poder. Mas não se pode dizer que tais situações desmintam igualmente a tese complementar de Perissinotto, segundo a qual a burocracia estatal capitalista sempre busca, em qualquer circunstância, o aumento da capacidade extrativa do Estado. As interpretações acerca do impacto de políticas antimonopolistas sobre a capacidade extrativa do Estado podem ser divergentes. Para alguns, a implementação de tais políticas equivale a "assassinar a galinha dos ovos de ouro"; vale dizer, a comprometer a expansão do poderio estatal. Para outros, atacar monopólios "parasitários" equivaleria ao reforço da economia nacional e, em última instância, do Estado. *Outras* situações históricas, porém, parecem desmentir de modo inequívoco a existência de um compromisso recorrente de toda burocracia estatal capitalista com o aumento da capacidade extrativa do Estado. As burocracias estatais que implementam, hoje, políticas econômicas neoliberais estão comprometidas com um projeto, não de aumento da capacidade extrativa, e sim de *desmonte* do Estado. Mesmo quando não logram diminuir a carga tributária (cujo aumento visa constantemente atenuar os efeitos das próprias políticas neoliberais) e se limitam a congelar o seu montante ou a desacelerar o seu ritmo de crescimento, os tecnocratas neoliberais atacam a capacidade extrativa do Estado por outras vias, como a privatização de empresas públicas ou a retirada do aparelho estatal do campo das atividades regulamentadoras. Estas situações – típicas da atual fase do capitalismo – desmentem que as burocracias estatais capitalistas estejam sempre perseguindo o aumento da capacidade extrativa do Estado. Todavia, para os nossos fins, esse desmentido empírico não basta. Por isso, devemos voltar ao terreno da teoria para refletirmos, aí, sobre os verdadeiros objetivos da burocracia estatal capitalista.

O aumento da capacidade extrativa do Estado ou a expansão do poderio estatal diante da sociedade só podem ser qualificados como objetivos instrumentais, postos sempre a serviço de objetivos finais. E de onde proviriam esses objetivos finais? Até mesmo um baixo funcionário público sabe que as decisões estatais estão longe de cair num espaço social vazio, e que tanto a ação quanto a inação político-administrativas incidem sobre a "sociedade" – sobre os interesses coletivos que a compõem. Não há, portanto, possibilidade de as macrodecisões estatais estarem desconectadas dos interesses sociais, seja no caso de levarem ao aumento da capacidade extrativa do Estado, seja no caso inverso. Também não é possível que a burocracia estatal capitalista se furte à influência exercida por alguma dentre as diversas visões do jogo travado entre interesses sociais diferenciados; isso só poderia ocorrer se o Estado fosse um aparelho absolutamente paralelo à sociedade, sem desempenhar qualquer função recorrente na reprodução de sua estrutura econômica e sem sequer – hipótese mais modesta – "interseccionar-se" com ela. Ora, o Estado não é uma instituição aleatória e, como tal, inclinada a "explorar" a sociedade; trata-se de uma instituição social. Quanto à burocracia estatal, ela não é um "corpo parasitário", em oposição permanente aos interesses das classes sociais, mas uma parte da sociedade. Como tal, ela se submete aos interesses políticos de uma classe social determinada (mais especificamente, aos interesses políticos que "espelharem" mais eficazmente a sua própria posição dentro da sociedade capitalista) e aos interesses econômicos de uma das frações dessa classe (por força de sua origem de classe, dos efeitos produzidos pela luta ideológica no seio do bloco no poder, da pressão pessoal, econômica ou política de uma fração, ou ainda de uma articulação de todos esses fatores). Mas não o faz de modo consciente; a rigor, converte tais interesses no objetivo final *latente* (isto é, subjacente às declarações oficiais de compromisso com o bem-estar social, com a vontade geral, com o bem comum etc.) de toda ação burocrática estatal. O compromisso exclusivo da burocracia estatal com objetivos instrumentais não passa de uma fantasia, engendrada por essa própria categoria social e difundida, em versões conceitualmente mais desenvolvidas, pelos seus representantes ideológicos (entre os quais Max Weber figura como o mais talentoso). Certos analistas ressalvam hoje, numa perspectiva realista e "maquiavélica", que o objetivo (instrumental) perseguido pela burocracia estatal capitalista é o aumento da capacidade extrativa do Estado (e, portanto, a ampliação do poderio estatal diante da sociedade), o que sombreia numa certa medida o retrato weberiano do burocrata, no qual este aparece basicamente ocupado com a perseguição do belo princípio da racionalidade. Tais analistas estão, entretanto, objetivamente alinhados aos weberianos clássicos na apologia ao Estado moderno, já que ambos evitam – cada um por um caminho – a caracterização da burocracia estatal como um instrumento de interesses poderosos (vale dizer, capitalistas).

Seria possível que a visão de Perissinotto sobre a burocracia estatal capitalista – encarada como um grupo social comprometido fundamentalmente com objetivos instrumentais, e não com objetivos finais de cunho social – deixasse de repercutir sobre o seu modo de operar com a teoria marxista da hegemonia política no seio do bloco no poder? Perissinotto afirma que, nas formações sociais capitalistas, a ação burocrática estatal concretiza sempre a hegemonia política de uma fração de classe dominante no bloco no poder; e sugere, com base em sólida análise histórica, que o exercício dessa hegemonia não exclui conflitos entre a burocracia estatal e a fração hegemônica no no poder. Até aí, Perissinotto segue objetivamente Poulantzas, que, como procurei indicar anteriormente, esmera-se na caracterização desse tipo de conflito no quadro de sua análise sobre o fascismo. Mas me parece que, em Poulantzas, a explicação teórica para a eclosão de tais conflitos segue o modelo marxista clássico: enquanto os membros de uma fração de classe dominante qualquer pressionam o Estado para que este satisfaça os seus interesses econômicos individuais de curto prazo, os seus representantes políticos (no caso do aparelho de Estado, a burocracia; no caso da cena política, algum partido) agem como a consciência coletiva dessa fração, dando prioridade aos interesses econômicos coletivos de médio ou longo prazos. E, como vimos anteriormente, faz parte da defesa prioritária de tais interesses a busca da unidade política da classe dominante, o que implica "neutralizar" os conflitos políticos no seio dessa classe social por meio da satisfação de interesses econômicos secundários das frações subalternas do bloco no poder às expensas de interesses econômicos secundários (individuais e/ou de curto prazo) da fração hegemônica.

O caminho teórico encetado por Perissinotto é, em última instância, outro: se, na sua ação constante em prol da ampliação da capacidade extrativa do Estado, a burocracia estatal considerar que a satisfação dos interesses da fração burguesa economicamente mais poderosa deixou de ser instrumental com relação ao seu objetivo final, ela abandonará a defesa prioritária de tais interesses – ou de quaisquer outros interesses econômicos de fração – "para salvar o Estado". Está aberta, assim, a via para um "fortalecimento do poder estatal em detrimento do poder de classe"[5]. A rigor, se

---

[5] Ver Renato Perissinotto, *Estado e capital cafeeiro em São Paulo (1889-1930)*, cit., tomo II, p.198.

o apelo de Perissinotto à teoria da hegemonia política no interior do bloco no poder parecia comprometê-lo com a concepção teórica segundo a qual a estrutura jurídico-política ocupa um lugar específico e preenche uma função específica na totalidade social, a sua definição dos "objetivos próprios do Estado" aponta para um Estado *em oposição* à sociedade. Que esse considerável recuo teórico não comprometa inúmeras dimensões da análise política empreendida por Perissinotto (os conflitos políticos entre fração hegemônica e burocracia estatal paulista, a relação entre frações de classe dominante e associações de classe, o caráter de classe e a função política do PRP etc.) apenas atesta a inegável inclinação de Renato Perissinotto para a pesquisa histórica. Por isso, as observações teóricas reunidas neste comentário devem ser encaradas – até pelo fato de que mais levantam problemas do que os resolvem – como um estímulo à leitura desse importante trabalho.

CLASSE MÉDIA E POLÍTICA NO BRASIL (1930-1964)[1]

Introdução: quem é a classe média brasileira?

O objetivo deste pequeno ensaio é caracterizar as posições políticas assumidas pela classe média brasileira ao longo da grande fase política que se estende de 1930 a 1964. Mais precisamente, propomo-nos a verificar como a classe média brasileira se coloca diante dos conflitos políticos mais importantes dessa fase histórica: conflitos nascidos no seio da classe dominante, conflitos opondo a burocracia de Estado (civil e militar) a frações da classe dominante e conflitos travados entre a classe dominante e as classes populares.

Uma análise sobre esse tema deve começar obrigatoriamente pela questão: quem é a classe média brasileira no período 1930-1964[2]? Para poder respondê-la, voltemos

---

[1] Publicado originalmente em Ângela M. C. Gomes et al., *O Brasil republicano*, v. 10: *Sociedade e política (1930-1964)* (9. ed., Rio de Janeiro, Bertrand Brasil, 2007).

[2] Desse conjunto social, excluímos desde logo a pequena burguesia tradicional, ou "clássica" (artesãos, pequenos produtores, pequenos comerciantes), por considerarmos que diferentes posições no processo social da produção (pequena produção independente, pequena propriedade, trabalho frequentemente manual, no caso da pequena burguesia tradicional; trabalho não manual, não propriedade dos meios de produção, no caso da classe média "moderna") impedem inclusive a unificação das duas classes ao nível estritamente *ideológico* (a esse respeito, consultar nosso artigo "Classe média e políticas de classe (uma nota teórica)", *Contraponto*, Rio de Janeiro, Centro de Estudos Noel Nutels, n. 2, nov. 1977. Mas a mera distinção conceitual não explica por que não nos propomos, no ensaio, a analisar *também* as tendências ideológicas e a ação política da *pequena burguesia* (tradicional) brasileira no período em foco. A razão é outra: a produção artesanal, a pequena empresa industrial e o pequeno comércio estiveram longe de ter, ao longo do desenvolvimento capitalista brasileiro, uma importância numérica e social proporcional àquela conservada por esse setor nos países capitalistas europeus (França, Bélgica etc.). É verdade que, a partir da crise do sistema colonial, a economia escravista mercantil brasileira abriu certo espaço para o artesanato e o pequeno comércio; e que

um pouco atrás na história do desenvolvimento capitalista brasileiro. Em meados do século XIX, a consolidação do Estado nacional e o desenvolvimento da economia cafeeira engendraram, na região Centro-Sul, um novo e extenso aparelho urbano burocrático e de serviços: agências do Estado central, bancos, casas de exportação e importação, casas comissárias. A partir de então, a população da capital do Império cresceu consideravelmente, e pequenos burgos tornaram-se rapidamente importantes centros administrativos e comerciais da região cafeeira (é o caso, por exemplo, de cidades como São Paulo e Santos).

Todavia, se a implantação do novo aparelho burocrático e comercial/bancário foi o resultado direto da construção do Estado pós-colonial e do desenvolvimento do capitalismo comercial (sobretudo na região cafeeira), a aceleração do seu ritmo de expansão está ligada ao desenvolvimento da indústria no país. Essa relação é, antes de mais nada, sugerida pela evolução global do "setor terciário urbano" no Brasil: 15,3% da população economicamente ativa em 1920, 20% em 1940, 21,8% em 1950 e 23,6% em 1960. Mas talvez a desagregação do "setor terciário" em vários domínios de atividade nos ofereça elementos mais significativos para a confirmação da relação entre desenvolvimento da indústria e aceleração da expansão dos serviços urbanos no Brasil do que aqueles propiciados pela mera observação da evolução dos números globais. É que o desenvolvimento da indústria provoca uma transformação progressiva da composição interna de um complexo urbano de serviços moldado

---

a pequena burguesia tradicional das cidades portuárias (Recife, Salvador etc.) pôde se exprimir, sobretudo no período 1790-1850, como verdadeira *força política*, por meio de movimentos contra o capital comercial e o poder central, por ele controlado (tenha-se em conta, a propósito, a forte componente pequeno-burguesa – igualitarismo socioeconômico, palavras de ordem radicais como "expropriação do grande comércio", ou "repartição do latifúndio" – de movimentos políticos como a Revolução Praieira de 1848). Todavia, no período posterior a 1850, a importância política dessa classe declinará, em razão da diminuição relativa de sua importância econômica e social. Quais as razões para esse declínio? Retomamos a tese de Sérgio Silva sobre "As origens da indústria no Brasil": o desenvolvimento do capitalismo não repete, aqui, as fases típicas da transição para o capitalismo na Europa (artesanato, manufatura/grande indústria). Ou seja: a grande indústria se implanta no Brasil a partir de fins do século XIX sobre uma base material extremamente pobre (ausência de um razoável desenvolvimento prévio do artesanato e da manufatura); seu ponto de partida serão os capitais e a experiência acumulados pela grande burguesia comercial exportadora e importadora. Como se pode depreender, tal processo de desenvolvimento do capitalismo não reserva um lugar muito importante para a pequena produção e o pequeno comércio. E esse fato explica, em geral, a inexpressiva presença política da pequena burguesia "clássica" na formação social brasileira, a partir de fins do século XIX (recorde-se, no extremo oposto, a forte presença pequeno-burguesa no desenvolvimento capitalista da França). Sobre a reduzida importância da pequena produção industrial (menos de cinco operários) no desenvolvimento capitalista brasileiro, Paul Singer, *Força de trabalho e emprego no Brasil: 1920-1969* (São Paulo, Cebrap, 1971), p. 56. Sobre as origens da indústria no Brasil, ver Sérgio Silva, "Capítulo IV – Origens da Indústria", *Expansão cafeeira e origens da indústria no Brasil* (São Paulo, Alfa-Ômega, 1976).

pelas necessidades do capital comercial. Essa tendência pode ser visualizada por meio do estudo da evolução, em termos de emprego relativo, das categorias "serviços de produção" (comércio, crédito, transporte, comunicação), "serviços de consumo individual" (serviços pessoais, profissões liberais) e "serviços de consumo coletivo" (serviços governamentais e atividades sociais: educação, saúde, previdência social)[3].

O crescimento ininterrupto dos "serviços de produção" entre 1920 e 1960 deve ser explicado pelo seu papel de complemento às atividades industriais: 7,8% da população economicamente ativa em 1920, 9,2% em 1940, 10,4% em 1950 e 11,5% em 1960. Quanto ao crescimento contínuo dos "serviços de consumo coletivo", não é desarrazoado atribuí-lo à expansão das atividades governamentais (burocráticas, técnicas e empresariais) requerida pelo desenvolvimento da indústria: 2,5% da população economicamente ativa em 1920, 4,2% em 1940 e 5,1% em 1950. Examinemos, finalmente, a evolução dos "serviços de consumo individual", cujas relações com a acumulação de capital na indústria são mais distantes: 5% da população economicamente ativa em 1920, 6,6% em 1940 e 6,3% em 1950. Todavia, as taxas de emprego em serviços pessoais domésticos e em profissões liberais não evoluíram igualmente. Os serviços domésticos, de baixa produtividade e de caráter "pré-capitalista" diminuíram progressivamente sua participação relativa no conjunto dos "serviços de consumo individual", pelo menos até 1950: 76% em 1920, 67,8% em 1940 e 67,3% em 1950. A falta de dados relativos ao período posterior nos impede de afirmar categoricamente que essa tendência decrescente se manteve ou se acentuou depois de 1950. Mas, por outro lado, o crescimento considerável do número absoluto de profissionais liberais entre 1950 e 1969 – de 78.730 para 283 mil – sugere um possível aumento de sua participação relativa no conjunto dos "serviços de consumo individual"[4].

Assim, o desenvolvimento da indústria, a partir da primeira década do século XX, provocará a ampliação do aparelho urbano burocrático e de serviços, implantado no Centro-Sul em função das necessidades econômicas e políticas do capital comercial. Neste ponto, coloca-se a pergunta: a classe média brasileira coincidiria com o conjunto dos trabalhadores integrantes do aparelho urbano burocrático e de serviços, sejam os agrupados no "setor terciário", sejam aqueles formalmente pertencentes ao "setor secundário"? Nesse caso, a classe média seria a classe dos trabalhadores improdutivos, isto é, de todos aqueles cujo trabalho não contribuísse de modo direto para a

---

[3] Os dados mencionados e a sua interpretação foram retirados de Paul Singer, *Força de trabalho e emprego no Brasil: 1920-1969*, cit., p. 51 e p. 57-62.

[4] Tais dados, retirados dos Censos de 1920, 1940, 1950 e 1960, são mencionados por Paul Singer, *Força de trabalho e emprego no Brasil: 1920-1969*, cit., p. 63-6. Dados os objetivos particulares de nosso ensaio, deixamos de enfatizar aqui os problemas decorrentes da assimetria dos critérios de classificação empregados nos diferentes recenseamentos; tais problemas são tratados com detalhes pelo autor citado, na obra em questão.

produção de mercadorias: trabalhadores assalariados dos serviços urbanos (bancos, comércio, propaganda, transporte, comunicação) e da administração das empresas industriais, funcionários do Estado, civis e militares, profissionais liberais. Mas é razoável supor a existência de uma unidade ideológica mínima entre as diferentes categorias ocupacionais que compõem a extensa camada dos trabalhadores improdutivos? Ou por outra: a posição comum de todos os trabalhadores improdutivos no processo social de produção é suscetível de dar caução à sua unidade ideológico-política, permitindo-nos superar a conceituação econômica mais abstrata e, portanto, caracterizar a camada dos trabalhadores improdutivos como uma verdadeira classe ("média", porque distinta dos proprietários do capital e da classe operária)?

Na verdade, a divisão capitalista do trabalho torna impossível essa unidade, por isolar ideologicamente, do conjunto das classes trabalhadoras (num plano mais geral) e do conjunto da camada dos trabalhadores improdutivos (num plano mais específico), uma parcela determinada dos trabalhadores improdutivos: aqueles que exercem um trabalho predominantemente não manual. Em outras palavras, a divisão capitalista do trabalho dificulta a identificação entre todos os trabalhadores e neutraliza, na prática, a unidade puramente econômica dos trabalhadores improdutivos, ao travestir a divisão real entre trabalho manual e trabalho não manual em hierarquia do trabalho fundada numa distribuição desigual entre os indivíduos de "dons" e "méritos"[5]. O fato de a partilha dos homens entre o trabalho manual e o trabalho não manual parecer ser o resultado da existência de diferentes graus de capacidade, e não o contrário, impede a união entre trabalhadores não manuais e trabalhadores manuais pela destruição integral do capitalismo e da divisão capitalista do trabalho. A "classe média" das formações sociais capitalistas é, portanto, o conjunto dos seus trabalhadores predominantemente não manuais e não o conjunto da camada dos trabalhadores improdutivos. É que a hierarquia do trabalho, cujos efeitos conservadores se fazem sentir sobre os trabalhadores improdutivos não manuais, não impede que os trabalhadores improdutivos manuais se unam à classe operária fabril na crítica integral ao capitalismo – e não apenas a alguns de seus aspectos, como a propriedade privada ou a "anarquia da produção". Diferentemente desse proletariado comercial ou dos transportes, a classe média é uma criação do capitalismo, pois tende a funcionar como um amortecedor da luta anticapitalista instalado no seio das próprias classes trabalhadoras.

Assim, a classe média não pode se identificar integralmente, no plano ideológico-político, com o proletariado (fabril, comercial ou dos transportes). Em consequência, a classe média não pode participar da *direção* de um processo revolucionário de construção do socialismo, justamente por ser incapaz de impor a tal processo

---

[5] Servimo-nos aqui das expressões empregadas por Pierre Bourdieu e Jean-Claude Passeron, *La Reproduction* (Paris, Les Éditions de Minuit, 1970). Ver especialmente capítulo 4, "La dépendence par l'indépendence", p. 209-53.

(do qual a supressão da propriedade privada dos meios de produção é apenas um dos momentos) uma verdadeira direção revolucionária: a da supressão da divisão capitalista do trabalho. Essa é a contradição ideológica própria da classe média: enquanto expressão privilegiada da divisão capitalista do trabalho, tende a ser atraída para o campo ideológico da burguesia; enquanto classe *trabalhadora*, tende a se solidarizar com o proletariado. Em outras palavras, a classe média pode tanto se aliar politicamente à burguesia (ou a uma das frações burguesas) quanto pode se unir politicamente ao proletariado em lutas que não ultrapassem certo limite: o da supressão da divisão entre trabalho manual e trabalho não manual. Essa afirmação evoca a conhecida capacidade de "basculagem" da classe média de um momento da luta política para outro. Mas aqui se coloca uma questão mais complexa: o *conjunto* da classe média assume, obrigatoriamente, uma única posição a cada momento da luta política? Embora se possa, teoricamente, admitir a possibilidade dessa situação extrema, ela dificilmente se caracteriza na prática política concreta; é mais frequente que a classe média se divida politicamente, seja entre as diferentes frações burguesas, seja entre o conjunto da burguesia e o proletariado. Assim, a unidade ideológica mínima da classe média, assegurada pela aceitação comum da hierarquização capitalista do trabalho, não elimina a possibilidade de uma diversidade de posições políticas no seu interior: "conservadorismo", "progressismo", atitudes contrarrevolucionárias, unidade temporária de ação com classes revolucionárias.

Mas o que faz com que diferentes camadas da classe média assumam posições diversas num mesmo momento da luta política? Essa diferenciação política está, de um lado, fundada na existência de diferentes "situações de trabalho" no interior da classe média, cada "situação de trabalho" correspondendo a um modo específico de combinação de elementos como: relações de trabalho (posição diante dos que decidem e dos trabalhadores manuais), forma de remuneração (salário, honorários), nível de remuneração (próximo ou distante do salário operário), nível de formação necessário (primário, secundário, técnico, universitário). As diferentes "situações de trabalho" geram *tendências à aproximação* com a classe capitalista ou com o proletariado, com uma ou outra fração burguesa. De outro lado, a concretização política dessas tendências ou a sua *inversão*, na prática (a tendência, nesse caso, se convertendo no seu *contrário*), depende da capacidade de direção das organizações políticas da burguesia e do proletariado na sua luta pela conquista do apoio da classe média. Desse modo, em função das diferentes "situações de trabalho" e da real capacidade dirigente dos partidos burgueses e proletários, as camadas diversas da classe média podem se repartir, a cada conjuntura concreta, pela "direita", pelo "centro" ou pela "esquerda", sua unidade ideológica mais geral não se traduzindo necessariamente em unidade de ação política.

Voltemos ao caso brasileiro. Na fase histórica de que nos ocupamos (1930-1964), ainda se fazem sentir sobre a classe média os efeitos ideológicos da superdegradação do trabalho manual, devido à presença dominante, ao longo de quatro séculos, do trabalhador escravizado. Tal estigma ao trabalho manual foi legado pela economia colonial e escravista ao capitalismo industrial nascente, gerando assim, desde o nascedouro, uma grande distância social e uma grande dificuldade de aproximação (não encontráveis, pelo menos ao mesmo nível de intensidade, no capitalismo europeu) entre a classe média e o proletariado nascentes[6]. Ou por outra: os efeitos prolongados da degradação do trabalho manual (trabalho agrícola no campo, trabalho artesanal na cidade) pela escravidão contribuem para o isolamento político da classe média com relação às demais classes trabalhadoras, dificultando o surgimento de alianças com estas duas últimas, ou mesmo a adoção de atitudes de solidariedade imediata com os movimentos proletários. Esse traço superestrutural duradouro – a superdegradação do trabalho manual pela escravidão – foi, sem dúvida, um dos elementos determinantes da fraqueza política e baixa representatividade social do socialismo pequeno-burguês, de linha evolucionária e democrática, no Brasil. E contribuiu, igualmente, para a adoção frequente, pela classe média, de atitudes de solidariedade difusa, efêmeras e não expressas ao nível da organização sindical ou partidária para com o proletariado.

Ao longo da Primeira República brasileira (1889-1930), essa dificuldade geral de aproximação da classe média com as classes trabalhadoras é reforçada pelas tendências isolacionistas e apartidárias do movimento anarcossindicalista operário[7]: crítica à classe média urbana, ausência de ligação com as massas de campo, privilegiamento da ação sindical, recusa à construção do partido revolucionário. Nesse contexto, a classe média nascente (trabalhadores "de escritório", profissionais liberais, funcionários da administração pública ou privada, uma fração dos empregados do comércio, bancários) se dividirá politicamente entre a aceitação (tácita ou expressa) da política de desenvolvimento conduzida pela burguesia comercial hegemônica e a crítica difusa, não organizada, dos efeitos sociais da política estatal de defesa prioritária da exportação de produtos agrícolas. De um lado, a camada superior da classe média – altos funcionários públicos, gerentes de bancos, profissionais liberais – será atraída para o campo ideológico da burguesia comercial, transformando-se em instrumento de preservação da hegemonia política dessa fração burguesa no seio da classe dominante. A esse respeito, o culto do liberalismo pela classe média tradicional de São Paulo é sintomático: o seu discurso econômico liberal e anti-intervencionista oculta fundamentalmente um agrarismo e um anti-industrialismo viscerais; o seu liberalismo

---

[6] Essas observações apoiam-se, em parte, na obra clássica de Roger Bastide e Florestan Fernandes, *Brancos e negros em São Paulo* (2. ed., São Paulo, Companhia Editora Nacional, 1959). A esse respeito, ver Florestan Fernandes, *A integração do negro na sociedade de classes* (São Paulo, Dominus, 1963).

[7] Essas tendências não são inteiramente superadas com a decadência do movimento anarcossindicalista e a formação do PCB, em inícios da década de 1920. A rigor, os anos 1920 se caracterizam como uma fase de transição do movimento operário no Brasil, o elemento de transição sendo indicado pelas contradições internas (organizacionais e políticas) apresentadas pelo partido recém-formado, ao longo da década.

político, mesmo nas suas versões mais radicais (crítica à fraude eleitoral no campo), não coloca em questão os instrumentos de preservação da hegemonia política da burguesia comercial/urbana do café: a "política dos governadores", o compromisso eleitoral entre governadores estaduais e chefes políticos locais, a perpetuação das bases (a propriedade fundiária e a dominação pessoal) da manipulação do voto do homem do campo pelo grande proprietário de terras. O culto ao liberalismo pôs, assim, a classe média tradicional a serviço dos partidos políticos da burguesia comercial/bancária, urbana e anti-industrialista: do partido dominante no período – o Partido Republicano Paulista, permanentemente situacionista, em níveis estadual e nacional – aos cíclicos movimentos de dissidência partidária (a Campanha Civilista de 1910, o Partido Democrático Paulista de 1926, a Aliança Liberal de 1930, entre outros).

De outro lado, a camada inferior da classe média – baixo funcionalismo público, empregados do comércio, bancários etc. – manter-se-á distante do liberalismo econômico e político, bem como do jogo político-partidário travado entre as diferentes frações regionais ou diferentes facções (grupos de interesse) do capital comercial. Vitimada pela política estatal de defesa prioritária das exportações, e frustrada no seu desejo (estimulado pelo contato econômico e cultural do Brasil com os países capitalistas centrais) de consumo crescente de produtos industrializados, a baixa classe média lançar-se-á não à participação em movimentos cívicos de regeneração democrática, mas a um protesto difuso contra a política de Estado conduzida pela burguesia comercial cafeeira. Essa independência diante dos objetivos políticos da burguesia comercial e esse protesto difuso contra a sua política de Estado se exprimem em vagas de agitação popular e em manifestações espontâneas, não organizadas, como aquelas ocorridas no Rio de Janeiro: a revolta contra a vacina obrigatória (1904), as manifestações de massa contra a elevação do custo de vida (1912 e 1913). Embora esse protesto eleja como alvo principal não as medidas governamentais em favor do comércio cafeeiro e sim a "ganância" e a "desonestidade" dos industriais nacionais (tidos como responsáveis diretos pela carestia), ele coloca objetivamente em questão uma política de Estado voltada prioritariamente para a defesa do café e apenas secundariamente para a proteção à indústria. Em suma, tal protesto sugere, de forma implícita e enviesada, uma política de Estado alternativa: aquela voltada prioritariamente para o progresso da indústria[8].

Assim, durante a Primeira República, a classe média se divide entre a participação em partidos e movimentos de caráter liberal, cujos limites são definidos pela sua subordinação aos objetivos políticos mais gerais do capital comercial e a ausência da

---

[8] Aqui, só sintetizamos uma reflexão por nós desenvolvida em trabalhos anteriores. Ver Décio Saes, *Classe média e política na 1ª República Brasileira (1889-1930)* (Petrópolis, Vozes, 1975); e, sobretudo, Décio Saes, *Classe Moyenne et Système politique au Brésil* (tese de doutorado, École Pratique des Hautes Études, Paris, 1974).

luta partidária combinada com um protesto difuso contra os efeitos sociais da política econômica de Estado conduzida pela burguesia comercial. Essas posições políticas diferenciadas não se delineiam por acaso. De um lado, a "situação de trabalho" de sua camada superior (culto dos profissionais liberais à "liberdade do mercado", alto nível de remuneração e poder decisório de gerentes e altos burocratas), bem como a relativa capacidade dirigente da burguesia comercial cafeeira e o relativo poder de atração de sua ideologia (o liberalismo oligárquico, agrarista, anti-industrialista e elitista), explicam o alinhamento político da alta classe média com a fração burguesa hegemônica. De outro lado, os componentes específicos da "situação de trabalho" de sua camada inferior (baixo nível de remuneração, ausência de poder decisório, trabalho de execução, submissão à forma salário) distanciam-na do liberalismo e da política da burguesia comercial; mas, ao mesmo tempo, o isolacionismo e o apartidarismo da classe operária, bem como a subordinação política da burguesia industrial nascente à burguesia cafeeira[9], impedem essa baixa classe média de alinhar-se com a política proletária ou de aderir a um eventual "partido da industrialização".

Na década de 1920, o movimento tenentista capta, à *moda militar*, essas tendências divergentes, nascidas no seio da classe média. Se o *tenentismo* apresenta, pelo menos até 1930, um caráter unitário, isso se deve à forma tipicamente militar do movimento: elitismo, culto da hierarquia, subestimação das relações políticas com os "civis" (classes sociais, partidos políticos), "putschismo". Todavia, essa unidade, estabelecida ao nível das formas de ação e organização (espaço próprio da "ideologia militar"), não pôde impedir o surgimento de diferentes tendências políticas dentro do movimento tenentista. Uma tendência liberal fixou como objetivo político o aperfeiçoamento das instituições democrático-representativas existentes e a realização efetiva do ideal liberal-democrático expresso na Constituição republicana de 1891. Essa tendência encampou, na prática, as palavras de ordem mais frequentes dos movimentos partidários dissidentes, em sua luta contra os desmandos eleitorais das "oligarquias": voto secreto, justiça eleitoral autônoma, combate à corrupção eleitoral e administrativa. Em última instância, o que diferenciou essa tendência do seu equivalente civil foi precisamente o seu militarismo, isto é, sua disposição de recorrer ao *putsch* e de depor o governo federal (passos nunca dados pelas dissidências partidárias) para concretizar os seus propósitos de regeneração democrática. Essa tendência foi dominante na revolta de 1922; manifesta-se na Revolução de 1924, sobretudo por meio da ala paulista; e está ainda presente, embora já minoritária, na Revolução de 1930.

Uma tendência oposta, de cunho autoritário, nasceu de uma superação progressiva das propostas de regeneração democrática e chegou à crítica dos próprios fundamentos do regime democrático da Primeira República: crítica da representação

---

[9] Este último ponto é tratado em detalhes por Warren Dean, *A industrialização de São Paulo* (São Paulo, Difel, 1971).

fundada no sufrágio universal (um instrumento de manipulação das "massas" pelas "oligarquias"), crítica da Federação (a "negação da própria Nação"). Delineou-se, portanto, ao contrário da tendência tenentista liberal, como uma tendência efetivamente reformista, já que voltada para a luta pela centralização autoritária do Estado. A permanente crise econômica e social dos anos 1920 contribuiu para o reforço progressivo a essa tendência no seio do movimento tenentista: já presente na ação tenentista no Norte e Nordeste em 1924 e contando com a liderança expressiva de Juarez Távora, a tendência centralista e autoritária será hegemônica no processo de transformação do Estado aberto pelo movimento político-militar de 1930.

É possível considerar o movimento tenentista como a representação política da classe média, ainda que se reconheça a relativa autonomia do "partido" militar com relação às suas bases? No que diz respeito à alta classe média, liberal e conservadora, não é desarrazoado encarar o *tenentismo* liberal como a tradução, em termos militares (isto é, segundo o tipo de ação e de organização consagrado pela classe média "armada": os oficiais médios do Exército), das suas aspirações políticas. Evidentemente, ao estabelecer tal relação, admitimos ao mesmo tempo que o grupo militar (oficialato médio) não pode representar politicamente, *num sentido estrito*, a classe média, já que o modo de ação e organização militar impede o estabelecimento de laços organizacionais profundos com a classe cujos interesses objetivamente defende. Nessa medida, reconhece-se que o grupo militar só pode representar *num sentido amplo* a classe média mediante o desenvolvimento de uma ação política que exprima os interesses e aspirações dessa classe. Mas não se pode sequer falar de representação, *num sentido amplo*, da baixa classe média pelo *tenentismo* autoritário? Como avaliar a distância entre o protesto difuso da classe média plebeia contra a política de defesa do café e o ímpeto tenentista de reforma centralista e autoritária do Estado? O elo entre o economicismo da baixa classe média e o politicismo do *tenentismo* autoritário só pode ser recuperado quando se compreende que: a) é a insatisfação econômica das vítimas da política de desenvolvimento do capital comercial que, em última instância, dá base à aspiração tenentista de reforma do Estado; b) a proposta de centralização autoritária do Estado constitui uma tradução política, *deslocada* (substituição da "indústria" pelo "Estado") e *obscurecedora* (ocultação do caráter de classe das aspirações pela preocupação profissional do grupo militar com a questão do Estado), do protesto difuso da baixa classe média contra a defasagem entre as suas condições de vida e o nível de vida propiciado pelos países capitalistas centrais[10].

Esse prolongamento enviesado do economicismo da baixa classe média no politicismo do *tenentismo* autoritário é possível porque o progresso acelerado da

---

[10] Os conceitos "efeito de obscurecimento ideológico" e "efeito de deslocamento ideológico" pertencem a Charles Bettelheim e encontram-se em Paul Sweezy e Charles Bettelheim, *Lettres sur quelques problèmes actuels du socialisme* (Paris, Maspero, 1972).

indústria, como resposta a aspirações moldadas pelo contato econômico e cultural com os países imperialistas, exige como condição prévia a destruição dos instrumentos políticos de preservação da hegemonia do capital comercial, ligado à produção agrícola e anti-industrialista: a representação fundada no sufrágio universal, a Federação. Nessa medida, ao procurar destruir o controle absoluto da política de Estado pela burguesia comercial, o *tenentismo* autoritário luta por estabelecer condições políticas que, mesmo em sua definição essencialmente negativa (não monopolização da política econômica de Estado pela burguesia comercial), permitem prever uma maior proteção à indústria. Pode-se, portanto, dizer que o *tenentismo* autoritário traduz, de modo enviesado e politicista, a aspiração das classes trabalhadoras urbanas à melhoria das suas condições de vida; e que o protesto difuso da baixa classe média constitui, talvez, o elo mais seguro entre essas aspirações e a ação política do grupo militar, dadas a filiação "classe média" e as tendências antiproletárias (decorrentes do elitismo da formação, ação e organização militares) deste último.

O período 1889-1930 testemunha, portanto, a existência de posições políticas diferentes no seio da classe média brasileira: de um lado, apoio ao partido "oligárquico" dominante ou crítica "liberal-oligárquica" à democracia "oligárquica"; de outro, protesto difuso contra a política de desenvolvimento conduzida pelo capital comercial. Todavia, a crise política de 1930 virá soldar temporariamente a unidade política entre as diferentes camadas da classe média. Por razões diversas (crítica liberal às práticas eleitorais e administrativas do governo federal, protesto contra a situação econômica), tais camadas se colocarão maciçamente ao lado da Aliança Liberal e prestarão, após a derrota eleitoral desta, um apoio difuso e não organizado ao movimento político-militar de 1930. E ao "partido" militar da classe média – o movimento tenentista –, cujas divergências internas são apagadas pelo desejo comum de derrubar o governo federal, caberá o papel de força dirigente do processo de transformação do Estado que se convencionou chamar de "Revolução de 1930"[11].

As lutas políticas do período 1930-1964

A Revolução de 1930, enquanto segundo momento político da revolução burguesa no Brasil[12], delineia-se, portanto, como uma verdadeira revolução burguesa "pelo

---

[11] A unidade entre a ala liberal e a ala autoritária do *tenentismo* persistiu ao longo de toda a década de 1920, tendo a ideologia militar desempenhado o papel de cimento da coesão interna do grupo. Na verdade, o movimento foi cindido à esquerda pelo grupo de Prestes (1929), disposto a representar politicamente o "bloco operário-camponês" da Liga de Ação Revolucionária (LAR).

[12] Dizemos "o segundo momento político da revolução burguesa no Brasil", já que o primeiro momento político desse processo corresponde à fase 1888-1894, marcada por uma dupla transformação política: a Abolição da escravidão e a construção de instituições políticas republicanas.

alto" ou, para empregar a expressão de Leôncio Basbaum[13], uma "meia revolução". Na verdade, o caráter limitado do processo revolucionário deflagrado em 1930 deve-se à própria natureza do movimento político-militar que lhe dá origem: "meia-presença"[14] ou "presença difusa"[15] das classes trabalhadoras urbanas, participação de facções da burguesia comercial bancária e mesmo da propriedade fundiária, hegemonia da ala centralista/autoritária do *tenentismo*. Essa articulação contraditória e desequilibrada entre progressismo popular, conservadorismo burguês e reformismo autoritário acaba por reduzir *duplamente* o alcance do processo de transformação: de um lado, ausência de transformações democráticas no campo; de outro, transformação não democrática do Estado.

O alcance limitado de tais transformações não é, contudo, suficiente para descaracterizar a dimensão efetivamente revolucionária do processo. Antes de mais nada, a estrutura do Estado – até então plenamente federativo – será transformada por meio de um processo de *centralização administrativa e política*, dirigido pelo movimento tenentista: de um lado, eliminação dos impostos interestaduais (aumento proporcional da capacidade impositiva do poder central), subordinação dos pedidos estaduais de empréstimos externos ao poder central, aumento do controle exercido sobre os impostos estaduais de exportação pelo poder central; de outro lado, aumento do controle das seções regionais do aparelho de Estado pelas forças já controladoras do aparelho central de Estado. É verdade que esse processo nada teria de revolucionário se ele exprimisse, por exemplo (e raciocinando pelo absurdo), uma ascendência maior da burguesia cafeeira (Estado central) sobre outras frações regionais da burguesia comercial (governos estaduais). A dimensão revolucionária da transformação do Estado reside justamente no fato de a centralização político-administrativa exprimir a liquidação da hegemonia política da burguesia cafeeira (num plano específico) e da burguesia comercial (em geral, enquanto representada no Estado central pela burguesia cafeeira).

Com a penetração do aparelho central de Estado pelo *tenentismo*, os interesses de exportadores e financiadores da produção agrícola deixam de ser o critério prioritário

---

As duas transformações constituem aspectos de um mesmo processo: o de formação de um Estado burguês no Brasil.

[13] Aqui, servimo-nos não apenas da expressão, como também da análise da Revolução de 1930, empreendida por Leôncio Basbaum, *História sincera da República*, v. 2: *(de 1889 a 1930)* (3. ed., São Paulo, Fulgor, 1968), terceira parte, capítulos III, IV, V e VI.

[14] Idem.

[15] A expressão é de Francisco Weffort, tendo a sua análise sido retomada e desenvolvida por Paulo Sérgio Pinheiro, *Política e trabalho no Brasil* (Rio de Janeiro, Paz e Terra, 1975), p. 159-61. Tais análises, assim como a de Basbaum, traduzem o caráter não organizado, em termos políticos, do apoio prestado pelas classes trabalhadoras urbanas ao movimento político-militar de 1930.

na definição da política de Estado. No campo da política econômica à defesa prioritária da "exportação de café" (interesses de exportadores e banqueiros) sucederão o "confisco cambial", investimentos públicos de apoio à indústria (exemplo: Volta Redonda), medidas de incentivo ao desenvolvimento industrial (exemplo: a Instrução 113, de 1955). Mas a reorientação da política social é igualmente considerável; se, até 1930, o Estado reprime o movimento operário, limita a um mínimo as atividades sindicais e nega-se a criar leis do trabalho (política que reflete fundamentalmente o desinteresse da burguesia cafeeira pelo proletariado urbano, bem como a incapacidade de direção revelada pela burguesia industrial nascente), de 1930 em diante o Estado passa a reconhecer os "direitos" das classes trabalhadoras urbanas *à reivindicação* e *à ação coletiva*, considerando implicitamente (e, por ocasiões, explicitamente) a sua presença social como um dos elementos capazes de influir, dentro de certos limites, na definição cotidiana da política de Estado. Muitos autores já examinaram de modo detalhado a natureza complexa desse reconhecimento[16]. Aqui, basta-nos lembrar que o *modo* pelo qual o Estado reconhece as classes trabalhadoras urbanas, a partir de 1930, está ligado ao caráter *difuso*[17] da presença popular na Revolução de 1930. De resto, se a abundante legislação do trabalho do período pós-1930 assume, no discurso oficial e em certas análises sociológicas, uma aparência "antecipadora" com relação às reivindicações das classes trabalhadoras urbanas, isso se deve à baixa expressividade, pelo menos até 1934-1935, dos partidos políticos populares; a ausência de representação proletária na cena política permitirá que o Estado colha tais reivindicações em sua expressão econômica cotidiana e não enquanto pontos de um *programa político* defendido no jogo partidário por uma organização das classes trabalhadoras. Num contexto histórico marcado pela fraqueza das organizações políticas populares, o reconhecimento das classes trabalhadoras urbanas pelo Estado, ao mesmo tempo que se exprime como legitimação e proteção da atividade sindical[18], assume a forma de uma política estatal crescentemente voltada para o *controle* e a *divisão* do movimento

---

[16] Dentre tais autores, o melhor analista do que se convencionou chamar de "política populista" é, sem dúvida, Francisco Weffort. Consultar, por exemplo, "Política de massas", em Octavio Ianni et al., *Política e revolução social no Brasil* (Rio de Janeiro, Civilização Brasileira, 1964); "Raízes sociais do populismo", *Revista Civilização Brasileira*, Rio de Janeiro, n. 2, maio 1965; "Estado e massas no Brasil", *Revista Civilização Brasileira*, Rio de Janeiro, n. 7, maio 1966; "Le populisme dans la politique brésilienne", *Les Temps Modernes*, Paris, n. 257, out. 1967; e "Origens do sindicalismo populista no Brasil (A conjuntura do após guerra)", *Estudos Cebrap*, São Paulo, n. 4, abr./maio/jun. 1973.

[17] Para um melhor entendimento do conceito "pressão difusa", consultar a análise do Partido da Ação, empreendida por Antonio Gramsci, *Maquiavel, a política e o Estado Moderno* (Rio de Janeiro, Civilização Brasileira, 1988), p. 78.

[18] A legitimação e a proteção da atividade sindical pelo Estado foram importantes, sobretudo, para os setores mais atrasados do movimento sindical, até então incapazes de impor ao patronato o reconhecimento prático do direito dos trabalhadores à associação.

sindical: criação progressiva do sindicalismo de Estado (exigência de reconhecimento dos sindicatos pelo Ministério do Trabalho, em 1931; sindicato único por categoria e imposto sindical, em 1939), interdição à formação de uma central sindical de todos os trabalhadores (1934), tratamento escalonado (com intuitos divisionistas) dos problemas das diferentes categorias profissionais.

É possível, agora, caracterizar as duas modalidades fundamentais de conflito político do período 1930-1964. A primeira delas está ligada à distância entre os interesses de fração do capital comercial (mormente o cafeeiro) e a tendência mais geral da política de Estado nessa fase, embora as decisões finais resultem de um processo complexo de entrecruzamento de forças do qual não está ausente essa fração burguesa. A burguesia comercial se opõe não apenas à política de industrialização, mas igualmente à política de reconhecimento das classes trabalhadoras urbanas, compreendendo que esta, para além de ser um fator de amortecimento da luta de classes, é ao mesmo tempo um instrumento de conquista (ainda que por meios coercitivos) de "apoio de massa" para a política de industrialização.

Como se manifesta essa oposição? Em primeiro lugar, por meio da ação de grupos de pressão sediados no aparelho de Estado (ministérios, comissões) ou no Congresso; tal ação, ainda que configurando uma luta por interesses econômicos imediatos, põe em questão a própria orientação geral da política econômica, caracterizada por medidas de política cambial (o "confisco", de vigência permanente), tarifária e monetária, consideradas lesivas a tais interesses. Em segundo lugar, a burguesia comercial é representada, no período, por sucessivos partidos políticos de orientação econômica liberal: o Partido Democrático Paulista, o Partido Constitucionalista, a UDN. Tais partidos desenvolvem uma incessante luta eleitoral e parlamentar contra o "populismo", entendido como uma articulação obrigatória (e não puramente casual) entre a política de industrialização e a política de reconhecimento das classes trabalhadoras urbanas. Finalmente, em certas conjunturas, a burguesia comercial (por meio dos seus partidos ou não) decide preparar a ação armada contra os detentores do controle da política do Estado, com vistas à restauração, pela força, de sua hegemonia política. Tal ação assume, em geral, a forma da incitação das Forças Armadas ao golpe de Estado e se desenvolve num quadro marcado pela incapacidade/impossibilidade, por parte da burguesia comercial, de conquistar "apoio de massa" para os seus objetivos restauradores. Esta última modalidade de expressão do conflito caracteriza um dos dois tipos principais de crise política do período. São bastante conhecidas as conjunturas de crise que exprimem tal conflito. A Revolução paulista de 1932 já revela o empenho da burguesia cafeeira em restaurar pela força a sua hegemonia política, embora os seus dirigentes tenham procurado ocultar, por meio da agitação regionalista e dos apelos à participação popular, o caráter conservador e antidemocrático do movimento. A conjuntura internacional de 1945 criará uma nova oportunidade de ação para as forças defensoras da "restauração liberal". É que a guerra interimperialista e a participação da União Soviética e dos movimentos populares nacionais na luta contra o fascismo obrigarão os Estados imperialistas vitoriosos a desenvolverem uma ofensiva liberal--democrática em sua esfera de influência, povoada de ditaduras militares. No Brasil de 1943, ao mesmo tempo que o movimento democrático popular desenvolve uma relação contraditória com o governo e a burocracia civil/militar do Estado Novo, os grupos políticos liberais incitam as Forças Armadas, já envolvidas na luta mundial contra o fascismo, ao golpe de Estado. O envolvimento de tais grupos na luta pela democracia só se explica pela sua oposição à política de massas e ao estilo plebiscitário, contraditoriamente prognosticados pela ditadura estado-novista a partir de 1943; e por compreenderem a relação existente entre essa política e o desenvolvimento do intervencionismo de Estado. Daí seu empenho em derrubar a ditadura por meio de um *putsch* militar e sem estabelecimento de aliança com as classes populares.

Na crise política de 1953-1954, o conflito entre o capital comercial e as forças políticas da industrialização ainda se manifesta claramente, embora termine por assumir um caráter secundário diante da ameaça representada, para o conjunto da classe dominante, pela ascensão do movimento popular[19]. Nesse contexto, o golpismo inicialmente isolado da burguesia comercial e da sua representação liberal cede lugar a uma grande frente burguesa antigovernamental, incompatibilizada com o Executivo federal em razão da ambiguidade deste diante da ascensão do movimento popular.

Convém notar que nenhuma das tentativas restauradoras da burguesia comercial foi bem-sucedida. O movimento armado de 1932 foi facilmente derrotado pelo governo federal; a redemocratização de 1945 deixou intacta a estrutura sindical oficial e desaguou, após um interregno liberal e anti-industrial (1946), na retomada da política de industrialização (1947); o Governo Provisório de 1954-1955 foi obrigado a abortar a sua política de proteção prioritária aos interesses dos exportadores de café e acabou por criar o principal instrumento legal de aceleração do desenvolvimento industrial, a Instrução 113.

Todavia, o conflito entre o capital comercial e as forças políticas da industrialização não é o único, nem o principal fator de crise no período 1930-1964. É que, na verdade, a política estatal de controle e divisão do movimento sindical não foi suficiente para impedir a ascensão, em certas conjunturas, do movimento popular. As vagas reivindicatórias do movimento operário, na medida em que impulsionam o desenvolvimento de organizações sindicais horizontais, "paralelas"[20] e ilegais (as

---

[19] Sobre a natureza da crise política de 1954, ver o minucioso e fundamentado estudo de Armando Boito Jr., *O populismo em crise (1953-1955)* (dissertação de mestrado em Ciência Política, Campinas, Unicamp, 1976).

[20] Sobre as "organizações paralelas", ver Francisco Weffort, "Introdução", em *Participação e conflito industrial: contagem e Osasco, 1968* (São Paulo, Cebrap, 1971); bem como "Origens do sindicalismo populista no Brasil", cit., p. 67-9 e 82.

centrais sindicais), agravam a instabilidade governamental, decorrente das relações complexas entre a burguesia comercial, a burocracia civil/militar de Estado e a burguesia industrial. Se a burguesia comercial se opõe à política econômica e social dirigida, em última instância, pela burocracia de Estado; e se a burguesia industrial, por sua histórica dependência com relação ao capital comercial, não se reconhece nas medidas industrializantes de longo alcance (mais favoráveis ao desenvolvimento da indústria que aos interesses imediatos dos industriais), nem na legislação trabalhista e sindical, a ofensiva popular contra a política de Estado enfraquece a burocracia e o governo, por reduzir a sua autonomia de ação diante das frações burguesas. É, portanto, a instabilidade do bloco dominante que explica a complexidade da reação governamental diante da ascensão do movimento popular: de um lado, reconhecimento da legitimidade da pressão popular; de outro, amortecimento e enquadramento da pressão popular (concessões parciais e manutenção da estrutura sindical, temporariamente dinamizada pelas "organizações paralelas"). Todavia, essa política flexível (ao mesmo tempo ofensiva e defensiva), longe de apaziguar as frações burguesas, é por elas interpretadas como uma ameaça à própria ordem social; daí o desenvolvimento em espiral da crise, que só tende a se resolver com a intervenção das Forças Armadas (demissão do governo, expurgos na burocracia, repressão ao movimento popular). É esse processo o responsável, *grosso modo*, pela aceleração e desenlace da crise política de 1954.

Entretanto, as vagas reivindicatórias não constituem a única forma de expressão da ascensão do movimento popular. Lembre-se que a política de industrialização implementada no pós-1930 deixou intocada a grande propriedade fundiária e jamais combateu frontalmente a subordinação permanente da economia brasileira ao imperialismo (pela via comercial/financeira numa primeira etapa, pela via da implantação de indústrias a seguir). Contudo, sendo a burguesia industrial incapaz de dirigir a luta agrária e anti-imperialista, a iniciativa nesse combate caberá ao movimento popular. Em condições internacionais e nacionais mais particularmente favoráveis, as organizações políticas de esquerda se empenharão em dar uma expressão concentrada e afirmativa às aspirações populares, à repartição da terra e à cessação da dominação estrangeira. Em 1935, a luta contra o fascismo em escala mundial, bem como o esgotamento prematuro do processo de reforma aberto pelo movimento político-militar de 1930 propiciam o florescimento de uma organização de massa, antifeudal e anti-imperialista: a Aliança Nacional Libertadora (ANL). Em 1962-1964, o exemplo da Revolução Cubana e a consciência da ampla penetração imperialista iniciada por volta de 1956 provocam a intensificação da luta das massas da cidade e do campo contra o latifúndio e o imperialismo, sendo a direção do movimento de massas agora partilhada por diferentes organizações políticas, orientadas por concepções estratégicas diversas. Ambos os movimentos ressoldam a unidade das frações da classe dominante em torno das Forças Armadas e da necessidade de repressão às massas. E, se no primeiro caso essa repressão é assumida pelo governo, em 1964 ela se complementou com a própria derrubada do governo, julgado incapaz de conter a ascensão do movimento popular e a sua transformação em movimento revolucionário de massas.

Se empreendemos uma breve caracterização das principais lutas políticas do período 1930-1964, é porque ela nos pareceu indispensável para o cumprimento do objetivo deste ensaio: delimitar a posição da classe média brasileira diante dos principais conflitos políticos do período e, em especial, nos momentos de crise política. É o que faremos a seguir.

O LIBERALISMO ANTIPOPULAR

A tese mais geral deste pequeno ensaio, já ilustrada historicamente com o exemplo da Primeira República brasileira, é a de que a classe média, ainda que unida no culto comum à hierarquia do trabalho, tende a se dividir politicamente entre as diferentes frações burguesas, ou mesmo entre o conjunto da burguesia e o proletariado. O período 1930-1964 não constitui um desmentido a essa tendência. Neste tópico, propomo-nos a caracterizar a posição política típica da camada superior da classe média, ou seja, a camada integrada por profissionais liberais (advogados, engenheiros, médicos), altos funcionários públicos, gerentes. Se, ao longo da Primeira República, tal camada constituiu um instrumento de *preservação* da hegemonia política do capital comercial, a partir de 1930 ela se transformará em elemento de apoio às tentativas de *reconquista* da hegemonia política, empreendidas pela burguesia comercial. Mais precisamente, a alta classe média fornecerá uma base de apoio (embora reduzida) para os sucessivos partidos políticos liberais (o Partido Democrático de 1926, o Partido Constitucionalista de 1933, a UDB de 1937, a UDN de 1945), representantes dos interesses agroexportadores; bem como será chamada a criar uma aparente sustentação de massa às intervenções armadas preconizadas pela burguesia comercial.

Assim, a alta classe média de orientação liberal constituirá um veículo de difusão da crítica permanente do capital comercial à política econômica e social do Estado pós-1930. De um lado, a política de industrialização será combatida pelo seu caráter "intervencionista" e pelo "artificialismo" dos seus efeitos; de outro, a política de reconhecimento das classes trabalhadoras urbanas será criticada pelo seu caráter "demagógico", "massista" e "antielitista". Essa crítica ganha uma expressão mais acabada nos termos de um liberalismo economicamente ortodoxo e de um liberalismo politicamente antipopular, que a alimentam, ao mesmo tempo que são por ela reforçados. Essa concepção antiestatista do Estado implica que, de um lado, este se abstenha de intervir no livre funcionamento do "mercado de fatores" e que não obstrua a naturalidade do processo de acumulação de capital e da relação entre capital e trabalho; e, de outro lado, que a representação dos "indivíduos" no Estado seja filtrada pelos requisitos da "educação" e da "cultura".

Essa concepção política duplamente negativa (da ação do Estado e da representação no Estado), sustentada e desenvolvida pela alta classe média desde a Primeira República, traduz o que, na prática, se delineia como uma visão não instrumental da ação política: para essa camada social, a participação política não é vista como um instrumento da satisfação de interesses econômicos, e sim como um fim em si mesma. Esse politicismo abstrato revela, na verdade, uma concepção estamental da política: se a política é um privilégio social, não é estranho que os privilegiados envidem todos os seus esforços para mantê-la nesse estado e lutem contra a democratização da participação política. Fica, assim, evidenciado o caráter duplamente conservador da posição política da alta classe média de orientação liberal: de um lado, alinhamento objetivo com os propósitos restauradores do capital comercial; de outro lado, recuo para uma posição defensiva, de resistência à destruição do privilégio à política das "elites" e à ampliação (ainda que relativa) da cidadania no mundo urbano.

Todavia, o fato de essa camada social ter participado, entre 1930 e 1964, de alguns movimentos formalmente comprometidos com o regime democrático e o respeito à Constituição poderia provocar dúvidas sobre o caráter conservador, antipopular e antidemocrático da sua posição política. Lembre-se, no entanto, que a alta classe média rapidamente se dispôs, na crise política de 1954, a transfigurar o seu democratismo em *autoritarismo de crise* (temporário) e a apoiar a deposição, pela via ilegal e violenta, de um governo democraticamente constituído, sem que se possa entender o seu golpismo como uma reação à proximidade de uma verdadeira *crise revolucionária*.

Essa tendência antidemocrática e golpista revelada pela alta classe média na crise política de 1954 obriga-nos a um reexame atencioso de sua participação nos movimentos políticos de 1932 e 1945. O que estaria, então, em questão para a alta classe média? O caráter ditatorial do regime político em 1931-1932 e em 1937-1945 ou a "política de massas" do Estado brasileiro, já esboçada em 1931 e retomada gradativamente (depois de cinco anos de repressão e intimidação) entre 1942 e 1945? A esse respeito, são sintomáticas a ausência de participação popular no Movimento Constitucionalista de 1932[21], bem como a contradição, no quadro do movimento pela redemocratização em 1945, entre a tendência liberal (redemocratização "pelo alto"; concepção restritiva, elitista e antipopular das liberdades democráticas na

---

[21] Tanto Nelson Werneck Sodré como Leôncio Basbaum se referem à ausência do operariado paulista (na época, 200 mil), bem como das classes trabalhadoras em geral, no Movimento Constitucionalista de 1932; esse movimento teria sido apoiado apenas por sindicatos de bancários, barbeiros, motoristas, enfermeiros. Ver Nelson Werneck Sodré, *História militar do Brasil* (2. ed., Rio de Janeiro, Civilização Brasileira, 1968), p. 249; e Leôncio Basbaum, *História sincera da República*, cit., p. 47.

Assembleia Constituinte de 1946) e a tendência democrática popular (redemocratização como produto do movimento de massas, luta pelas mais amplas liberdades democráticas na Constituinte). A rigor, se a classe média liberal se opõe igualmente, ao longo do período 1930-1964, a "regimes revolucionários de transição" (o Governo Provisório de 1931-1934), a "ditaduras" (1937-1945) e a "governos democráticos e legalmente constituídos" (1951-1954, 1956-1960), isso se deve ao fato de que as variações conjunturais da relação entre o Estado e o movimento popular (maior ou menor repressão, maior ou menor controle) não são suficientes para descaracterizar, aos olhos dessa classe, a existência de uma política estatal de reconhecimento das classes trabalhadoras. Assim, qualquer que seja a forma conjuntural assumida pelo discurso da classe média liberal (contra a "ditadura", contra a "corrupção" ou contra a "demagogia"), os seus objetivos políticos são fundamentalmente conservadores e antidemocráticos; a sua luta é a luta para impedir a transformação do "direito à política" em prerrogativa comum e universal e para conservar a política como um símbolo de prestígio social.

Como explicar a reprodução incessante dessa posição conservadora, e mesmo regressista, no seio de uma classe trabalhadora e não capitalista? Em primeiro lugar, esclareça-se que a capacidade de direção ideológica do capital comercial não se extinguiu totalmente no pós-1930; a luta contínua da burguesia comercial (especialmente a cafeeira) por uma "restauração liberal" será um elemento de atração da alta classe média[22].

> Os profissionais da antiga classe média[23] nunca tiveram necessidade de possuir propriedades, mas fossem eles ou não donos dos seus meios de subsistência, sua unidade de trabalho sempre foi pequena e passível do controle por um homem; sua vida profissional implicava grande independência de decisões. Eles próprios estabeleciam seus honorários ou outros tipos de remuneração, organizavam o horário e as condições de trabalho em função da situação do mercado e de suas inclinações pessoais.[24]

O profissional liberal se caracteriza, portanto, como um pequeno e independente produtor de serviços, que luta incessantemente por resguardar a sua independência

---

[22] Lembre-se inclusive de que, neste período, outras ocupações típicas da alta classe média – gerentes, alto funcionalismo – são preenchidas com frequência, senão prioritariamente, por advogados e engenheiros. Sobre o desempenho, pelos engenheiros, de funções de gerência e direção, na empresa privada e no setor público, ver Lili Katsuco Kawamura, *Engenheiro: trabalho e ideologia* (dissertação de mestrado em ciências sociais, São Paulo, USP, 1977). Mimeo.

[23] Wright Mills se refere à "antiga classe média", em contraposição à nova situação de assalariados, dos amigos profissionais liberais. No Brasil, o processo de assalariamento dos profissionais liberais se intensificará sobretudo a partir de meados da década de 1960; a sua análise foge, portanto, ao alcance deste ensaio.

[24] C. Wright Mills, *A nova classe média (White Collar)* (Rio de Janeiro, Zahar, 1969), p. 133.

decisória e a sua capacidade de controle das suas próprias condições de trabalho, contra toda e qualquer intervenção do Estado no "mercado de serviços". Assim, as raízes mais profundas do liberalismo econômico da alta classe média já estão nessa apologia da liberdade do mercado e condenação de qualquer intervenção estatal, ambas constituindo armas de uso cotidiano para esses produtores independentes, na defesa de sua própria independência.

Mas esses não são os únicos traços ideológicos alimentados pela "situação de trabalho" característica do profissional liberal. O fato de desempenharem um *ofício* e não um *trabalho parcelar* autoriza os profissionais liberais já participantes do mercado de serviços, sob o pretexto da "defesa do ofício", a limitarem a concorrência entre os ofertantes de tais serviços; surgem, assim, as *corporações* de profissionais liberais, voltadas prioritariamente para a "regulamentação da profissão" (isto é, para o estabelecimento dos requisitos mínimos, indispensáveis ao exercício do ofício)[25]. Diferentemente dos sindicatos, tais corporações não são instrumentos de defesa de todos quantos exerçam certo tipo de trabalho; ao contrário, estabelecem *quem* pode exercer certo tipo de trabalho, e, fazendo-o, obstaculizam uma oferta livre e ilimitada dessa modalidade de trabalho. A organização *corporativa* (e não *sindical*) dos profissionais liberais supõe, portanto, a adoção de critérios qualitativos de aptidão e conhecimento na seleção daqueles que exercem tais ofícios. Essa tendência corporativa ao monopólio e à seleção excludente não seria o alimento cotidiano de um liberalismo político fundado numa concepção *limitada* da representação dos indivíduos no Estado (participação política exclusiva das "elites culturais")?

As corporações de profissionais liberais do período 1930-1964[26] se constituirão, de fato, em focos de tendências antiestatísticas e elitistas; e terão alguma responsabilidade (maior ou menor, segundo a corporação) na criação de um clima político favorável às tentativas de "restauração liberal". Durante a Primeira República, o papel dos advogados no jogo político-partidário, na vida parlamentar e na direção do Estado explica que a Ordem dos Advogados do Brasil (OAB), embebida na experiência passada, apareça na cena política de modo mais incisivo do que suas congêneres. É nela que a tendência à organização corporativa e monopolista se exprime mais abertamente:

---

[25] O historiador Jacques Le Goff assim resume a função principal das corporações medievais: "Sua preocupação essencial foi a de eliminar a concorrência no mercado urbano e de organizar um sistema de monopólio (...) em proveito de alguns indivíduos ou famílias"; Jacques Le Goff, "Corporations", [Verbete da] *Encyclopaedia Universalis*, v. 4 (Paris, 1968), p. 1.037.

[26] Em São Paulo: o Instituto dos Engenheiros e o Conselho Regional de Engenharia e Arquitetura (IE e CREA), para os engenheiros; o Conselho Regional de Medicina, para os médicos; a Ordem dos Advogados do Brasil (OAB), para os advogados. Tais entidades constituem corporações de ofício e não sindicatos; a questão da sindicalização não se colocará para médicos, engenheiros ou advogados antes do início (fins dos anos 1960) de um amplo processo de "proletarização" (por assalariamento) desses profissionais.

"A Ordem dos Advogados é corporação profissional que reúne todos os que exercem o ofício do Advogado. (...) Pertencer a ela é condição imprescindível para o exercício da advocacia (...) É corporação independente e autogovernada: todos os órgãos de direção da Ordem são eleitos pelos membros da corporação"[27]. A "Ordem" é vista como "profissão organizada, selecionada e disciplinada em benefício da própria classe", enquanto o "sindicato" representa "mera defesa de interesses econômicos, luta por reivindicações de natureza material"; "Entre Ordem e Sindicato há uma irremediável e substancial oposição"; "A nossa profissão não pode e não deve estar mercantilizada. Somos apenas produtores de bens culturais"[28]. E são os advogados que apoiaram mais claramente as tentativas restauradoras (eleitorais ou golpistas) dirigidas pela burguesia comercial: 1932, 1934, 1945, 1954.

Na verdade, a aliança entre a burguesia cafeeira paulista e a alta classe média liberal se reconstituirá alguns meses após a vitória do movimento político-militar de 1930. A ação revolucionária dos tenentes – luta pela centralização político-administrativa, pela abolição do sufrágio universal e da democracia "oligárquica", pela reorientação da política econômica e social do Estado – empurrará rapidamente todas as facções da burguesia cafeeira (tanto do PRP como do PD) para a luta pela Constituinte, pela Federação e por um governo "civil" (isto é, sem tenentes). Desde inícios de 1931, a burguesia cafeeira paulista, por meio dos seus jornais, partidos e associações, incita a população de São Paulo a se manifestar publicamente contra a componente antiliberal do Governo Provisório. Se esse apelo se revela incapaz de atrair a massa das classes trabalhadoras, ele engaja decididamente a tradicional aliada da burguesia cafeeira – a alta classe média, representada na arena política pelos profissionais liberais e pelos estudantes universitários – na luta contra o *tenentismo* e as suas bandeiras: centralismo, representação profissional, intervencionismo econômico e social. Já em janeiro de 1931, a Liga da Defesa Paulista promove em São Paulo um comício constitucionalista; em fevereiro de 1931, faz sua primeira aparição pública a Liga Pró-Constituinte de São Paulo; em abril de 1931, estudantes paulistas atacam o jornal *O Homem do Povo*, por ter publicado declarações de Oswald de Andrade, consideradas ofensivas à Faculdade de Direito (o "cancro de São Paulo")[29].

O ano de 1932 marca a formação de uma "Frente Única Paulista" (PRP e Partido Democrático; cafeicultura, bancos e indústrias) contra o Governo Provisório. Nessas condições, intensificar-se-á a agitação política de rua contra o *tenentismo*. Em fevereiro de 1932, a Liga Pró-Constituinte de São Paulo promoverá uma nova manifestação pública constitucionalista, cuja "massa" será fornecida pela juventude

---

[27] Ver Dario de Almeida Magalhães, "Natureza jurídica da Ordem dos Advogados do Brasil", *Revista OAB*, n. 33, maio 1950, p. 5.

[28] Ver Ruy Sodré, "A proletarização do advogado", *Revista OAB*, n. 105, maio 1956, p. 24.

[29] Ver Hélio Silva, *Os tenentes no poder* (Rio de Janeiro, Civilização Brasileira, 1966).

universitária e pelos profissionais liberais. E, em maio de 1932, grupos de estudantes invadem e tentam depredar a sede da Legião Revolucionária de Miguel Costa (o partido tenentista em São Paulo). Está, agora, criado o clima político indispensável à passagem ao segundo momento da estratégia restauradora: a conquista do apoio, pela "frente única", de alguns setores das Forças Armadas. Todavia, a alta classe média terá participação até mesmo na fase propriamente militar do movimento: os profissionais liberais serão os agentes intermediários das negociações entre o Governo Provisório e os revoltosos; a juventude universitária integrará as tropas constitucionalistas; as mulheres organizarão campanhas cívicas pela obtenção dos fundos necessários ao financiamento da luta armada, e participarão da propaganda regionalista e antitenentista.

A crise da ditadura estado-novista, esboçada a partir de 1942, recolocará na cena política a tendência liberal antipopular, característica da alta classe média. É bem verdade que, no momento inicial da crise (1942), ainda são coincidentes os objetivos políticos dessa tendência e aqueles perseguidos por uma tendência democrática popular: ambas se envolvem na campanha contra o fascismo e pela entrada do Brasil na Segunda Guerra. Em 1943, a União Nacional dos Estudantes (UNE), ainda dirigida pela tendência liberal, realiza o seu VI Congresso, cujas teses constituem uma defesa pública do engajamento brasileiro no conflito mundial, ao lado dos Aliados. Porém, a partir da declaração oficial de guerra ao Eixo, as duas tendências começam a se dissociar. De um lado, o movimento popular, sob a influência dominante do PCB, procura comprometer o governo ditatorial com as teses democráticas e anti-imperialistas, defendendo a sua transformação em governo de transição para a democracia; daí o seu apoio ao "movimento queremista" e à palavra de ordem "Constituinte com Getúlio", lançados, do alto, pelo próprio governo ditatorial. Do outro lado, o liberalismo antipopular se encontra na origem do "Manifesto dos mineiros" (1943) e da formação da UDN (1945); tais manifestações exprimem a oposição dos liberais (capital comercial, alta classe média) não tanto ao controle e à repressão das classes trabalhadoras pelo Estado ditatorial quanto ao centralismo autoritário (definhamento da Federação, extinção do Parlamento) e ao intervencionismo econômico e social (política de industrialização, legislação do trabalho, sindicalismo oficial) da ditadura estado-novista. É certo que os liberais aspiram à redemocratização do regime; mas veem-na não como o resultado de lutas populares capazes de arrancar da classe dominante o reconhecimento às mais amplas liberdades democráticas e direitos sociais, e sim como o corolário de um processo de regeneração política deflagrado, pelo alto, com o auxílio das Forças Armadas. Dois fatos, registrados nessa conjuntura, evidenciam o caráter antipopular da tendência liberal. De um lado, em junho de 1945, a OAB e a UDN manifestam-se contra a "Lei Malaia" (lei antitruste de 22 de junho 1945), apoiando o "Manifesto das classes produtoras" contra a referida lei. Do outro lado, ao longo de 1945, a UDN incita abertamente os generais ao golpe de Estado contra Vargas e não revela qualquer empenho em reforçar a componente popular de sua luta; a aproximação, aparentemente paradoxal, entre o movimento popular e a própria ditadura é a maior evidência do limitado alcance social do partido liberal.

Em 1953-1954, o conjunto da burguesia comercial (não só exportadores de café, mas também importadores de bens de consumo) passará, de uma posição defensiva de crítica às intenções industrializantes da política econômica do Estado (1951--1953), a uma luta ofensiva pela reconquista de sua hegemonia política. Esse salto qualitativo é possibilitado pela ascensão do movimento operário (vaga de reivindicações, greves, dinamização da vida sindical) que, ao fazer despontar no horizonte da classe dominante a ameaça de uma crise revolucionária, reforça o oposicionismo da classe média liberal, semeia a inquietação no seio das Forças Armadas, destruindo qualquer possibilidade de apoio ao governo por parte da hesitante burguesia industrial[30]. Na verdade, a burguesia comercial vê, na ascensão do movimento popular, o instrumento capaz de pôr todas as frações burguesas sob o seu comando e de legitimar a demissão do "governo": vale dizer, o afastamento, do aparelho de Estado, das forças políticas da industrialização, e a reorientação, segundo as suas concepções liberais, da política econômica e social do Estado.

Tais objetivos explicam, de resto, o emprego de táticas já consagradas em 1932 e 1945: ação de propaganda junto à alta classe média do Rio e de São Paulo, ação de persuasão golpista junto às Forças Armadas. Esse contexto reforça o papel político do partido liberal – a UDN –, e permite a ascensão definitiva do mais importante agitador de direita do período 1930-1964: Carlos Lacerda, cujos discurso e estilo políticos (liberalismo tradicional, elitismo, ódio às massas) encontram ressonância nas tendências ideológicas da alta classe média[31]. Se essa ação propagandística logra conquistar o apoio "difuso" da alta classe média para o golpe de Estado, isso se deve ao fato de que, nessa conjuntura, à habitual oposição dessa camada ao intervencionismo estatal e à "política de massas" agrega-se uma nova motivação: o medo da proletarização. As greves de 1953, a elevação maciça dos salários reais da classe operária, em inícios de 1954, a radicalização do discurso oficial e a dinamização da vida sindical semeiam o pânico no seio da alta classe média. O "Memorial dos coronéis", de fevereiro de 1954, traduz fielmente esse sentimento: "(...) E a elevação do salário mínimo a nível que, nos grandes centros do país, quase atingirá o dos vencimentos máximos de um graduado, resultará, por certo, se não corrigida de alguma forma,

---

[30] Sobre a posição da burguesia comercial diante das medidas e projetos industrializantes no período 1951-1954, ver Armando Boito Jr., *O populismo em crise (1953-1955)*, cit.

[31] Sobre a liderança de Carlos Lacerda, ver Gláucio A. D. Soares, "As bases sociais do lacerdismo", *Revista Civilização Brasileira*, Rio de Janeiro, n. 4, set. 1965; e Teotônio Júnior, "A ideologia fascista no Brasil", *Revista Civilização Brasileira*, Rio de Janeiro, n. 3, maio 1965.

em aberrante subversão de todos os valores profissionais, estacando qualquer possibilidade de recrutamento, para o Exército, de seus quadros inferiores"[32].

Assim, na conjuntura de 1953-1954, as tradicionais palavras de ordem liberais, "constitucionalistas" e "democráticas", cedem lugar a uma apologia do combate à "corrupção" e à "demagogia", bem como aos temas anticomunistas. Entre 1951 e 1954, a revista *Anhembi*, de São Paulo, sistematiza e explicita com perfeição as tendências ideológicas da alta classe média, bem como as suas reações à crise social em desenvolvimento[33]. Ao longo de 1953 até agosto de 1954, *Anhembi* critica a "corrupção" do governo Vargas e sustenta a necessidade de uma "campanha profilática"; manifesta-se contra o direito de voto da "massa obscurecida"; encara a Petrobras como uma "invenção dos comunistas"; e finalmente, em maio de 1953, edita o "Memorial às classes armadas", responsabilizando o governo federal pela greve geral operária, e clamando (pela primeira vez) de um modo *explícito* por um golpe de Estado. Para explicar o seu *autoritarismo de crise*[34], a revista estabelece uma distinção entre o caráter *definitivo* da "tirania" e o caráter *provisório* da "ditadura". Completando a escalada antigovernista, *Anhembi* apoia, em fevereiro de 1954, o "Memorial dos coronéis". Se se reconhece que os editoriais da *Anhembi* traduzem adequadamente as posições políticas da alta classe média de orientação liberal, compreende-se que, em inícios de 1954, está preparado o clima sociopolítico destinado a legitimar a intervenção militar de agosto.

No período em questão, talvez a crise política de 1953-1954 seja o momento em que se evidencia com maior nitidez (e, portanto, com menos disfarces) a posição da alta classe média diante da política econômica e social do Estado (industrialização, reconhecimento das classes trabalhadoras). Particularmente no que diz respeito ao seu liberalismo político, a crise de 1953-1954 teve o condão de revelar, de maneira insofismável, a sua verdadeira natureza. Esta transparece na expressiva reconstituição, empreendida por Armando Boito Jr., da reação da classe média liberal à greve geral operária de 1953:

> (...) a greve geral teve o condão de ampliar a base de apoio deste movimento no setor antipopulista das camadas médias. Setor cujo antipopulismo era, antes de mais nada, decorrência de sua posição antioperária. Vale dizer, os intelectuais orgânicos desse setor social – e a revista *Anhembi* era um exemplo disso – não criticavam a política populista

---

[32] O "Memorial dos coronéis" se acha transcrito em Oliveiros S. Ferreira, *As Forças Armadas e o desafio da revolução* (Rio de Janeiro, GRD, 1964), p. 122-7.

[33] Servimo-nos aqui da seleção, empreendida por Boito Jr., de temas políticos abordados pelo editorial de *Anhembi* no período em foco.

[34] Esse autoritarismo "de crise" ou "catastrófico" é, de fato, distinto de uma tendência autoritária característica da nova classe média, e alimentada *permanentemente* pela organização despótica do trabalho vigente na grande empresa monopolista.

pelo que ela representava de coerção sobre a classe operária e de desorganização do movimento da classe. Criticavam-na, ao contrário, pelo fato de a política populista representar a forma pela qual se reconhecia o direito de participação – ainda que controlada – da classe operária no sistema político.[35]

O SINDICALISMO DE CLASSE MÉDIA

Vimos anteriormente que a Revolução de 1930 pouco alterou os objetivos políticos e as formas de ação política da alta classe média de profissionais liberais, gerentes e altos funcionários: politicismo exacerbado, igualitarismo jurídico formal e sem conteúdo econômico-social, elitismo e desprezo pelas massas, adesão ou apoio ao empenho eleitoral ou golpista do "partido liberal"; se mudança houve, ela consistiu somente no reforço progressivo do caráter conservador e antidemocrático de sua posição política, como consequência do avanço da industrialização e da reprodução contínua das relações complexas ("participação controlada") entre o Estado e as classes trabalhadoras. Já no que diz respeito à baixa classe média de comerciários, bancários e pequenos funcionários, a Revolução de 1930 permite e implica uma transformação qualitativa não tanto dos seus objetivos políticos como de sua forma de ação política: das manifestações espontâneas e informais, de apoio ou crítica, à *ação sindical*. Se, no período anterior, a baixa classe média se lança ao protesto difuso contra a política do Estado conduzida pelo capital comercial, exercendo uma pressão difusa pelo progresso da indústria, a partir de 1930 a sua aspiração a um nível de vida e de bem-estar já desfrutado pelas populações urbanas dos países capitalistas centrais encontrará no *sindicato* um novo veículo. Mais precisamente: tal aspiração será traduzida prioritariamente pela *ação reivindicativa* do sindicato, a *reivindicação* se delineando como o empenho do sindicato em fazer reconhecer, pelo Estado, as suas *exigências* diante do capital, como *direitos*. Assim, a baixa classe média exprime a sua aspiração a um consumo "moderno", mais ao nível da luta cotidiana contra o capital, do que propriamente na arena político-partidária. Ao longo do período 1930-1964, a baixa classe média mantém tênues ou fugazes vínculos, organizacionais ou eleitorais, com aqueles partidos programaticamente mais próximos das suas aspirações: o trabalhismo oficial (PTB)[36], os diferentes e sucessivos

---

[35] Ver Armando Boito Jr., *O populismo em crise (1953-1955)*, cit., p. 82.

[36] Dentre todas as seções regionais do partido, apenas o PTB gaúcho logrou estabelecer (sobretudo a partir de 1950) laços mais sólidos com os pequenos proprietários rurais e com a classe média urbana (funcionalismo público, bancários, empregados etc.), tais laços se exprimindo por meio da ascensão da liderança de Leonel Brizola. Ver, a esse respeito, Raul Pont, "Mas o que é o populismo gaúcho?", *Versus*, São Paulo, n. 18, fev. 1978.

partidos socialistas de orientação reformista e evolucionária (em geral, partidos de intelectuais, professores, escritores etc., e sem base de massa). É só num período de crise social aberta, como o de 1962-1964, em que a ascensão do movimento popular força a polarização partidária, que se criará um embrião de representação político-partidária da baixa classe média, expresso no crescimento eleitoral dos pequenos partidos (PDC, PSB, PTN)[37]. É, portanto, difícil encontrar, no período 1930-1964, um partido político que represente para a baixa classe média, assalariada e plebeia, aquilo que a UDN de São Paulo e do Rio de Janeiro terá representado para a alta classe média, liberal e antipopular.

Como explicar essa combinação entre sindicalismo reivindicativo e inércia político-partidária? De um lado, lembre-se de que, para a baixa classe média, o sindicato só passou a se constituir em instrumento de ação coletiva reivindicativa após 1930. Enquanto muitos sindicatos operários já tinham, graças à sua força, sido reconhecidos *de fato* pelo patronato e pelo Estado nas décadas de 1910 e 1920, as associações de empregados (comerciários, bancários) bascularam, até 1930, entre o assistencialismo declarado e uma tímida ação reivindicativa, jamais admitida pelo patronato e punida com demissões, multas, prisões etc. Em consequência, o reconhecimento do sindicato pelo Estado, no pós-1930 vai representar objetivamente, para os setores menos avançados das classes trabalhadoras, uma proteção à atividade sindical contra as ameaças do patronato. Nessa medida, o sindicalismo de Estado (reconhecimento legal, em 1931; sindicato único por categoria e imposto sindical, em 1939) é visto por esses setores menos como um instrumento de controle do movimento popular, e mais como o anteparo do Estado contra uma burguesia pouco disposta a reconhecer a legitimidade da própria atividade sindical[38]. Assim, se para as camadas politicamente mais experientes das classes trabalhadoras, o estabelecimento do sindicalismo de Estado significa a sua derrota e o controle político

---

[37] Sobre o crescimento eleitoral dos pequenos partidos no período 1962-1964, ver Maria do Carmo Campello de Souza, *Estado e partidos políticos no Brasil (1930 a 1964)* (São Paulo, Alfa-Ômega, 1976), capítulo VI, item 3, "Declínio dos 'partidos conservadores' e passagem da concentração à dispersão eleitoral".

[38] Esse fato põe em evidência o risco implícito nas comparações puramente formais entre o sindicalismo do Estado brasileiro, nascido num contexto político marcado pela crise de hegemonia no seio da classe dominante, e por uma presença difusa das classes trabalhadoras urbanas na cena política e o sindicalismo de Estado em países como a Itália de Mussolini (década de 1920) ou a China de Chiang Kai-shek (década de 1930), onde se constituiu em resposta autoritária a uma crise revolucionária (o movimento de ocupação de fábricas em Turim, de 1917 a 1920; a insurreição operária de Xangai, em 1927). Sobre o sindicalismo fascista, consultar Nicos Poulantzas, *Fascisme et dictature* (Paris, Maspero, 1970), p. 237-40 [ed. bras.: *Fascismo e ditadura*, São Paulo, Martins Fontes, 1978]; sobre o sindicalismo de Estado na China de Chiang Kai-shek, ver Lucien Bianco, *Les origines de la Révolution Chinoise* (Paris, Gallimard, 1967), p. 141-6.

do movimento sindical, para as camadas menos avançadas ele representa um duplo incentivo: o incentivo à participação dos trabalhadores no sindicato e o incentivo à ação sindical reivindicativa.

De outro lado, a inércia político-partidária da baixa classe média no período em questão resulta de seu apego a uma concepção superestatista do Estado: este seria um ente arbitral capaz, por estar acima das classes sociais, de promover, "de cima", o bem-estar material do povo. Constituindo a própria encarnação da justiça, o Estado tenderia normalmente a intervir na sociedade em favor de todo o povo, independentemente de qualquer luta política destinada a fazer representar os interesses populares (ainda que parciais e de curto prazo) no interior do aparelho do Estado. Esta esperança renovada na ação *justa* do Estado tende a paralisar toda iniciativa propriamente política, embora se acomode a todo tipo de ação reivindicativa: a reivindicação seria uma forma de suscitar, e mesmo facilitar, a intervenção justa do Estado, dificultada pela resistência do patronato à promoção do bem-estar material do povo.

Por que se desenvolve no seio da baixa classe média essa concepção estatista? Dizer que toda classe média, pequena burguesia ou grupo secundário, se entrega invariavelmente a um "culto do Estado" não constitui resposta para a questão, já que é grande a distância que vai – para exemplificar – da representação do Estado como "agente da conservação" (o "Estado-ordem") à representação do Estado como "agente de progresso" (o "Estado-providência"). Na verdade, mais que a "conservação", a baixa classe média espera do Estado o "progresso", encarado como o acesso do trabalhador urbano ao consumo "moderno": eletricidade e eletrodomésticos, automóvel, lazer de massa. Essa expectativa se deve ao fato de que os trabalhadores urbanos da periferia capitalista, por um "efeito-demonstração cultural", desejam possuir acesso ao consumo desfrutado, *naquele mesmo momento*, pelos trabalhadores dos países imperialistas; bem como ao fato de que a defasagem econômica entre a periferia e o centro capitalista impede a satisfação de tais aspirações na periferia, mantidos o ritmo e o tipo de crescimento industrial propiciados pelo desenvolvimento do capital comercial. Desse modo, as aspirações "precoces"[39] dos trabalhadores urbanos da periferia capitalista tornam "urgente" a industrialização[40], e se convertem em pressão difusa por uma iniciativa política antecipadora, capaz de inverter a sequência "natural" do crescimento industrial, isto é, aquela determinada por decisões individuais

---

[39] Se tais aspirações são "precoces" na periferia capitalista, é porque, aí, o produtor não é transformado *simultaneamente* em consumidor do que produz; ao contrário, o consumidor se *antecipa* ao produtor, aspirando àquilo que é oferecido não pela produção interna, e sim pelo mercado mundial, quaisquer que sejam as dificuldades econômicas para obtê-lo.

[40] O primeiro autor brasileiro a caracterizar com clareza a existência de uma pressão popular periférica pela industrialização foi Luiz Pereira, no seu excelente "Capítulo III – Urbanização e industrialização", em *Trabalho e desenvolvimento no Brasil* (São Paulo, Difel, 1965).

de investir em função das oportunidades de mercado. Tal iniciativa política é a do Estado, cuja ação parece transcender os interesses individuais e de classe, exprimindo somente o interesse geral da sociedade. Evidenciam-se, assim, as raízes do estatismo dos trabalhadores urbanos da periferia capitalista no século XX. Compreende-se, portanto, que esse "culto do Estado" seja algo distinto do "culto do Estado" encontrado no campesinato médio francês, sob Luís Bonaparte. É que, nesse caso, uma mesma *forma* (a mitificação do Estado) abriga *conteúdos* diferentes: no caso francês, a aspiração a um Estado-ordem (conservador); no caso brasileiro, a aspiração a um Estado-desenvolvimento (progressista).

No entanto, a caracterização do estatismo da baixa classe média não nos fornece a resposta final sobre a sua posição diante dos conflitos políticos do período 1930--1964. É que a aspiração a um Estado industrializante e assistencial, que promova "de cima" o bem-estar material do povo, pode se traduzir, na prática, de diferentes modos. É, de resto, o que sugerem implicitamente os autores que aludem às diferentes modalidades, nuances ou variantes do "populismo" brasileiro: populismo moderado, populismo radical, populismo nacionalista etc.[41]

De um lado, certas categorias profissionais (ou uma categoria, em certos momentos) podem considerar como realizada a sua aspiração, apoiando (implícita ou explicitamente) a política do Estado no seu conjunto; nesse caso, de um estatismo pouco propenso ao reformismo, senão antirreformista, e que servirá de base constante de apoio aos governos (um sindicalismo governista). A fidelidade constante ao oficialismo pode colocar tais categorias em situação difícil e de isolamento, quando as classes populares passam a se opor ao conjunto da política do Estado, exigindo reformas, e as frações burguesas criticam o governo, por suas concessões (reais ou fictícias) às classes populares.

De outro lado, algumas categorias profissionais (ou uma mesma categoria, em certos momentos) podem considerar que a política presente do Estado não satisfaz, no seu conjunto, às suas aspirações; e, diante disso, podem opor-se a tal política, clamando por *reformas* capazes de trazer melhorias materiais a todo o povo. Todavia, essa oposição se desenvolve dentro de certos limites. Tais reformas (redistribuição da terra, reforma bancária, nacionalização das empresas estrangeiras, participação dos trabalhadores no lucro das empresas) implicam uma reorientação radical da política do Estado; e não podem ser concretizadas sem que se vença, previamente, a resistência das diferentes frações da classe dominante às propostas

---

[41] Nenhum autor, contudo, se dispôs a desvincular o "populismo" do culto a um Estado industrializante e assistencial, e a reduzi-lo a um *estilo político,* fundado em elementos como a demagogia, o paternalismo e carisma ou o apelo emocional. É que, nesse caso, teriam de admitir que liberais – Carlos Lacerda em 1954, por exemplo – souberam integrar alguns desses elementos a seu estilo político, com o objetivo de obter apoio da classe média para o golpe de Estado. A respeito, ver Gláucio A. D. Soares, "As bases sociais do lacerdismo", cit.

reformistas. Ora, as categorias em questão não dispõem do grau de autonomia política necessário à participação efetiva na luta contra essa resistência; o seu apoio a um programa de reformas coexiste com a sua fraqueza organizacional (sindical, partidária) diante do Estado. De um lado, tais categorias, embora criticando na prática o "sindicalismo governista" e atingindo elevados índices de participação sindical, acomodam-se a sindicatos legais e financeiramente dependentes do Estado (sindicatos de Estado) e não logram desenvolver formas de organização alternativas (como, por exemplo, a organização no local do trabalho, sob a forma de comissões ou comitês) à estrutura sindical oficial. De outro lado, esses setores não chegam a fornecer base de apoio a um eventual partido radical-reformista de classe média; nem participam ativa e maciçamente de organizações políticas populares. Essa dupla fraqueza evidencia os obstáculos que o seu *estatismo* opõe ao seu *reformismo*: *é* que tais categorias esperam, implicitamente, pela *iniciativa* do Estado, desejando que a sua ação reformista se *antecipe*, "do alto", à pressão político-partidária das classes populares.

Assim, a "situação de trabalho" característica da baixa classe média (trabalho assalariado, exploração pelo capital, baixas remunerações e qualificação, pequeno poder de decisão) realimenta continuamente, nas condições históricas já mencionadas, a aspiração a um Estado-desenvolvimento, industrializante e assistencial; todavia, não impede que tal aspiração se traduza, na prática política cotidiana, de diferentes modos: estatismo oficialista e governista, estatismo reformista. Dessas unidades e diversidades, constitui um testemunho vivo a história dos Sindicatos dos Comerciários e dos Bancários de São Paulo, entre 1930 e 1964.

Se a ação do Sindicato dos Empregados do Comércio de São Paulo, entre 1930 e 1964, pouco atrai o analista político, tal se deve à distância que se estabelece, no período, entre essa modalidade de sindicalismo de classe média e o sindicalismo proletário. É verdade que, entre 1930 e 1940, diferentes sindicatos e associações buscam a representação (oficial ou não) dos interesses da categoria comerciária; e que essa coexistência e pluralismo permitirão, inclusive, a emergência, no seio da categoria, de líderes sindicais de orientação diversa daquela que prevalecerá ao longo de três décadas de sindicalismo comerciário. Assim, por exemplo, Paulo Sesti, do Sindicato dos Comerciários de São Paulo, será um dos fundadores, em 1933, e o primeiro secretário-geral da Coligação dos Sindicatos Proletários de São Paulo, organismo intersindical de orientação autonomista e aderente, a partir de 1934, ao programa político da Aliança Nacional Libertadora (ANL). E a União dos Comerciários de São Paulo, existente até 1940, teve como presidente Fernando Cordeiro, membro do Comitê Regional do PCB. Todavia, a despeito dos esforços minoritários no sentido de aproximar a categoria comerciária das aspirações populares, a ação sindical dos comerciários será dominantemente marcada por três características: profissionalismo das reivindicações, apoliticismo declarado, coexistente com um governismo oculto, antirreformismo[42].

O caráter "profissionalista" do sindicalismo comerciário se exprime, ao longo do período, por meio do empenho do sindicato em se manter afastado da discussão em torno dos grandes temas políticos nacionais. A esse esforço para conservar o sindicato distanciado da "política" corresponde simetricamente a ênfase na luta pela satisfação das reivindicações próprias da categoria profissional. E a unicidade sindical é encarada como a precondição do pleno desenvolvimento da luta reivindicatória. Daí o sindicato se lançar, desde a sua fundação em 1934, ao combate contra a pluralidade sindical instaurada pela legislação desse mesmo ano. Entre 1934 e 1940, o Sindicato dos Empregados de Comércio de São Paulo luta incessantemente contra os vários sindicatos de comerciários, classificando-os como "sin-dikês"[43]. Em 1940, como decorrência da aplicação da Lei nº 1.402, de 1939 (sindicato único por categoria), processa-se a fusão entre a União dos Comerciários de São Paulo e o Sindicato dos Empregados de Comércio de São Paulo. Todavia, essa fusão não esgota a luta do sindicato pela unicidade sindical: em dezembro de 1945, após a derrubada da ditadura estado-novista, a direção sindical teme a renovação da legislação sindical editada por Vargas/Marcondes Filho. Em janeiro de 1946, o presidente do Sindicato afirma que, em caso de volta à pluralidade sindical, "iremos assistir ao desmoronamento dos sindicatos"; e, defendendo a emancipação dos sindicatos da tutela do Ministério do Trabalho, sem, contudo, o restabelecimento da pluralidade sindical, observa que "é admissível e perfeitamente possível a existência da liberdade, sem a pluralidade dos sindicatos da mesma categoria numa única localidade"[44].

Em 1952, diante da discussão, aberta no Congresso, em torno do sindicato único por categoria (a UDN e o PSB defendendo a volta à pluralidade sindical), o sindicato encabeçará manifesto em defesa da unicidade sindical e promoverá reunião pública contra a pluralidade sindical, alertando para o perigo da volta aos "sindicatos de carimbo" do período da Constituinte de 1933 e da divisão do sindicalismo dos empregados. Diante dessa defesa persistente da unicidade sindical, poderia parecer estranha a fidelidade das direções sindicais comerciárias ao tipo "americano" de sindicalismo, caracterizado pelo pluralismo e pela competitividade; todavia, a atração exercida pelo sindicalismo norte-americano está, no caso, menos ligada à forma

---

[42] As informações aqui reproduzidas, a seguir, foram tiradas do jornal *Voz Comerciária*, órgão oficial do Sindicato dos Empregados de Comércio de São Paulo (do n. 2, de julho 1937 ao n. 247/248, de maio/jun. 1963).

[43] Em referência ao 2º Sindicato dos Bancários de São Paulo, autodenominado "sin-dikê" (expressão grega), e de orientação patronal e divisionista.

[44] Ver *Voz Comerciária*, n. 91, jan. 1946, p. 1.

de organização sindical (pluralismo) do que à sua orientação "apolítica" (ou seja, "trade-unionista").

Concomitantemente à luta sempre renovada pela unicidade sindical, o sindicato desenvolverá campanhas pela regulamentação e cumprimento da lei de férias, pela jornada de oito horas, pelo aumento dos salários, pelo repouso aos sábados e contra as sucessivas tentativas (1937, 1949-1950, 1952, 1958) de introdução do trabalho noturno. Essas lutas são conduzidas, invariavelmente, num clima de exclusivismo corporativo, com a direção sindical procurando caracterizá-las como "apolíticas", para impedir que deságuem em qualquer "frente trabalhadora" de luta por reformas. Na verdade, ao se apresentar como "apolítico", o sindicato procura ocultar a sua orientação *governista*[45]; esta se evidencia não só no seu silêncio por ocasião das grandes crises políticas (1945, 1954), como também no seu apoio incondicional a membros proeminentes do governo e àquilo que supõe corresponder à orientação geral da política de Estado. Assim, por exemplo, em 1938, se engaja na campanha pela siderurgia nacional, e, em 1939, na campanha do "ferro para o Brasil", ambas correspondendo claramente ao nacionalismo de guerra estado-novista e pouco tendo a ver com uma efetiva e ampla luta anti-imperialista. Entre 1942 e 1945, faz a apologia do regime "tipicamente brasileiro" de Vargas, considerando este um "homem-símbolo"; considera a Carta Constitucional de 1937 o "fruto de sabedoria política e intuição psicológica verdadeiramente geniais"; reproduz integralmente, no seu jornal, os discursos e declarações do Ministro do Trabalho, Marcondes Filho. Em 1950, o sindicato recomenda que a categoria comerciária se alheie, enquanto tal, da campanha eleitoral de 1950, e evite desse modo a politização daquilo que é estritamente profissional. Essa orientação governista só é posta em questão pelo sindicato quando o governo parece encampar o programa de reformas e se dispõe a fazer concessões reais às classes populares. Porém, a fidelidade tradicional ao oficialismo também age, no sentido de moderar o combate ao programa de reformas, e de induzir o sindicato a contemporizar o quanto possível com o governo "reformista"; nesse caso, a crítica do sindicato se abate principalmente sobre as organizações (sindicatos, partidos) das classes populares que pressionam o governo com a finalidade de concretizar as reformas.

No entanto, o antirreformismo do Sindicato dos Comerciários de SP não apresenta a mesma intensidade e amplitude ao longo de todo o período. O seu desenvolvimento está ligado: a) ao estado das relações entre o próprio sindicato e o conjunto da categoria que ele representa; b) ao nível de intensidade do movimento popular.

---

[45] Por governismo, entendemos aqui uma posição de fidelidade incondicional aos governos, independentemente da política por eles implementada, desde que tal política não implique, de um lado, a volta à política econômica e social de pré-1930, ou, de outro lado, a realização de uma política de reformas antifeudal e anti-imperialista.

Assim, enquanto compete com outros sindicatos e associações pela representação da categoria comerciária – isto é, até tornar-se sindicato único da categoria, em 1940 –, mais que combater o programa popular de reformas, prefere fazer silêncio em torno delas. Todavia, reconheça-se igualmente que, entre 1936 e 1944, e de 1946 a 1951, a intensa repressão ao movimento operário inviabiliza toda campanha nacional reformista de envergadura; esse fato dispensa o sindicalismo antirreformista de assumir uma posição aberta e declarada sobre a questão das reformas. É por volta de 1959, quando se inicia a ascensão do movimento popular, que o sindicato passará a uma mais clara definição antirreformista, expressa frequentemente sob a forma de proposição de alternativas às "reformas radicais": uma "revisão agrária" (programa assistencialista de crédito ao pequeno e médio produtores) em vez de uma "reforma agrária" (redistribuição de terra) e a participação dos trabalhadores nos lucros das empresas (tema de inspiração cristã tradicional, que o sindicato explora desde 1954) em vez da nacionalização das empresas estrangeiras. Essa posição leva o Sindicato dos Empregados do Comércio de São Paulo e a Federação dos Empregados do Comércio do Estado de São Paulo (Fecesp) a assumirem a iniciativa de interromper o processo de unificação nacional do movimento sindical, cujo termo seria a criação de uma Central Sindical (CGT) e o engajamento unitário dos trabalhadores na luta pelas reformas. Em agosto de 1960, o Sindicato dos Empregados de Comércio de São Paulo, apoiado pela Fecesp, abandona o III Congresso dos Trabalhadores, realizado no Rio de Janeiro, alegando o seu desacordo sobre a efetiva conveniência da criação da CGT: qualquer organismo de cúpula seria precoce enquanto não existissem autonomia e liberdade sindicais. Se considerarmos o apego prático do sindicato ao sindicalismo de Estado (a despeito de suas tímidas e ocasionais propostas de extinção gradual do imposto sindical), compreenderemos que a sua crítica à estrutura sindical existente não passava de um pretexto para questionar o engajamento unitário das classes trabalhadoras no movimento nacional pelas reformas.

Dias após o Congresso do Rio de Janeiro, o sindicato e a federação, juntamente com três confederações nacionais de trabalhadores (indústria, comércio e transportes), lançam um programa alternativo, que salienta a participação dos trabalhadores no lucro das empresas, o amparo técnico e financeiro ao pequeno produtor rural, a defesa da Petrobras e a criação da Eletrobras, a Lei de Remessa de Lucros etc. Em outubro de 1960, a Fecesp passa à defesa do sistema democrático e à crítica das "ideologias espúrias". Em julho de 1961, o sindicato e a Fecesp dirigirão, em São Paulo, o I Encontro Estadual do Sindicalismo Democrático, que congregará todas as entidades sindicais avessas ao programa de reformas e à criação de uma Central Sindical comprometida com tal programa. A sua proposta de instauração de um "sindicalismo democrático" no Brasil mescla elementos de inspiração neoliberal, cristã e anticomunista: apologia da democracia e das liberdades, defesa da conciliação das liberdades com o bem comum, advertência contra todos os totalitarismos, "especialmente o comunista".

No segundo semestre de 1961, o sindicato e o Movimento Sindical Democrático se lançam à organização de associações rurais em Presidente Prudente, São José do Rio Preto e Juquiá. Em dezembro de 1961, ambos se opõem à greve geral pelo 13º salário, por considerá-la um instrumento dos comunistas. Em 1962, a I Convenção Regional do Movimento Sindical Democrático, em fevereiro, o 1º de Maio promovido pelo MSD na Praça da Sé e o I Encontro dos Trabalhadores Democráticos do Paraná (promovido pelo MSD em junho) apenas confirmam a orientação e os temas do sindicalismo comerciário: "reforma agrária pragmática" (isto é, sem redistribuição da terra), sindicalização rural, críticas ao baixo nível de moralidade administrativa, apoio à "Aliança para o Progresso" etc.

O golpe de Estado de 1964 colocará em evidência as dificuldades inerentes a essa orientação sindical ao mesmo tempo profissionalista e "apolítica", governista e antirreformista. Embora o sindicato se coloque contra o movimento popular e apoie o novo governo militar, os comerciários se alinharão entre as vítimas da nova política social: desmantelamento dos principais direitos (estabilidade, direito de greve, institutos de previdência) conquistados pelos trabalhadores ao longo de três décadas.

Se a ação do Sindicato dos Empregados do Comércio de São Paulo se delineia, entre 1930 e 1964, como a expressão menos dinâmica e mais conservadora do sindicalismo da classe média, o Sindicato dos Bancários de São Paulo se define, ao contrário, como a sua verdadeira *vanguarda*, tanto no plano reivindicativo como no plano político. De fato, a ação sindical bancária assume, nesse período, características bastante distintas daquelas ostentadas pelo sindicalismo comerciário: elevada capacidade de reivindicação, politização da ação reivindicativa, ausência de governismo sistemático e engajamento na luta por reformas sociais.

A elevada capacidade de reivindicação do Sindicato dos Bancários de São Paulo é evidenciada, antes de mais nada, pela sua decisão de recorrer, em geral com sucesso (seja no plano da participação, seja no plano dos resultados), ao recurso supremo representado pela *greve*. Enquanto o Sindicato dos Empregados do Comércio se declara, por princípio, contrário à greve política, e se abstém, na prática, de recorrer à greve reivindicativa, o Sindicato dos Bancários não hesitará em recorrer à paralisação do trabalho como arma para atingir objetivos profissionais ou políticos. Em abril de 1932, é deflagrada, pelo Sindicato dos Bancários de Santos, a primeira greve bancária da história brasileira, cujo desenlace é vitorioso para a categoria: após cinco dias de greve, as suas reivindicações – pagamento do trabalho noturno extraordinário, gratificação de 5% após cinco anos de serviço – são atendidas. Dois anos depois (1934), ocorrerá a histórica greve do Sindicato de São Paulo, cujo objetivo imediato é a obtenção da estabilidade no emprego aos dois anos de serviço, bem como do direito à aposentadoria (encarada como responsabilidade do Estado e não como iniciativa benemérita de cada banqueiro particular). Ao longo de três dias, o movimento ganhará o apoio maciço da categoria, expresso por meio da criação de comissões de greve em cada banco, de passeatas e de comícios no centro da cidade; o seu sucesso (a criação do Instituto de Aposentadoria e Pensões dos Bancários, o IAPB, e a concessão de estabilidade aos dois anos de serviço) será, em parte, resultante dessa participação da categoria, e, em parte, decorrente de interesse do governo (representado, no evento, pelo ministro Oswaldo Aranha) em não hostilizar a categoria bancária num momento já marcado pela reticência dos banqueiros à sua proposta de reforma financeira[46].

A segunda greve dos bancários de São Paulo ocorrerá em 1946, juntamente com a dos bancários do Rio de Janeiro, após um longo período – iniciado em 1936 – de repressão e intimidação ao movimento sindical; após dezenove dias de greve, sua reivindicação – o salário mínimo profissional – será atendida. Em agosto de 1951, os bancários de São Paulo deflagrarão uma greve pelo aumento de salários, surpreendente pela sua duração (69 dias), e importante por se constituir como marco inicial de um processo de ascensão de movimento popular, cujo ápice será atingido em 1953. Durante dois meses, a categoria bancária realiza passeatas e comícios, neles chegando inclusive a surgir a palavra de ordem "pela nacionalização dos bancos"[47]. O movimento termina em novembro de 1951, com a concessão de um aumento salarial de 31% em vez dos 40% pretendidos pela categoria. Em 1961, os bancários de São Paulo realizam a sua quarta greve (a chamada "greve de dignidade"), rejeitando o acordo proposto e vendo ser acolhido o seu pedido. A partir de 1962, o sindicato se dispõe à deflagração de greves diretamente políticas. Em julho de 1962, juntamente com a Confederação Nacional dos Trabalhadores das Empresas de Crédito (Contec), acena com a greve geral em caso de não formação de um gabinete nacionalista e democrático (a ser encabeçado por San Tiago Dantas); em junho de 1963, o sindicato faz um apelo em prol da greve pelas reformas de base.

Compreende-se melhor a elevada capacidade de reivindicação dos bancários quando se tem em conta a alta taxa de sindicalização regularmente atingida por essa categoria, não só nos países capitalistas europeus, como também no Brasil pós-1930: no caso brasileiro, essa taxa tem girado invariavelmente, a partir da década de 1950, em torno da expressiva porcentagem de 50% da categoria, enquanto que a taxa de sindicalização de outras categorias assalariadas não tem superado, pelo menos até a década de 1970, a casa dos 20 ou 25% da categoria. Mas a que se deve esse dinamismo sindical, expresso ao mesmo tempo por uma elevada propensão a fazer

---

[46] Uma excelente reconstituição da greve brasileira de 1934 se encontra no importante trabalho de Letícia Bicalho Canedo, *O sindicalismo bancário em São Paulo no período de 1923-1944: seu significado político* (dissertação de mestrado em história econômica, São Paulo, USP, 1977), p. 186-92. As informações sobre a ação do Sindicato dos Bancários de SP entre 1923 e 1944, aqui reproduzidas, foram retiradas desse trabalho. As demais foram colhidas da leitura do jornal *Folha Bancária*, órgão do Sindicato dos Bancários de São Paulo.

[47] Ver Hermínio Linhares, *Contribuição à história das lutas operárias no Brasil* (São Paulo, Alfa-Ômega, 1977), p. 81.

reivindicações e por elevadas taxas de sindicalização? Embora seja difícil explicá-lo inteiramente sem uma análise detalhada dos modos de intervenção do sindicato em cada conjuntura concreta, pode-se, pelo menos, inventariar algumas características constantes da categoria bancária, de algum modo relacionadas à renovação contínua de sua elevada potência reivindicativa. Para muitos militantes sindicais bancários, o *próprio papel econômico dos bancos no capitalismo* seria, em grande parte, responsável pelo aguçamento da tendência dos bancários à ação sindical e à reivindicação: o empréstimo do dinheiro enquanto atividade não diretamente ligada à produção material e, portanto, voltada para a obtenção do "lucro fácil", tornaria *visível* o processo de exploração a que são submetidos os trabalhadores dos bancos (os "guardiães do lucro fácil")[48]. Nesse sentido, João Alves Vieira, presidente do Sindicato dos Bancários de Minas Gerais em 1962, afirma:

> (...) Os bancários de Minas encontram-se na vanguarda, parecendo inicialmente ser isto um *fenômeno*, mas é uma realidade dentro da estrutura brasileira, uma vez que os profissionais em banco sentem mais de perto todas as transações econômicas e políticas decorrentes da própria profissão. Seria quase uma participação política forçada (...).[49]

Além disso, o nível médio de escolarização requerido pelas tarefas bancárias e a menor duração da jornada do trabalho (seis horas, em vez de oito horas) possibilitaram, pelo menos no caso brasileiro, o surgimento nos bancos de altas percentagens (maiores que as registradas em empresas comerciais ou fábricas) de "trabalhadores-estudantes": ora, a presença da categoria estudantil representaria a introdução, no mundo bancário, do elemento intelectual capaz de explicitar, e de exprimir sistemática e organicamente, o instinto de resistência ao capital, revelado pela massa dos trabalhadores bancários[50]. Essas características do trabalho bancário e da categoria bancária são, sem dúvida, responsáveis, em grande parte, pelo dinamismo do sindicalismo bancário; a esse respeito, tenha-se em conta que até os trabalhadores dos bancos governamentais sempre mantiveram, inclusive no

---

[48] Ver, a esse respeito, o debate travado entre militantes sindicais bancários da CGT e da CFDT, por ocasião da grande greve bancária de Paris, em março de 1974, e reproduzido pelo jornal *Libération* em 15 mar. 1974.

[49] Entrevista ao jornal *Folha Bancária*, n. 264, set. 1962.

[50] É ainda João Alves Vieira, em sua entrevista à *Folha Bancária* n. 264 (set. 1962), quem afirma que a "politização forçada" dos bancários (provocada pelo papel econômico dos bancos) seria "(...) ajudada ainda pela participação de uma grande parcela de colegas universitários". Na literatura sociológica brasileira, Francisco Weffort foi um dos primeiros, se não for o primeiro autor, a chamar a atenção para os efeitos politicamente dinâmicos da interpretação da categoria estudantil e de categorias profissionais ligadas às classes trabalhadoras. Em sua análise da greve operária de Osasco, em 1968, Weffort se referiu à importância do "operário-estudante" na deflagração do movimento grevista. Ver Francisco Weffort, *Participação e conflito industrial: Contagem e Osasco, 1968,* cit., p. 55-60.

pós-1964 (quando o incentivo governamental à política sindical deixou de existir), um alto nível de combatividade.

Mas em que medida se pode afirmar que o sindicalismo bancário foi, ao longo do período 1930-1964, mais "político" e menos "profissionalista" que o sindicalismo comerciário? Em primeiro lugar, ressalte-se o seu apoio, em várias ocasiões, à luta popular pela democracia, contra o latifúndio e o imperialismo, dirigida por partidos, frentes, organizações de massa: lembre-se, a título de exemplo, da adesão dos Sindicatos dos Bancários do Rio de Janeiro e de São Paulo ao programa da ANL (1935); a participação do sindicato paulista na campanha contra o fascismo, pela democracia e pela entrada do Brasil na guerra (1942-1945); o seu engajamento na luta pelas reformas de base (1961-1964). Porém, além disso, convém observar que o Sindicato dos Bancários tendeu (salvo no período repressivo que se estende de 1936 a 1942) a politizar a sua própria ação reivindicativa, demarcando-se assim do estrito profissionalismo reivindicativo dos comerciários. Quais seriam as bases dessa politização de sua ação reivindicativa? Entre 1933 e 1964, o sindicato paulista lança-se à luta pela conquista de melhores condições de trabalho e de vida para os bancários; regulamentação da lei de férias de 1926 (efetivada em 1933), redução da jornada de trabalho para seis horas (conquistada oficialmente em 1933), direito à aposentadoria (conquistado com a criação do IAPB, em 1934), direito à estabilidade (igualmente reconhecido pelo governo após a greve de 1934), salário mínimo profissional (conquistado após a grande greve bancária de 1946), semana inglesa (conquistada em 1962). Mas, diante da resistência renovada do patronato, a categoria bancária deverá lutar incessantemente pelo cumprimento real da legislação e pela preservação das suas conquistas. Assim, por exemplo, de 1933 até hoje, os bancários vêm se batendo para manter a jornada de trabalho dentro do limite legal de seis horas e para obter o pagamento de todo trabalho noturno extraordinário; a unificação dos institutos setoriais de previdência social (IAPB, IAPC, IAPI), com o consequente "nivelamento por baixo" dos serviços, só não ocorreu em 1942 em razão da grande resistência dos bancários e comerciários à medida (tal resistência estava, evidentemente, vencida, quando o governo militar procedeu à unificação da Previdência Social em 1966); somente graças à luta da categoria bancária, a estabilidade do bancário aos dois anos de serviço perdurou até 1942, quando o tempo de serviço exigido para a declaração de estabilidade passou a ser dez anos (CLT); e somente graças à renovação dos esforços dessa e de outras categorias de trabalhadores, o conjunto do patronato teve de esperar um longo período de tempo (isto é, de 1942 a 1966) para ver definitivamente desmantelado o instituto da estabilidade.

A enunciação do *conteúdo* dessas reivindicações não poderia, por si só, indicar o caráter mais político do movimento reivindicativo dos bancários, quando comparado à ação reivindicativa dos comerciários. Tal caráter só se evidencia quando se tem em conta que, a cada momento, a reivindicação profissional, mais que constituir um fim em si mesma, aparece ao Sindicato dos Bancários como um instrumento importante da luta pela *unificação do movimento sindical*. Lembremo-nos da vigência permanente, a partir de 1934, da interdição legal a toda organização horizontal dos trabalhadores, bem como à formação de uma central sindical; e recordemos a estratégia estatal, deliberadamente divisionista, de tratamento escalonado das reivindicações próprias às diferentes categorias profissionais. Nesse contexto, a luta pela unificação do movimento sindical é "política" em mais de um sentido, já que ela coloca os sindicatos que a lideram em confronto direto com o Estado, a cuja política divisionista se opõe a tendência unificadora. De particular importância para essa ação pró-unificação sindical será o aproveitamento, pelo Sindicato dos Bancários, das possibilidades de aglutinação engendradas pelas experiências grevistas; em mais de uma ocasião, o sindicato procurará transformar ações de solidariedade a um movimento grevista (deflagrado pelos bancários ou por outra categoria) em elementos de conexão entre diferentes sindicatos de trabalhadores, tal ligação se cristalizando em "comissões intersindicais de greve" ou em "comitês de apoio" [51].

Ao longo do período 1930-1964, o Sindicato dos Bancários de São Paulo não só luta pela organização regional e nacional da categoria bancária e afins (segundo o modelo ditado pela legislação federal: federações e confederações), como também age com vistas à constituição e plena operação de organizações sindicais horizontais, ilegais ou "paralelas". A partir de 1933, com a vitória eleitoral da chapa oposicionista "Partido Sindicalista dos Bancários", o Sindicato abandona a orientação assistencialista que predominara desde a sua fundação (1923) e se lança simultaneamente à luta "classista" pela melhoria das condições de vida e de trabalho da categoria bancária, e à luta pela unificação nacional do movimento sindical dos bancários (em particular) e de todas as categorias assalariadas (em geral). Nesse contexto, ao mesmo tempo que dirige o vitorioso movimento grevista de 1934, e logra obter a adesão maciça da categoria bancária, o sindicato empreende movimento pela criação da Federação Regional dos Bancários de São Paulo, objetivando transformá-la em instrumento de constituição de novos sindicatos no interior de São Paulo (para além dos dois já existentes: o da capital e o de Santos). Tais esforços são, desde logo, neutralizados pelo governo federal, que cria dificuldades deliberadas para o reconhecimento, pelo Ministério do Trabalho, dos novos sindicatos de Campinas, Ribeirão Preto e Piracicaba, criados com o objetivo de fornecer uma base legal mínima para a formação de uma federação (segundo a legislação, constituiria federação a reunião de, pelo

---

[51] Sobre o papel dos bancários na "Comissão Intersindical de Greve" de 1953 (por ocasião da "greve dos 300 mil"), ver Armando Boito Jr., *O populismo em crise (1953-1955)*, cit. p. 62-92; sobre o papel mediador e os propósitos unificadores (dentro da concepção do MIA) do sindicato paulista, por ocasião da greve dos metalúrgicos de Osasco, em 1968, ver Décio Saes, "La crise de 1968", em *Classe Moyenne et système politique au Brésil*, cit.

menos, três sindicatos da categoria e afins). Esse processo de organização regional da categoria, bem como o processo paralelo de constituição de uma Confederação Nacional dos Bancários serão violentamente interrompidos pela crise política de 1935 e a repressão subsequente; a Federação dos Sindicatos de Bancários de São Paulo e Paraná e a Contec serão reconhecidas pelo Ministério do Trabalho só em 1958.

Mas, ao mesmo tempo em que procura aproveitar as possibilidades de organização sindical regional e nacional, abertas pela nova legislação, o Sindicato dos Bancários de São Paulo se engaja na luta pela formação de organizações sindicais horizontais, ilegais e "paralelas" à estrutura sindical oficial. Em 1933, enquanto o Sindicato dos Bancários de Santos lidera o processo de formação da Coligação das Associações Proletárias de Santos (reunião de quinze sindicatos), o Sindicato dos Bancários de São Paulo se responsabiliza pela criação da Coligação dos Sindicatos Proletários de São Paulo, com a finalidade de constituir uma "União de Coligações", estas representativas de todas as cidades ou regiões do Estado. As duas coligações não só se absterão de procurar o seu reconhecimento pelo Ministério do Trabalho, como também admitirão sindicatos por ele não reconhecidos; estará caracterizada, assim, a sua resistência ao controle exercido pelo Ministério do Trabalho sobre os sindicatos. Ao longo da vaga de greves deflagradas em 1934, a Coligação dos Sindicatos Proletários de São Paulo desempenhará o papel de *executora* das decisões tomadas pelas assembleias dos sindicatos coligados. Especialmente no que se refere à categoria bancária, a Coligação assumirá a direção da grande greve pela aposentadoria e a estabilidade, em nome de trinta sindicatos (sendo a maioria deles não reconhecida pelo Ministério).

No entanto, as tentativas de organização de entidades sindicais "paralelas" não se esgotam, nesse momento, com a formação das duas Coligações. Já em janeiro de 1934, estimulados pela clara tendência ascensional do movimento popular e grevista, o Sindicato dos Bancários de São Paulo e a Coligação de São Paulo criam a Federação do Trabalho do Estado de São Paulo; esta, todavia, diferentemente da Coligação, só reuniria sindicatos reconhecidos pelo Ministério do Trabalho e, portanto, aptos a participar, em nome de um programa comum, das eleições para a representação classista na Assembleia Constituinte. Tal federação será precocemente liquidada pelos novos dispositivos legais de 1934 concernentes às formas regionais e nacionais de organização sindical (definição da Federação como uma aglutinação de grupos de sindicatos de profissões similares, idênticas ou conexas; e admissão de uma única federação para cada grupo de profissões). Ainda no ano de 1934, enquanto o sindicato e a Coligação de Santos aderem à Coligação das Esquerdas (integrada pela Liga Comunista Internacionalista e pelo Partido Socialista) e ao seu programa (autonomia sindical, concretização da representação político-profissional – um terço dos membros – em todos os Legislativos do país), o sindicato e a Coligação de São Paulo aderem à FUS, uma frente única sindical, de caráter não eleitoral, contra o fascismo. Em 1935, o sindicato paulista, juntamente com o Sindicato dos Bancários do Rio de Janeiro, filiar-se-á à Confederação Sindical Unitária do Brasil (SUB), inspirada pela ANL e voltada para a luta pela unicidade sindical e por um governo anti-imperialista, nacional e popular. Paralelamente à sua adesão ao braço sindical da ANL, o sindicato paulista criará a União dos Sindicatos Proletários de São Paulo, destinada a fazer cumprir a orientação da ANL por sindicatos já reconhecidos pelo Ministério do Trabalho. Após a insurreição de novembro de 1935, dirigida pela ANL, todas essas entidades intersindicais serão proibidas (União dos Sindicatos Proletários de São Paulo) ou reprimidas (SUB, Coligação de Santos).

Após um longo período (1936-1942) marcado pela repressão às suas atividades, pela perseguição aos membros das direções anteriores e pelas intervenções "brancas", o Sindicato dos Bancários de São Paulo retomará, a partir de 1943, a luta pela unidade do movimento sindical e se engajará na luta contra o fascismo e pela democracia. Em 1944, cria o Centro Democrático dos Bancários de São Paulo, destinado a aglutinar-se a outros centros democráticos de trabalhadores formados simultaneamente; tais centros constituirão a base para a criação, ainda em 1944, de uma nova organização geral dos trabalhadores, ilegal e "paralela": o MUT, de cuja direção participam antigos líderes da extinta SUB.

Em 1953, quando se inicia uma nova fase ascensional de movimento operário, o Sindicato dos Bancários de São Paulo retoma com força a luta interrompida, até 1951, pela interventoria nele instaurada durante o governo Dutra. Após solidarizar-se abertamente com a greve dos têxteis do Rio de Janeiro (término em janeiro de 1953), o sindicato procura desempenhar um papel unificador durante a greve geral de março/abril de 1953 (a "greve dos 300 mil"). De um lado, o sindicato se solidariza financeiramente com os operários em greve. De outro lado, passa a integrar com destaque a Comissão Intersindical de Greve, criada em 18 de março de 1953.

Finalmente, na fase de ascenso popular que se prolonga de 1959 até o golpe militar de 1964, o sindicato presta o seu apoio às entidades sindicais "paralelas" em constituição (CGT, PUA), chegando seu presidente a dirigir, igualmente, o Pacto de Unidade Intersindical (PUI).

A constância da luta do Sindicato dos Bancários pela unidade do movimento sindical não nos deve, todavia, fazer depreender que essa unidade tenha sido, em si mesma, o fim último de sua ação. Se, nos momentos políticos marcados pela desorganização das forças populares, esse combate apenas pôde contribuir para relembrar, ao patronato e ao Estado, o potencial reivindicativo dos sindicatos, nos momentos de ascenso do movimento popular, a luta pela criação de centrais sindicais e comandos "paralelos" delineou-se como um instrumento da própria luta pela transformação social. Assim, por exemplo, o empenho unificador, revelado pelo sindicato paulista de 1933 a 1935 está em grande medida relacionado com o seu apoio aos objetivos políticos da ANL: constituição de um governo popular, antifeudal e anti-imperialista. E, a partir de 1959, paralelamente à sua luta pela unificação do movimento sindical, o sindicato participa da luta pelas reformas. Essa participação se acentua, sobretudo, a partir de 1962.

Ao longo da década de 1950, o sindicato assumira posições nacionalistas, como a defesa constante da Petrobras e do monopólio estatal de outras riquezas naturais (exemplo: a borracha do Amazonas) ou o combate à Instrução 113 da Sumoc (um instrumento objetivamente favorecedor da entrada de capitais imperialistas na indústria). E, em agosto de 1961, a II Conferência Nacional da Contec incluía, entre as suas decisões finais, a renovação da luta em defesa da Petrobras e a resistência à recente Instrução nº 204 (considerada de inspiração monetarista e imperialista). Em 1962, entretanto, esse programa de luta se amplia e se aprofunda, em correspondência com o avanço do movimento popular em seu conjunto. Em maio de 1962, a Contec propõe a reforma bancária, da qual os aspectos mais importantes seriam: nacionalização dos bancos estrangeiros; representação dos trabalhadores na direção do sistema bancário; crédito seletivo em função de novas prioridades sociais. E, em setembro de 1962, a III Convenção Nacional da Contec sustenta a necessidade de efetivação de amplas reformas sociais: a distribuição da terra, a nacionalização dos bancos estrangeiros, o reconhecimento do direito de voto aos analfabetos, a representação estudantil de um terço nas congregações universitárias, o direito pleno de greve, a participação dos trabalhadores nos lucros das empresas. Dessa data até abril de 1964, a defesa de tais palavras de ordem, pelo sindicato paulista, far-se-á com vigor crescente.

Esboçado o quadro geral da ação sindical bancária entre 1930 e 1964, coloca-se a pergunta: existe, para além das grandes diferenças constatadas, algo de comum, nesse período, entre o sindicalismo bancário e o sindicalismo comerciário? Na verdade, a análise da ação sindical dessas categorias, combinada com a observação da cena política, permite-nos detectar alguns elementos ideológicos comuns aos diferentes setores da baixa classe média nessa fase histórica. Mais precisamente: tanto as formas de ação e organização sindicais adotadas por esses setores, como a sua relativa ausência da luta político-partidária, evocam o *estatismo* da baixa classe média ao longo da fase inicial de industrialização capitalista, cuja "urgência" é determinada pela inserção do Brasil, enquanto periferia, no sistema capitalista mundial[52]. No plano sindical, esse estatismo corresponde à aceitação prática do sindicalismo de Estado como forma de proteção, pelo Estado, às atividades sindicais, ameaçadas pela resistência do patronato a qualquer ação trabalhista coletiva. A esse respeito, recorde-se que a massa da categoria bancária acolheu positivamente o Decreto-Lei nº 19.770, de março de 1931. É que esse dispositivo legal, ao mesmo tempo que fixava a exigência de reconhecimento dos sindicatos pelo Ministério do Trabalho, estabelecia garantias para os sindicatos

---

[52] Ver, a esse respeito, Ângela M. C. Gomes et al., *O Brasil Republicano*, v. 10: *sociedade e política (1930-1964)*. (9. ed. Rio de Janeiro, Bertrand Brasil, 2007), p. 475 e seg.

registrados: era prevista a imposição de penalidades ao empregador que punisse ou demitisse empregados envolvidos em atividades sindicais. Em consequência, a taxa de sindicalização da categoria bancária aumentará sensivelmente após o reconhecimento do sindicato pelo Ministério do Trabalho, em agosto de 1931: os seus 880 sócios, em 1930, transformar-se-ão em 2 mil inscritos, em 1934.

Mas o apoio do Estado às atividades sindicais não foi somente importante para o aumento da taxa de sindicalização; ele foi, igualmente, para o desenvolvimento de uma ação verdadeiramente reivindicativa. Muitos autores falam do clima de "mobilização" social instaurado pelo Estado entre 1931 e 1934. Com efeito, o sucesso de greves como a dos bancários, em 1934, não pode ser entendido se não se tiver em conta que, a partir de 1931, o governo passou a utilizar as classes trabalhadoras como um ponto de apoio para a reorientação da política de Estado, num sentido contrário ao dos interesses da antiga fração burguesa hegemônica. A título de exemplo, recorde-se a atitude de conciliação e quase mesmo de incentivo tomada por Oswaldo Aranha com relação ao movimento reivindicativo dos bancários em 1934[53]; tal atitude esteve, sem dúvida, relacionada ao propósito governamental de implementar, contra a resistência dos banqueiros, a reforma financeira.

A perda do incentivo governamental, como consequência da politização da ação sindical bancária em 1935 (adesão ao programa de lutas na ANL), provoca uma diminuição do apoio da categoria bancária ao sindicato: em fins de 1936, este contará com apenas 1 mil inscritos (a metade do quadro dos sindicalizados de 1934). E já a partir de 1936, após a eliminação das lideranças comprometidas com a ANL, o sindicato busca o reconhecimento pelo MT dos seus novos estatutos (os estatutos "classistas" de 1935 haviam sido rejeitados pela Delegacia Estadual do Trabalho), bem como se lança na luta contra a pluralidade sindical e pelo sindicato único por categoria profissional. Essa ação exprime, uma vez mais, o empenho da categoria bancária em buscar a proteção do Estado contra o patronato, não cumpridor das leis do trabalho e infiltrado na categoria por meio do sindicato "amarelo": o "sin-dikê", criado em 1934 por um punhado de altos funcionários e de diretores de caixas particulares de bancos, a partir da intenção de organizar a resistência contra a absorção das caixas particulares de bancos pelo sistema previdenciário estatal. Ambas as lutas serão vitoriosas: em 1937, os novos estatutos serão oficialmente reconhecidos; em julho de 1939, simultaneamente à edição do Decreto nº 1.402 (sindicato único por categoria, imposto sindical), processa-se a fusão entre o "sin-dikê" e o Sindicato dos Bancários, com a absorção da minoria pró-patronal pela maioria de orientação "trabalhista". Sintomaticamente, a partir de 1939, o número de bancários sindicalizados tende, novamente, a aumentar, em proporções não justificáveis pela mera

---

[53] Oswaldo Aranha, então Ministro da Fazenda, chegou a comparecer a comício em praça pública, organizado pelos bancários de SP, tendo aí prometido a criação do IAPB e a concessão da estabilidade.

fusão dos dois sindicatos (o "sin-dikê" era numericamente inexpressivo). Essa busca da proteção do Estado e a relativa impotência política que ela revela evidenciam-se em frase do editorial da *Folha Bancária*, em agosto de 1940: "Que os Governos usem da força de que se armaram em sentidos benéficos para seus governados". Todavia, ausente o incentivo governamental às atividades sindicais entre 1939 e 1943, a dependência do sindicato diante do Estado em nada contribuirá para o aumento da pressão reivindicativa; nesse sentido, muitos autores se referem a esse período como caracterizando uma "fase de desmobilização".

Mesmo em 1953, quando a ascensão vertiginosa do movimento operário levanta, na prática, a possibilidade de formas organizativas independentes, o recurso à proteção do Estado ainda é avaliado positivamente pelo Sindicato dos Bancários de São Paulo; enquanto as bases e os dirigentes operários organizam comitês de greve e chegam à constituição de uma Comissão Geral de Greve, a categoria bancária participa prioritariamente da Comissão Intersindical de Greve, cuja função é canalizar o descontentamento das bases para dentro da estrutura sindical oficial[54]. Em agosto de 1953, ao mesmo tempo que critica o governo e sustenta a necessidade de independência do sindicato diante dos governos, o editorial da *Folha Bancária* explicita o conceito de autonomia sindical: "Nossas relações com o Ministério se mantêm estritamente dentro das exigências legais relativas à parte burocrática, nos casos em que é imprescindível sua interferência"[55].

No período 1959-1964, a busca de uma maior participação sindical leva o sindicato a incentivar a criação de Comissões Sindicais, que deveriam representar a "desburocratização de nossas atividades" e a "mobilidade do corpo sindical", "a prática efetiva da democracia na vida sindical" e a garantia de que "as decisões serão emanadas das bases". Mas o domínio das Comissões pelo sindicato já se esclarece quando este explica a natureza real dessa forma organizativa: "A função primordial das Comissões Sindicais é, muito justamente, levar o sindicato ao local de trabalho"; "A Comissão é (...) uma estruturação sindical em unidades integradas"[56]. Na verdade, essas Comissões, ali onde chegaram a existir, estiveram longe de se constituir em organizações autônomas de base; a rigor, elas serviram prioritariamente às direções sindicais, por terem atuado como correias de transmissão das suas decisões à massa da categoria.

Assim, são as aspirações características da baixa classe média nessa fase histórica que explicam em grande parte o seu estatismo, expresso ao mesmo tempo como fraca participação na luta partidária e como apego ao sindicalismo de Estado. Todavia, na parte restante, esse estatismo se deve à incapacidade de direção revelada pela burgue-

---

[54] Aqui reproduzimos a análise de Armando Boito Jr., *O populismo em crise (1953-1955)*, cit., p. 86-9.
[55] Idem, p. 92.
[56] Ver *Folha Bancária*, n. 23, jan. 1964.

sia industrial e pelas organizações políticas do proletariado; o reduzido alcance do "partido" industrial e do "partido" proletário apenas acentuou a tendência da baixa classe média a buscar na dependência diante do Estado a proteção à ação sindical contra a resistência do patronato.

Estatismo e nacionalismo

Já vimos que a baixa classe média revela, no período 1930-1964, uma tendência estatista espontânea, consistente na expectativa de que o Estado fizesse o necessário (isto é, o apoio à industrialização) para a promoção do bem-estar material do povo. Entretanto, nenhum estudo político sobre a classe média, no período em foco, estaria completo se ele se limitasse a enfocar a questão da ideologia estatista por meio da análise do "populismo" da massa da baixa classe média. É que essa mesma tendência estatista e as aspirações sociais que ela veicula encontram-se na base de certos movimentos de intelectuais e/ou militares, desencadeados nessa fase histórica. Mas *encontram-se na base*, somente: ou seja, o estatismo dessa fração da classe média aparece, em tais movimentos, *transfigurado*; as forças ideológicas aí emergentes exprimem essa tendência, mas de modo enviesado, que oculta as suas verdadeiras raízes.

Mais precisamente: a aspiração ao "progresso" (isto é, ao consumo capitalista, ao nível de vida gozado pelos trabalhadores urbanos nos países capitalistas avançados) não se revela claramente, no discurso de militares ou intelectuais, como a determinante fundamental de sua ação política. Alguns desses movimentos parecem justificados por um "estatismo secundário": as suas propostas de reforma do Estado parecem ter algo a ver, *apenas indiretamente*, com uma reorientação industrializante da política de Estado. A sua apologia do centralismo e do intervencionismo evocam somente intenções de "consolidação da Nação" ou de "conciliação do capital e do trabalho". Outros desses movimentos assumem mais diretamente um caráter *nacionalista*: a defesa da Nação contra o "imperialismo" ou as "potências estrangeiras" passa ao primeiro plano das intenções declaradas, constituindo a justificação fundamental para toda intervenção do Estado na economia. Mas, seja esse discurso predominantemente estatista ou nacionalista[57], ele jamais coloca em destaque aquilo que constitui a sua base: a aspiração ao progresso da indústria. Essa função de ocultação/

---

[57] Se se tem em conta que a expressão suprema da Nação é o próprio Estado nacional, compreende-se que a distinção entre "estatismo secundário" e nacionalismo reflete apenas a maior ou menor ênfase em cada um desses dois polos; enquanto o "estatismo secundário" se preocupa prioritariamente com aquilo que parece exprimir, *ao nível da estrutura do Estado*, a existência da Nação (a *centralização* da capacidade de decisão e o poder de *intervenção* na sociedade, indicadores da *soberania nacional*), o nacionalismo atribui prioridade à defesa do *Povo-Nação* (comunidade cultural e linguística), daí

deslocamento ideológico assumida pelo discurso de militares e intelectuais explica as frequentes constatações sobre a grande distância entre a classe média e os seus "partidos", não só no Brasil como em toda a América Latina. É nesse sentido que Marcelo Cavarozzi, ao procurar determinar "a natureza das mediações que existiram entre a 'classe média' e os 'seus' partidos políticos" ao longo do desenvolvimento capitalista latino-americano, refere-se a

> elementos que sugerem a existência de um considerável grau de autonomia destes partidos com relação às 'suas' bases, ou para dizê-lo com outras palavras, de uma "distância" apreciável entre os interesses e reivindicações da "classe média", e as orientações e interesse corporativos dos dirigentes dos "seus" partidos *enquanto* especialistas do nível político.[58]

O desenvolvimento do movimento tenentista entre 1931 e 1934, ao mesmo tempo que exemplifica essa grande "distância" (ocultação/deslocamento) entre a classe média (baixa) e o seu "partido" (militar), indica que tal distância não é suficiente para descaracterizar a existência de um vínculo real entre as aspirações dessa fração e a ação política da média oficialidade do Exército. Mas a relação ideológica entre a classe e o seu "partido" só se evidencia mediante a análise dos objetivos políticos perseguidos pelo tenentismo antiliberal e autoritário de 1931 a 1934. Essa tendência consolidará rapidamente, no pós-1930, a sua hegemonia no seio do movimento tenentista, por meio da construção de organizações políticas destinadas a difundir, nas principais capitais do país, os seus pontos de vista. Assim, em 1931, surgem quase simultaneamente o Clube Três de Outubro, sediado no Rio de Janeiro e alçado à condição de verdadeiro "Comitê Central" do *tenentismo* autoritário; a Legião de Outubro, frente de militares e civis criada em Belo Horizonte, e que chegou a contar, já em abril de 1931, com 15 mil membros; a Legião Revolucionária de São Paulo, dirigida pelos "tenentes" João Alberto e Miguel Costa. E, ainda em 1931, no mês de julho, após o afastamento de João Alberto da interventoria paulista, a Legião Revolucionária de São Paulo se transforma, sempre sob a direção de Miguel Costa, no Partido Popular Progressista, fiel à orientação tenentista.

Qual a verdadeira natureza das organizações políticas tenentistas? Algumas das características mais conhecidas do movimento tenentista *parecem* nos autorizar a qualificá-las como organizações *antipopulares*. De um lado, o elitismo e o antimassismo típico do *tenentismo* se exprimem na sempre presente dificuldade de aproximação, contato ou aliança efetiva com a classe operária revelada pelos partidos

---

    derivando uma posição de defesa do intervencionismo estatal enquanto instrumento privilegiado de afirmação do ser nacional.

[58] Ver Marcelo Cavarozzi, *Populismos y "partidos de clase media" (Notas comparativas)*. Documento Cedes/GE, Clacso, n. 3, 1976, p. 15.

tenentistas autoritários[59]. De outro lado, as suas posições antiliberais se revelam na crítica à democracia representativa e ao sufrágio universal, bem como na apologia da representação profissional (em geral, implantada nos regimes de partido único). Estas características seriam suficientes para qualificar o "partido" tenentista do pós-1930 como antipopular e, mesmo, antidemocrático? Tal pergunta não comporta nenhuma resposta simples e imediata, dado o caráter *contraditório* do movimento reformista engendrado na crise da hegemonia política do capital comercial. É verdade que o *tenentismo* reformista luta por uma efetiva transformação do Estado, que implique a desagregação da hegemonia política da burguesia cafeeira: centralização político-administrativa, ampliação da intervenção do Estado na economia, tratamento "público" da "questão social". Todavia, sustenta ao mesmo tempo a necessidade de concretizar essa transformação pela *via autoritária*: eliminação das instituições democrático-representativas e do jogo partidário, controle estatal dos sindicatos. Em quais termos avaliar esse autoritarismo?

Em parte, ele é uma expressão do estatismo da baixa classe média, e da real distância política entre essa fração e o proletariado urbano, ao longo da Primeira República, bem como das características especificamente militares (elitismo, culto da hierarquia, anticivilismo, "putschismo") do movimento que a representa politicamente. Porém, reconheça-se, por outro lado, que esse autoritarismo não se atualiza, ao nível da prática política, como reação a uma crise revolucionária (ascensão do movimento revolucionário de massas), e sim enquanto confronto com a "democracia oligárquica", penetrada pelas práticas fraudulentas e pela manipulação coronelista, e controlada pela burguesia cafeeira. Compreende-se, assim, o caráter parcialmente progressista (e não totalmente conservador, como quer uma revisão apressada de nossa história política) da crítica tenentista às instituições democrático-representativas; e,

---

[59] A esse respeito, afirma Werneck Sodré: "Embora a Revolução de 1930 trouxesse, entre os seus componentes, particularmente entre os militares, elementos novos, ansiosos por colocar em termos justos a chamada questão social – qualificada como simples 'caso de polícia' pela situação vencida, a verdade é que tomou, desde logo, da parte de seus mais destacados responsáveis, atitudes antioperárias ostensivas. João Alberto, ao assumir a interventoria paulista, em manifesto assinado também pelo Secretário democrático, advertia: "Embora garanta a plena liberdade de pensamento, o governo paulista não consentirá em agitações de caráter comunista ou anarquista, estando firmemente resolvido a reprimir com severidade as tentativas que se façam para perturbar a ordem pública, danificar a propriedade particular ou para ofender as pessoas. As medidas de caráter provisório que o coronel João Alberto tomou para pacificação do operariado serão mantidas unicamente em relação aos Operários que continuarem a trabalhar durante o prazo estabelecido"; Nelson Werneck Sodré, *História militar do Brasil* (2. ed., Rio de Janeiro, Civilização Brasileira, 1968), p. 47-8. Referindo-se à Legião Revolucionária de SP, afirma Edgard Carone: "A Legião pretende uma política ampla, em que fossem incluídas as reivindicações nacionalistas das classes médias e operariado. Porém, estas classes olham com desconfiança a agremiação, o que restringe o partido a uma agremiação governamental e oficial"; Edgard Carone, *A Segunda República* (São Paulo, Difel, 1974), p. 252.

ao mesmo tempo, clarifica-se a dimensão não democrática da luta popular dirigida pelo *tenentismo* reformista.

Mas em que nível os objetivos políticos do "partido" tenentista autoritário se relacionam com as aspirações da baixa classe média? Na sua luta para subtrair da burguesia cafeeira o controle monolítico da política de Estado, o *tenentismo* reformista persegue, entre 1931 e 1934, *objetivos centralistas, autoritários e intervencionistas*. Em primeiro lugar, os tenentes constituem a principal base de apoio das interventorias estaduais; propõem a federalização das brigadas policiais dos estados; defendem a unificação da justiça e a centralização do sistema tributário. Em segundo lugar, o movimento tenentista se bate pelo encaminhamento do Governo Provisório para um regime de partido único, fundado na representação profissional; opõe-se à convocação da Assembleia Constituinte, encarando-a como o instrumento de uma restauração liberal em tudo favorável à burguesia cafeeira; coloca-se abertamente contra o movimento constitucionalista de 1932, visualizando o seu caráter restaurador. Em terceiro lugar, os tenentes participam da elaboração do Código de Minas e do Código de Águas, ambos de orientação nacional-estatista; propõem a taxação dos bens imóveis; veem adotadas pelo Ministério do Trabalho (gestão Lindolfo Collor) as suas propostas de criação de leis do trabalho e de transformação dos sindicatos em pessoas de direito público.

Esses objetivos estão igualmente expressos nos programas das organizações políticas tenentistas do período 1931-1934. O Programa da Legião Revolucionária de São Paulo dava ênfase às propostas centralistas (reforço do poder local como método para enfraquecer as "oligarquias" estaduais, centralização do sistema tributário), corporativistas (representação profissional no Estado, substituição do Congresso por Conselhos Técnicos), intervencionistas (lei do trabalho, salário mínimo, sindicalismo de Estado) e antiliberais (eleição indireta do presidente da República, realizada por Conselhos Técnicos). O Clube Três de Outubro defende, em dezembro de 1932, a criação de sistema eleitoral fundado na representação profissional (aceitando, por transigência, sistemas mistos, mas em nenhuma hipótese uma representação exclusivamente político-partidária); a competência da União no julgamento dos pedidos de empréstimos municipais e estaduais, dirigidos ao exterior; o sufrágio indireto, salvo em nível municipal; o sindicato de Estado; a integração de Conselhos Técnicos ao Poder Executivo. Essas proposições serão reafirmadas pelo Clube Três de Outubro de 1934 após a derrota representada pela convocação da Assembleia Constituinte. O manifesto do encerramento do seu Congresso retoma a crítica a essa Assembleia e aos políticos profissionais ("agentes da balbúrdia, desordem, politiquice"), repisa as virtudes da representação profissional (propondo a articulação do Estado num tripé: Câmara profissional, Conselho Federal e Conselhos Técnicos) e conclui por uma profissão de fé antipartidária: "O mal não está na ausência de partidos e, sim, na ausência de organização nacional"[60].

---

[60] Ver Edgard Carone, *A Segunda República*, cit., p. 272.

Como relacionar tais objetivos com os interesses de uma parcela importante da classe média, não sujeita à direção política do capital comercial e do "partido" liberal? Na verdade, eles definem as condições políticas indispensáveis para a reorientação da política de Estado, num sentido não favorável à satisfação *prioritária* dos interesses da burguesia cafeeira e do capital comercial, em geral. Que a *indústria* seja o grande impensado do discurso tenentista não altera o fato de que a ação política tenentista busca uma transformação de Estado, cujo aspecto mais evidente é a abertura do aparelho estatal a outros interesses que não aqueles ligados à comercialização da produção agrícola[61]. Nessa medida, o discurso tenentista é o antecessor de outras formas de discurso destinadas a ocultar a aspiração ao progresso da indústria: o "pragmatismo" do Governo Provisório e da gestão Vargas até 1937 e a ideologia da "segurança nacional" durante a Segunda Guerra Mundial.

O objetivo tenentista de transformação centralista e autoritária do Estado brasileiro reaparece, igualmente, no movimento integralista, cuja fase ascensional se estende de 1932 a 1937[62]. Evidentemente, não queremos, com esta afirmação, reduzir o integralismo, no seu conjunto, a um movimento de intelectuais e militares pela reforma do Estado. É sabido que, no período em foco, o integralismo chegou a ganhar a dimensão de um verdadeiro movimento de massa da classe média, atingindo a casa dos 500 mil adeptos. Só se pode compreender tal dimensão quando se tem em conta que a ascensão do movimento do proletariado urbano, já esboçada em 1931-1932 e chegando a seu ápice em 1934-1935, semeia no conjunto da classe média (alta e baixa) o temor da proletarização e empurra amplos contingentes dessa classe para posições antioperárias, anticomunistas e repressivas. A pesquisa de Hélgio Trindade nos permite supor que essas posições foram determinantes para a adesão ao movimento integralista da *massa dos seus militantes*: isto é, indivíduos egressos da baixa classe média (funcionários públicos), empregados ou da pequena burguesia tradicional (pequenos proprietários). No entanto, a mesma pesquisa mostra que essas motivações tiveram muito menos relevo ao nível da cúpula do movimento: a direção nacional do integralismo, composta de professores, escritores, profissionais liberais e militares, mais do que enfatizar a sua componente antioperária, privilegiou em geral a luta por uma centralização autoritária do Estado, enquanto instrumento de liquidação da política oligárquica acobertada pelas *formas* democráticas da Primeira República. A esse respeito, a observação da linha de ação que as lideranças procuram impor ao

---

[61] Isso não significa que, no Estado anterior à Revolução de 1930, os interesses ligados à indústria deixavam de se exprimir; eles o faziam, entretanto, de modo subordinado, na dependência de sua compatibilização com os interesses prioritários do capital comercial controlador da produção agrícola.

[62] Aqui, apoiamo-nos integralmente nos elementos de análise fornecidos pelo importante trabalho de Hélgio Trindade, *Integralismo (o fascismo brasileiro na década de 30)* (São Paulo, Difel, 1974). Todavia, as conclusões aqui tiradas por conta própria não engajam, necessariamente, esse autor.

conjunto do movimento integralista pode ser mais útil que a leitura literal dos seus discursos, nos quais a mistura de temas desconexos assume objetivamente a função de ocultar a finalidade real do movimento e os interesses sociais que ele representa.

É, aliás, significativo que a carreira política do chefe nacional da Ação Integralista Brasileira, Plínio Salgado, tenha se iniciado ainda antes de 1930, com a deflagração de um movimento de renovação democrática *dentro* do Partido Republicano Paulista: a Ação Nacional. A Revolução de 1930 dá por encerrada essa experiência de regeneração interna do maior partido "oligárquico" e empurra Salgado para o *tenentismo*: ao aderir à Legião Revolucionária de São Paulo em 1931, Salgado se entrega à crítica da democracia "oligárquica" e dos partidos "oligárquicos", aproximando-se pouco a pouco de uma tendência autoritária, antiliberal e antipluralista. O seu rápido desencanto com a Legião Revolucionária não o impede de continuar prestando apoio crítico, por meio da ação escrita, ao Governo Provisório (em 1931, redige "Diretivas à Ditadura" e "Revolução na Revolução", cujos títulos são sintomáticos); em 1931-1932, opõe-se aos constitucionalistas de São Paulo e conduz campanha contra a convocação da Constituinte. Em meados de 1932, organiza o seu próprio partido: a Ação Integralista Brasileira (AIB). Os primeiros textos e documentos da nova organização dão pouca importância ao perigo do comunismo; como observa Trindade, o seu inimigo principal é, então, o *liberalismo*. As posições então dominantes, no seio da AIB, são as de crítica à Federação, porque antinacional; de defesa do municipalismo e das comunidades locais (em consonância com o seu desejo de enfraquecer o poder regional, afirma Plínio Salgado: "O fundamento do Estado é o Município"); de apologia do intervencionismo de Estado e de críticas ao Estado liberal; de rejeição da democracia "oligárquica". No que concerne a este último ponto, o Programa da AIB defende o regime do partido único; a representação profissional (base de escolha das Câmaras, Assembleias e do Congresso Nacional); eleições indiretas para o Poder Executivo, nos seus três níveis (municipal, estadual, nacional).

Insatisfeito com os resultados da Revolução de 1930 e disposto a empreender a "Revolução na Revolução", o movimento integralista procura levar adiante o processo de centralização autoritária do Estado. A instauração do Estado Novo em 1937 representa, em certa medida, o esgotamento do movimento, por cumprimento de grande parte dos seus objetivos programáticos. Isso explica a cumplicidade dos integralistas na implantação da ditadura estado-novista[63], bem como a não participação da direção nacional no *putsch* integralista de 1938. Pode-se assim dizer que, encarado no seu conjunto, o movimento integralista assume, no período 1932-1937, um caráter paradoxal: a cúpula do movimento se coloca numa perspectiva centralista e intervencionista, que se adapta melhor às aspirações da classe média "populista" que às da burguesia cafeeira, dos proprietários fundiários, da burguesia industrial ou da

---

[63] Ver Hélgio Trindade, *Integralismo (o fascismo brasileiro na década de 30)*, cit., p. 186.

classe média "liberal"; porém, ao mesmo tempo, a parcela da baixa classe média que fornece uma base social ao movimento (militantes de base) se sente menos atraída pelo centralismo e pelo intervencionismo integralistas que pela possibilidade de organização coletiva contra a ameaça da proletarização, representada pela ascensão do movimento popular, em 1934-1935.

Uma década após o definhamento do movimento integralista, as aspirações da baixa classe média à melhoria, em termos "modernos", do nível de vida e de bem-estar material reaparecem, sob nova forma, no movimento nacionalista, do qual a Campanha do Petróleo (1947-1953) é a expressão mais típica. Sob nova forma: o movimento nacionalista não é um momento particular de um processo cíclico de reemergência política de motivações permanentes, já expressas no *tenentismo* ou no *integralismo*. Esgotada a Revolução de 1930 e derrubado o Estado Novo, a luta por tais aspirações exige a definição de novos objetivos políticos, distintos da mera consolidação do regime unitário, da centralização político-administrativa ou da posição intervencionista (no plano econômico e social) do Estado. Estabelecidas essas precondições políticas, o movimento pelo progresso da indústria deve passar a pressionar o Estado, no sentido da tomada de medidas concretas, cada vez mais avançadas (produção de insumos industriais, combustíveis, bens de consumo duráveis), de intervenção pró-indústria. É nesse contexto mais amplo, do qual a crise de abastecimento de combustíveis durante a Segunda Guerra Mundial é apenas um aspecto parcial, que emerge o movimento nacionalista pelo monopólio estatal do petróleo[64].

Seria correto caracterizar essa luta como um movimento de intelectuais e militares? Não existe uma resposta simples para tal questão. De um lado, convém lembrar a existência, entre 1947 e 1953, de um apoio popular "difuso" à Campanha do Petróleo; tal apoio foi, em grande parte, responsável pela criação de um clima político favorável ao movimento. De outro lado, recorde-se que, diferentemente dos movimentos reivindicativos populares (salários, melhores condições de trabalho etc.) ou dos movimentos revolucionários de massa, o *ritmo* do movimento nacionalista, entre 1947 e 1953, não foi determinado pela iniciativa das massas e sim pela iniciativa de "categorias sociais" distintas da massa trabalhadora: militares, estudantes, técnicos e burocratas, jornalistas. Foi particularmente importante para a Campanha do Petróleo a ação política e propagandística dos militares nacionalistas. Desde 1947, desencadeia-se nos meios militares uma ofensiva contra a inócua política petrolífera do governo, pró-imperialista por escolha ou por omissão. A polêmica entre os defensores do monopólio estatal e os céticos quanto às possibilidades nacionais de exploração do

---

[64] Essas observações sobre o movimento nacionalista e a Campanha do Petróleo apoiam-se no minucioso estudo de Gabriel Cohn, *Petróleo e nacionalismo* (São Paulo, Difel, 1968); bem como em Nelson Werneck Sodré, *História militar do Brasil*, cit., em especial os capítulos "O Clube Militar" e "A Grande Conspiração".

petróleo extravasa rapidamente os limites do Clube Militar (onde, respectivamente, Horta Barbosa e Juarez Távora haviam pronunciado conferências); ainda em 1947, o general Horta Barbosa defende o monopólio estatal da exploração do petróleo em conferência proferida no Instituto de Engenharia de São Paulo. Até 1952 (quando o grupo nacionalista é derrotado nas eleições para a diretoria), o Clube Militar funcionará como um grupo de pressão voltado para a difusão, dentro do aparelho de Estado, das teses nacionalistas sobre o petróleo; e, ao mesmo tempo, como um centro de agitação, junto à "opinião pública" (restrita, por certo, os auditórios de elite), da questão do petróleo.

Os estudantes tomaram igualmente parte na luta pelo monopólio estatal do petróleo; a seu favor, manifestam-se a UNE, por meio do 3º Congresso Nacional dos Estudantes, bem como o 4º Congresso dos Estudantes de São Paulo, o 10º Congresso dos Estudantes Gaúchos, o Conselho dos Estudantes da Bahia e o Conselho dos Estudantes Fluminenses. A participação dos técnicos e burocratas na questão do petróleo será dupla: de um lado, desenvolverão uma ação de persuasão nacionalista no seio do aparelho do Estado, ao nível dos ministérios, comissões, assessorias etc.; de outro, entregar-se-ão a uma ação externa de esclarecimento da "opinião pública" sobre a necessidade de uma política nacional de petróleo. A atuação de Rômulo de Almeida (assessor econômico de Vargas) é o exemplo típico da primeira modalidade de ação; a de Gondim da Fonseca (funcionário aposentado do Banco do Brasil), o melhor exemplo da segunda. Finalmente, a participação dos jornalistas no movimento também será importante; desde 1946, Mattos Pimenta, Mário de Brito e Plínio Catanhede agitam a questão no *Jornal de Debates*. Posteriormente, *Panfleto e Emancipação*, da pequena imprensa, e o *Diário de Notícias*, da grande imprensa carioca, ampliarão a frente jornalística por uma solução nacionalista para a questão do petróleo.

Todas essas "categorias sociais" se reunirão, em abril de 1948, para a criação da Campanha de Defesa do Petróleo (CEDPEN). Enquanto expressão mais organizada no movimento socialista pelo monopólio do petróleo, a CEDPEN define, como seu objetivo máximo, a implantação no Brasil do monopólio estatal da extração, refino e distribuição por atacado de petróleo e derivados. Na luta pela conquista desse objetivo, a CEDPEN desenvolverá, ao mesmo tempo, uma ação parlamentar e a agitação extraparlamentar. Ao nível parlamentar, a Campanha procurará, por meio do seu representante no Congresso – o engenheiro Lobo Carneiro –, atrair o maior número possível de deputados, abstraída a sua filiação partidária para o campo nacionalista. Ao nível extraparlamentar, momentos importantes da atuação da CEDPEN são as três Convenções Nacionais de Defesa do Petróleo, a última das quais realizada, em agosto de 1952, sob ameaça de repressão policial.

Qual terá sido o alcance social da ação extraparlamentar da CEDPEN? Na verdade, ela contribuiu para ampliar o apoio "difuso" das classes trabalhadoras –

sobretudo a classe operária e a baixa classe média[65] – a uma solução nacional-estatista para a questão do petróleo. No que diz respeito à baixa classe média, esse apoio não organizado só ganhará uma expressão concretamente mais forte em 1953: numa conjuntura que combina o ápice da polêmica parlamentar sobre o petróleo e a deflagração de um poderoso movimento grevista em São Paulo, o Sindicato dos Bancários defenderá publicamente o monopólio estatal de exploração (extração, refino, distribuição) do petróleo. Simultaneamente, a classe média liberal se coloca no campo oposto, fazendo convergir a sua crítica do "populismo" varguista e a sua rejeição do estatismo/intervencionismo para a condenação do monopólio estatal do petróleo; entre 1952 e 1953, um típico porta-voz dessa fração – a revista *Anhembi* – designa a Petrobras como "uma invenção dos comunistas".

O derradeiro período da Campanha do Petróleo – de 1951 a 1953 – nos enseja, entretanto, a observação de um fenômeno político singular. É que a UDN de São Paulo e do Rio, partido tradicionalmente ligado à classe média liberal, antipopular e anti-intervencionista, abandonará temporariamente a representação política dessa fração para perseguir, por razões eleitorais de curto prazo, o apoio dos setores tocados pela propaganda nacionalista. Na verdade, a repercussão popular favorável à atuação da CEDPEN convencerá a UDN a encampar a proposta nacionalista: em junho de 1952, o deputado Bilac Pinto apresenta projeto de criação do monopólio estatal do petróleo (Enape), colocando a UDN "à esquerda" do PCB e do governo federal. Essa crise de representação política desloca inteiramente o "partido" liberal para a imprensa e as associações comerciais. As entidades regionais de São Paulo e do Paraná, bem como a Confederação Nacional do Comércio, serão as responsáveis pela maior ofensiva política desencadeada contra a criação da Petrobras. Ao mesmo tempo, o jornal *O Estado de S. Paulo* se colocará, praticamente pela primeira vez, contra a posição da UDN, dando ampla cobertura à campanha antiestatista e pró-imperialista das entidades comerciais.

Segundo Gabriel Cohn, a Campanha do Petróleo começa a perder intensidade em 1952, em razão da derrota eleitoral da ala nacionalista no Clube Militar, bem como do recrudescimento da ofensiva anti-Petrobras comandada pelas associações comerciais. Este fato explica, em parte, que a solução parlamentar da questão do petróleo tenha ficado a meio caminho entre a solução nacionalista (monopólio também da distribuição) e a solução imperialista (total liberdade de prospecção e comercialização). De outro lado, esse resultado não pode ser compreendido se não

---

[65] Lembre-se de que o PCB apresentou, por uma questão de tática parlamentar ou de estratégia política, um projeto de orientação privatista (o Projeto Marighella), destinado, em caso de aprovação, a abrir um espaço econômico para eventuais investimentos petrolíferos da burguesia nacional. Tal projeto, assim como o projeto governamental, foram rapidamente superados, na preferência popular, pelo projeto nacionalista da CEDPEN (monopólio estatal da extração, refino e distribuição), mais próximo das tendências estatistas populares.

se tem em conta o caráter difuso e não organizado do apoio popular à Campanha do Petróleo; na verdade, a CEDPEN, enquanto movimento de militares e intelectuais, esteve longe de atuar como um partido dirigente das classes populares e de conferir à luta pelo monopólio estatal do petróleo o caráter de uma luta pelo controle popular e democrático da riqueza nacional.

REVOLUÇÃO POPULAR E CONTRARREVOLUÇÃO

Sugerimos anteriormente que, ao longo do período 1930-1964, o conjunto da classe média se divide politicamente entre uma posição liberal e antipopular e uma tendência estatista/intervencionista. Cabe agora lembrar que, em duas conjunturas determinadas – 1934-1935 e 1962-1964 –, algo mais que a intervenção do Estado (política industrializante, reconhecimento das classes trabalhadoras) dividirá politicamente a classe média: a *revolução popular*.

O ano de 1934 registra uma brusca ascensão do movimento reivindicativo popular, como resultante de um processo já iniciado em 1931-1932, e do qual a greve geral de 1932 (200 mil grevistas, segundo alguns autores) constitui uma expressão. Tal ascensão não pode ser explicada se não se tem em conta a transformação qualitativa, a partir de 1931, da relação entre o Estado e as classes trabalhadoras urbanas: as novas leis do trabalho e o reconhecimento dos sindicatos pelo Estado representam um estímulo à ação sindical e às práticas reivindicativas, provocando uma rápida elevação do nível de participação sindical. O resultado político concreto desse movimento ascensional será a emergência de uma vaga de greves, em 1934. A força do movimento reivindicativo permitirá que as classes trabalhadoras urbanas deem os primeiros passos na direção da unificação do movimento sindical – a construção de uma central sindical. Essa fase ascensional, que se estende de 1931 a 1935, gera um clima social favorável ao surgimento de organizações políticas de massa, voltadas para a realização de um amplo programa de transformação da sociedade brasileira.

Mas outros fatores terão igualmente contribuído para a gestação desse clima social. Deixando aqui de lado o peso específico da conjuntura internacional (ascensão do fascismo em escala mundial), gostaríamos de destacar, especialmente, os efeitos políticos do esgotamento progressivo da experiência reformista proposta pelo *tenentismo* autoritário. Entre 1931 e 1935, muitos reformistas sinceros se convencerão de que não basta promover a centralização e a "modernização" do aparelho de Estado brasileiro: é preciso transformar a sociedade brasileira, por meio da liquidação do poder social e político dos grandes proprietários de terras e da luta contra a dominação do capital bancário imperialista sobre a economia brasileira. Inicia-se, desse modo, um segundo deslocamento "para a esquerda" no seio do movimento tenentista (o primeiro deslocamento corresponde à cisão de Prestes, em 1929). Assim, por exemplo, líderes tenentistas como Cabanas e Serrano participam, em 1932, da fundação do Partido Socialista Brasileiro (PSB), cujas preocupações são mais acentuadamente "sociais" que as do *tenentismo* autoritário. E, progressivamente, os antigos "tenentes", civis e militares, da Revolução de 1930 – como Agildo Barata, Cabanas, Pedro Ernesto, entre outros – se afastam dos meros propósitos de regeneração e reforma do Estado para aderir a um programa de luta antifeudal e anti-imperialista.

A ascensão do movimento reivindicativo popular e a superação crítica do reformismo tenentista por amplos contingentes da classe média militar e civil criarão as condições propícias para a construção, em março de 1935, de uma organização política de massas voltada para a luta antifeudal e anti-imperialista: a Aliança Nacional Libertadora (ANL). Autodefinindo-se como "uma vasta e ampla organização de frente única nacional", a ANL propõe em seu programa: a) o cancelamento das dívidas para com os países imperialistas; b) a defesa das liberdades individuais e a luta contra o fascismo; c) a entrega dos latifúndios aos trabalhadores do campo; d) a liquidação das relações feudais e semifeudais.

Qual a verdadeira natureza política da ANL? Embora dirigida pelo PCB, ela não se reduziu aos militantes desse partido, salvo após a decretação de sua ilegalidade pelo governo federal, em julho de 1935. Entre março e julho de 1935, a ANL experimenta um crescimento espantoso, chegando a contar com um total de 200 a 500 mil membros; esse desenvolvimento rápido se explica, segundo Basbaum, pelo seu caráter de "organismo amplo das massas populares, principalmente o proletariado e as classes médias", destinado a atraí-las para a luta por objetivos comuns: o início de uma nova etapa (antifeudal e anti-imperialista) da revolução burguesa brasileira e não a construção imediata do socialismo[66]. No que diz respeito ao proletariado urbano, a ANL se valerá do impulso autonomista dos setores mais avançados dessa classe – já esboçado em 1934 –, procurando dirigi-lo em função dos seus objetivos políticos. Esse impulso, que se manifesta por meio do surgimento, em 1934-1935, de entidades sindicais e intersindicais à margem do sistema oficial, culmina na formação, em abril de 1935, da Confederação Sindical Unitária do Brasil (SUB), entidade paralela e ilegal dirigida pelo PCB e designada para atuar como "o braço sindical da ANL". No entanto, segundo muitos autores, é a classe média que predomina na ANL, fornecendo a sua "massa". Leôncio Basbaum, procedendo a uma avaliação informal, calcula que aproximadamente 70% dos membros dessa organização provinham da classe média: baixa e média oficialidade do Exército, professores, burocratas, empregados de escritório, advogados, jornalistas. Do ponto de vista qualitativo, convém relembrar, além da participação desses setores da Comissão Executiva da ANL, o papel dirigente do Sindicato dos Bancários do Rio de Janeiro na criação e desenvolvimento da SUB.

---

[66] Ver Leôncio Basbaum, *História sincera da República*, v. 3 *(de 1930 a 1960)* (3. ed., São Paulo, Fulgor, 1968), p. 71.

Como explicar essa presença? Antes de mais nada, observe-se que a fração da classe média *predominante* na ANL foi a baixa classe média, economicamente mais próxima do proletariado e tendencialmente mais disposta a seguir, desde que criadas condições políticas favoráveis, as palavras de ordem de uma revolução popular, antifeudal e anti-imperialista. Em segundo lugar, lembre-se de que, durante a sua curta fase legal e de "massa", a ANL não define claramente a sua posição diante do Estado brasileiro, admitindo implicitamente a possibilidade de o governo assumir, em razão de sua ação persuasiva, programas de características antifeudais e anti-imperialistas; ora, essa indefinição estratégica, mais que repelir, contribuiu para atrair a baixa classe média, por deixar o campo aberto às tendências estatais dessa fração. Essa combinação entre luta popular e estatismo, atraente para a baixa classe média, só deixou de ser possível a partir da decretação da ilegalidade da ANL; esse evento prepara o encerramento de sua fase de "massa", cujo momento final será a cisão da Comissão Executiva da ANL, nascida da discussão sobre a conveniência ou não de um *putsch* militar contra o governo. Essa cisão, mais do que uma ruptura entre classe média e proletariado, representa um distanciamento entre o estatismo da classe média e o militarismo do grupo que assumirá a responsabilidade pela iniciativa insurrecional.

Mas a ascensão do movimento reivindicativo popular, se de um lado leva certos setores da classe média a aderir a um programa de luta antifeudal e anti-imperialista, de outro semeia em outros contingentes dessa classe o temor da proletarização. Essa oscilação de setores liberais ou "populistas" da classe média para posições antiproletárias e repressivas explica, de resto, a rápida conquista de uma base de "massa" (aproximadamente 500 mil membros) pela Ação Integralista Brasileira. E a construção da ANL, em 1935, apenas amplia a tendência anticomunista no seio da classe média, gerando um clima de confronto aberto entre as duas posições.

É importante notar, a partir dos resultados da pesquisa de Hélgio Trindade, a defasagem, no seio do movimento integralista, entre os objetivos políticos da direção e as motivações da base. Enquanto os líderes nacionais do integralismo lutavam por uma transformação centralista e autoritária do Estado, procurando liquidar a Federação e as "oligarquias", os militantes de base alimentavam desejos de conservação da ordem e de repressão da desordem, *não necessariamente convergentes* para a aspiração a um Estado centralizado, "moderno" e "orgânico"; o seu anticomunismo pode, inclusive, coexistir com uma preferência por certas dimensões do regime político da Primeira República (essa coexistência deve ter sido sobretudo frequente nos antigos setores liberais, tocados por um *autoritarismo de crise* a partir da ascensão popular).

A instauração do Estado Novo representa a liquidação dos dois maiores movimentos de massa da classe média brasileira: se a tendência antifeudal e anti-imperialista é liquidada pela repressão, o movimento integralista é liquidado pelo esgotamento dos seus objetivos políticos.

A CLASSE MÉDIA NA CRISE POLÍTICA DE 1964

Este pequeno ensaio de interpretação se encerra com a análise das posições diferenciais assumidas pela classe média na crise política de 1964. Essa análise revela sua importância, quando se tem em conta a participação maciça de setores da classe média na criação de um clima político favorável à intervenção militar: no dia 19 de março de 1964, 500 mil pessoas se manifestam em São Paulo contra o governo federal; a 2 de abril de 1964, um milhão de pessoas comemoram publicamente, no Rio de Janeiro, o golpe de Estado do 1º de abril.

Quais as raízes políticas do golpe de Estado de 1964? E como se explica o relativo sucesso dessa organização contrarrevolucionária de setores da classe média? A ascensão do movimento popular no campo e na cidade, iniciada por volta de 1965, ganha uma expressão política organizada a partir de 1961, por meio da luta por reformas antifeudais e anti-imperialistas. A posição contemporizadora do governo federal com relação ao movimento popular e ao programa de "reformas de base" determina a progressiva aglutinação de *todas* as frações das classes dominantes (proprietários fundiários, média burguesia industrial, grande burguesia monopolista) em torno de um mesmo objetivo político: a deposição do governo federal pela força e a repressão ao movimento popular. Nada há de surpreendente nessa união: a fração de classe a ser hipoteticamente beneficiada com a realização da reforma antifeudal e anti-imperialista – a média burguesia industrial de raízes nacionais – jamais identificou o programa de "reformas de base" como expressão dos seus verdadeiros interesses, preferindo ver nele o instrumento da revolução social, abolidora da propriedade privada. E a penetração do movimento popular nas Forças Armadas (luta de soldados, marinheiros e baixa oficialidade das três Armas por reivindicações específicas e pelo programa de reformas sociais) aglutinará todas as facções da alta oficialidade (legalistas, golpistas, nacionalistas, pró-imperialistas) em torno de um mesmo propósito: a restauração da ordem e da hierarquia.

É nesse contexto – encaminhamento rápido de conjunto da classe dominante e das Forças Armadas para o golpe de Estado – que se delineia a necessidade de organização de um movimento de massa contrarrevolucionário como resposta às manifestações de massa do movimento popular A classe dominante encontrará a sua "massa" contrarrevolucionária no seio da classe média.

Mas que setores da classe média foram prioritariamente organizados pela classe dominante? E qual a *forma* assumida por essa organização? Note-se, desde logo, que, se o movimento político-militar de 1964 teve o apoio e a participação do conjunto da classe dominante, a tarefa específica de organização contrarrevolucionária da classe média foi realizada sob a direção das frações mais arcaicas, retrógradas e conservadoras da classe dominante: a burguesia comercial e os proprietários fundiários. Essa predominância se deve ao fato de a propriedade fundiária ter constituído o alvo principal do movimento popular, bem como de ter sido, a partir de 1958, o palco de intensas lutas sociais, não só no Nordeste como também no Centro-Sul. Lembre-se, todavia, de que a burguesia comercial já havia anteriormente agitado a classe média, embora em função de um objetivo político distinto: a criação de um clima social favorável à restauração liberal e à destruição do intervencionismo econômico e social do Estado pós-1930. Assim, a fórmula política de 1932, 1945 e 1954 se coloca, em 1964, a serviço de um objetivo político mais geral: a repressão ao movimento popular e, como condição prévia, a deposição de um governo politicamente incapaz de conter a ascensão popular. Essa presença explica o arcaísmo dos temas de propaganda contrarrevolucionária; entretanto, esse arcaísmo colocou-se, nessa conjuntura específica, a serviço do conjunto da classe dominante.

Porém, se o arcaísmo é o elemento comum aos diferentes casos de ação propagandística do capital comercial, a conjuntura de 1963-1964 introduz uma transformação qualitativa dos temas de propaganda com relação àqueles anteriormente explorados: se em 1945 essa fração combate a "ditadura" em nome da "democracia", e se em 1954 critica a "corrupção" governamental em nome da "moralidade", em 1964 opõe a "democracia" ao "comunismo". Essa ampliação temática revela a presença do temor da proletarização no seio da classe média. Esse temor não se apodera somente da classe média liberal, mas se estende inclusive a certos setores da baixa classe média; daí o relativo alargamento do auditório da propaganda anticomunista dirigida por aquela fração.

A organização contrarrevolucionária da alta classe média liberal – sem dúvida, a fração da classe média predominante nas manifestações golpistas de 1964 – se caracteriza, desde logo, como antipopular e anticomunista. Mas o tema do comunismo é tratado sob diferentes aspectos, segundo o setor organizado. De um lado, a classe dominante tenta criar um vasto e intenso "movimento feminino", capaz de exprimir, por meio de campanhas cívicas e manifestações públicas, uma oposição "maciça" à ascensão popular. Nesse nível, o anticomunismo se caracteriza, sobretudo, como a defesa das instituições sociais fundamentais: a família, a religião, a propriedade. De outro lado, a organização de um outro setor da alta classe média liberal – os profissionais liberais – se faz a partir da defesa das instituições democráticas; trata-se, aqui, de condenar a "democracia de massas" em nome do respeito aos princípios liberais, consagrados pela Constituição de 1946, e desrespeitados, a seu ver, pelo governo federal. Em suma, as corporações de advogados, médicos e engenheiros, tradicionalmente liberais, encarregar-se-ão de opor o "comunismo" não ao "capitalismo", mas à "democracia", definindo os dois últimos termos como sinônimos. Daí o caráter arcaico da organização contrarrevolucionária de 1964: de um lado, o "movimento feminino" e os seus temas morais e religiosos; de outro, as palavras de ordem liberais, antipopulares e antidemocráticas, hegemônicas na Primeira República. Esse arcaísmo não decorre apenas da própria natureza das forças políticas envolvidas no processo de organização contrarrevolucionária; ele faz parte igualmente da tática política da classe dominante. Note-se a esse respeito o apelo propagandístico constante, em 1964, ao movimento constitucionalista de 1932. Aludindo à manifestação *antigovernamental* de 19 de março de 1964 (uma resposta conservadora ao comício governamental de 13 de março de 1964), Carlos Lacerda afirma: "A Marcha marca o início do processo da ressurreição da democracia no Brasil. O espírito de São Paulo, a partir da Marcha, é o de 1932"[67].

A rigor, as referências ao movimento constitucionalista de 1932 demonstram que a classe dominante procura se servir do mesmo modo de organização contrarrevolucionária da classe média adotado em 1932: organização do "movimento feminino" e estímulo ao movimento de profissionais liberais, deflagração de campanhas cívicas e de manifestações públicas, destinadas a criar um clima político favorável à intervenção militar.

É útil recordar, brevemente, a história da organização contrarrevolucionária da alta classe média liberal, em 1964. Ela é dirigida pelos setores mais conservadores da classe dominante: aqueles alojados na UDN de São Paulo, Rio ou Minas Gerais, nas associações e federações rurais de todo o país, nas associações comerciais e nos órgãos de imprensa liberais, como *O Estado de S. Paulo*. Mas as suas palavras de ordem reaparecerão, com algumas adaptações temáticas, no "movimento feminino" e no movimento dos profissionais liberais.

O "movimento feminino" ganha forma a partir da aparição ou crescimento, em todo o país, de associações de mulheres voltadas para a organização de manifestações de hostilidade ao governo federal e seus aliados, em nome da condenação moral e religiosa do comunismo: o Movimento de Arregimentação Feminina (MAF) de São Paulo, a Campanha da Mulher pela Democracia (Camde) do Rio de Janeiro, a União Cívica Feminina de Santos, o Movimento Feminino pela Liberdade do Recife etc. A expressão máxima do "movimento feminino" será a realização de manifestações públicas congregando um grande número de mulheres de classe média, não somente nas grandes capitais, como São Paulo, Rio, Recife ou Belo Horizonte, mas também nas cidades menores: as "Marchas da Família com Deus pela Liberdade". A tais manifestações reserva-se a função de criar um clima sociopolítico favorável à intervenção militar, bem como de incitar diretamente as Forças Armadas ao golpe de Estado. A 8 de março de 1964, 2 mil mulheres do Movimento Feminino pela Liberdade se manifestam contra o comunismo, no Recife; a 11 de março de 1964, a Camde promove, no Rio, uma manifestação contra o governo federal e o comunismo, à qual compareceram 3 mil pessoas; a 24 de março de 1964, realiza-se a passeata anticomunista em Santos, sob a coordenação da União Cívica Feminina, da Conferência das Famílias Cristãs e da Aliança Eleitoral pela Família. Ainda no mês

---

[67] *O Estado de S. Paulo*, 21 mar. 1964, p. 40.

de março, enquanto a Resistência Feminina de Pernambuco pede ao comandante do IV Exército a deposição do governo federal e seus aliados, a Camde homenageia, no Rio, o marechal Dutra. A "Marcha da Família com Deus pela Liberdade", de 19 de março de 1964 (São Paulo), e a "Marcha da Vitória", de 2 de abril de 1964 (Rio de Janeiro), constituirão o auge da organização contrarrevolucionária das mulheres da classe média: 500 mil pessoas em São Paulo, um milhão de pessoas no Rio de Janeiro.

A ofensiva contrarrevolucionária dos profissionais liberais assume um caráter ligeiramente diferente; o seu anticomunismo enfatiza menos a apologia da família, da tradição e da religião, e mais a defesa das instituições liberal-democráticas, corporificadas na Constituição de 1946. A sua ação política adquire, assim, um caráter prioritário de "defesa da Constituição"; em nome dela, as corporações de profissionais liberais pressionam o Congresso Nacional, lançam apelos aos militares e incitam a classe média a hostilizar o governo federal.

As entidades representativas dos advogados constituem a verdadeira vanguarda da classe média liberal na sua luta contra a ascensão do movimento popular. No dia 18 de março de 1964, o Centro Democrático dos Advogados de São Paulo lança, com intenções claras, um protesto público contra a situação dos presos políticos em Cuba, propondo a formação de um Movimento de Solidariedade e Apoio aos Presos Políticos daquele país. A 25 de março de 1964, o Instituto dos Advogados do Rio de Janeiro se manifesta, por meio da palavra de Sobral Pinto, contra a "subversão"; e a Associação dos Advogados Democratas, bem como membros da Associação dos Advogados de São Paulo, fazem um apelo à "defesa da Constituição" e contra a "subversão". A 26 de março de 1964, o Instituto dos Advogados de São Paulo lança manifesto pela "defesa da Constituição" e do "direito de propriedade", atingidos, a seu ver, pelos decretos-leis presidenciais, nele afirmando: "Não pode o Congresso emendar a Constituição na vigência do estado de sítio (Art. 217, parágrafo 5º), da mesma maneira que não poderá fazer, sob qualquer espécie de pressão, governamental ou de classes, aquilo que implicaria submetê-lo a um autêntico estado de sítio emocional"[68]. A 31 de março de 1964, a Associação dos Advogados Democratas lança manifesto, assinado por mil advogados, contra a "violação da Constituição", a "ingerência do Executivo federal nos demais poderes da República" e "o continuísmo de Goulart". Mas outras categorias de profissionais liberais tomarão, igualmente, posição contra a ascensão do movimento popular e o governo federal, e a favor do golpe de Estado; no dia 7 de março de 1964, médicos de São Paulo publicam manifesto denunciando a "onda subversiva"; o Instituto de Engenharia de São Paulo aprova, alguns dias após o golpe de Estado (a 4 de abril de 1964), moção de apoio às Forças Armadas, exigindo o afastamento de todos os políticos civis e pedindo a formação de um governo militar.

---

[68] *O Estado de S. Paulo*, 26 mar. 1964, p. 10.

Mas qual a posição assumida pela baixa classe média na crise política de 1964? Terá ela se colocado ao lado das classes populares, ou engrossado a "massa" contrar-revolucionária de classe média? Aqui, é preciso fazer uma distinção. Enquanto uma das principais vítimas da inflação, em processo de crescimento vertiginoso a partir do fim dos anos 1950, os pequenos empregados e o baixo funcionalismo público serão levados a intensificar, no período 1962-64, a sua ação reivindicativa, a fim de impedirem a completa deterioração dos seus salários reais. Assim, o movimento reivindicativo da baixa classe média experimenta, no período citado, um real desenvolvimento favorecido, de resto, pela ascensão do movimento popular, em seu conjunto. Em março de 1964, professores paranaenses de colégios particulares entram em greve, reivindicando um aumento salarial de 100%. Quanto ao baixo funcionalismo público, econômico e ideologicamente distante da alta burocracia, ele integrará a vanguarda do movimento reivindicativo de classe média. Em primeiro lugar, as reivindicações salariais dos funcionários federais, civis e militares, constituirão o primeiro ataque concreto à política de estabilização sintetizada no Plano Trienal de 1963; a satisfação do seu pedido – um aumento salarial de 70% – em maio de 1963 incitará o FMI a retirar o seu apoio à política de estabilização. Além disso, em 1964, a União Nacional dos Funcionários Públicos passa a coordenar, em nível nacional, o movimento de reivindicação salarial da categoria; em março de 1964, dez mil funcionários públicos federais promovem concentração pública para reivindicar aumento salarial, paridade com os militares, 13º salário e revisão de classificação. Os comerciários também participarão do movimento de reivindicação salarial. Em agosto de 1963, a categoria deflagra, em Recife, uma greve pelo aumento salarial; em março de 1964, os comerciários de Brasília se dispõem a recorrer à greve pelo reajuste dos seus salários. Finalmente, o movimento reivindicativo da classe média contará com a importante participação dos bancários, habitualmente propensos à ação reivindicativa. Em março de 1964, os bancários do Rio de Janeiro permanecem em greve durante 22 dias; um ano antes, a categoria havia recorrido, no Recife, à greve pelo aumento salarial.

Entretanto, mesmo o alinhamento de parte da baixa classe média com as classes populares em torno do programa de "reformas de base" não deve ser mal interpretado: não se trata de uma posição propriamente dita revolucionária. De resto, se a baixa classe média é atraída para tal programa, isso se deve ao fato de que a estratégia de lutas antifeudal e anti-imperialista, definidas pelo PCB, em nada fere as suas tendências estatistas; ao entregar a direção dessa luta ao próprio governo federal, tal organização propõe uma compatibilização entre desejo de transformação social e respeito à ação do Estado "pelo alto", baseada na suposição da existência de uma tendência antifeudal e anti-imperialista da burguesia interna. Assim, a estratégia governista do PCB encontra ressonância no estatismo da baixa classe média; essa convergência entre a forma de ação política proposta pela "vanguarda" e a disposição ideológica na "massa" da classe provoca a atração de amplos contingentes da baixa classe média para as lutas antifeudal e anti-imperialista, mas ao mesmo tempo limita a eficácia desse desejo de transformação social.

Todavia, da participação maciça da baixa classe média no movimento reivindicativo não se deve deduzir que essa fração tenha, *no seu conjunto*, assumido uma posição de claro apoio ao movimento nacionalista e ao programa de reformas sociais. Com relação a esse ponto, o apoio, a hesitação e mesmo a oposição (esta, provocada pelo medo da proletarização) coexistem no seio da "massa" da baixa classe média; além disso, a luta pelo programa de reformas antifeudal e anti-imperialista *cinde* o movimento sindical de classe média. De um lado, os bancários, securitários, comerciários, gráficos, censitários do IBGE e servidores públicos do Rio de Janeiro participarão do comício governamental pelas reformas de 13 de março de 1964; em março de 1964, o Sindicato dos Comerciários de Brasília se declara solidário com o movimento grevista em geral e manifesta o seu apoio às "reformas de base"; a maioria dos sindicatos bancários do país, as federações regionais dos bancários e a Contec participam ativamente da propaganda pelas "reformas de base", encontrando-se representadas na direção do Pacto de Unidade Intersindical (PUI), e endossam o apelo do CGT à greve geral contra o golpe militar, em 1º de abril de 1964. De outro lado, o Sindicato dos Comerciários de São Paulo, a Federação Paulista e a Confederação Nacional dos Comerciários ratificarão a sua posição já definida desde 1960-1961, colocando-se contra o programa de reformas e as organizações sindicais "paralelas" (CGT, PUA, PUI) e a favor do golpe de Estado. No dia 3 de abril de 1964, a Federação dos Empregados do Comércio de São Paulo (Fecesp) regozija-se pelo sucesso do golpe militar e lembra ter sido a primeira entidade sindical a deflagrar a "reação democrática" contra a "comunização dos órgãos sindicais", bem como reivindica, em nome de 400 mil comerciários, a total transformação do sindicalismo brasileiro, com o afastamento dos "comunistas" e "aventureiros". Finalmente, a 9 de abril de 1964, a Confederação Nacional dos Empregados do Comércio lança um manifesto de apoio ao governo militar e contra o comunismo; porém, ao mesmo tempo, pede às "categorias econômicas que não se declarem vitoriosas supondo poder negar aos trabalhadores, em nome de uma concepção retrógrada, os seus direitos legítimos e sagrados"[69]. Nessa declaração, coexistem o medo da proletarização e a valorização do espaço aberto à ação sindical a partir de 1931.

Mas a análise das posições políticas mencionadas anteriormente esgota o estudo da participação da classe média na crise política de 1964? É preciso notar que o anticomunismo de 1964 apresenta uma terceira variante, tendente a acentuar menos a defesa da família, da religião ou mesmo das instituições liberal-democráticas, priorizando a defesa da ordem e da autoridade. Trata-se, evidentemente, do anticomunismo dos

---

[69] *O Estado de S. Paulo*, 9 abr. 1964, p. 10.

oficiais superiores das Forças Armadas, apegados a uma visão hierárquica da sociedade e agastados pela "subversão da ordem" (ao nível da sociedade) e da "ruptura da disciplina" (ao nível do aparelho de Estado). Essa tendência autoritária específica não teria conquistado outros setores sociais? É verdade que a observação empírica caracteriza a classe média liberal como a "massa" contrarrevolucionária de apoio ao golpe militar. No entanto, podemos, aqui, levantar pelo menos uma hipótese: *novas camadas* da classe média, de existência recente, também manifestaram, em 1964, a sua oposição à ascensão do movimento popular, o seu anticomunismo sendo alimentado por um autoritarismo algo diferente do *autoritarismo de crise* da classe média liberal. A passagem da industrialização brasileira a uma nova fase (grande indústria "moderna" e monopolista, produção de bens de consumo duráveis e insumos industriais, desenvolvimento do capital financeiro), a partir de 1956, permitiu o florescimento de um "novo setor terciário urbano", cuja cúpula é constituída pelos detentores da autoridade técnica ou administrativa no seio da grande empresa capitalista: executivos, gerentes, chefes de serviço, economistas, técnicos médios, engenheiros industriais etc. Essas ocupações definem uma nova "situação de trabalho", e tal situação provoca uma *tendência* desses setores a se afastarem da ideologia liberal e do estatismo popular. Daí a especificidade ideológica da *nova classe média*: o exercício da autoridade técnica ou administrativa no seio da grande empresa capitalista tende a gerar convicções sobre o caráter racional da autoridade em geral, bem como sobre a necessidade de uma organização altamente despótica e hierarquizada da sociedade. É verdade que, como as demais frações da classe média, a nova classe média também teme a proletarização; todavia, a ameaça de igualização socioeconômica com o proletariado representa, para ela, algo distinto: a destruição de todo princípio de "autoridade racional". É claro que se podem identificar, nessas disposições, os germes de uma tendência estatista. Todavia, o estatismo dos "de cima" (a nova classe média) não coincide com o estatismo dos "de baixo" (a baixa classe média). Enquanto esta cultua um Estado-justiça, promotor do bem-estar do povo, aquela idealiza um Estado-despótico, garantia suprema da racionalidade da economia e da sociedade. Por outro lado, o autoritarismo da nova classe média não se reduz a um *autoritarismo de crise*; trata-se, na verdade, de uma concepção autoritária da sociedade e da política, realimentada permanentemente pela posição dos membros dessa fração, dentro da empresa capitalista.

A rigor, a natureza arcaica da organização contrarrevolucionária de "massa" de 1964 oculta as transformações internas sofridas pelo conjunto da classe média brasileira a partir de 1956: redução da importância relativa da alta classe média tradicional (profissionais liberais) e ampliação da nova classe média. Esse processo é, de resto, simbolizado pelo progressivo assalariamento dos profissionais liberais (advogados, médicos, engenheiros) e pela sua consequente integração à empresa capitalista (industrial, financeira ou de serviços). No início dos anos 1960, a frente das forças liberais (capital comercial em geral, burguesia cafeeira, alta classe média tradicional) está condenada à decadência política; todavia, o seu arcaísmo tem um papel a desempenhar na organização de um movimento contrarrevolucionário de "massa". Na crise política de 1964, as formas acabadas (comícios antigovernamentais, campanhas cívicas, "movimento feminino", corporações de profissionais liberais) chamam a nossa atenção para a antiga classe média e nos impedem de captar a tendência autoritária "difusa" da nova classe média. A rigor, a presença política dessa nova fração só se torna evidente após o golpe de Estado de 1964, quando tende a se constituir na reduzida base social de apoio do regime militar.

No entanto, a crise política de 1964 está longe de representar o início da liquidação das demais tendências ideológicas da classe média, bem como de sua integral absorção pelo campo autoritário. Quatro anos mais tarde – em 1968 –, o liberalismo elitista e o estatismo "populista" fazem sua reaparição na cena política brasileira, enquanto, após o "Maio francês" de 1968, o deslocamento de uma parte da nova classe média francesa para o campo do socialismo autogestionário sugere que a *tendência* autoritária, alimentada pela sua posição na empresa capitalista, pode ser *invertida* no curso da luta política, em função da capacidade de direção revelada pelas forças democráticas e populares.

ESTADO E CLASSES SOCIAIS NO CAPITALISMO BRASILEIRO DOS ANOS 1970/1980

O Estado brasileiro dos anos 1970/1980 e a organização da hegemonia no seio do bloco no poder

O Estado brasileiro já é, desde a revolução política antiescravista de 1888-1891, um Estado burguês (ou, na terminologia adotada por Nicos Poulantzas em *Poder político e classes sociais*, um Estado capitalista). Desempenha, nessa medida, a função-limite de frustrar, mediante o exercício da força, a revolução social anticapitalista. Essa função-limite é desempenhada pelos Estados capitalistas de um modo regular e contínuo, e não apenas em situações revolucionárias; a força, quando deixa de ser aplicada por tais Estados, é pelo menos ostentada e exibida, produzindo desse modo efeitos intimidatórios sobre as forças potencialmente revolucionárias.

Todavia, a incidência da ação do Estado capitalista sobre as diferentes classes sociais – dominantes e dominadas – não se esgota na frustração pela força de uma revolução social em marcha e na produção de efeitos intimidatórios sobre as forças potencialmente revolucionárias. Como nos mostrou Poulantzas em sua magistral elaboração teórica[70], a relação entre o Estado e as classes sociais, ao longo do processo de reprodução das relações de produção capitalistas, é bastante complexa, não podendo ser reduzida pelo analista ao desempenho, pelo Estado, da função-limite de frustrar, pelo exercício da força ou pela intimidação, a revolução social anticapitalista.

Para os fins de nossa análise, importa sublinhar dois aspectos da relação entre o Estado e as classes sociais no modo de produção capitalista. O primeiro deles é o papel desempenhado pelo Estado capitalista na organização da hegemonia de uma classe dominante – ou fração de classe dominante – no seio do bloco no poder. O segundo deles é o papel do Estado capitalista na desorganização das forças

---

[70] Referimo-nos ao primeiro esquema teórico de Poulantzas: aquele que está exposto em *Poder político e classes sociais*, e que foi abandonado nos seus últimos trabalhos.

potencialmente capazes de compor um bloco revolucionário: as classes dominadas. Nesta seção, trataremos do primeiro aspecto; ou seja, procuraremos caracterizar o modo pelo qual o Estado brasileiro dos anos 1970/1980 preenche o papel de organizador da hegemonia no seio do bloco no poder.

Antes de cumprirmos essa tarefa, devemos relembrar, nos seus aspectos essenciais, a primeira teoria poulantziana do bloco no poder[71]. Nas formações sociais capitalistas, as classes dominantes ou frações de classe dominante são permanentemente unificadas pelo objetivo de frustrar a revolução social; todavia, essa unidade jamais chega ao ponto de sufocar a luta incessante que elas travam pelo aumento dos seus quinhões respectivos na repartição do mais-valor total. A reprodução das formações sociais capitalistas não exclui, portanto, o conflito entre os interesses econômicos próprios às diferentes classes dominantes (classe fundiária, classe capitalista) e às diferentes frações de uma mesma classe dominante (subgrupos de capitalistas que podem ser distinguidos uns dos outros por desempenharem funções variadas no processo econômico capitalista – produtiva, comercial, bancária – ou pelas dimensões diversas do seu capital: grande capital, médio capital).

Como os interesses econômicos próprios às diferentes classes dominantes e frações de classe dominante não podem ser igualmente satisfeitos num momento histórico qualquer – pois todas as partes do conflito objetivam incessantemente *aumentar* a sua quota na repartição do mais-valor total –, *não pode haver, nas formações sociais capitalistas*, "partilha igualitária do poder". As diferentes classes e frações que exploram o trabalho de outros exercem conjuntamente o poder político sobre as classes exploradas. Mas, no bloco das classes dominantes – que Poulantzas denomina *bloco no poder* –, uma classe ou fração prepondera politicamente sobre as demais, na medida em que os seus interesses econômicos são satisfeitos em caráter prioritário. Essa preponderância política de uma classe ou fração no seio do bloco no poder é designada por Poulantzas pelo termo *hegemonia*.

A definição sumária da hegemonia nos termos acima mencionados coloca, desde logo, um problema ao analista de formações sociais concretas: como caracterizar de um modo preciso a preponderância política de uma classe ou fração no interior do bloco no poder? Segundo quais indicadores aferir essa preponderância política? Não encontraremos no texto de Poulantzas uma resposta suficientemente clara a essa questão. Mas, avançando no terreno aberto pela sua definição de hegemonia, podemos agregar que seria simultaneamente inútil e inconveniente utilizar a expressão clássica *hegemonia* para designar a mera preponderância econômica de uma classe

---

[71] Ver Nicos Poulantzas, *Pouvoir politique et classes sociales* (Paris, Maspero, 1968), 2 v., especialmente o capítulo III do volume II, item 4, "L'Etat capitaliste et les classes dominantes", p. 52-77 [ed. bras.: *Poder político e classes sociais*, trad. Maria Leonor F. R. Loureiro, Campinas, Editora da Unicamp, 2019].

dominante ou fração de classe dominante sobre as demais classes dominantes ou frações de classe dominante numa formação social capitalista qualquer[72]. *Hegemonia* deve, portanto, ser utilizada para nomear a preponderância política no seio do bloco no poder. Ora, o indicador mais seguro dessa preponderância é a repercussão objetiva da ação estatal no *sistema de posições relativas* de que participam classes dominantes e frações de classe dominante. Pode-se, nessa medida, sustentar que detém a hegemonia no seio do bloco no poder a classe ou fração cujos interesses econômicos são prioritariamente contemplados pela política econômica e social do Estado (a ação estatal de contenção da revolução social não servindo como indicador de hegemonia, pelo fato de corresponder ao interesse político geral do bloco no poder).

Podemos, agora, passar à análise da relação entre o Estado brasileiro dos anos 1970/1980 e as classes ou frações integrantes do bloco no poder. Essa análise é guiada pela pergunta: a política econômico-social do Estado brasileiro, nesse período, concretiza a hegemonia de qual classe ou fração integrante do bloco no poder? Não privilegiaremos aqui a questão da forma do Estado e do regime político no pós-1964; a menção aos processos de militarização do Estado e do regime político, no Brasil pós-1964, só se fará na medida em que isso seja necessário para o esclarecimento do papel desempenhado pelo Estado brasileiro na organização da hegemonia de uma classe dominante ou fração de classe dominante.

Advirta-se, desde logo, que a questão proposta não comporta uma resposta simples. Os inúmeros pesquisadores que se preocupam com a caracterização da hegemonia política no Brasil pós-1964 talvez só estejam concordantes em sustentar que, nesse período, a propriedade fundiária não detém a hegemonia dentro do bloco das classes dominantes, subordinando-se politicamente aos interesses do capital industrial. Essa concordância intelectual reflete, a nosso ver, a clareza com que se apresenta a qualquer observador de nossa história recente um fato objetivo: a contribuição efetiva da ação estatal, no pós-1964, para o "desenvolvimento capitalista", a "industrialização" (capitalista) ou o "progresso da indústria" (nos quadros do capitalismo).

Todavia, essa constatação, ainda que correta, é excessivamente genérica, a ponto de ser indistintamente aplicável a dois períodos políticos: 1930-1964 e 1964-1988. Ora, os pesquisadores, na sua maioria, compreendem que a modalidade de ação estatal a favor do "desenvolvimento capitalista" não é a mesma nos dois períodos políticos. Dessa compreensão decorrem algumas tentativas de apreender o processo de redefinição da hegemonia que teria ocorrido no pós-1964. Para uns, o golpe militar de 1964 teria encerrado uma longa fase de crise hegemônica e aberto o caminho para a hegemonia da burguesia industrial. Para outros, o capital industrial

---

[72] A preponderância econômica poderia, por exemplo, ser aferida em termos contábeis: diferenças entre as taxas de lucro ou as massas de lucro, para não falar da convencional aferição – estranha à problemática teórica em questão – das participações diferenciais dos "setores econômicos" no PIB.

concorrencial, hegemônico a partir de 1930 (ou 1937), teria cedido esse posto, no pós-1964, ao capital industrial monopolista. Para terceiros, o golpe militar de 1964 teria viabilizado a redefinição da hegemonia a favor do capital industrial estrangeiro em detrimento do capital industrial nacional. Finalmente, há aqueles que propõem a combinação de algumas dessas teses.

É impossível reexaminar os argumentos postos a serviço de cada uma dessas teses; portanto, não temos condições de reavaliar o quanto existe de verdadeiro sob cada uma das fórmulas sintéticas expostas até aqui. Neste texto, queremos sobretudo chamar a atenção para alguns aspectos centrais da questão, que não são devidamente levados em conta pela maioria dos propositores dessas teses.

A tese – sustentada por parcela considerável da esquerda partidária e acadêmica – de que o capital industrial monopolista (nacional e estrangeiro) é hegemônico no pós-1964 apoia-se na constatação de um fato a nosso ver inegável. A política do Estado brasileiro favoreceu regularmente, a partir do golpe militar de 1964, a oligopolização da indústria: seja a formação de oligopólios nos ramos industriais ainda em implantação (automobilística, eletrônica, petroquímica), seja o avanço da oligopolização em ramos industriais tradicionais (exemplo: a indústria da fiação). Lembremos, a esse respeito, a política estatal de crédito restritivo (favorecimento das grandes empresas em detrimento das pequenas e médias empresas); a política estatal de favorecimento, por meio da concessão de vantagens cambiais, ao financiamento das grandes empresas industriais estrangeiras pelas suas matrizes; a elaboração de projetos de implantação industrial (os chamados "polos") incluindo basicamente empresas monopolistas (estrangeiras, nacionais e estatais); o papel decisivo do Estado – e, mais especificamente, das Forças Armadas – na implantação de uma indústria bélica (Engesa, Imbel etc.) de caráter oligopólico; e, de modo geral, a ausência de qualquer política sistemática de apoio às pequenas e médias empresas. Assim, parece-nos correto afirmar que os interesses econômicos das grandes empresas industriais (estrangeiras ou nacionais) são proporcionalmente mais beneficiados pela política de Estado, no pós-1964, que os interesses econômicos da propriedade fundiária ou da pequena e da média empresas industriais.

Contudo, se quisermos dar maior complexidade à análise política, deveremos atentar para a existência de uma fração do capital cuja importância econômica e política no pós-1964 tem sido mais reconhecida pela corrente dos chamados "economistas de oposição" que pelos cientistas políticos de tendências variadas: aquela que é convencionalmente designada como "setor financeiro" e que preferimos, aqui, nomear "capital produtor de juros" ou, mais simplesmente, "capital bancário"[73].

---

[73] Nossas proposições sobre o capital bancário têm, como poder-se-á constatar a seguir, pouca originalidade, pois apoiam-se em conclusões constantes de alguns importantes trabalhos escritos por economistas acadêmicos brasileiros. Mencionemos, entre outros, os de Maria da Conceição Tavares,

Para podermos apreender a posição do capital bancário no bloco no poder do pós-1964, teremos de observar – ainda que rapidamente – o lugar dos bancos na estrutura econômica brasileira do período 1930-1964. Os melhores trabalhos acadêmicos sobre a matéria têm apontado para a "fraqueza do sistema financeiro nacional" no mesmo período histórico que a política do Estado assume uma orientação industrializante ("confisco cambial", investimentos estatais em "infraestrutura", criação, em 1951, de um banco estatal – BNDE – de apoio ao investimento industrial) e o processo interno de industrialização capitalista passa para uma nova etapa (produção interna de insumos industriais, maquinaria leve, bens de consumo duráveis). Essa fraqueza se exprime por meio de fatos como a grande importância relativa, no período 1930--1964, da reinversão de lucros retidos (autofinanciamento) e da "poupança forçada" (isto é, aquela obtida pela via inflacionária) no financiamento dos novos investimentos industriais; a notória ascendência de organismos estatais – mormente o BNDE – sobre os bancos privados nesse mesmo domínio; ou, ainda, a incapacidade de os bancos comerciais evoluírem para o desempenho de outros papéis além de suprir crédito de curto prazo à indústria, ao comércio e à agricultura (por exemplo, o de "banco de investimento" ou o de "cabeça de grupo" ligado às atividades produtivas).

Esses fatos já foram analisados nos melhores trabalhos dedicados ao "sistema financeiro nacional". O que talvez possamos fazer, como analistas políticos, é sublinhar que a fraqueza desse sistema não exprime nenhuma determinação econômica incontornável – por exemplo, a necessidade de um sistema financeiro fraco numa etapa de "arranque" da industrialização –, e sim a posição subalterna do capital bancário no bloco no poder em reorganização após a Revolução de 1930. O velho capital bancário, que, em articulação com um segmento poderoso do capital comercial (as casas exportadoras de produtos agrícolas), exercera a hegemonia ao longo da Primeira República, foi o grande derrotado no processo de transformação política aberto pelo movimento insurrecional de 1930. A melhor expressão dessa derrota é a vigência, já a partir de 1933, da famosa "Lei da Usura", que proibia taxas de juros nominais superiores a 12% anuais. A criação dessa lei não deve ser interpretada como um ato eminentemente técnico e sim como um ato político, tradutor da

---

"Natureza e contradições do desenvolvimento financeiro recente", em *Da substituição de importações ao capitalismo financeiro* (Rio de Janeiro, Zahar, 1972), e "O sistema financeiro brasileiro e o ciclo de expansão recente", em Luiz Gonzaga Belluzzo e Renata Coutinho (orgs.), *Desenvolvimento capitalista no Brasil: ensaios sobre a crise* (2. ed., São Paulo, Brasiliense, 1983); Mônica Baer, *A internacionalização financeira no Brasil* (Petrópolis, Vozes, 1986); Martus A. R. Tavares e Nelson Carvalheiro, *O setor bancário brasileiro: alguns aspectos do crescimento e da concentração* (São Paulo, FIPE/USP, 1985); Álvaro Antonio Zini Júnior, *Uma avaliação do setor financeiro no Brasil, da reforma de 1964/65 à crise dos anos 1980* (dissertação de mestrado, Campinas, Unicamp, 1982); Andrea Calabi e Gerald Reiss, *Capital industrial e capital financeiro: notas sobre o financiamento da expansão industrial recente* (São Paulo, IPE/USP, 1979).

aspiração coletiva – nutrida por industriais e proprietários fundiários, para não falar das classes populares – ao cerceamento da expansão dos ganhos bancários. Também deve ser interpretada politicamente a ausência, ao longo do período 1930-1964, de uma clara e persistente orientação monetarista, ortodoxa e anti-inflacionária na política econômica estatal (salvo alguns subperíodos de curta duração). Podemos sem dificuldade imaginar qual terá sido o efeito da combinação entre limitação legal dos juros e ausência de política anti-inflacionária: a vigência de juros reais negativos, a manutenção da expansão de cada estabelecimento bancário dentro de certos limites, a preferência calculada de muitos empresários industriais pela acumulação de dívidas etc. Dois sintomas dessa perda de posição relativa: a) em plena fase de industrialização (processo socioeconômico solicitador de mobilidade intersetorial de capitais), o capital estrangeiro não acorreu ao setor bancário (dadas as dificuldades impostas pelo Estado a essa penetração); b) o número de bancos estrangeiros decresceu[74].

É o golpe militar de 1964 que cria as condições políticas necessárias à mudança do tratamento dado pelo Estado ao "sistema financeiro". As novas equipes ministeriais, sustentadas pelo Alto Comando das Forças Armadas e apoiadas pelo capital bancário (nacional, associado ou internacional), implementarão desde então uma política econômica que contribui objetivamente para o fortalecimento da posição econômica do capital bancário diante das demais frações de classe dominante. Em primeiro lugar, a orientação persistentemente monetarista e anti-inflacionária, dominante na política econômica estatal, provocará, ao redundar concretamente em redução da oferta monetária, a elevação da taxa de juros; já durante o primeiro governo militar (1964-1966), os juros reais deixam de ser negativos, o que levará à deflagração de um novo surto de expansão bancária (corrida para abertura de novas agências etc.). Em segundo lugar, as novas equipes tomarão também medidas diretamente destinadas a provocar a elevação da taxa de juros – por exemplo, com a instituição da correção monetária para títulos públicos e privados. (A partir de fins da década de 1970, essa tendência à elevação dos juros será ainda reforçada em razão das inevitáveis repercussões internas da alta das taxas de juros internacionais.) Em terceiro lugar, os sucessivos governos militares implementarão, até pelo menos 1982, uma política de estímulo ao endividamento externo, que implica uma inserção crescente, e em condições mais vantajosas que aquelas vigentes no período pré-1964, do capital bancário internacional na economia brasileira. Já em 1967, a Resolução 63 autoriza os bancos do país a captarem moeda estrangeira, diretamente, no exterior. Além disso, a autorização persistente do repasse de recursos financeiros das matrizes estrangeiras às suas filiais brasileiras é um dos pilares da política econômica estatal no pós-1964.

O incentivo explícito ao endividamento externo faz parte, inclusive, do discurso oficial das equipes governamentais. Em 1970, durante palestra proferida na Escola

---

[74] A esse respeito, ver Mônica Baer, *A internacionalização financeira no Brasil*, cit., p.11-2.

Superior de Guerra, o senhor Paulo Lira, então diretor do Banco Central, afirmou: "A política de endividamento externo se integra ao conjunto de medidas governamentais para alcançar um desenvolvimento acelerado e sustentado que se considera objetivo nacional prioritário"[75]. Um resultado concreto da implementação dessa política é o declínio relativo da importância do autofinanciamento no funcionamento das empresas industriais no Brasil; vale dizer, um reforço progressivo da posição dos bancos diante dessas empresas. Assim, a participação dos "capitais próprios" no financiamento das empresas passa de 54,4% em 1969 a 43,1% em 1975, enquanto a participação genérica do chamado "setor financeiro" nesse financiamento passa de 22,1% em 1969 a 24,7% em 1975. Já a participação do "setor financeiro" num item mais específico – o investimento das empresas – passa de 40,6% em 1969 a 74,7% em 1975, sendo que os financiamentos propriamente bancários representam 76,2% dessa participação em 1969, e 86,9% em 1975[76].

Finalmente, cumpre mencionar um dos aspectos mais conhecidos da política econômica estatal no pós-1964: a centralização do capital bancário pela via da criação de estímulos explícitos às fusões e incorporações de bancos. Já a reforma financeira de 1964 (Lei nº 4.595), ao determinar a "especialização de funções financeiras" (repartindo-as entre bancos comerciais, bancos de investimentos e sociedades financeiras), favorecia consideravelmente os grandes bancos comerciais em detrimento dos pequenos, pois só os grandes teriam condições de se desdobrar para cumprir as diferentes funções (criação das novas instituições requeridas pela lei e, simultaneamente, manutenção do banco comercial como "cabeça de grupo"). Surgiam, assim, grandes "conglomerados" de caráter estritamente bancário (isto é, diferentes daqueles "conglomerados" – próprios dos países capitalistas centrais – que se articulam à esfera produtiva).

Também a Resolução nº 63, de 1967, ao viabilizar a participação de capitais estrangeiros em bancos brasileiros, contribuía objetivamente para a consolidação de alguns oligopólios bancários. Essa tendência foi sustentada e reforçada pela implementação de medidas posteriores, como a limitação à criação, pelos bancos já estabelecidos no país, de novas agências bancárias, ou a política seletiva do Banco Central (criado no pós-1964) na concessão de "cartas-patente" a novos bancos (de capital nacional ou estrangeiro). Em 1971, o governo militar, sempre movido por objetivos concentradores e centralizadores, criou um novo órgão estatal: a Comissão de Fusão e Incorporação de Empresas (Cofie).

O resultado concreto dessa política é a drástica redução do número de bancos comerciais operando no país, combinada ao aumento da potência financeira dos

---

[75] Idem, p. 84.

[76] Esses dados foram extraídos das tabelas 1, 2 e 3 de Andrea Calabi e Gerald Reiss, *Capital industrial e capital financeiro: notas sobre o financiamento da expansão industrial recente,* cit.

grandes bancos. Assim, o número de bancos comerciais estabelecidos no Brasil passa de 455 em 1950 a 224 em 1968, e a 109 em 1974; já os bancos comerciais privados sofrem redução de 188 em 1968 para apenas 68 em 1980. Por outro lado, dos bancos absorvidos por outros bancos, entre 1964 e 1976, 75 eram pequenos bancos, 36 eram bancos médios, e apenas dois eram grandes bancos. Finalmente, se em 1970 os bancos privados detêm 46,8% dos empréstimos e 52,1% dos depósitos, em 1980 já detêm 78,2% dos empréstimos e 64,5% dos depósitos[77].

Esse processo de oligopolização do capital bancário, induzido pela política econômica estatal no pós-1964, não deve, todavia, ser identificado com um eventual processo de formação do *capital financeiro* no Brasil. No esquema, teórico já clássico de Hilferding[78], o conceito de *capital* financeiro é utilizado, num sentido estrito, para designar "o capital bancário que se transforma em capital industrial"; vale dizer, o capital bancário que se liga organicamente à esfera produtiva, passando a dirigir atividades produtivas. Ora, o fortalecimento da posição econômica do capital bancário diante do capital industrial (elevação da taxa de juros, declínio em termos relativos do autofinanciamento industrial) e a acelerada oligopolização do capital bancário (redução do número de bancos, expansão dos grandes bancos), ocorridos no pós-1964, não implicaram a transformação desse capital bancário ascendente em capital financeiro na acepção estrita da palavra[79]. Os grandes grupos bancários implantados no país, sentindo-se já premiados pelas altas taxas de juros e pelas condições vantajosas de associação com o capital estrangeiro, não se sentiram tentados a buscar o controle acionário de atividades industriais. Mesmo a "diversificação" praticada pelos maiores bancos privados, como o Bradesco e o Itaú, tem tido fraca incidência na esfera industrial (ambos preferindo lançar-se prioritariamente, fora da órbita financeira, na esfera de serviços). Um elemento indicador da inexistência do capital financeiro no Brasil é o caráter incipiente do mercado de compra e venda de ações das empresas; vale dizer, a relativa fraqueza das Bolsas de Valores. No caso

---

[77] Os dados acima apresentados foram extraídos dos trabalhos de Álvaro Zini Junior, *Uma avaliação do setor financeiro no Brasil, da reforma de 1964/65 à crise dos anos 1980*, cit.; e de Martus Tavares e Nelson Carvalheiro, *O setor bancário brasileiro: alguns aspectos do crescimento e da concentração*, cit.

[78] Ver Rudolf Hilferding, *O capital financeiro* (São Paulo, Nova Cultural, 1985), p. 219.

[79] Aqui, só retomamos uma conclusão que se encontra em alguns dos melhores trabalhos sobre o "sistema financeiro" pós-1964. Maria da Conceição Tavares e Álvaro Zini Júnior, por exemplo, mostram-se reticentes quanto à existência, pelo menos na sua forma típica, do capital financeiro no Brasil (Zini Júnior cria, inclusive, a expressão "capitalismo financeiro desancorado" – isto é, desarticulado do setor produtivo – para caracterizar a economia brasileira do pós-1964). Já dois sugestivos ensaios de escopo mais diretamente político sustentam de modo taxativo a inexistência do capital financeiro no Brasil: Jacob Gorender, *A burguesia brasileira* (São Paulo, Brasiliense, 1981), p. 81-109; e Luiz Carlos Bresser-Pereira, *Pactos políticos: do populismo à redemocratização* (São Paulo, Brasiliense, 1985), p. 130-2.

brasileiro, a "conglomeração" consiste não tanto na constituição, por grupos bancários, de *holdings* controladoras de empresas industriais, mas na diversificação de cada uma delas numa instituição nominalmente distinta.

Na verdade, o fenômeno da chamada "concentração bancária", induzido pela política econômica estatal do pós-1964, não deve ser encarado como o cumprimento de uma etapa inicial na implantação gradual do capital financeiro no país. Com essa afirmação, não queremos descartar a possibilidade de formação, num futuro mais ou menos próximo, de um capital financeiro brasileiro; nem pretendemos sugerir que esse projeto jamais terá sido encampado por algum grupo de técnicos estatais. Nosso objetivo, aqui, é somente indicar que a "concentração bancária" não poderá ser explicada se não se levar em conta a recuperação parcial de força política pelo capital bancário sob o Estado militar, instaurado em 1964.

Essa recuperação política do capital bancário – que é uma das principais bases de apoio do golpe militar de 1964 e dos sucessivos governos militares – configura-se como condição necessária do reforço de sua posição econômica diante do capital industrial monopolista. A esse respeito, impõe-se relembrar que a indústria monopolista surge antes de 1964, ainda que a oligopolização de vários ramos industriais se acentue desde então por obra da política econômica implementada pelo Estado militar. A rigor, o capitalismo brasileiro nunca passou por uma etapa plenamente concorrencial. A industrialização brasileira foi uma industrialização retardatária com relação à industrialização dos países capitalistas centrais; ora, essa defasagem possibilitou a adoção, pela via da importação de máquinas e insumos industriais, de tecnologias e escalas de produção próprias ao capital monopolista. Assim, o processo de oligopolização da indústria não se inicia com a implantação interna do ramo automobilístico; a sua deflagração coincide com as origens da indústria, embora o desenvolvimento da oligopolização nos diversos ramos industriais seja desigual.

Portanto, o processo de oligopolização da indústria não se faz, no Brasil, sob a direção do capital bancário, cuja fraqueza no período de industrialização acelerada (1930-1964) procuramos anteriormente caracterizar. Por isso mesmo, pode-se aplicar ao caso brasileiro uma observação importante de Hilferding: "Uma cartelização [da indústria] muito avançada, de antemão, induz os bancos a se associarem e se ampliarem, para não caírem na dependência do cartel ou do truste. A própria cartelização promove, assim, a união dos bancos, como, ao inverso, a união dos bancos fomenta a cartelização". E ainda: "(...) uma comunidade de interesses, provocada em princípio pelos industriais, pode ter como consequência que dois bancos até agora concorrentes comecem a ter interesses comuns e passem a atuar conjuntamente em determinado ramo"[80]. Ou seja, a reação econômica e política do capital bancário à

---

[80] Rudolf Hilferding, "Capítulo XIV - Os monopólios capitalistas e os bancos", *O capital financeiro*, cit., p. 217.

oligopolização antecipada da indústria (nacional, estrangeira ou estatal) – antecipação essa que frustra a formação de um capital financeiro no Brasil – é a promoção da aceleração, mormente nos anos 1970/1980, da chamada "concentração bancária". A política econômica estatal do pós-1964, elaborada sob a influência do capital bancário (nacional e estrangeiro), contribuirá para que os processos de oligopolização do capital bancário e do capital industrial sejam assimétricos. Como já notaram vários autores, a chamada "concentração bancária" é proporcionalmente maior, mais intensa e mais prolongada, no pós-1964, que a concentração industrial. Esse deslocamento, operado graças à participação decisiva do Estado militar, no sistema de posições relativas em que se inserem o capital bancário e o capital industrial caracteriza a hegemonia do capital bancário no seio do bloco no poder, embora num nível mais geral de análise não seja incorreto sustentar que, quando confrontadas com outras classes dominantes ou frações de classe dominante (propriedade fundiária, médio capital industrial), as frações monopolistas – bancária, industrial – parecem exercer em condomínio a hegemonia.

A análise do tratamento dado pelos sucessivos governos dos anos 1980 (inclusive o da Nova República) à questão da dívida externa permite detectar a preponderância política persistente do capital bancário. A orientação predominante nesse terreno tem sido claramente "pró-financeira", na medida em que tem implicado a aceitação do elevado patamar a que se alçaram os juros internacionais e internos; daí os protestos, mais ou menos velados, da burguesia industrial congregada na Fiesp contra tal orientação[81]. Todavia, uma vez caracterizada a hegemonia do capital bancário, coloca-se inevitavelmente a questão: se essa fração é hegemônica, qual é a razão da sua reduzida visibilidade política? Já se sabe que a burguesia industrial, como fração de classe autônoma, intervém de modo discreto na cena política brasileira do pós-1964; ela não só se absteve de criar um partido organicamente ligado aos seus interesses de classe, como também optou por não se identificar claramente com um dos partidos existentes, inclusive na fase do pluripartidarismo. Mesmo a sua principal organização econômico-corporativa – a Fiesp – deixou de se posicionar (ou então o fez com prudência ou moderação) com relação a muitas das questões políticas cruciais do período.

Aqui, cumpre-nos sublinhar que essa tendência, detectável na prática política da burguesia industrial, manifesta-se com muito mais força na da burguesia bancária; e isso num período político em que as suas concepções acerca do desenvolvimento capitalista exercem influência ponderável sobre os elaboradores da política econômica estatal. Na esfera partidária, a tendência dominante entre os banqueiros tem

---

[81] Uma referência interessante a esses protestos, é feita por Sebastião C. Velasco e Cruz, *A política industrial e a transição no Brasil: elementos para uma interpretação* (Recife, Fundação Joaquim Nabuco, 1988). Mimeo, versão preliminar.

sido apoiar os partidos mais conservadores: a Arena na fase bipartidária, o PDS ou o efêmero PP no início do pluripartidarismo, o PFL ou mesmo o PDS na Nova República. Todavia, não se consolidou no país nenhum "partido dos banqueiros" capaz de propor ao conjunto das classes sociais um programa político específico, coerentemente articulado aos interesses dessa fração. Na esfera corporativa, organizações como a Febraban, a Fenaban, a Associação Nacional dos Bancos ou a Confederação Nacional das Instituições Financeiras (CNIF) estão longe de se ombrear com a Fiesp no terreno da intervenção pública e aberta no debate das grandes questões nacionais.

Não podemos, aqui, analisar em detalhe todas as razões dessa reduzida visibilidade política, no Brasil pós-1964, de frações burguesas como o capital bancário ou o capital industrial. Devemos, entretanto, mencionar algumas delas, para podermos encaminhar uma última observação sobre a hegemonia no período pós-1964. A primeira delas é que a militarização do Estado a partir de 1964 acentuou a tendência regular das frações burguesas – bem como dos seus subgrupos – a agirem diretamente junto ao Executivo com o objetivo de obter medidas estatais favoráveis aos seus interesses. Nesse contexto, o grupo de interesse (ou *lobby*) torna-se a organização política chave para a luta interna do bloco no poder, em detrimento da associação profissional, do partido ou da representação parlamentar. Todavia, há uma razão específica para que o capital bancário seja politicamente muito menos visível que o capital industrial. A atividade bancária – que é basicamente atividade de empréstimo da mercadoria dinheiro – é identificada pelo conjunto das classes sociais (não só pelas classes populares, mas também por uma classe dominante como a dos proprietários fundiários) como uma atividade socialmente negativa e perniciosa; ou, melhor dizendo, como uma atividade *improdutiva*. Assim, o capital bancário não pode, enquanto não se articula organicamente à esfera industrial, apresentar-se ao conjunto das classes sociais como uma "classe produtora"; é, portanto, incapaz de se converter no agente principal da dominação ideológica de classe. Já classes dominantes como a propriedade fundiária ou o capital industrial podem apresentar-se ao conjunto das classes sociais como "classes produtoras", pois de um modo ou de outro aparecem ligadas à esfera da produção de bens materiais.

Por essa razão específica, delineia-se no Brasil pós-1964 uma situação que Poulantzas considera excepcional (uma exceção à regra geral imperante nas formações sociais capitalistas): a dissociação entre a função de hegemonia no bloco no poder e a função de organização da dominação ideológica sobre as classes trabalhadoras. Poulantzas afirma que "(...) a função de hegemonia no bloco no poder e a função de hegemonia relativamente às classes dominadas *se concentram em regra geral numa mesma classe ou fração*". E ainda: "No entanto, essa concentração da dupla função de hegemonia na classe ou fração, inscrita no jogo das instituições do Estado capitalista, é apenas uma regra cuja realização depende da conjuntura das forças sociais. Assim, podemos constatar as possibilidades de defasagem, de dissociação e de deslocamento dessas funções da hegemonia em classes ou frações diferentes – uma representando a fração hegemônica do conjunto da sociedade, a outra sendo específica do bloco no poder –, o que tem consequências capitais no nível político"[82].

No Brasil pós-1964, configura-se essa dissociação das funções de hegemonia, na medida em que o capital bancário, a despeito de hegemônico no bloco no poder, não pode apresentar-se abertamente ao conjunto das classes sociais como força política específica nem pode endereçar a estas um discurso que justifique o desenvolvimento do capitalismo no Brasil a partir de uma visão que privilegie os seus interesses específicos de fração. Por isso, o capital bancário cede objetivamente o papel de principal agente privado da dominação ideológica sobre as classes trabalhadoras ao capital industrial. Essa fração endereça ao conjunto das classes sociais, com êxito crescente, o seu discurso específico de "classe produtora": identificação do "progresso" com a industrialização capitalista, identificação do "bem-estar social" com o consumo individualizado de bens industrializados. E aqui desembocamos num aparente paradoxo: quando a orientação da política de Estado era mais "industrialista" que pró-bancária (período 1930-1964), o discurso do "industrialismo" não lograva impor-se cabalmente ao conjunto das classes sociais por ter ainda de competir com o discurso – emanado da propriedade fundiária – acerca da "vocação agrícola" do Brasil. Inversamente, quando o capital bancário recupera influência sobre a política econômica estatal, o discurso do "industrialismo" vai se tornando socialmente vitorioso[83].

O Estado brasileiro dos anos 1970/1980 e a desorganização política das classes dominadas

Examinemos agora o papel do Estado brasileiro dos anos 1970/1980 na desorganização política das classes dominadas. A premissa teórica desse exame consiste na tese – central no primeiro pensamento de Poulantzas – de que a estrutura jurídica estatal própria ao modo de produção capitalista já produz, por si só, um efeito permanente

---

[82] Nicos Poulantzas, *Pouvoir politique et classes sociales*, cit., p. 64-5. A tradução da passagem mencionada é do autor.

[83] A formulação poulantziana acerca da dissociação das funções de hegemonia talvez possa igualmente ser aplicada à Primeira República brasileira (1889-1930). Contentemo-nos, a esse respeito, em expor sumariamente uma hipótese de trabalho provisória: se a hegemonia no seio do bloco no poder é exercida, desde pelo menos a gestão Salles-Murtinho, pelo capital comercial e bancário, o agente principal da dominação ideológica de classe é a propriedade fundiária, que polariza ideologicamente as demais classes sociais por duas vias: a ideologia da lealdade pessoal (campesinato dependente) e o discurso acerca da "vocação agrícola do país" (capital comercial e bancário, parte da classe média urbana, e mesmo uma parcela do operariado fabril).

sobre as classes dominadas: a sua *fragmentação* ou *atomização*. Não pode haver trabalho assalariado sem que exista, concomitantemente, mercado de trabalho (isto é, compra e venda da força de trabalho). Ora, o mercado de trabalho se constitui por obra do direito capitalista, que atribui a todos os homens a capacidade de praticar atos de vontade (isto é, a capacidade jurídica em geral) e, portanto, viabiliza a conversão da relação de exploração entre proprietário dos meios de produção e produtor direto numa aparente *troca de equivalentes* (salário x trabalho).

Em suma, o direito capitalista converte todo e qualquer homem num *sujeito individual de direito;* e, portanto, permite que a forma do *contrato* se imponha à relação de exploração do trabalho. Para os nossos fins, é particularmente importante sublinhar que, ao mesmo tempo que viabiliza a relação capital-trabalho assalariado, a atribuição a todos os homens de capacidade jurídica contribui para *a individualização* incessante e renovada dos agentes da produção. Mais especificamente: o produtor direto aparece aos seus próprios olhos como indivíduo no ato de celebração do contrato de trabalho, pois este só é possível pelo fato de o Estado capitalista reconhecer a "personalidade individual" e a "autonomia da vontade individual" de todos os homens, inclusive daqueles destituídos dos meios de produção. Ora, esse processo ideológico de individualização dos produtores diretos implica a frustração de um outro processo: o de constituição dos produtores diretos num coletivo orientado para a luta contra a exploração do trabalho. Numa formulação mais geral, pode-se dizer que todo Estado capitalista desorganiza politicamente as classes dominadas na medida em que individualiza os agentes da produção, impedindo-os de agir como *classes sociais* (ou, na terminologia clássica, de se converter em classes sociais "para si").

Voltemos ao caso brasileiro. Um Estado dominantemente capitalista se implanta no Brasil entre 1888 e 1891, como consequência da revolução política antiescravista. Desde então, portanto, o Estado brasileiro, ao mesmo tempo que viabiliza a difusão progressiva das relações de produção capitalistas, individualiza os agentes de produção inseridos na estrutura econômica capitalista em constituição. Dito de outra forma: a face inversa do processo de criação, pelo Estado capitalista brasileiro, das condições ideológicas e políticas necessárias à difusão progressiva da relação capital-trabalho assalariado é o bloqueio, pela via da individualização dos agentes de produção, à organização dos produtores diretos para lutar contra a exploração do trabalho. Desde 1891, portanto, o Estado brasileiro contribui para a atomização ou fragmentação das classes trabalhadoras, inclusive daquelas ligadas a formas de produção que, pela sua própria natureza, conduzem ao isolamento socioeconômico do produtor direto (é o caso da pequena propriedade rural independente, responsável pelo bem conhecido "isolacionismo" do camponês parcelar).

Lembre-se, todavia, de que o capitalismo não se implanta no país de uma só vez. Ao longo do século XX, configura-se uma difusão progressiva e regionalmente desigual do trabalho assalariado, como consequência da industrialização, da integração – pela via da mecanização – da agricultura à órbita do capitalismo, e do desenvolvimento dos serviços urbanos. Essa difusão se acentua significativamente no período pós-1964. Entre 1950 e 1980, a classe operária fabril cresce 400%, e os seus efetivos chegam a dobrar no curto período que vai de 1970 a 1976. Neste último ano, os operários fabris no país já somam 4,9 milhões[84]. No campo, o assalariamento (permanente ou temporário) também progride, a ponto de o cadastro do Incra apontar, em 1980, a existência de oito milhões de assalariados rurais (aí incluídos os assalariados temporários). Também se registra, no período pós-1964, um crescimento considerável do número de trabalhadores assalariados não manuais, por obra da expansão dos serviços urbanos anexos à economia industrial, da extensão das atividades burocráticas estatais e da integração crescente dos antigos profissionais liberais (médicos, engenheiros, advogados, arquitetos etc.) às empresas fornecedoras de serviços. Um indicador sugestivo desse crescimento é, por exemplo, o fato de que, entre 1978 e 1986, 13% das greves deflagradas em São Paulo foram realizadas por assalariados de classe média; ou o fato de que a participação desse setor no total de greves deflagradas em São Paulo chega, em 1980, a 32,3%, e, em 1981, a 38,6% (esta última taxa devendo-se, em parte, aos efeitos negativos, no terreno da movimentação grevista operária, da recessão econômica de 1981)[85].

A difusão do trabalho assalariado, no período pós-1964, é sem dúvida um processo sobejamente conhecido. Por isso, interessa-nos aqui sublinhar uma outra dimensão – ideológico-política – desse mesmo processo. A progressão do assalariamento implica a extensão da aplicação, no espaço territorial nacional, do direito capitalista. E essa extensão significa, por sua vez, a subtração de um número crescente de homens à esfera ideológica do "comunitarismo" feudal e arcaico imperante nas grandes propriedades fundiárias do interior. Ou melhor: ela significa a individualização crescente dos agentes da produção; e, nessa medida, a frustração da organização das novas classes trabalhadoras, ligadas ao desenvolvimento do capitalismo, em coletivos "para si".

Todavia, a individualização dos agentes da produção, induzida parcialmente pelo direito capitalista, não se opera sem resistências. O caráter altamente socializado do processo de trabalho no modo de produção capitalista e o alto grau de concentração econômico-espacial da indústria na etapa monopolista do capitalismo alimentam uma contratendência: o desenvolvimento, no interior de cada classe trabalhadora, da solidariedade interna e do espírito coletivo, necessário até mesmo para que se alcancem atenuações gradativas – e não apenas a supressão definitiva – da exploração do trabalho. Isso significa que as lutas sociais estão presentes em qualquer formação

---

[84] Esses dados foram extraídos de Duarte Pereira, *Um perfil da classe operária* (São Paulo, Hucitec, 1981), p. 26-7.

[85] Esses dados foram extraídos do sugestivo trabalho de Maria da Glória Bonelli Santos, *A classe média do "milagre" à recessão* (Águas de São Pedro, Anpocs, 1987). Mimeo.

social capitalista, mesmo se a ação coletiva dos trabalhadores sofre, ela própria, os efeitos da operação dos mecanismos jurídicos individualizadores (por exemplo, o sindicalismo concebido como instrumento de luta *coletiva* pelo cumprimento de *direitos individuais*: os direitos de "contratante"). Por essa razão, os Estados capitalistas concretos não se limitam a induzir a fragmentação das classes trabalhadoras pela via da conversão de todos os homens em sujeitos individuais de direitos. Em função do desenvolvimento da luta social, tais Estados lançam mão de mecanismos suplementares de atomização, de modo a reforçar os efeitos ideológico-políticos diretamente derivados do aspecto invariante da estrutura jurídica capitalista.

Feita essa ressalva teórica, podemos agora tratar da seguinte questão: como o Estado capitalista brasileiro do pós-1964 – vale dizer, o Estado militar – desorganiza politicamente as classes dominadas? A primeira parte da resposta consiste em reconhecer que a fragmentação dessas classes por obra da individualização dos agentes da produção continua em operação no período pós-1964, pois a militarização de um Estado capitalista qualquer não implica a suspensão do núcleo jurídico dessa formação social: o seu "direito privado" (nesse sentido estrito, portanto, todo Estado capitalista, seja democrático, seja ditatorial, é um "Estado de direito"). Todavia, o desempenho pelo Estado brasileiro pós-1964 de sua função desorganizadora não se reduz à promoção, evidentemente articulada ao movimento da economia, da contratualização crescente das relações de exploração. Para que possa caracterizar minimamente as demais dimensões dessa função desorganizadora, o analista deve fazer um pequeno recuo histórico, reportando-se à política do Estado brasileiro pós-1930 relativamente às classes dominadas.

Do conjunto de medidas implementadas pelo Estado brasileiro pós-1930 nesse terreno, uma boa parte cumpre objetivamente uma tripla função: a) limitar o desenvolvimento do movimento reivindicatório das classes trabalhadoras; b) impedir a unificação dessas classes até mesmo no plano econômico-corporativo; c) bloquear a constituição de organizações político-partidárias de massa, sejam aquelas voltadas para a consecução de reformas, sejam aquelas orientadas por estratégias socialistas de transformação global. A legislação sindical do pós-1930 "oficializa" os sindicatos, fazendo com que a sua existência (e, portanto, o seu papel de representante dos trabalhadores nos conflitos com o capital) dependa de autorização estatal (concessão à organização da "carta sindical", reconhecimento da diretoria sindical eleita pelo Ministério do Trabalho); proíbe o sindicato de empresa, fixando a "categoria profissional" como critério básico para a constituição de sindicatos; estabelece, correlatamente, a unicidade sindical (vale dizer, impõe ao movimento sindical o princípio do sindicato único por categoria profissional); cria um "imposto sindical" destinado a financiar os sindicatos oficiais; interdita a constituição de organizações horizontais de todos os trabalhadores, como as "centrais", "comandos", ou "intersindicais". Ao mesmo tempo, organiza-se um novo ramo do aparelho judiciário – a Justiça do Trabalho –, no qual se introduzem oficialmente os representantes (chamados "vogais") das partes antagônicas do conflito de trabalho: "empregador" e "empregado". Esse mesmo princípio passa a vigorar nas novas instituições – estatais – de previdência social (como os IAPs), de cuja gestão participam representantes das classes trabalhadoras, indicados pelos sindicatos oficiais.

Essa nova política de Estado – criação do sindicalismo de Estado adoção do princípio oficial da "colaboração de classe" em certos órgãos estatais – produziu efeitos ideológicos e políticos duradouros entre os trabalhadores assalariados. Numa formulação concentrada, digamos que esses efeitos implicaram a *corporativização*, em três níveis analiticamente distintos, das classes trabalhadoras assalariadas: a) *Corporativização I*: concentração de sua ação coletiva no plano reivindicativo, vale dizer, econômico-corporativo (Gramsci), e fraca presença, em termos específicos (partidos de massa, de cunho trabalhista, socialista ou comunista), no plano político-partidário. Essa primeira modalidade de corporativização decorre, pelo menos parcialmente, da ascendência política da burocracia estatal sobre o movimento sindical (ascendência essa que frustra todo processo de organização partidária de massa que se apoie na dinâmica da luta sindical) e da relativa eficácia ideológica da nova imagem – agenciador da "colaboração de classe" – em que se apresenta o Estado brasileiro; b) *Corporativização II*: incessante fracionamento interno, inclusive no plano econômico-corporativo, das classes trabalhadoras assalariadas, e consequente bloqueio à unificação, mesmo que no domínio da ação reivindicatória, dessas classes. Essa segunda modalidade de corporativização é parcialmente induzida pela postura estatal consistente em seccionar, para fins práticos – vida sindical, resolução judiciária dos conflitos de trabalho –, essas classes em "categorias profissionais"; c) *Corporativização III*: efeito de atração especificamente exercido pelas práticas corporativistas estatais – a introdução, em alguns órgãos burocráticos, da representação paritária de "empregadores" e "empregados" – sobre as classes trabalhadoras assalariadas; e, consequentemente, reforço das ilusões populares acerca da natureza e dos papéis do Estado numa formação social capitalista.

Finalmente, é importante sublinhar que a vigência desses mecanismos estatais de corporativização das classes trabalhadoras assalariadas, entre 1930 e 1964, não só contribuiu decisivamente para a inviabilização de uma revolução social no Brasil, como também obstaculizou a emergência de um trade-unionismo forte, ou de um verdadeiro trabalhismo de massa.

A militarização do Estado capitalista brasileiro, a partir do golpe de Estado de 1964, favorecerá o exercício mais intenso e mais frequente da repressão como forma de conter a movimentação reivindicatória e político-partidária das classes trabalhadoras: prisão de lideranças sindicais e políticas, cassação do direito de greve, perseguição às organizações clandestinas de esquerda, militarização da tomada de decisões acerca da questão salarial etc. Todavia, a ditadura militar – como já foi notado por inúmeros analistas políticos e especialistas de sociologia do trabalho – não liquida todos os mecanismos estatais de corporativização das classes assalariadas. Durante pelo menos uma década, os mecanismos subsistentes – o sindicalismo de Estado expurgado das "organizações paralelas", a justiça do trabalho diminuída na sua capacidade decisória – são *encobertos* pelo exercício de repressão, e a sua eficácia ideológica parece estar "adormecida".

A crise política de meados dos anos 1970 evidenciará que esses mecanismos ainda se encontram em operação efetiva. A incompatibilidade crescente de certas frações de classe dominante com a orientação geral da política de Estado obriga as equipes governamentais a tomar atitudes mais moderadas no terreno das relações com as classes trabalhadoras. Protegido indiretamente pelo escudo da dissidência (larvar) burguesa, o movimento reivindicatório popular das regiões industrialmente mais avançadas parece ter, desde 1977-1978, condições políticas de iniciar um ataque frontal aos mecanismos estatais de corporativização das classes trabalhadoras assalariadas. Mais especificamente, o surto grevista de 1978-1980, no ABC paulista, parece indicar a possibilidade de emergência de um movimento reivindicatório desembaraçado do controle estatal, de construção de uma central sindical de massa por iniciativa dos setores mais combativos (ABC), e de desenvolvimento de uma autêntica experiência partidária trabalhista.

Deixemos aqui de lado as duas últimas possibilidades mencionadas (construção de uma central sindical de massa, formação de um partido trade-unionista de massa), pois a sua análise sistemática nos levaria para longe de nosso tema central. Interessa-nos sublinhar, por ora, que o ascenso do movimento reivindicatório operário, entre 1978 e 1980, e a formação de um novo sindicalismo de classe média (associações de funcionários públicos, de professores, sindicatos de médicos etc.), entre 1978 e 1981, não redundaram em destruição do sindicalismo de Estado, nem sequer se traduziram num ataque a aspectos nucleares da legislação sobre sindicatos, como o imposto sindical, a obrigatoriedade da unicidade sindical, a categoria profissional como critério exclusivo para a formação de sindicatos. Portanto, mantém-se intacto, no período atual, o principal mecanismo estatal de corporativização, nos três níveis mencionados, das classes trabalhadoras assalariadas (o "sindicato de Estado"); e cresce novamente a sua importância como instrumento estatal de moldagem, indução ou intervenção na prática das classes trabalhadoras, em razão das dificuldades persistentes, encontradas pelo Estado, no exercício da repressão pura e simples sobre as classes dominadas.

A esse respeito, convém esclarecer que não existe tática de luta sindical ou partidária capaz de neutralizar os efeitos permanentes da legislação sindical no plano político-ideológico. Nesse terreno específico, todo artifício empregado para "contornar a lei" – expressão de uso corrente entre lideranças sindicais e militantes de esquerda – é ilusório. Todas as tentativas de "dinamizar" a vida sindical e partidária das classes trabalhadoras pela via da construção de organizações massivas (intersindicais, partidos trabalhistas) são parcialmente frustradas pelos efeitos da presença de um sindicalismo em última instância politicamente controlado pelo Estado, profissionalmente compartimentado e implementador (graças aos recursos propiciados pela cobrança do imposto sindical) de uma orientação assistencialista. Como é possível a formação de uma coordenação central sindical que seja representativa das massas trabalhadoras, se a intervenção jurídico-política do Estado já induz, por si só, a despolitização e a desmassificação das organizações intermediárias (sindicatos de categoria profissional)? E como é possível a formação de um partido trabalhista de massa num quadro político que torna inútil o recurso a um instrumento clássico de dinamização e reforço de organizações partidárias trabalhistas, como o princípio – aplicado, por exemplo, pelo Labour Party inglês – autorizador da filiação de sindicatos, como tais, ao partido trabalhista?

Não recuaremos suficientemente na observação histórica a ponto de podermos esclarecer as razões pelas quais não surgiu, de 1931 até os nossos dias, um movimento massivo de crítica e de oposição ao controle político de toda movimentação reivindicatória pelo Estado. Mas podemos, pelo menos, indicar a emergência, gradativa, na década de 1980, de uma tendência à crítica do chamado "sindicalismo de Estado"; todavia, os segmentos da classe trabalhadora que a exprimem fazem-no não de uma perspectiva radicalmente anticorporativa, e sim a partir de uma visão neocorporativa. Parece haver, aqui, um paradoxo; mas ele é apenas aparente.

É sabido que o desenvolvimento da oligopolização da indústria, no pós-1964 processa-se de modo desigual nos seus diferentes ramos. Dessa desigualdade básica decorre uma diferenciação das posições patronais quanto à concessão de aumentos salariais, de melhores condições de trabalho (higiene, segurança no trabalho), de benefícios indiretos (refeitórios, colônias de férias etc.). Ora, os trabalhadores dos setores oligopolizados inclinam-se a explorar em seu proveito esse diferencial; tendem a desenvolver um movimento reivindicatório *localizado* – a reivindicação por empresa, e não por categoria profissional – e a isolar-se, nesse terreno de luta, dos trabalhadores filiados aos setores "concorrenciais" ou não oligopolizados, na convicção de que a manutenção de uma frente reivindicatória com estes implica o *nivelamento por baixo* das possibilidades de atendimento das reivindicações próprias à categoria profissional. Essa tendência, já em gestação na segunda metade dos anos 1970, confirma-se na Nova República, como nos mostra Maria Hermínia Tavares de Almeida: nos cem primeiros dias do novo período presidencial, 77% das greves industriais e 61% do total de greves foram movimentos *localizados* (isto é, greves por estabelecimento ou empresa)[86].

---

[86] Ver Maria Hermínia Tavares de Almeida et al., "Construção da cidadania no Brasil, sindicalismo e movimento operário (Debate)", *Comunicação & Política*, Rio de Janeiro, Cebeal/Forense Universitária, n. 6, 1986, p. 74.

Entenda-se que o neocorporativismo dos trabalhadores filiados aos setores oligopolizados precisa, para ser bem-sucedido, varrer o "velho" corporativismo, ainda valorizado de modo implícito pelos setores mais desfavorecidos das classes trabalhadoras (aqueles alocados nas empresas de menor porte). Isso significa destruir os mecanismos estatais de corporativização das classes trabalhadoras – o sindicato único por categoria profissional e a negociação salarial por categoria profissional, mas também as suas implicações e condições legais – e instaurar um corporativismo "de base", não estatal, apoiado na solidariedade dos trabalhadores de uma mesma empresa. Por ora, há um relativo equilíbrio no conflito entre as duas tendências (que é, em parte, o conflito entre os trabalhadores do setor monopolista e os trabalhadores do setor competitivo). Por isso, uma especialista como Tavares de Almeida chega a prognosticar a formação, no futuro próximo, de um "sistema sindical híbrido", que – diríamos nós – combinaria elementos do velho corporativismo (estatal) e do novo corporativismo (antiestatal), e exprimiria desse modo o equilíbrio entre as duas tendências[87].

Todavia, ainda não está completa a caracterização dos mecanismos estatais, vigentes na década de 1980, de desorganização política das classes dominadas brasileiras. As reformas políticas realizadas a partir de 1979, se por um lado redundaram numa certa liberalização do Estado militar (pluripartidarismo, eleições diretas para governos estaduais e municipais, alguma possibilidade de expressão ideológico-política etc.), por outro foram consolidando uma variante do Estado capitalista militar que poderíamos qualificar, apoiando-nos em análises sobejamente conhecidas, como um "sistema de protetorado militar sobre um governo civil". São traços essenciais desse "protetorado militar" a tutela exercida pelas Forças Armadas sobre o Executivo, a ascendência desse Executivo em última instância militarizado sobre o Parlamento e a participação subalterna do sistema partidário e do Congresso no processo decisório estatal (o que explica, pelo menos parcialmente, a rapidez, a facilidade e a frequência das decomposições e recomposições dos partidos representativos das classes dominantes).

A transformação da ditadura militar aberta em "protetorado militar sobre governos civis" é, sem dúvida, a mais importante mudança sofrida pelo Estado brasileiro no decurso dos últimos anos. Entretanto, essa mudança não é a única. Uma outra mudança se realiza sobretudo – embora não exclusivamente – por uma via aparentemente tortuosa. A vitória de partidos "oposicionistas" – isto é, não alinhados com as Forças Armadas – em eleições estaduais e municipais, a partir de 1982, vai preparando o Estado brasileiro para a implementação de uma política de indução das classes trabalhadoras à participação na gestão do ramo municipal do aparelho de Estado capitalista, como forma de desviar a atenção das massas para longe do seu ramo

---

[87] Idem, p. 91.

central, no qual se tomam as decisões-chave concernentes aos interesses econômicos e políticos do capital. O estímulo estatal à participação popular "descentralizadora" ou à descentralização "participativa", bem como a valorização discursiva – em pleno "protetorado militar" – do chamado "poder local" em detrimento do "poder central" não devem ser avaliados a partir das intenções dos seus propositores, e sim pelas suas repercussões objetivas na prática política das classes trabalhadoras.

Quando o Estado brasileiro autoriza a formação de conselhos comunitários que concretizem a participação popular na gestão de certos órgãos municipais (como centros de saúde ou administrações regionais) ou recorre à iniciativa popular para a resolução de certos problemas ditos "locais" (exemplo: os mutirões de construção), não está pura e simplesmente estimulando o desenvolvimento genérico da "cidadania" política no seio das classes trabalhadoras. Na verdade, tal Estado está propondo, em primeiro lugar, que as classes trabalhadoras aceitem e legitimem em termos práticos certa divisão do trabalho no seio do aparelho de Estado capitalista: a concentração do ramo central nas questões cruciais concernentes à acumulação de capital (estatuto de propriedade, tributação, investimento, salários "diretos" etc.) e a dedicação do ramo local às questões referentes mais diretamente à reprodução da força de trabalho (moradia, transporte, saúde, educação etc.). Em segundo lugar, esse Estado atrai politicamente as classes trabalhadoras para o polo local, atenuando desse modo a sua intervenção nas questões tratadas pelo polo central.

Assim, o Estado capitalista brasileiro tende, no rastro de outros Estados capitalistas, a apresentar-se às massas como um *Estado dual* (expressão de Peter Saunders). Colabora, desse modo, para a decomposição do trabalhador, explorado pelo capital, em vários papéis: o de "produtor", o de "consumidor", o de "usuário" etc. Evidentemente, não é o avanço da divisão do trabalho entre as diferentes seções espaciais do aparelho estatal capitalista – local, regional, central – que determina, por si só, a fragmentação prática do trabalhador em diferentes papéis. No modo de produção capitalista, as esferas da produção, da circulação e do consumo *aparecem* como esferas distintas e separadas aos olhos do produtor direto. Ainda assim, a política estatal de atração das massas para o polo local é particularmente eficaz no bloqueio à formação de classes trabalhadoras "para si", na medida em que o estímulo à solidariedade local (isto é, de municipalidade, bairro, vizinhança) implica reiteração do critério *espacial* ou *territorial* como único critério legítimo de constituição de *coletivos* no interior das fronteiras demarcadas pelo Estado. O Estado capitalista nega a legitimidade da classe social – coletivo que se forma a partir de uma posição no processo social de produção – e propõe em seu lugar a Nação (coletivo de base territorial). Mas pode também preconizar a decomposição da Nação em unidades menores, desde que estas se fundem igualmente no critério territorial e reafirmem, nessa medida, a validade da Nação como comunidade suprema.

Concluindo: o Estado capitalista brasileiro vem, nas duas últimas décadas, desorganizando politicamente as classes dominadas por múltiplas vias: individualização e contratualização dos agentes da produção, corporativização das classes trabalhadoras assalariadas, repressão pura e simples, atração das massas para a política local e para a esfera de reivindicações concernentes à reprodução da força de trabalho.

A QUESTÃO DA "TRANSIÇÃO" DO REGIME MILITAR À DEMOCRACIA NO BRASIL

Introdução

Há pelo menos uma década[1], um aspecto fundamental da luta ideológica no Brasil vem sendo a difusão da tese segundo a qual o país passa por uma fase de transição no plano político. Mais especificamente: desde o início do governo Figueiredo, a grande imprensa, um amplo contingente de políticos profissionais (filiados à oposição moderada ou à situação), burocratas estatais e intelectuais (entre os quais, muitos cientistas políticos) vêm procurando convencer as diferentes classes sociais de que o Estado ditatorial militar estaria se transformando, pela via de um processo evolutivo, num Estado democrático.

Um elemento essencial dessa tese, como já se sugere na última frase, é a caracterização explícita dessa suposta transformação como um processo *lento* e *gradual;* vale dizer, como o inverso de um processo concentrado de *ruptura* ou *derrubada* da ditadura militar. Cada modificação molecular, registrada tanto na forma ditatorial militar de Estado como no regime ditatorial militar, representaria, portanto, um *passo (ou degrau) a mais* na direção da democratização (ou redemocratização) plena do Estado brasileiro.

Nosso objetivo aqui é empreender uma análise crítica dessa tese. Não queremos, todavia, converter este pequeno artigo numa empreitada de desvendamento das premissas ideológicas e teóricas que inspiram os seus defensores. O *ponto de partida* do raciocínio é, na maioria destes, a suposição de que o Estado consiste numa organização material/humana que *pode*, mesmo numa sociedade como a nossa (isto é, capitalista), ser colocada a serviço de "todo o povo", do "bem comum" ou do "interesse geral". Não podemos, neste contexto, remontar a tal ponto de partida para submetê-lo a uma crítica rigorosa; se adotássemos esse procedimento, faríamos com

---

[1] Este texto foi escrito no início de 1988.

que nosso artigo se desviasse do tema proposto e deslizasse para um terreno diverso (reflexão geral sobre a natureza do Estado), em que o tratamento da questão teórica das vias de transformação do Estado ditatorial em Estado democrático não ocupa o primeiro lugar na ordem de prioridades.

Entretanto, devemos pelo menos explicitar nosso *ponto de partida*, radicalmente diferente daquele fixado pelos teóricos e práticos da "transição lenta e gradual". A premissa teórica de nossa análise é a concepção segundo a qual, nas formações sociais cindidas em classes sociais antagônicas, o Estado é a organização material/humana que desempenha a função latente – acobertada cotidianamente pela proclamação da função expressa de satisfazer o "interesse geral da sociedade" – de atenuar o conflito de classes, contendo-o dentro de certos limites. Ao desempenhar essa função, o Estado coloca-se objetivamente, quaisquer que sejam as intenções dos seus agentes (= funcionários), a serviço dos interesses mais gerais da classe exploradora. O Estado, portanto, está longe de ser uma organização a serviço de "todo o povo" ou de "todos os indivíduos"; ele tem um *caráter de classe*, quaisquer que sejam a complexidade e a variedade das vias de concretização desse caráter.

Esclareça-se agora que a explicitação de nosso *ponto de partida* não representa apenas uma precaução de ordem metodológica. Fizemo-lo também para ter condições de realizar o seguinte exercício de raciocínio político: uma vez desvendado o caráter de classe do Estado brasileiro atual (Estado capitalista ou burguês), seria correto "retocar" a tese da "transição lenta e gradual" e reapresentá-la numa versão "de esquerda", aceitável para as correntes teórico-políticas que se reivindicam da concepção marxiana de Estado? Mais especificamente: seria correto sustentar que, da abertura até a Nova República, se desenrola um processo de "transição lenta e gradual" da ditadura militar capitalista (ou burguesa) para a democracia capitalista (ou burguesa)?

Nossa avaliação crítica da tese segundo a qual o Brasil passa por um processo de "transição lenta e gradual para a democracia", segue, portanto, o procedimento metodológico de confronto com a versão particular que a tornaria mais aceitável para as correntes marxistas: isto é, a versão hipotética que encampa a ideia de uma "transição lenta e gradual" da ditadura para a democracia no Brasil atual, e ao mesmo tempo ressalva que tanto aquela ditadura como essa democracia possuem um caráter de classe (capitalista ou burguês). Eis, portanto, nossa questão: a mera ressalva acerca do caráter de classe da ditadura e da democracia torna possível a recuperação da tese da "transição lenta e gradual" pela esquerda marxista?

Antes de tentar respondê-la, impõe-se um esclarecimento teórico. Neste texto, operarei com uma distinção conceitual entre formas (democrática, ditatorial) do Estado burguês e regimes políticos burgueses (democrático, ditatorial). As variações na forma do Estado burguês correspondem a mudanças na relação de forças dentro do aparelho de Estado *lato sensu*: isto é, a relação de forças entre o conjunto dos ramos propriamente burocráticos desse aparelho (administração civil, polícia, Exército, Justiça etc.), de um lado, e um órgão de representação propriamente política (Parlamento), de outro lado. A forma ditatorial (em sua variante militar, que predomina historicamente e é a que nos interessa aqui) de Estado burguês consiste na monopolização, pela burocracia, de toda capacidade decisória propriamente estatal (o que não exclui a influência e as pressões, desigualmente exercidas pelas diferentes classes sociais, sobre os burocratas estatais, *antes* e *depois* de acionada a instância especificamente estatal do processo decisório), em detrimento do órgão de representação política (Parlamento); e implica, além do mais, a ascendência das Forças Armadas sobre os ramos civis no seio da burocracia (militarização do "Executivo"). Ao contrário, a forma democrática de Estado burguês significa a participação efetiva (embora não necessariamente dominante nem mesmo "equilibrada") do Parlamento no processo decisório estatal e, portanto, uma disputa incessante entre Parlamento e burocracia (sobretudo a militar) que tem como objeto o padrão de repartição da capacidade estatal total.

Já a expressão "regime político" é utilizada aqui para designar algo distinto da relação de forças travada no seio do aparelho de Estado burguês: o padrão de organização da luta política – luta entre as classes sociais, luta entre frações da classe dominante, luta entre as camadas de uma mesma classe – se desenvolve dentro dos limites fixados pelo Estado burguês (aceitação objetiva do capitalismo e do próprio Estado burguês). Numa frase: regime político designa aqui a configuração da *cena política*, e não do *aparelho de Estado*.

Nesse sentido específico, a modalidade ditatorial militar de regime político burguês designa a impossibilidade prática de exercício das liberdades políticas (como a liberdade de palavra, a de reunião ou a de propaganda), a inviabilização da participação do sistema partidário "civil", pela via do Parlamento, no processo decisório estatal e a cristalização das Forças Armadas (ou do Exército, em particular) como o único partido real na cena política. Inversamente, a modalidade democrática de regime político burguês designa a vigência prática daquelas liberdades (já caracterizadas acima como *limitadas*), a possibilidade de pluralismo partidário (também *limitado*) e a manutenção das condições necessárias à participação do sistema partidário no processo decisório estatal.

Esclareça-se finalmente que as realidades codificadas nos conceitos de forma de Estado (burguês) e regime político (burguês) são *contíguas* e *correlatas*. A cada forma do Estado burguês corresponde um regime político burguês; e a cada variação registrada na forma de Estado burguês, dentro de uma formação social capitalista qualquer, corresponde uma variação no regime político burguês. Um Estado burguês democrático só pode se fazer acompanhar de um regime político burguês democrático, assim como um Estado burguês ditatorial só pode se fazer acompanhar de um regime político burguês ditatorial. A contiguidade e a correlação entre as duas realidades podem nos induzir a pensar que tal distinção conceitual é supérflua; todavia, ela permite que a análise política se enriqueça no plano morfológico e que se detectem, desse modo, aspectos do processo político cujo conhecimento é relevante de um ponto de vista político-prático[2].

A forma de Estado e o regime político no Brasil de hoje

Esclarecido o nosso quadro conceitual, como podemos caracterizar a forma de Estado e o regime político no Brasil de hoje? Os deslocamentos moleculares, registrados no aparelho de Estado e na cena política desde o governo Figueiredo, autorizam-nos a qualificar a Nova República brasileira como uma democracia (burguesa)? Ou a Nova República brasileira é somente a velha ditadura, agora reformada nos seus aspectos secundários e equipada com um novo discurso político?

Do nosso ponto de vista, é pouco interessante adotar, na abordagem de tais questões, a estratégia de confronto com uma tese sustentada por certos setores da grande burguesia financeira ou industrial (nacional ou associada ao capital estrangeiro) e da grande propriedade rural, bem como pelos seus representantes no campo político-partidário (PDS, parte considerável do PFL, a "direita" *e até mesmo o* "centro" do PMDB etc.), no campo burocrático-estatal (uma parcela substancial da alta oficialidade, inúmeros tecnocratas civis dos ministérios etc.) e no campo intelectual (escritores, jornalistas de tendência liberal "inconsequente" ou liberal conservadora)[3].

---

[2] No campo teórico marxista, Nicos Poulantzas foi o primeiro autor a empreender a distinção teórica entre formas do Estado (capitalista) e regimes políticos (capitalistas). Desse autor, ver *Pouvoir politique et classes sociales* (Paris, Maspero, 1971), 2 v., em especial, p. 155-65 do 1º volume, bem como p. 138-52 do 2º volume [ed. bras.: *Poder político e classes sociais*, trad. Maria Leonor F. R. Loureiro, Campinas, Editora da Unicamp, 2019]. Apoiando-nos no trabalho pioneiro de Poulantzas, procuramos, em texto recente, desenvolver – e em alguns aspectos retificar – os conceitos propostos por esse autor. Ver Décio Saes, "Capítulo 3 – A democracia no capitalismo", *Democracia* (São Paulo, Ática, 1987).

[3] Os qualificativos aqui apostos à expressão "liberal" podem parecer, numa primeira leitura, extravagantes. No entanto, eles se afiguram necessários para indicar a diferença entre certas posturas táticas "liberais" da grande burguesia financeira, industrial ou agrária – posturas estreita e conscientemente balizadas por exigências decorrentes da defesa dos seus interesses econômicos de curto prazo – e o democratismo persistente, cultuado por *parte* da classe média (aquela parcela politicamente liberal), que não se satisfaz com as modificações moleculares até agora sofridas pela forma de Estado e pelo regime político no Brasil. É sempre possível (o que não ocorre com as classes dominantes) que a classe média ignore a defesa dos seus próprios interesses econômicos de curto prazo na ação política e alimente uma visão não instrumental e altamente doutrinária da política (visão essa que só em última instância e *sem a mediação da consciência* está relacionada com a sua posição na organização social da produção). Quando e ali onde isso ocorre, essa classe média pode praticar o liberalismo político "radical" e "consequente". Aliás, uma parte importante e politicamente influente daquilo

Essa tese consiste em afirmar que o Estado brasileiro já é, antes mesmo de concluídos os trabalhos da Assembleia Constituinte ("desde o advento da 'Nova República'", afirmarão os mais cautelosos; "a partir das eleições para governador em 1982", proclamarão os apologetas exaltados), um Estado democrático. Podemos aqui deixá-la de lado por duas razões: a) o número de evidências empíricas de que se dispõe para provar exatamente o contrário é tão grande que até mesmo uma parte do partido situacionista (a "esquerda" e mesmo o "centro-esquerda" do PMDB), bem como dos intelectuais liberais (aqueles ligados a essa subcorrente partidária), mostra-se pelo menos reticente em encampar tal tese; b) é pouco plausível, em vista do que expusemos até aqui, que ela seja incorporada por qualquer corrente marxista.

Já uma segunda tese revela, nesta altura dos acontecimentos, uma capacidade de atração e convencimento incomparavelmente maior que a da primeira tese. Trata-se da tese segundo a qual a forma de Estado e o regime político no Brasil atual não são *plenamente* democráticos: eles consistem, antes, numa mescla de características da democracia e da ditadura. Há diferentes versões dessa tese; e, por sua vez, tais versões se decompõem, por vezes, em subteses diversas.

A versão mais difundida dessa tese é a de que o Estado e o regime político *ainda* não são *plenamente* democráticos pelo fato de a redemocratização se configurar como um *processo em curso*, cujo ponto terminal seria o advento da democracia *plena* e a liquidação de todos os vestígios ditatoriais subsistentes na forma de Estado e no regime político. É importante lembrar que os defensores dessa versão preferem salientar, nas suas declarações públicas, que ambos têm um caráter semidemocrático, e deixam de tirar (pelo menos para fins públicos) uma conclusão necessariamente decorrente dessa afirmação: a de que Estado e regime político são, no Brasil atual, semiditatoriais. Escudam-se, para tanto, numa leitura particular da *direção* assumida pelo processo político na última década: a tendência dominante, detectável pela leitura cuidadosa dos deslocamentos moleculares na forma de Estado e no regime político, seria a redemocratização.

Mas qual seria o ponto terminal do processo de redemocratização? Ou por outra: qual seria o conteúdo efetivo da *democracia* plena? Aqui, os defensores da tese da

---

que o vocabulário político dominante convencionou chamar "a esquerda nacional" é integrada justamente pela parcela liberal da classe média, em choque com o Estado ditatorial militar (burguês). Fenômeno análogo – a difusão do liberalismo "radical" e "consequente" no seio da classe média – ocorreu na Itália a partir da crise final do fascismo e durante a reconstrução da democracia burguesa italiana (pós-guerra). O PCI logrou atrair para si, nesse momento histórico, uma parte importante da tendência "liberal de esquerda" (sobretudo intelectuais, universitários etc.), o que teve consequências profundas sobre sua evolução ideológica e política posterior. Esse tema é abordado pelo dirigente Giorgio Napolitano em entrevista concedida ao historiador inglês Eric Hobsbawm e publicada em forma de livro. Ver Giorgio Napolitano, *La politique du parti communiste italien: entretien avec Eric Hobsbawm* (Paris, Éditions Sociales, 1976).

"redemocratização em curso" se subdividem. Para alguns, o processo de redemocratização se completa com a realização de eleições para a Presidência da República e a posse efetiva do candidato eleito (aceitação definitiva da instituição das eleições presidenciais pelas Forças Armadas). Para outros, só a proclamação da nova Constituição, no final do processo constituinte, dará um cunho *legal* – vale dizer, público, definitivo e indiscutível – às transformações políticas em curso; e a formação dessa legalidade representará o ápice do processo de redemocratização. A rigor, o número de versões da tese da "redemocratização em curso" é diretamente proporcional à variedade de concepções de democracia presentes entre os seus defensores.

Uma outra forma de sustentar que o Estado e o regime político no Brasil atual não são plenamente democráticos é aquela proposta pelo cientista político estadunidense Samuel Huntington: Estado e regime político seriam *híbridos*, por estarem fundados num "sistema de governo civil tutelado pelas Forças Armadas". E mais: esse hibridismo não seria uma característica passageira, plenamente superável no curso do processo de redemocratização, e sim o limite máximo de aperfeiçoamento das instituições políticas, não só no Brasil como também no resto da América Latina. Dada a instabilidade política crônica dessa área, a única alternativa à ditadura, de um lado, e à revolução, de outro, seria uma democracia permanentemente tutelada pelas Forças Armadas.

A tese geral, tanto na sua versão "otimista" ("a democracia ainda não é plena porque a redemocratização não chegou ao seu ponto final") como na sua versão "pessimista" ("a democracia brasileira é 'tutelada' porque certas características sociopolíticas permanentes dos países latino-americanos impedem-na de chegar à plenitude"), é a que mais nos interessa aqui. Explique-se: essa tese, em qualquer das suas variantes, é suscetível de ser encampada pela esquerda marxista, desde que "se inverta o sinal" da análise (passando-se de uma postura apologética a uma postura crítica) e se determine o caráter de classe do Estado em qualquer das suas formas (inclusive a democrática). Por isso mesmo, nosso trabalho de caracterização da forma de Estado (burguês) e do regime político (burguês) dominantes no Brasil atual assumirá parcialmente a feição de resposta a essa tese.

A crítica mais geral que se pode fazer à caracterização do Estado (burguês) e do regime político (burguês), no Brasil atual, como "semidemocráticos" ou "híbridos", é a seguinte: ela resulta do procedimento metodológico que consiste em analisar isoladamente certas *partes* de um conjunto e, desse modo, negligenciar a observação do modo de integração dessas partes ao *todo*. Ou melhor: analisam-se separadamente – isto é, uma a uma – as "instituições políticas" reintroduzidas a partir da "abertura" e deixa-se de lado a questão do tipo de relação mantida entre essas "instituições" e as demais. Esses dois subgrupos estão em conflito permanente? Ou um dos subgrupos se "acomoda" à dominação exercida pelo outro? A relação entre os dois subgrupos é igualitária ou hierarquizada?

Esclareça-se que esse procedimento *metodológico* só é possível (embora não seja inevitável) quando se adota um esquema *teórico* (conceitos de formas do Estado burguês, regimes políticos burgueses) diverso daquele aqui exposto. Quando isso ocorre, é possível encarar como "indicadores" da democracia (burguesa) as microtransformações políticas (anistia, ampliação das possibilidades legais de organização partidária, bem como das possibilidades de manifestação do pensamento pela via escrita ou oral, alargamento da margem de tolerância da censura, eleições diretas para todos os níveis do Executivo, inclusive o federal) ou uma transformação política aparentemente global (o processo constituinte em curso), todas ocorridas no último decênio.

Nossa análise segue um rumo diverso. Em primeiro lugar, a somatória dos elementos até aqui descritos não é suficiente para a concretização da democracia burguesa numa formação social capitalista qualquer. Digamos que tais elementos estão necessariamente presentes numa democracia burguesa; porém, não se conclua daí que eles devem estar necessariamente ausentes numa ditadura militar burguesa. Caso "instituições políticas" como "pluripartidarismo" ou "eleições majoritárias" estejam presentes nesta última, elas assumirão uma *função* diversa daquela que desempenham numa democracia burguesa. O analista político que levar em conta apenas as similaridades formais e negligenciar essa diferença de funções incorrerá em formalismo e se mostrará incapaz de entender a dinâmica do processo político.

O essencial numa democracia burguesa é que o sistema partidário, e, portanto, o Parlamento, tem uma função governativa real, repartindo com a burocracia estatal (civil e militar) a capacidade decisória estatal total; e isso implica a existência de possibilidades concretas de vida política, civil e pré-burocrática, ativa. Ou seja: numa democracia burguesa, a burguesia "governa" (no sentido mais amplo da palavra) simultaneamente por meio da burocracia estatal e do sistema partidário/Parlamento. Nos Estados burgueses onde isso não ocorre, as "instituições políticas democráticas" eventualmente presentes desempenham uma outra função, diferente da função de viabilizar "o governo da burguesia pela via direta" (Marx), isto é, (parcialmente) por meio dos partidos políticos.

No Brasil atual, as "instituições políticas" formalmente aparentadas com certos traços das democracias burguesas concretas cumprem, hoje, a função ideológica de *ocultar* o caráter em última instância militarizado do processo decisório estatal; e, desse modo, contribuem para a legitimação, aos olhos das classes trabalhadoras, do próprio Estado burguês. E, entre essas "instituições", talvez a presença de políticos civis no topo dos Executivos (federal, estadual, municipal) se destaque como especialmente eficaz.

Essa constatação está frequentemente presente nos artigos de jornalistas liberais estrangeiros (ingleses, estadunidenses, franceses); por estarem mais preocupados com o conjunto que com as partes isoladas e movidos (ainda que instintivamente) por uma perspectiva comparativa, acabam por reconhecer que o aparelho de Estado e a cena política não foram efetivamente desmilitarizados da "abertura" até hoje. Vale dizer: a despeito das "reformas liberalizantes", cuja importância prática para a movimentação da esquerda marxista ninguém negará, as Forças Armadas continuam a deter o controle do processo decisório em última instância.

A rigor, as Forças Armadas brasileiras exercem hoje um *duplo protetorado*: de um lado, sobre a burocracia civil; de outro lado, sobre os políticos ocupantes de cargos eletivos. Isso significa que as Forças Armadas não são apenas um *ramo* do aparelho de Estado (como ocorre nas democracias burguesas); elas se configuram, antes, como um *subaparelho* que permeia o conjunto do aparelho estatal. Mais precisamente: as Forças Armadas não só mantêm uma relação de dominação externa com os demais *ramos* do aparelho de Estado (fixação dos limites mais gerais dentro dos quais deve se desenvolver a política de Estado, não prestação de contas dos seus atos às autoridades civis). Elas também se fazem presentes *dentro* dos ramos civis do aparelho de Estado, e isso de modo praticamente oficial, o que significa que as Forças Armadas não só praticam o controle à distância, como também fazem uma triagem "de primeira instância" das medidas propostas pelos ministérios.

Ramos estatais basicamente militares, como o Conselho de Segurança Nacional e o SNI, continuam a fixar o quadro político geral dentro do qual deve ser implementada a política de Estado. Esses limites são regularmente obedecidos, não só pelo topo do Executivo federal (presidência, ministros), como também pelo Congresso (este já enfraquecido pela vigência da regra do "decurso de prazo" e pela prática dos decretos-lei). O respeito a tais limites se manifesta, fundamentalmente, de dois modos: a) não abordagem, pelas autoridades executivas civis e pelo Congresso, de temas considerados "tabus"; isto é, temas na prática reservados às Forças Armadas (política nuclear, política de segurança, questões estratégicas etc.); b) auscultação prévia, por vias diversas ("vazamento de opiniões militares" pela imprensa, por consultas diretas etc.), da posição militar acerca de temas-chave oficialmente confiados aos civis (reforma agrária, medidas de reserva de mercado, calendário eleitoral etc.). Desnecessário dizer que esses órgãos militares não prestam contas aos ramos civis do aparelho de Estado ou ao Parlamento, o mesmo valendo para um novo ramo militar, precipuamente dedicado à questão da segurança interna: os Sopes (a mais recente metamorfose, embora seguramente não a derradeira, dos antigos Doi-Codi).

Mas as Forças Armadas também agem mais de perto junto aos ramos civis do aparelho estatal: fazem-no por meio das assessorias de segurança, implantadas em ministérios e secretarias. Essa presença permite que não só a linha geral militar para a política de Estado seja cotidianamente relembrada como também a influência militar se faça sentir no *modo* concreto de implementação dessa política[4].

---

[4] Sobre a presença persistente dos militares no conjunto do aparelho de Estado e na cena política brasileiros, consulte-se a síntese bastante informativa e atualizada (o quanto isso seja possível em

Sintetizando: pode-se dizer que o subaparelho militar continua, no Brasil atual, agilizando uma *rede estatal paralela*[5], que não só cruza horizontalmente os diversos ramos do aparelho de Estado como também controla à distância o processo decisório estatal. Procuramos aqui exprimir teoricamente aquilo que até mesmo a imprensa liberal mais "inconsequente" já constatou: que o atual ocupante da Presidência, José Sarney, é uma espécie de refém civil do Alto Comando das Forças Armadas.

Alguém sempre poderia perguntar, inspirando-se nas teses da corrente sociológica "radical" (C. Wright Mills, Fred Cook, J. Gerassi) sobre o Estado estadunidense dos anos 1960 (época da guerra do Vietnã): todos os Estados burgueses da era do imperialismo, formalmente democráticos ou não, seriam algo mais que *Estados militaristas?* A resposta que se pode dar a tal questão é que talvez os Estados burgueses dos países capitalistas avançados, no século XX, possam ser chamados "militaristas" num sentido bastante específico e limitado: o de que praticam uma política expansionista e imperialista, cujas conotações militares são evidentes. Não se deduza daí, entretanto, que a implementação dessa política implique necessariamente a militarização da forma do Estado burguês e a liquidação da democracia burguesa. Os dois fenômenos podem ter coincidido em certos países centrais de capitalismo retardatário (exemplo: Itália e Alemanha fascistas), mas esta não foi a regra para o conjunto do capitalismo central. Nessa área, "a era do imperialismo" é, simultaneamente, a "era da democracia" (burguesa); e a política imperialista, de resto, foi um dos fatores que contribuíram para a estabilização política de democracias burguesas como a inglesa, a belga, a holandesa etc., ao permitir a melhoria do nível de vida da classe média e da aristocracia operária[6].

A diferença entre uma democracia burguesa militarista e uma ditadura militar burguesa talvez fique mais clara se recorrermos a alguns exemplos históricos. Mesmo durante uma guerra externa tipicamente imperialista, como a guerra da Coreia (1950-1954), o presidente dos Estados Unidos, civil e eleito, demitiu sumariamente o comandante supremo das tropas do Pacífico, por ter este se imiscuído em assunto de alçada civil (Presidência e Congresso): a *política externa* estadunidense. E, em pleno ápice da repressão militar ao movimento argelino pela independência nacional, o presidente da França (general De Gaulle) não hesitou em prender e destituir generais que, estando em desacordo com a sua política externa, organizavam a partir

---

pleno processo constituinte) proposta por José Murilo de Carvalho em "Militares e civis: um debate além da Constituinte", *Cadernos de Conjuntura: IUPERJ*, Rio de Janeiro, n. 10, ago. 1987.

[5] A expressão "rede estatal paralela" é proposta em Nicos Poulantzas, *A crise das ditaduras* (Rio de Janeiro, Paz e Terra, 1978). Ver especialmente o cap. 5, "Os aparelhos de Estado".

[6] A percepção da complexa relação existente entre democracia burguesa e imperialismo foi um dos elementos decisivos na definição, por Lênin, do seu rumo político no seio da social-democracia. Sobre essa relação, ver, por exemplo, o seu texto "A falência da II Internacional".

de Argel um golpe de Estado. Relações desse tipo entre Presidência civil e Forças Armadas podem ocorrer em democracias burguesas militaristas; mas são inviáveis em ditaduras militares burguesas, como a brasileira ou outras.

Para que nossa tese se torne mais convincente, convém que continuemos a exemplificar o caráter militarizado do aparelho de Estado e da cena política no Brasil atual. Ousaríamos, por exemplo, caracterizar o atual Parlamento e o processo constituinte em curso como um ramo estatal e um subprocesso político militarizados? A resposta é afirmativa. O atual processo constituinte transcorre no próprio seio do aparelho de Estado militarizado e apenas faz inchar artificialmente uma cena política cujo núcleo duro é o grande partido político da burguesia: as Forças Armadas. Ele foi deflagrado com o consentimento e o aval do grupo militar, e se desenrola em suas linhas gerais dentro dos limites políticos fixados pelas Forças Armadas. Entenda-se que, ao fazer tal afirmação, não queremos somente dizer que inexistem condições políticas para que o atual processo constituinte deságue diretamente numa transformação política de caráter socialista. Afinal de contas, essa impossibilidade é pressentida pela maioria dos brasileiros conscientes de que o Parlamento eleito em 1986 ganhou a função extraordinária e suplementar de elaborar uma nova Constituição. Queremos sobretudo sublinhar que a presença dominante dos militares no quadro dos "convocantes" efetivos da Constituinte é um poderoso obstáculo à desmilitarização e à redemocratização do Estado burguês brasileiro pela via do processo constituinte.

Alguém poderá, a essa altura, levantar uma questão totalmente procedente: um processo constituinte – que, diga-se de passagem, não deve ser confundido com *um* dos seus resultados: a aprovação e publicação de uma Constituição escrita – não pode se constituir num momento politicamente importante de uma relação de forças que produza a substituição efetiva de uma ditadura militar burguesa por uma democracia burguesa? A nosso ver, é teoricamente admissível que, numa formação social capitalista qualquer, um processo constituinte possa ser algo mais que um mecanismo de elaboração ideológica, destinado somente a ratificar e cristalizar num texto legal uma transformação prévia na forma de Estado e no regime político. Tal processo pode representar, na verdade, um momento privilegiado na organização política de uma das forças em conflito (classe, fração de classe ou frente de classes), contribuindo desse modo para definir o rumo dos acontecimentos (aceleração, integralização ou mesmo frustração de um processo de transformação política em curso).

A comprovação histórica dessa hipótese teórica pode ser tentada mediante o exame da experiência constituinte portuguesa de 1975-1976. Esse processo constituinte resultou de um movimento político-militar ocorrido em 1974 e convencionalmente denominado "Revolução dos Cravos" (movimentação da baixa oficialidade militar e da tropa, com apoio popular, contra o generalato colonialista e a ditadura militar). A vitória do movimento provocou a deflagração de um processo de desmilitarização parcial do aparelho de Estado (por exemplo: a liquidação da polícia política, a Pide) e, simultaneamente, de *saneamento interno* das Forças Armadas (reforma compulsória de altos oficiais identificados com a ditadura salazarista). É nesse contexto político de desagregação da ditadura militar que se convoca a Assembleia Constituinte. E mais: esta é convocada por um governo declaradamente provisório, cuja função primordial seria organizar o processo constituinte, dissolvendo-se desde que as novas regras prescrevessem o "sistema de governo" (vale dizer, a forma de Estado e o regime político) a ser adotado. O contexto político geral e a natureza do agente convocante explicam, de resto, que a tarefa constituinte tenha sido confiada a uma Assembleia precipuamente eleita para essa finalidade; e não a um Parlamento ordinário. Tal Assembleia, diferentemente do que ocorre com uma Constituinte congressual, deveria se dissolver imediatamente após a proclamação da nova Constituição. Nessas condições gerais, o processo constituinte, ainda que viabilizado pela violência do momento anterior (a deposição, pela via armada, do Executivo), veio a desempenhar um papel político efetivo na construção da democracia burguesa em Portugal[7].

Já a Constituinte brasileira de 1986 não foi convocada em condições análogas; não pode, portanto, ter o mesmo papel político que a Constituinte portuguesa de 1975. Convocada pelo aparelho de Estado militarizado, a atual Constituinte brasileira se organiza como um Parlamento ordinário, o que implica não só a diminuição da importância relativa da tarefa constituinte no conjunto da ação legislativa como também a atenuação dos efeitos politizadores decorrentes da deflagração de um processo constituinte. Além do mais, ela atua sob a pressão permanente exercida pelas altas patentes militares, que sempre relembram (por meio de entrevistas aos jornais ou da convocação direta de lideranças partidárias) os limites políticos do processo constituinte. Nessas condições políticas – ausência de processos prévios de deposição de governo, de depuração do aparelho de Estado e de formação de um governo provisório – a Constituinte brasileira só pode se mostrar impotente diante da configuração militarizada do aparelho de Estado, ainda que possa contribuir para a modificação de sua aparência (exemplo: organização de um SNI "democrático" etc.).

A CONFIGURAÇÃO DO PROCESSO POLÍTICO BRASILEIRO, DA "ABERTURA" À NOVA REPÚBLICA: UMA ABORDAGEM INTRODUTÓRIA

Se nossa argumentação está correta, as teses que detectam um estado de "hibridismo", "equilíbrio contraditório" ou "transição" na forma do Estado burguês e no regime político burguês brasileiros estão consequentemente erradas. Ao enunciarmos tal

---

[7] Sobre a Constituinte portuguesa de 1975-1976, ver o interessante artigo de Thomas Charles Bruneau, "Constituição: o caso de Portugal", *Lua Nova*, Cedec, São Paulo, vol. 3, n. 2, out./dez. 1986.

conclusão, estamos conscientes de que as reformas políticas dos últimos dez anos, ainda que secundárias e insuficientes para liquidar o caráter ditatorial militar do Estado burguês e do regime político burguês brasileiros, não foram irrelevantes para: a) o desenvolvimento da movimentação reivindicatória das classes trabalhadoras (exemplo: o crescimento do "sindicalismo combativo", "antipelego"); b) a operação de um salto qualitativo na experiência propriamente político-partidária das massas (início da passagem de um trabalhismo populista e "pelego", corporificado no antigo PTB, a um trabalhismo "autêntico", que se exprime tendencialmente no PT atual); c) o trabalho organizacional e de propaganda, realizado pela esquerda marxista. Pensamos, entretanto, que o caminho correto para a delimitação dos efeitos práticos das reformas políticas mencionadas passa pela crítica às teses "intermediárias" sobre a forma do Estado burguês e do regime político burguês brasileiros.

Esclareça-se que nossa argumentação – até aqui, de corte claramente morfológico – não sensibilizará aqueles que optam pelas teses "intermediárias" por trabalharem com uma visão teoricamente simples do processo político nas formações sociais capitalistas. Essa visão consiste em conceber qualquer luta política (entre classes ou frações) como um processo cujo resultado deve necessariamente corresponder à intenção inicial de um dos agentes. Para os que nutrem essa visão, a análise política deve se voltar, principalmente, para a caracterização da *intencionalidade* ou da *finalidade* do processo. Uma vez detectada a motivação que parece funcionar como o motor do processo, empreende-se a análise das formas políticas, mas numa perspectiva distinta daquela por nós adotada: vale dizer, parte-se para uma *leitura sintomal*, cujo objetivo é buscar os indícios da presença, ao longo do processo analisado, da intenção motriz. Isso significa que a análise morfológica, bem como os esquemas teóricos que a viabilizam, são jogados para o segundo plano, desempenhando um papel subsidiário no conjunto da análise política.

De resto, essa visão teoricamente simples dos processos sociais – já qualificada, de modo pertinente, como uma visão "teleológica" – está fortemente presente na historiografia brasileira recente. Para muitos historiadores, o Brasil Colônia deve ser considerado capitalista pelo fato de a metrópole objetivar, com a política colonizadora, a "acumulação de capital". Pode-se sempre tentar rebater essa conclusão mediante o apelo à análise morfológica da estrutura econômica e da estrutura jurídico-política no Brasil Colônia: onde estão a grande indústria moderna, o trabalho assalariado, o mercado de trabalho, o mais-valor relativo, o direito individualizador, a aparência universalista do Estado etc.? Todavia, esse tipo de resposta dificilmente produzirá um efeito de convencimento sobre o historiador "teleológico", pois deixará intocado o seu grande recurso teórico: a concepção segundo a qual todo processo tem um *sujeito*, que o domina de uma ponta (início) à outra (resultado final).

Criticar tal concepção implica propor um esquema teórico alternativo que oriente a análise dos processos sociais em geral nas formações sociais capitalistas. Tomando como ponto de partida as observações de Engels a esse respeito[8], coloquemos desde logo que a problemática da "intenção", na sua versão mais simples, só pode levar a uma visão falsa do processo histórico, pois deixa na sombra a relação complexa (de *indicação* e, ao mesmo tempo, *ocultação*) que a intenção externalizada por um agente mantém com o verdadeiro móvel da ação (a defesa de certos interesses econômicos). E, mesmo quando se chega à conclusão, ainda no quadro dessa problemática, de que as verdadeiras intenções se situam sempre no campo da defesa dos interesses econômicos (as intenções declaradas consistindo apenas em reelaborações ideológicas dessas motivações profundas), continua-se a correr o risco teórico de sugerir que, nos processos sociais, a regra geral é a transparência da motivação profunda da ação para o próprio agente. Ora, a observação histórica nos indica que essa situação é bastante rara; está longe, portanto, de constituir regra geral.

Isso não é tudo. Os processos sociais fundamentais, nas formações sociais capitalistas, são aqueles que se travam entre agentes coletivos: classes sociais, frações de classe. Ora, a reprodução incessante da dominação de classe burguesa não implica que todos os processos sociais (exemplo: o processo de extração do mais-valor) ou políticos (exemplo: a luta em torno da forma do Estado e do regime político) em que se envolvem a classe dos capitalistas e a classe operária resultem sempre numa imposição dos objetivos táticos (exemplos: aumento da taxa do mais-valor, passagem da ditadura burguesa à democracia burguesa) da primeira à segunda. Por outro lado, a relação de forças extremamente desfavorável ao proletariado dificulta a imposição dos seus objetivos táticos – para não falar dos estratégicos – à classe capitalista. Está aberta, assim, a possibilidade de que o resultado do processo seja algo distinto dos objetivos táticos de um e de outro agente, embora ele corresponda – enquanto a revolução não for vitoriosa – objetivamente aos interesses de apenas uma das partes: a burguesia.

Do mesmo modo, a conservação da hegemonia de uma fração da classe dominante sobre as demais não implica que a fração hegemônica imponha sempre os seus objetivos táticos àquelas; ela pode sofrer derrotas que não sejam suficientes para a redefinição da hegemonia no seio do bloco no poder, ou nem sequer para submetê-la aos objetivos táticos de um dos seus adversários.

Finalmente, deve-se sempre levar em conta a possibilidade de as classes ou frações redefinirem, no curso de um processo social, os seus objetivos táticos, em função da dificuldade imposta pelo adversário à realização das suas "intenções" iniciais.

---

[8] Em diferentes oportunidades, Engels se manifestou acerca da complexidade dos processos sociais (não correspondência entre as intenções iniciais dos agentes e o resultado do processo). Ver, por exemplo, *Ludwig Feuerbach e o fim da filosofia clássica alemã* (São Paulo, Fulgor, 1962), p. 123; bem como a Carta de Engels a Bloch de 21-22 de setembro 1890, em Friedrich Engels, *Cartas sobre el materialismo histórico, 1890-1894*. (Moscou, Progresso, 1980), p. 9-10.

A leitura de processos sociais deve sempre levar em conta a possibilidade de variações táticas e a capacidade dos agentes de se adaptarem a situações em mutação constante: vale dizer, a capacidade de agir em "terreno movediço".

Agora podemos voltar ao caso brasileiro. Como a maioria dos processos sociais registrados nas formações sociais capitalistas, o processo político brasileiro dos últimos dez anos é um processo social complexo, marcado pela defasagem entre "intenções" e resultados, bem como pelas flexões táticas. Nada está mais distante dessa realidade que a sua caracterização como um processo de cumprimento gradual de um projeto: ou o projeto da burguesia (empenhada em mudar o estilo de dominação política), ou o projeto das Forças Armadas (empenhadas em evitar o aumento da pressão popular). No ponto de partida do processo, os objetivos políticos são múltiplos e heterogêneos: a grande burguesia monopolista (nacional ou estrangeira) e o latifúndio apoiam a ditadura militar bem como a sua política, a classe média liberal luta pela redemocratização efetiva do Estado e do regime político, a média burguesia nacional espera que a própria ditadura militar reoriente a sua política econômica numa direção nacionalista e antimonopolista, as classes trabalhadoras urbanas e rurais se chocam abertamente com a política social e salarial da ditadura militar e, indiretamente, com o caráter ditatorial militar da forma de Estado e do regime político. Na fase intermediária do processo, já se registram flexões táticas: o avanço do movimento sindical operário no período 1978-1980 vai desviando a classe média liberal da luta pela democratização do Estado burguês e do regime político burguês, bem como faz a média burguesia atenuar as suas críticas à política econômica. A resultante final desse processo é, até onde podemos caracterizá-la, um conjunto de reformas políticas que nem corresponde à plataforma democrática burguesa, nem coincide com as disposições iniciais das frações de classe dominante que se opunham a essa plataforma (por considerá-la um instrumento de restauração do "populismo").

A complexidade do processo é atestada pelo fato de que a burguesia monopolista e imperialista, depois de ter-se mostrado reticente (num primeiro momento) com relação às reformas políticas, dá-lhes hoje apoio com o objetivo de cristalizá-las e impedir o seu desdobramento em novas transformações políticas e econômicas. Esta é, de resto, a posição atual do Estado imperialista estadunidense diante das áreas periféricas politicamente instáveis: depois de ter prestado oficialmente apoio (formalizado no Relatório Rockfeller, de 1969) às ditaduras militares emergentes na periferia do capitalismo, o governo dos Estados Unidos, sob Reagan, passou, desde 1985, a uma posição "realista" e "flexível", consistente em fazer gestões a favor da substituição de ditaduras militares como as de Marcos (Filipinas) ou Duvalier (Haiti) por "governos civis tutelados pelas Forças Armadas".

Conclusão

A análise morfológica da forma de Estado e do regime político, combinada à análise do processo político em termos de processo sem sujeito, permite-nos formular algumas hipóteses (que apresentamos sob a forma de conclusões): a) não se desenrolou aqui, nos últimos dez anos, um processo de democratização do Estado burguês e do regime político burguês; b) o resultado final do processo – a reforma conservadora da ditadura militar – não é a expressão de um projeto único de classe; c) tal resultado conquista, hoje, o apoio de uma fração burguesa que, de início, se opunha a tais reformas.

Provavelmente, essas hipóteses apenas reapresentam ideias que já circulam sob uma forma prática. Nesse caso, uma utilidade possível deste artigo será a de estimular a reflexão sobre algumas questões teóricas e metodológicas subjacentes às análises concretas do processo político brasileiro, da "abertura" à Nova República.

A POLÍTICA NEOLIBERAL E O CAMPO POLÍTICO CONSERVADOR NO BRASIL ATUAL

Quando analisam as políticas estatais implementadas numa sociedade qualquer, os cientistas políticos de orientação crítica têm necessariamente de adotar o enfoque da sociologia política. Isto é, em vez de se limitarem a descrever tais políticas ou a medir a distância entre as ações que a compõem e a doutrina econômica que parece inspirá-las, tais pesquisadores devem buscar a relação entre a orientação assumida pela política estatal e os interesses dos diversos grupos sociais (classes sociais, frações de classe, camadas sociais, categorias sociais) em presença.

Muitos artigos, nacionais ou estrangeiros, têm se dedicado à mensuração do grau de fidelidade das políticas estatais de inúmeros países (do Primeiro Mundo ou da América Latina) ao ideário neoliberal. Já este texto se concentra sobre o tema da relação ambivalente entre as políticas estatais de orientação neoliberal e certos interesses de classe. Mais especificamente: aproveitamo-nos aqui da análise da atual conjuntura brasileira para apresentar algumas observações sobre os percalços enfrentados pela política estatal neoliberal num espaço político no qual tudo lhe parecia ser favorável: o campo político conservador. Feito isto, procuraremos apontar algumas consequências especificamente institucionais dessa situação política particular.

O QUE É A POLÍTICA ESTATAL NEOLIBERAL?

A análise da política governamental implementada nas sociedades capitalistas atuais não pode se limitar a aferir o nível de proximidade existente entre os princípios doutrinários do liberalismo econômico e o conteúdo da política estatal; e, a seguir, deduzir dessa aferição que uma política governamental qualquer tem, ou não, um caráter neoliberal, conforme se detecte uma total identidade entre princípios econômicos liberais e política governamental ou, inversamente, algum desvio da segunda com relação aos primeiros.

As políticas neoliberais implementadas pelos Estados capitalistas atuais não podem coincidir integralmente com a doutrina do liberalismo econômico que, em geral, as inspira. Tais políticas não podem concretizar *incondicionalmente* os princípios econômicos liberais, já que elas não são implementadas num espaço social vazio, destituído de qualquer historicidade, e sim em sociedades capitalistas históricas, nas quais a política estatal repercute, há décadas, a influência de outros princípios econômicos. Nessas condições históricas concretas, as políticas estatais inspiradas no liberalismo econômico têm necessariamente de: a) ser vazadas em termos *gradualistas* (é politicamente inviável uma radical "revolução liberal" dentro das sociedades capitalistas atuais); b) configurar-se como ação reformista afirmativa de *desmonte* da política estatal anterior.

Uma análise política que leve em consideração tais ponderações não reservará o qualificativo "neoliberal" somente às políticas estatais que se conformarem integralmente com os princípios econômicos defendidos por autores como F. Hayek ou Milton Friedman. Será considerada neoliberal toda ação estatal que contribua para o desmonte das políticas de incentivo à independência econômica nacional, de promoção do bem-estar social (*Welfare State*), de instauração do pleno emprego (keynesianismo) e de mediação dos conflitos socioeconômicos.

Concretamente, esse desmonte passa pela implementação de três políticas estatais específicas. A primeira delas é a *política de privatização* das atividades estatais: não só a desestatização de empresas públicas, geradoras de produtos industriais ou serviços pessoais como até mesmo a desestatização de atividades administrativas, tais como o serviço penitenciário, o Banco Central, a Receita Federal etc. A segunda delas é a *política de desregulamentação*: isto é, a redução da atividade reguladora e disciplinadora do Estado no terreno da economia (em geral) e das relações de trabalho (em particular). A última dessas políticas é a política de abertura da economia ao capital internacional: eliminação incondicional das reservas de mercado e do protecionismo econômico. A implementação de tais políticas implica seguramente uma mudança no *padrão de intervenção* do Estado capitalista na economia; mas não necessariamente – ao contrário do que se poderia apressadamente pensar – a retração radical de toda espécie de atividade estatal ou a redução drástica do volume global do gasto público. Toda "operação de desmonte" tem custos nada desprezíveis. A desativação das políticas de independência econômica nacional, de bem-estar social, de pleno emprego e de mediação dos conflitos socioeconômicos tende a suscitar a hipertrofia da *ação regulamentadora* do Estado e, correlatamente, a montagem de uma infraestrutura específica de apoio a essa modalidade de ação. Ela tende igualmente a provocar a expansão de certos itens do gasto público e, no limite, a expansão do próprio volume global do gasto público: se a implementação global da política estatal neoliberal leva ao aumento regular do contingente de desempregados, é inevitável que os governantes neoliberais ampliem – caso queiram preservar minimamente a estabilidade social conquistada no período histórico anterior – os gastos assistenciais com desempregados[1].

Mas o desvio das políticas estatais neoliberais concretas com relação à doutrina do liberalismo econômico, na sua expressão mais radical, tem uma segunda causa. Por mais que os agentes condutores da política estatal nas sociedades capitalistas atuais se inspirem na doutrina econômica liberal, e por maior que seja o apoio social conquistado pelas ideias econômicas liberais, é inevitável a emergência de *resistências* – mais ou menos localizadas (e emanadas, variavelmente, de certos setores do capital, da classe média ou das classes trabalhadoras) – a certos aspectos da política estatal neoliberal. Essas resistências também contribuem para que se estabeleça certa distância entre o liberalismo econômico dos manuais e as políticas estatais concretas inspiradas nos princípios aí contidos. Ou seja: os Estados capitalistas atuais praticam o "neoliberalismo possível" nas condições socioeconômicas e políticas vigentes.

É claro que, variando tais condições de país para país, varia consequentemente o grau de aproximação das políticas estatais concretas com relação ao modelo de política estatal neoliberal por nós proposto (privatizações, desregulamentação, abertura econômica). Só alguns poucos governos encontram condições favoráveis à implementação simultânea dessas três políticas específicas; boa parte dos governos escalona no tempo a implementação das diferentes medidas de orientação neoliberal, ou então se vê obrigada a renunciar a alguma frente de atuação e a se concentrar na implementação das demais políticas. Além disso, o ritmo de implementação de qualquer uma dessas políticas pode ser mais ou menos acelerado, conforme as condições socioeconômicas e políticas encontradas por cada governo.

É possível dispor os governos dos Estados capitalistas atuais numa escala, conforme a amplitude de seu êxito na perseguição das metas específicas da política estatal neoliberal. Anderson situa no topo dessa escala não só os governos conservadores da Inglaterra a partir do primeiro ministério Thatcher em 1979, como também – significativamente –

---

[1] O caráter aparentemente paradoxal das políticas neoliberais dos Estados capitalistas atuais é detectado em Eric J. Hobsbawm, *Estratégias para uma esquerda racional* (Rio de Janeiro, Paz e Terra, 1991), especialmente o capítulo IV ("Com vistas ao ano 2000: política de declínio?"); e por Perry Anderson no texto "Balanço do neoliberalismo", constante no livro de Emir Sader (org.) *Pós-neoliberalismo: as políticas sociais e o Estado democrático* (Rio de Janeiro, Paz e Terra, 1995). Hobsbawm chama a atenção para a hipertrofia do intervencionismo estatal durante o governo ultraneoliberal de Margaret Thatcher na Inglaterra; hipertrofia essa que, longe de ser ocasional, se configura como uma das implicações da operação neoliberal de desmonte da política estatal anterior. Anderson demonstra que, a despeito das políticas neoliberais, a proporção do PNB médio dos países da OCDE consumida pelo Estado cresceu (de 46% para 48%) ao invés de decair ao longo dos anos 1980. Tal fato se deve ao aumento dos gastos sociais com desempregados e com aposentados, politicamente incontornáveis no *atual* contexto das sociedades capitalistas avançadas. Sobre esse ponto, ver Perry Anderson, "Balanço do neoliberalismo", cit., p. 15-6.

os governos trabalhistas da Austrália e da Nova Zelândia a partir da década de 1980. Tais governos teriam sido aqueles mais capazes de implementar medidas representativas de todos os aspectos da política neoliberal, e mais bem-sucedidos no enfrentamento de eventuais resistências sociais ao projeto neoliberal. Por nossa conta, situaríamos num ponto bem mais modesto dessa escala governos conservadores como o da França (gestão Balladur sob a presidência de Mitterrand) na década de 1990 e o da Alemanha (gestão Helmut Kohl) nas décadas de 1980/1990. A despeito de estarem movidos pelo projeto neoliberal, tais governos acabaram diante de poderosos obstáculos econômicos e políticos, capazes de dificultar a concretização do seu programa. Na França, a política de desregulamentação foi dificultada – embora não derrotada – pela resistência das classes trabalhadoras (e isso a despeito do considerável enfraquecimento, desde os anos 1980, do movimento sindical); quanto à política de privatizações, ela acabou tendo um caráter moderado por obra inclusive da vigência de um "clima político" (a tradição de luta dos trabalhadores franceses) capaz de afugentar eventuais investidores estrangeiros. Na Alemanha, a resistência ao processo de privatização das empresas estatais tem partido de dentro do próprio Estado. Mais especificamente, alguns governos estaduais, poderosos financeiramente, têm se apresentado como compradores de empresas colocadas à venda pelo governo federal. Nesses casos, o processo de "devolução" de empresas estatais ao capital privado é substituído por um processo de "circulação" de empresas por entre esferas diversas (regional, federal) do aparelho de Estado.

Sintetizemos as nossas ponderações anteriores. Muitos governos – para não dizer taxativamente a maioria – dos Estados capitalistas atuais se inspiram num *projeto* político neoliberal e põem em execução uma *estratégia* neoliberal. Todavia, tais governos frequentemente não logram conferir um caráter integral e radicalmente neoliberal à política de Estado, em razão da vigência de condições históricas desfavoráveis a qualquer "política de choque" ou da emergência de resistências sociais localizadas. Esse quadro deve ser levado em conta ao se analisar a orientação política – neoliberal ou "neossocial"? – do atual governo brasileiro.

O ATUAL GOVERNO BRASILEIRO E O PROGRAMA POLÍTICO NEOLIBERAL

O atual governo brasileiro, encabeçado por Fernando Henrique Cardoso, resultou da vitória eleitoral em 1994 de uma ampla frente política conservadora, da qual participavam: a) os segmentos diversos (na sua maioria, porém não na sua totalidade) das classes dominantes; b) a maioria da classe média; c) um contingente importante das classes populares. Essa frente política apresentava duplo aspecto. De um lado, era orientada pelo objetivo principal de derrotar eleitoralmente a esquerda. De outro lado, era dirigida pela corrente política neoliberal; tal corrente exercia a hegemonia no seio da frente política conservadora, o que significa que a aglutinação de todos os setores conservadores – burgueses, pequeno-burgueses ou populares – da sociedade capitalista brasileira, com a finalidade de derrotar eleitoralmente a esquerda, fazia-se em torno do programa político neoliberal.

A política estatal desde logo anunciada pelo governo recém-empossado exprimia claramente essa hegemonia. Era visível que o governo federal buscaria implementar, por múltiplas vias (medidas do Executivo, iniciativas políticas no Congresso, declarações oficiais, negociações com governos estrangeiros) uma estratégia neoliberal. Essa orientação era evidenciada por um conjunto de atitudes. Em primeiro lugar, o novo governo fixou um extenso programa de privatizações. Em segundo lugar, assumiu, dentro do Parlamento, a condução da luta por uma ampla reforma constitucional de feitio claramente neoliberal: quebra de monopólios estatais (como os do petróleo e das telecomunicações), "saneamento" da Previdência Social e da administração pública (implicando a liquidação de direitos conquistados, respectivamente, pelas classes trabalhadoras e pela massa do funcionalismo público) etc. Em terceiro lugar, o governo federal tomou medidas conducentes à abertura da economia brasileira ao capital internacional, como a assinatura, perante a Organização Mundial do Comércio (OMC), de protocolo que na prática abre o sistema financeiro nacional a *novos* bancos estrangeiros.

Mas sustentar que a *estratégia* do governo federal tem sido neoliberal não equivale a afirmar que os *resultados* da política governamental coincidem inteiramente com os propósitos da equipe dirigente. Na verdade, o *ritmo* de implementação da estratégia neoliberal no Brasil é muito mais lento que aquele projetado por essa equipe, ou – para recorrer a um termo objetivo de comparação – muito mais lento que aquele alcançado pelo governo Menem na Argentina.

A moderação do ritmo de execução do programa político neoliberal no Brasil se deve, antes de mais nada, aos altos custos financeiros – dada a reduzida capacidade arrecadatória do sistema tributário brasileiro – da "operação de desmonte" do intervencionismo estatal anterior, não obstante o caráter incipiente da intervenção do Estado capitalista brasileiro nas condições de vida e de trabalho das massas. Ao dar os primeiros passos – a colocação de todo um contingente de funcionários públicos federais em "disponibilidade remunerada" – para o "saneamento" da administração pública, o governo Fernando Collor havia sido criticado até mesmo por setores conservadores da opinião pública (segmentos da classe média e das classes dominantes) por estar "desperdiçando" recursos orçamentários. No governo atual – para tomarmos apenas um exemplo –, a "devolução" integral e imediata dos serviços previdenciários ao capital privado é descartada, não por ferir um eventual direito "universal" de idosos e doentes à proteção estatal, e sim em razão dos elevados custos financeiros de qualquer fórmula de transição de um regime previdenciário para outro[2]. Ao abordarmos tais

---

[2] Uma vez privatizada a Previdência Social, o Estado continuaria, entretanto, a pagar as pensões dos contribuintes do antigo regime previdenciário, sem contar com os recursos financeiros gerados pelos

dificuldades, tangenciamos um fenômeno político de ordem mais geral: na periferia do capitalismo, os Estados são geralmente dotados – dada a dificuldade política de se tributar as classes dominantes, em particular os seus segmentos mais arcaicos, como a propriedade fundiária e especuladores urbanos – de baixa capacidade extrativa; e, portanto, são maiores as dificuldades financeiras encontradas na implementação de "operações de desmonte" de certo intervencionismo estatal.

Mas a lentidão do atual governo federal na execução do programa neoliberal não se deve apenas ao solo histórico em que ele está plantado; ela decorre igualmente do fato de que certos setores sociais *resistem* à concretização desse projeto. Não nos referimos, aqui, a uma eventual resistência *popular* ao projeto neoliberal: por ora, a oposição popular e de esquerda se vê globalmente colocada numa postura bastante defensiva – tanto no plano sindical como no plano político-partidário – diante desse projeto. Também não estamos aqui aludindo a um eventual constrangimento, imposto à execução do programa neoliberal, pelo caráter clientelístico dos partidos integrantes da coligação governamental (PFL, PMDB etc.). Se, *no plano do discurso*, há contradição entre neoliberalismo e clientelismo, no plano político prático a relação entre ambos é harmoniosa. Em vários países capitalistas avançados – como a França, a Itália e o Japão, para citar somente os casos mais conspícuos –, a corrente política neoliberal tem se acomodado a práticas partidárias de cunho clientelístico com o objetivo de se viabilizar eleitoralmente. O neoliberalismo implica a mudança do padrão de intervenção do Estado capitalista na economia; mas isso não equivale a "racionalizar" o Estado capitalista, eliminando do seu seio o desperdício, a improdutividade e a corrupção. O "parasitismo" – como nos indica Marx em *O 18 de brumário* – não é um traço aleatório do Estado capitalista. Ao contrário: ele se configura como uma prática inerente a esse tipo histórico de Estado, bem como funcional para a reprodução da dominação política capitalista.

Após esses esclarecimentos, emerge a questão: qual é, então, *o principal problema político* enfrentado até agora[3] pelo governo federal na implementação da estratégia neoliberal? Tal problema consiste no conjunto de resistências opostas à estratégia neoliberal *na própria base de apoio do governo*. Este é, portanto, o aparente paradoxo da atual conjuntura política: o governo federal encontra dificuldades dentro da própria frente política conservadora que o elegeu.

---

novos contribuintes, pois tais recursos já estariam sendo canalizados para o sistema previdenciário privado. Em entrevista, o ministro do Planejamento José Serra esclareceu que essa era a preocupação predominante do governo federal ao evitar o receituário liberal mais radical ("privatização integral e imediata") na abordagem da questão previdenciária.

[3] Este texto foi escrito no final de 1995.

O CAMPO POLÍTICO CONSERVADOR E O NEOLIBERALISMO

Dissemos anteriormente que, na conjuntura eleitoral de 1994, múltiplos setores sociais se aglutinaram para derrotar eleitoralmente a esquerda; e que foi a corrente política neoliberal quem dirigiu o processo de formação dessa frente política conservadora.

Agora, a análise deve dar um passo adiante: a corrente política neoliberal representa, principalmente, os interesses do capital financeiro internacional, já que tais interesses coincidem com a realização *integral* do programa neoliberal.

Ao capital financeiro internacional – representado politicamente pelo FMI, pelo Banco Mundial e por governos como o dos Estados Unidos – interessa a implementação de uma política ampla e profunda de desestatização, de desregulamentação e de abertura da economia brasileira. A execução conjugada dessas três políticas significa, para o capital financeiro internacional, a abertura de novas oportunidades de investimento no espaço capitalista periférico (oportunidades essas que não são desprezíveis, dado o recrudescimento da guerra econômica e comercial dentro do espaço capitalista central).

Sendo o capital financeiro internacional o setor mais poderoso do campo conservador do ponto de vista econômico, ideológico e político, ele logrou impor aos demais adversários da candidatura presidencial de esquerda o programa político neoliberal. Na conjuntura eleitoral de 1994, parecia aos setores subalternos da frente política conservadora que a adesão incondicional ao neoliberalismo era a única tática eficaz de luta ideológica e política contra a esquerda.

Ora, o problema político que se coloca para o governo atual está em que, uma vez encerrada a conjuntura eleitoral, tais setores tendem a um outro modelo de comportamento político. Isto é: cada setor social subalterno da frente política conservadora tende a apoiar somente a execução daqueles aspectos específicos do programa neoliberal que correspondam aos seus interesses; ou, na melhor das hipóteses, a apoiar as medidas neoliberais que lhes pareçam não interferir nos seus interesses. Tal postura implica, portanto, *resistir*, de modo mais ou menos aberto conforme o caso e as circunstâncias, à execução daqueles pontos do programa neoliberal que se chocam com os seus interesses específicos.

Vejamos como esse modelo de comportamento político se concretiza nos diferentes segmentos da frente política conservadora. A grande burguesia industrial, congregada em organizações como a Fiesp e a CNI, vem fazendo campanha, desde a Constituinte de 1988, a favor de um aspecto específico da desregulamentação: a liquidação dos direitos sociais e trabalhistas conquistados, a partir de 1930, pelas massas brasileiras. O empresariado industrial brasileiro assume, além disso, uma posição oficial favorável ao programa de privatizações e lamenta inclusive que o ritmo de execução de tal programa não seja mais acelerado. É importante assinalar que esse segmento social assume tal postura a despeito de não ser o grande beneficiário do programa de desestatização: as privatizações, na medida em que implicarão a eliminação dos subsídios estatais, poderão encarecer os insumos e serviços que as empresas industriais consomem, elevando desse modo os seus custos de produção (elevação cujo repasse integral para os preços finais pode se converter, conforme a conjuntura, em problema político). Ocorre, entretanto, que a burguesia industrial, não obstante o apoio às políticas de desregulamentação trabalhista e de desestatização, mostra-se *reticente* – para dizer o mínimo – com relação à promoção de uma abertura total e incondicional da economia brasileira ao capital internacional. A razão dessa reticência é evidente. A política de abertura econômica incondicional pode, no limite, levar ao desaparecimento do empresariado industrial e à conversão dos antigos industriais em importadores de similares estrangeiros (processo esse que se iniciou, durante o governo Collor, no setor de informática, e que se manifesta hoje – embora em escala ainda reduzida – na indústria automobilística, cujas filiais importam crescentemente unidades das suas próprias matrizes).

Vejamos agora a posição dos grandes bancos nacionais. Também eles são – como, de resto, todos os segmentos das classes dominantes – favoráveis à desregulamentação das relações de trabalho. São, além disso, favoráveis ao programa de privatizações, já que tal programa, além de estar conectado a uma das principais bandeiras da luta ideológica contra o socialismo, pode eventualmente lhes proporcionar: a) novas oportunidades de negócio (compra, a preço vil, de empresas estatais rentáveis); b) a sua eventual "ancoragem" na esfera produtiva e, consequentemente, a sua transformação em capital propriamente financeiro. Mostram-se, entretanto, contrários à abertura do sistema financeiro nacional a novos bancos estrangeiros, acomodando-se nesse terreno específico à ideia antiliberal da legitimidade de certas "reservas de mercado". Dentro dessa perspectiva, a Febraban passou a atuar como grupo de pressão em prol da manutenção do dispositivo constitucional (art. 52 das Disposições Transitórias da Constituição de 1988) que proíbe a entrada de capital estrangeiro *novo* no setor financeiro. A resistência da burguesia bancária nacional à proposta de abertura incondicional do sistema financeiro ao capital estrangeiro levou, de resto, o atual governo a optar por um caminho mais curto para alcançar esse objetivo: a assinatura, junto à OMC, do protocolo já mencionado, sem esperar pelos resultados do processo parlamentar de reforma constitucional.

Esclareça-se, agora, que o campo político conservador, no Brasil atual, não é integrado apenas por segmentos das classes dominantes. Segmentos da classe média e das classes trabalhadoras também são atraídos pelo projeto neoliberal de "modernização" da sociedade brasileira. Sublinhe-se, entretanto, que é uma postura crítica com relação a *certas práticas* vigentes no Estado capitalista que impele tais segmentos para a esfera ideológica neoliberal. Mais claramente: esses setores sociais veem na política neoliberal o caminho para a liquidação do Estado parasitário, cartorial e empreguista, que absorve por meio do sistema tributário os precários recursos financeiros do povo e os coloca à disposição de uma casta de privilegiados destituídos de qualquer utilidade social: os burocratas e os políticos profissionais. Portanto, tais setores sociais, desconsiderando que o neoliberalismo se acomoda regularmente – no mínimo, para se viabilizar eleitoralmente – à "fisiologia", supõem que a liquidação do parasitismo estatal passa pela redução do raio de intervenção do Estado na vida econômica e social (o que implicaria privatizações, fim do protecionismo econômico e das reservas de mercado etc.). Mas a adesão de segmentos da classe média e das classes trabalhadoras a esse "neoliberalismo de oposição" não implica apoio incondicional a *todo* o programa neoliberal. Por mais incongruente que isso possa parecer aos cultores da doutrina econômica liberal, tais segmentos exigem do Estado intervenção e proteção, quando o que está em questão é a sua condição de vida e de trabalho. Vale dizer, esses setores sociais se opõem à liquidação dos direitos sociais e trabalhistas – de resto, modestos – vigentes no Brasil; e, nessa medida, resistem a propostas governamentais como a reforma da Previdência Social e a reforma administrativa. A atuação política das centrais sindicais conservadoras (Força Sindical e CGT) reflete essa "consciência neoliberal dilacerada" de parte da classe média e das classes trabalhadoras do Brasil atual.

Para finalizar, mencionemos os grandes proprietários fundiários, congregados em organizações como a SRB e a UDR. A classe fundiária manifesta-se geralmente a favor da maioria do programa neoliberal: privatizações, desregulamentação, abertura econômica. Ela se opõe, entretanto, àquele aspecto do programa neoliberal que não convém aos seus interesses econômicos: a liquidação dos subsídios estatais à produção agrícola, o fim do tratamento especial dado pelo Estado aos agricultores endividados etc. Quando essa modalidade específica de intervenção do Estado capitalista na economia está em perigo, os proprietários fundiários protestam contra o governo e organizam "caminhonaços".

A ESTRATÉGIA NEOLIBERAL E O REGIME POLÍTICO

Seria improvável que essas resistências, oriundas do campo político conservador, à estratégia neoliberal se manifestassem apenas no plano da ação corporativa. Na verdade, tais resistências se exprimem também dentro dos partidos que compõem a base de sustentação política do governo federal: PSDB, PMDB, PFL. Em muitas votações no Congresso, ou por ocasião de certas iniciativas do Executivo, tais partidos têm se cindido em dois campos: o da defesa e o do ataque à proposta neoliberal. É o que ocorreu, por exemplo, no debate parlamentar sobre questões como a do monopólio estatal do petróleo e das telecomunicações, a da reforma da Previdência Social e da administração pública ou a da fixação de um teto anual para os juros.

Mais ainda: tais resistências se exprimem até mesmo dentro do governo federal (exemplo: as divergências, no início de 1995, entre os ministérios da Fazenda e do

Planejamento a propósito do ritmo de execução do programa neoliberal), ou no relacionamento entre governo federal e governos estaduais situacionistas (exemplo: as divergências entre o Banco Central e o governo estadual de São Paulo quanto ao modo de abordar a crise financeira do Banespa).

As resistências sociais ao programa neoliberal constituem um dos elementos explicativos do ritmo cadenciado – e não acelerado – de execução, no Brasil atual, da estratégia neoliberal. Esse ritmo é seguramente mais lento que aquele alcançado por outros governos neoliberais da América Latina (Argentina, México, Chile etc.). Tais resistências, agregadas à lentidão que elas contribuem para impor à execução da plataforma neoliberal, explicam conjuntamente, por sua vez, a atual tendência do governo federal a conduzir um processo de fortalecimento do Poder Executivo e do sistema presidencialista, em detrimento das prerrogativas políticas do Congresso. Essa tendência pode ser detectada em outros países latino-americanos onde governos neoliberais devem enfrentar resistências de natureza semelhante. O exemplo mais conspícuo dessa tendência é o governo Fujimori, no Peru; mas podem ser agregados sem dificuldades outros exemplos, como o do governo Sánchez de Lozada, na Bolívia, e o do governo Carlos Menem, na Argentina.

No Brasil atual, a operação dessa tendência é comprovada por um fato bastante conhecido: o instrumento fundamental de definição da política de Estado, sob o governo atual, é a edição ininterrupta de medidas provisórias do Executivo, e não a ação deliberativa do Congresso. Por meio da edição de medidas provisórias, o governo federal contorna a questão da competência dos "poderes" e logra até mesmo transformar certos temas da reforma constitucional em matérias a serem exclusivamente tratadas – pela via da "regulamentação" – pelo Executivo (é o que ocorreu na abordagem da questão da abertura do sistema financeiro nacional a novos bancos estrangeiros, como já mencionamos anteriormente).

Emerge, portanto, nos países latino-americanos submetidos a governos neoliberais, um *autoritarismo civil* mais ou menos pronunciado conforme o país. Esse novo autoritarismo – distinto do Estado militarizado, peculiar à etapa anterior do capitalismo latino-americano – realiza a construção de um *presidencialismo invulgarmente forte*, cujo limite superior é a "ditadura presidencialista" implantada por Alberto Fujimori no Peru. É incumbência desse autoritarismo civil emergente não propriamente sufocar um poderoso movimento de oposição popular (cuja ascensão, no futuro, poderia eventualmente levar a um novo surto de militarização do Estado), e sim neutralizar as reticências conservadoras – de caráter sempre localizado e não genérico, como já vimos – diante do programa neoliberal. Mais claramente: o fato de que os governos neoliberais da América Latina enfrentam por ora reticências conservadoras, e não o movimento de massas, explica *em parte* que tais governos se inclinem para práticas autoritárias de cunho ainda moderado (novo autoritarismo civil) e não radical (ditadura militar).

Para finalizar, deve-se chamar a atenção para a causa histórica geral da complexidade da "operação de desmonte" do intervencionismo estatal anterior, do espoucar de resistências burguesas conservadoras ao programa neoliberal e, em última instância, do ritmo cadenciado de execução desse programa. A economia capitalista brasileira é – a despeito dos índices desprezíveis de "desenvolvimento social" aqui registrados – bem mais poderosa que a de países latino-americanos igualmente sujeitos a governos neoliberais, como a Argentina, o Chile e o México.

A formulação eventual de uma alternativa política ao projeto neoliberal passa por uma análise cuidadosa desse quadro histórico geral. Só assim a oposição poderá aproveitar os espaços políticos abertos pelas reticências conservadoras e, destarte, fortalecer a frente política antiliberal.

POPULISMO E NEOLIBERALISMO

A atual situação política da América Latina exige ainda uma vez dos estudiosos que eles voltem a sua atenção para o tema – aparentemente inesgotável – do populismo. E, se isso ocorre, é porque o populismo – que parecia ter sido enterrado nos anos 1960/1970 pelos regimes militares – ainda revela potencialidades, como fenômeno político, no quadro do atual capitalismo latino-americano. No início dos anos 1980, os intelectuais progressistas ainda manifestavam a esperança de que se implantariam, nos países da América Latina, democracias autênticas e estáveis. Ou melhor: tais intelectuais esperavam que, com o fim dos regimes militares de países como o Brasil, a Argentina, o Uruguai e o Chile, assim como com a promoção de reformas políticas em democracias peculiares como a mexicana (fundada num sistema de partido dominante), seriam reintroduzidos ou reativados o processo eleitoral e o pluripartidarismo nesses países. Caso isso ocorresse, estaria aberto o caminho para a formação, na América Latina, de um quadro democrático autêntico e estável.

No fim dos anos 1990, entretanto, tal esperança só se manifesta no plano retórico. Quando está em jogo uma análise científica do processo político, a maioria dos estudiosos constata que os regimes políticos atuais da América Latina estão longe de se constituir em democracias autênticas e estáveis. E mais ainda: grande parte de tais estudiosos pensa que esse déficit democrático ocorre porque tais regimes políticos ainda continuam a ser, como no passado, somente "democracias populistas".

Uma série de fatos recentes leva até mesmo a grande imprensa a falar de um neopopulismo latino-americano. A Argentina foi, num passado recente, governada por um político egresso da ala mais ortodoxa do velho movimento peronista, representado pelo Partido Justicialista (o presidente Carlos Menem). No Brasil de 1990-1992, o presidente Collor se destacou por: a) seu personalismo; b) sua postura de marginalidade com relação ao sistema partidário; c) sua maneira peculiar de apelar para o povo nos seus discursos (nos quais ocupava um lugar central a menção aos "descamisados").

Também no México o presidente Salinas, representante do partido dominante (PRI), caracterizou-se pelo personalismo desenfreado e pela superexposição. E quem analisa a vida política no Brasil atual depara com as inclinações inequivocamente paternalistas, não apenas do presidente Fernando Henrique Cardoso, como também de lideranças políticas declinantes, como Leonel Brizola ou Itamar Franco.

O conjunto das tendências políticas subjacentes a esses fatos acabou sendo codificado por Guilhermo O'Donnell por meio de um novo conceito: o conceito de "democracia delegada", que corresponderia àquele regime democrático em que as lideranças carismáticas se reforçariam em detrimento do sistema partidário. Tais tendências, fatos e conceitos obrigam o cientista político a observar com todo o cuidado o processo político latino-americano; e a examinar a hipótese de que tal processo seria parcialmente diferente dos processos democráticos em operação nos países capitalistas centrais. Mas isso não equivale a colar de modo rápido o rótulo "populista" à política latino-americana; nem a concluir rapidamente que o populismo está restaurado na América Latina. Na verdade, a tarefa prioritária para o cientista político atual é a desagregação da análise dos fenômenos políticos correntemente qualificados como populistas. Desse modo, ele poderá: a) detectar as diferentes dimensões do populismo como fenômeno político global; b) buscar, a seguir, conceitos diferenciados que designem tais dimensões.

A PERSONALIZAÇÃO DA POLÍTICA

Nessa linha de trabalho, convém começar pelo reconhecimento de que um aspecto do processo político correntemente qualificado como populista nada tem de especificamente latino-americano, constituindo-se antes em característica central do processo político capitalista: a personalização da política. Esse tema é minuciosamente analisado por Richard Sennett em *O declínio do homem público*[1]. Nesse importante ensaio, Sennett apresenta a sociedade capitalista como uma "sociedade intimista", na qual as pessoas: a) acreditam que os intercâmbios sociais sejam demonstrações de personalidade; b) inclinam-se a expor em público sua intimidade e sua personalidade individual; c) valorizam a autenticidade desse processo de autoexposição.

No plano especificamente político, tais disposições pessoais vão desaguar, segundo Sennett, na valorização da disposição do líder político em expor com autenticidade os traços de sua personalidade individual, fazendo-o, sublinhe-se, em detrimento da exposição do conteúdo da sua ação política e do seu programa político. Desse modo, o líder político que na sociedade capitalista parte em busca do poder obtém

---

[1] Ver Richard Sennett, *O declínio do homem público: as tiranias da intimidade* (São Paulo, Companhia das Letras, 1988).

credibilidade e legitimidade junto a certo público não pelo conteúdo das suas ações políticas ou pelos seus programas políticos, e sim pelo tipo de homem que ele mostra ser.

Exposto o esquema teórico geral de Sennett, coloca-se a pergunta: para esse autor, a atração do público pela personalidade do líder é a *forma* ou o *conteúdo* da relação política? Na verdade, Sennett hesita diante dessa questão. Em algumas passagens do livro, ele afirma que a valorização da autoexposição do líder político apenas oculta os interesses de grupo social que estão subjacentes a essa relação. Porém, no conjunto do livro, ele tende a sustentar predominantemente a tese de que a concentração de um público na personalidade de um líder suspende os seus "interesses egocêntricos de grupo" (na sua própria expressão).

Pode-se concluir que, em Sennett, essa forma se converte no próprio conteúdo da ação política. Esclareça-se que esse enfoque – a definição da personalização da política não apenas como forma, mas também como conteúdo da relação política na sociedade capitalista – está perfeitamente ajustado à explicação geral da personalização da política na sociedade capitalista que encontramos no texto de Sennett. Ou seja: para esse autor, tal tendência se explicaria basicamente pelo *narcisismo do público*. O narcisismo, segundo Sennett, é uma possibilidade de caráter para os seres humanos de qualquer época histórica. Ele pode, portanto, se manifestar na época capitalista ou numa época pré-capitalista qualquer; e só varia de uma época para outra quanto ao modo de expressão. A sua essência é sempre a mesma: uma busca incessante e jamais satisfeita de gratificação para o "eu"; e, mais ainda, uma busca que leva as pessoas a valorizarem outras pessoas e outros acontecimentos apenas na medida em que estes se relacionem com aquelas.

Como o motor da relação entre líder político e público na sociedade capitalista é, para Sennett, a *projeção do narcisismo do público no líder*, o ciclo dessa relação política tende a ser invariavelmente curto, em razão da total impossibilidade de satisfação do ser narcisista. Esse ciclo curto da relação política entre líder e público se desenrola por meio de algumas fases: a) num momento inicial, o líder atrai o público ao expor a sua intimidade; b) o momento intermediário é aquele em que, com o decorrer do tempo, o público vai se tornando algo indiferente a essa autoexposição; c) no momento final, o público abandona o líder. Tal ciclo ter-se-ia cumprido, para Sennett, em casos históricos bastante diferenciados, como os da liderança do monge Savonarola na Itália medieval e da liderança do poeta e político Lamartine na França de 1848.

Avaliemos a adequação do sistema teórico de Sennett à análise do processo de personalização da política na sociedade capitalista. Registre-se que a caracterização descritiva da relação política entre liderança e massa na sociedade capitalista, tal qual apresentada por Sennett, é fecunda e pode ser útil aos analistas do processo político contemporâneo. A deficiência do sistema teórico de Sennett se situa, portanto, alhures; mais especificamente, na linha de argumentação teórica que esse autor adota para *explicar* a difusão social dessa modalidade de relação política, *especificamente no capitalismo*. Para Sennett, o *narcisismo das massas* é o fundamento da propagação de relações políticas personalizadas na sociedade capitalista. Mas o narcisismo é, segundo Sennett, um componente estável da personalidade humana; como tal, manifesta-se inclusive em épocas históricas pré-capitalistas (como a Idade Média, no caso já citado de Savonarola). Ora, a incongruência metodológica de Sennett está em não começar a busca da natureza das práticas políticas dominantes no capitalismo por um estudo da estrutura geral do modo de produção capitalista, bem como das diferentes práticas – econômica, política – induzidas pela sua vigência num espaço determinado. Impõe-se, portanto, caso se queira superar – por aprofundamento – o esquema teórico de Sennett, que nos remetamos à estrutura geral do capitalismo.

Tal estrutura implica, no plano especificamente econômico, a existência do sistema de produção fabril, no qual – não obstante o seu caráter socializado –, se desenvolvem trabalhos privados e o processo de trabalho é parcializado. Consequentemente, desenvolve-se no capitalismo a tendência ao isolamento do trabalhador diante das suas tarefas dentro da fábrica. Mas essa estrutura também implica – agora no plano jurídico-político – a igualização de todos os homens mediante a sua conversão em sujeitos individuais de direito, o que supõe o reconhecimento simultâneo, por parte do Estado, da autonomia da personalidade individual. Assim sendo, podemos computar como efeitos ideológicos cruciais da estrutura geral do capitalismo: a) a individualização de todos os agentes da produção – inclusive e sobretudo os trabalhadores – e a consequente atomização das classes sociais; b) a indução à expressão autônoma da personalidade individual.

Ora, são esses efeitos ideológicos da estrutura capitalista global que estão na base do processo de valorização da autoexposição da personalidade política (o "imperialismo da vida privada sobre a vida pública"), típico da sociedade capitalista. Nessa perspectiva, a personalização da política tem de ser encarada, antes de mais nada, como a *forma geral* da política dominante na sociedade capitalista. É por isso, de resto, que a personalização da política tende a envolver até mesmo a prática dos partidos de esquerda que estejam de alguma forma integrados ao jogo político-institucional. A esse respeito, Sennett afirma, de modo bastante sugestivo e incisivo: "Em política moderna, é suicídio insistir que 'vocês não precisam saber nada sobre minha vida privada; tudo o que precisam saber é aquilo em que acredito e os programas que executarei'"[2].

Deve-se, porém, agregar, caso se queira evitar uma visão exclusivamente descritiva do processo político capitalista, que a personalização da política *recobre* uma relação política estabelecida em torno de certos interesses de grupo, mesmo que esses interesses não estejam formulados de modo totalmente consciente. Ou seja: a forma

---

[2] Richard Sennett, *O declínio do homem público*, cit., p. 331.

personalizada da relação política recebe conteúdos variados conforme a natureza do grupo social que se submete à liderança política. Sennett sustenta, corretamente, que a personalização domina toda a política institucional na sociedade capitalista. Todavia, ele não tem como explicar por que, em condições iguais (isto é, as condições instauradas pela tendência geral à personalização da política), certos grupos são atraídos para uma liderança específica, enquanto outros grupos se inclinam para uma liderança diversa (fato que é sociologicamente incontestável; constatam-no reiteradamente todas as pesquisas de opinião pública). Em suma: Sennett caracteriza de maneira fecunda a forma geral da política dominante na sociedade capitalista; não logra, porém, explicar as *diferenças* registradas dentro dessa política. Na verdade, as lideranças políticas nas sociedades capitalistas não ascendem e declinam em função do caráter cíclico das manifestações do narcisismo das massas no plano político. Tais lideranças sobem e descem em função da variação na relação de representação política que elas mantêm com as massas[3].

Personalização da política e capitalismo na América Latina

Podemos agora abordar a seguinte questão: quais são as possibilidades efetivas de personalização da política nas sociedades capitalistas latino-americanas da atualidade? Para responder a essa questão, devemos explicitar certas implicações das formulações teóricas anteriores. Se é a estrutura geral do capitalismo, em si mesma, que induz à personalização da política, a expansão das relações sociais capitalistas numa sociedade qualquer tende consequentemente a promover a concretização, em ampla escala, da tendência à personalização da política nessa mesma sociedade. Portanto, o reforço da representatividade política aberta do sistema partidário *não* é o horizonte natural para o qual tende espontaneamente a política nas sociedades capitalistas. Tal reforço, quando se verifica, tem uma origem e uma natureza diferentes; mais precisamente, ele se configura – como bem indicou Umberto Cerroni[4] – como um processo determinado pela emergência da luta política das classes trabalhadoras contra as classes dominantes. Tal processo se choca com os efeitos político-ideológicos produzidos pela estrutura geral do capitalismo. É inútil, portanto, esperar por uma emergência espontânea da representação política da "sociedade civil", já que a estrutura geral do capitalismo produz exatamente o contrário: vale dizer, a personalização da política.

---

[3] Os processos de crise nas relações de representação política e os subsequentes "deslocamentos" de lideranças ou organizações partidárias se constituíram num dos temas políticos preferenciais de Gramsci.

[4] Ver Umberto Cerroni, *Teoria do partido político* (São Paulo, Ciências Humanas, 1982), especialmente o capítulo I, "Conceito de partido político", p. 11-30.

Isso significa, concretamente, que só a luta política das classes trabalhadoras pode se constituir em contratendência capaz de neutralizar, em certas conjunturas históricas, a tendência predominante à personalização da política. Agregue-se finalmente que essa tendência também é favorecida, na atual etapa de desenvolvimento do capitalismo, pela ampla difusão social da mídia eletrônica, que cria condições técnicas favoráveis ao espraiamento das práticas de personalização da política.

Passemos agora à América Latina. Registra-se nos países dessa área uma expansão, ainda que sob formas peculiares ou "degradadas", das relações sociais capitalistas, não só na cidade como também no campo. Por um lado, declinam nessa área as relações sociais pré-capitalistas; por outro lado, esse declínio se processa num contexto de restauração ou reativação do processo eleitoral e do pluripartidarismo. Nesse quadro sociopolítico, declinam consequentemente as relações políticas pré-capitalistas, como a relação de lealdade pessoal que se encontra na base das práticas do coronelismo (manipulação eleitoral das massas rurais com a finalidade de viabilizar institucionalmente certa política de classe dominante). Vão assim desaparecendo formas arcaicas e pré-capitalistas de personalização da política, bastante diferentes da forma especificamente capitalista de personalização da política. Pode-se admitir que a relação política de lealdade entre senhor e dependente envolva uma personalização da política, porém não no sentido anteriormente apontado. A diferença entre ambas as formas de personalização da política está no fato de que a relação política pré-capitalista é *desindividualizada*. Ou seja, nela, a personalidade individual do líder não desempenha um papel estratégico. A relação de lealdade pessoal entre senhor e dependente, tipicamente pré-capitalista, implica a fidelidade do dependente à *figura* do senhor, e não ao *indivíduo* que desempenha, com todas as suas peculiaridades psicológicas, esse papel. É, portanto, essa forma arcaica de personalização da política que declina com a expansão do capitalismo na América Latina. Na verdade, o atual processo de desenvolvimento capitalista da América Latina tende a promover, a despeito de sua forma caricatural e "degradada", a igualização, em certo terreno, da política dos países capitalistas dessa área e dos países capitalistas centrais. Exemplificando: a autoexposição, em grande escala, de líderes políticos das sociedades capitalistas avançadas (como Nixon, Thatcher ou Clinton) encontra um equivalente perfeito na autoexposição, em grande escala, de líderes políticos da América Latina, como Menem, Salinas de Gortari, Collor ou Fernando Henrique Cardoso.

A REDEFINIÇÃO DO POPULISMO NA AMÉRICA LATINA: DO INTERVENCIONISMO SOCIOECONÔMICO AO NEOLIBERALISMO

A personalização da política – ou o que poderíamos chamar "populismo *lato sensu*" – é, portanto, um processo regular e nada extraordinário nas sociedades capitalistas avançadas (como os Estados Unidos) ou periféricas (como os países da América Latina). Mas um segundo fenômeno político, analiticamente distinto do primeiro, tem sido correntemente qualificado como uma manifestação do populismo. Nos processos latino-americanos de transição para o capitalismo, o Estado, representado por um líder, teria substituído a organização político-partidária independente das classes trabalhadoras na luta pela redistribuição da riqueza nacional a favor dessas classes. E deveriam ser definidas como populistas, nesse caso, tanto a postura do Estado diante das massas como a prática política da liderança estatal. É nesse sentido específico que os analistas detectaram a existência de um populismo latino-americano no período que se estende, *grosso modo*, de 1930 a meados da década de 1960. Nesse período, os Estados da América Latina ainda não estão submetidos a pressões de natureza diretamente política, oriundas de partidos de esquerda ou de partidos operários de massa. Ora, a despeito da inexistência de formas de expressão das demandas populares mais fortes que as meras reivindicações corporativas, tais Estados executam, com a finalidade de conquistar uma base social de apoio para o seu projeto de desenvolvimento capitalista, uma política de promoção e reconhecimento das classes trabalhadoras. Esse é o sentido da implementação de medidas como a criação simultânea da legislação social (que protege o trabalhador contra o capital) e da legislação sindical (que "oficializa" a atividade sindical e, por essa mesma via, instaura o controle estatal sobre o movimento reivindicatório popular).

A política "populista" de Estado correspondeu, na América Latina, a uma fase histórica de transição para o capitalismo; fase esta marcada por uma crise crônica de hegemonia no seio do bloco no poder e pela consequente necessidade do Estado de mobilizar as massas trabalhadoras a fim de diminuir a instabilidade política decorrente dessa crise.

Porém, em meados da década de 1960, essa crise chega ao fim, com a definição clara da preponderância política dos interesses monopolistas. A partir de então, a política "populista" de Estado, tal qual foi até aqui caracterizada, perde a sua viabilidade histórica.

Os anos 1990 reservarão, todavia, uma surpresa aos analistas políticos da América Latina, habituados a relacionar o "populismo", política estatal de integração/controle das classes trabalhadoras, com um intervencionismo socioeconômico a serviço de um projeto de desenvolvimento capitalista nacional. E isso porque, nessa década, o discurso e a prática populistas permanecem, porém se adaptam a novos objetivos políticos, que nada têm a ver com a defesa do intervencionismo estatal e da independência econômica nacional. Mais claramente: o novo populismo postula que o "governo" desmantele o "Estado", identificado como o principal responsável pela desigualdade socioeconômica vigente, em razão de sua ineficácia, de sua improdutividade e de seu parasitismo. Essa retórica populista neoliberal – presente no discurso de Menem, Salinas, Collor e Fernando Henrique Cardoso – defende a restauração do mercado e a limitação máxima do intervencionismo estatal não mais em nome da liberdade individual (como no liberalismo antipopulista), mas em nome justamente do bem-estar material das massas trabalhadoras. Ou seja: o populismo neoliberal defende implicitamente a substituição da organização política independente das massas trabalhadoras pelo governo, mas não num processo de luta redistributivista, e sim num processo de luta contra o Estado pela restauração do mercado. Nessa visão, a restauração do mercado e a liquidação do Estado intervencionista, cartorial e parasitário, ao resultarem na liquidação dos maus capitalistas (antes protegidos pelo Estado) e no aumento da produtividade econômica global, acabarão tendo *efeitos redistributivos*.

Em artigo jornalístico de 1990 dedicado à análise da Argentina, Hélio Jaguaribe, um tradicional analista do populismo clássico (aquele dos anos 1950/1960), aponta a emergência de uma nova e complexa postura política: o populismo neoliberal. Simultaneamente, Jaguaribe se converte – é verdade que de modo discreto – no seu legitimador. É, pelo menos, o que podemos depreender de sua afirmação segundo a qual, na América Latina dos anos 1990, o populismo – a expressão é dele – é bom fundamentalmente para ganhar eleições. Depois disso, sustenta Jaguaribe, os líderes populistas vitoriosos devem "pôr ordem na casa", realizar uma política anti-inflacionária rígida e sanear o Estado.

Ao se apontar a emergência dessa nova variante de populismo latino-americano – o populismo neoliberal – deve-se especular sobre as razões da relativa aceitação popular desse discurso (o que é atestado pelas sucessivas vitórias eleitorais das forças políticas neoliberais). Por que tal discurso logrou ser bem-sucedido – mesmo que apenas temporariamente – na competição com o discurso populista clássico (o intervencionista e nacionalista) pela conquista do apoio popular? Talvez a razão histórica mais profunda desse sucesso seja o "efeito socialmente perverso" do intervencionismo estatal típico da fase imediatamente anterior de desenvolvimento capitalista. Ou seja: a partir da definição, em meados dos anos 1960, da hegemonia política dos interesses monopolistas, o crescimento da intervenção estatal se fez dominante e quase exclusivamente em benefício da burguesia monopolista privada e de uma nascente burguesia de Estado; porém, não em benefício das massas trabalhadoras. O crescimento do intervencionismo estatal na América Latina redundou basicamente em concentração da renda nacional – e não se fez acompanhar da implantação de um *Welfare State*. Nesse contexto, a proposta neoliberal de que o "governo" desmantele o "Estado" pode acabar assumindo a feição aparentemente progressista de um *combate redistributivo*, por mais que os fatos subsequentes (vale dizer, os resultados concretos das gestões neoliberais) tendam a desmentir essa aparência.

A análise da questão do populismo na América Latina atual aponta para um quadro político complexo. De um lado, a expansão das relações sociais capitalistas leva à intensificação e à difusão das práticas de autoexposição das lideranças políticas e de personalização da política – e só a ação consciente dos partidos de esquerda poderá reverter esse quadro. De outro lado, o fim da crise de hegemonia no bloco no poder e a definição da hegemonia política dos interesses monopolistas, em meados dos anos 1960, já tinha tornado inviável, do ponto de vista histórico, a política populista clássica da América Latina, isto é, a política de integração/controle das classes trabalhadoras por meio da legislação social e do sindicalismo de Estado.

Nesse contexto, a luta da burguesia imperialista, desde os anos 1980, para dirigir (por meio de instituições como o FMI, o Banco Mundial ou os governos dos Estados Unidos e da Inglaterra) o sistema monopolista hegemônico implantado nos países da América Latina, confinar a burguesia monopolista nacional e liquidar a empresa pública, exige politicamente a emergência de um populismo neoliberal. E o destino dessa corrente político-ideológica, no médio prazo, depende da força dos seus antagonistas; vale dizer, da possibilidade de constituição, nesses países, de um poderoso bloco político antiliberal, popular e de esquerda.

REFERÊNCIAS BIBLIOGRÁFICAS

ALMEIDA, Maria Hermínia Tavares de et al. Construção da cidadania no Brasil, sindicalismo e movimento operário (Debate). *Comunicação & Política*, Rio de Janeiro, Centro Brasileiro de Estudos Latino-Americanos, Forense Universitária, n. 6, 1986.

ANDERSON, Perry. Balanço do neoliberalismo. In: SADER, Emir (org.). *Pós-neoliberalismo*: as políticas sociais e o Estado democrático. Rio de Janeiro, Paz e Terra, 1995.

BAER, Mônica. *A internacionalização financeira no Brasil*. Petrópolis, Vozes, 1986.

BALIBAR, Étienne. Sur lês concepts fondamentaux du matérialisme historique. In: ALTHUSSER, Louis; BALIBAR, Étienne. *Lire le capital II*. Paris, Maspero, 1973.

BASBAUM, Leôncio. *História sincera da República*, v. 2: *(de 1889 a 1930)*, 3. ed., São Paulo, Fulgor, 1968.

_____. *História sincera da República*, v. 3: *(de 1930 a 1960)*, 3. ed., São Paulo, Fulgor, 1968.

BASTIDE, Roger; FERNANDES, Florestan. *Brancos e negros em São Paulo*. 2. ed., São Paulo, Companhia Editora Nacional, 1959.

BIANCO, Lucien. *Les origines de la Révolution Chinoise*. Paris, Gallimard, 1967.

BEIGUELMAN, Paula. *Formação política do Brasil*, v. 1 e 2. São Paulo, Pioneira, 1967.

_____. *Pequenos estudos de Ciência Política*, v. 1 e 2. São Paulo, Pioneira, 1968.

_____. *A formação do povo no complexo cafeeiro:* aspectos políticos. São Paulo, Pioneira, 1968.

BOITO JÚNIOR, Armando. *O populismo em crise (1953-1955)*. Dissertação de mestrado em ciência política, Campinas, Unicamp, 1976.

BONELLI SANTOS, Maria da Glória. *A classe média do "milagre" à recessão*. Águas de São Pedro, ANPOCS, 1987. Mimeo.

BOURDIEU, Pierre; PASSERON, Jean-Claude. *La Reproduction*. Paris, Les Éditions de Minuit, 1970.

BRESSER-PEREIRA, Luiz Carlos. Cidadania e *res publica*: a emergência dos direitos republicanos. In: ROSENFIELD, Denis (org.), *Filosofia Política – Nova Série*, v.1. Porto Alegre, L&PM, 1997.

_____. *Pactos políticos:* do populismo à redemocratização. São Paulo, Brasiliense, 1985.

_____. *Sociedade civil*: sua democratização para a reforma do Estado. São Paulo: [s. n.], 1998. Mimeo.

BRUNEAU, Thomas Charles. Constituição: o caso de Portugal. *Lua Nova*, Cedec, São Paulo, v. 3, n. 2, out./dez. 1986.

CALABI, Andréa; REISS, Gerald. *Capital industrial e capital financeiro*: notas sobre o financiamento da expansão industrial recente. São Paulo, Editora IPE/USP, 1979. Mimeo.

CAMPELLO DE SOUZA, Maria do Carmo. *Estado e Partidos Políticos no Brasil (1930 a 1964)*. São Paulo, Alfa-Ômega, 1976.

CANEDO, Letícia Bicalho. *O sindicalismo bancário em São Paulo no período de 1923-1944*: seu significado político. Dissertação de mestrado em história econômica, São Paulo, USP, 1977. Mimeo.

CARDOSO, Fernando Henrique. *Capitalismo e escravidão no Brasil Meridional*. 2. ed., Rio de Janeiro, Paz e Terra, 1977.

CARONE, Edgard. *A Segunda República*. São Paulo, Difel, 1974.

CARVALHO, José Murilo de. *Desenvolvimiento de la ciudadanía en Brasil*. México, Fondo de Cultura Económica, 1995.

_____. Militares e civis: um debate além da Constituinte. *Cadernos de Conjuntura,* Rio de Janeiro, Iuperj, n. 10, ago. 1987.

CAVAROZZI, Marcelo. Populismos y "partidos de clase media" (Notas comparativas). *Documento Cedes/G.E. CLACSO*, Buenos Aires, n. 3, 1976.

CERRONI, Umberto. *Teoria do partido político*. São Paulo, Ciências Humanas, 1982.

CIGNOLLI, Alberto. *Estado e força de trabalho*: introdução à política social no Brasil. São Paulo, Brasiliense, 1985.

COHN, Gabriel. *Petróleo e nacionalismo*. São Paulo, Difel, 1968.

COSTA, Sílvio (org.). *Concepções e formação do Estado brasileiro*. São Paulo: Anita Garibaldi, 1999.

CRUZ, Sebastião C. Velasco e. *A política industrial e a transição no Brasil*: elementos para uma interpretação. Recife, Fundação Joaquim Nabuco, 1988. Mimeo.

DAGNINO, Evelina (org.). *Os anos 90*: política e sociedade no Brasil. São Paulo, Brasiliense, 1994.

DEAN, Warren. *A industrialização de São Paulo*. São Paulo: Difel, 1971.

DIREITO E CIDADANIA. Praia, Cabo Verde: [s. n.], ano I, n. 3, mar./jun. 1998.

DROULERS, Martine. Emprego público e clientelismo. *Sociedade e Estado*, Brasília, v. IV, n. 1, jan./jun. 1989.

DUBY, Georges. *Guillaume Maréchal ou o melhor cavaleiro do mundo*. 2. ed., Rio de Janeiro, Graal, 1988.

ENGELS, Friedrich. *Cartas sobre el materialismo histórico, 1890-1894*. Moscou, Progresso, 1980.

_____. *Ludwig Feuerbach e o fim da filosofia clássica alemã*. São Paulo, Fulgor, 1962.

FERNANDES, Florestan. *A integração do negro na sociedade de classes*. São Paulo, Dominus, 1963.

_____. *A revolução burguesa no Brasil:* ensaio de interpretação sociológica. Rio de Janeiro, Zahar, 1975.

FERREIRA, Oliveiros S. *As Forças Armadas e o desafio da revolução*. Rio de Janeiro, GRD, 1964.

FOLHA BANCÁRIA. São Paulo, Sindicato dos Bancários de São Paulo, 1924.

_____. São Paulo, Sindicato dos Bancários de São Paulo, n. 264, set. 1962.

_____. São Paulo, Sindicato dos Bancários de São Paulo, n. 23, jan. 1964.

GENOVESE, Eugene. *A economia política da escravidão*. Rio de Janeiro, Pallas, 1976.

GOMES, Ângela M. C. et al. *O Brasil Republicano*, v. 10: sociedade e política (1930-1964).

GORENDER, Jacob. *A burguesia brasileira*. São Paulo, Brasiliense, 1981.

_____. Gênese e desenvolvimento do capitalismo no campo brasileiro. In: MORAES FILHO, Evaristo de (org.). *Trabalhadores, sindicatos e política*. São Paulo, Cedec/Global, 1979.

_____. *O escravismo colonial*. São Paulo, Ática, 1978.

GRAMSCI, Antonio. *El "Risorgimento"*. Buenos Aires, Granica, 1974.

_____. *Maquiavel, a política e o Estado moderno*. Rio de Janeiro, Civilização Brasileira, 1988.

HILFERDING, Rudolf. *O capital financeiro*. São Paulo, Nova Cultural, 1985.

HIRSCHMAN, Albert O. *Deux siècles de rehétorique reactionnaire*. Paris, Fayard, 1991.

HOBSBAWM, Eric J. *A era do capital*. Rio de Janeiro, Paz e Terra, 1977.

_____. *Estratégias para uma esquerda racional*. Rio de Janeiro, Paz e Terra, 1991.

_____. *Mundos do trabalho*. Rio de Janeiro, Paz e Terra, 1987.

IANNI, Octavio. *As metamorfoses do escravo*. São Paulo, Difel, 1962.

IDEIAS: Revista do Instituto de Filosofia e Ciências Humanas. Campinas, Unicamp, ano 4, n. 1/2, jan./dez. 1997.

JEAMMAUD, Antoine. Algumas questões a abordar em comum para fazer avançar o conhecimento crítico do direito. In: PLASTINO, Carlos Alberto. (Org.). *Crítica do direito e do Estado*. Rio de Janeiro, Graal, 1984.

JÚNIOR, Teotônio. A ideologia fascista no Brasil. *Revista Civilização Brasileira*, Rio de Janeiro, n. 3, maio 1965.

KAWAMURA, Lili Katsuco. *Engenheiro*: trabalho e ideologia. 1977. Dissertação de mestrado em sociologia, USP, São Paulo, 1977. Mimeo.

LARANJEIRA, Sônia (org.). *Classes e movimentos sociais na América Latina*. São Paulo, Hucitec, 1990.

LE GOFF, Jacques. Corporations. [Verbete da] *Encyclopaedia Universalis*, v. 4. Paris, 1968.

LIBÉRATION. Paris, France, 15 mar. 1974.

LINHARES, Hermínio. *Contribuição à história das lutas operárias no Brasil*. São Paulo, Alfa-Ômega, 1977.

MABILEAU, Albert; MERLE, Marcel. *Les partis politiques en Grande-Bretagne*. Paris, Presses Universitaires de France, 1965.

MAGALHÃES, Dario de Almeida. Natureza jurídica da Ordem dos Advogados do Brasil. *Revista OAB*, n. 33, maio 1950.

MALLOY, James M. *Política de previdência social no Brasil*. Rio de Janeiro, Graal, 1986.

MARSHALL, Thomas Humphrey. *Cidadania, classe social e status*. Rio de Janeiro, Zahar, 1967.

_____. *Política social*. Rio de Janeiro, Zahar, 1967.

MARX, Karl. *Formações econômicas pré-capitalistas*. Rio de Janeiro, Paz e Terra, 1975.

MELLO, João Manuel C. *O capitalismo tardio*. São Paulo: Brasiliense, 1982.

NAPOLITANO, Giorgio. *La politique du parti communiste italien*: entretien avec Eric Hobsbawm. Paris, Éditions Sociales, 1976.

O ENTULHO PROVISÓRIO. *Veja*, São Paulo, 8 maio 1996.

O ESTADO DE S. PAULO. São Paulo, 21 mar. 1964.

O ESTADO DE S. PAULO. São Paulo, 9 abr. 1964.

O'CONNOR, James. *USA*: a crise do Estado capitalista. Rio de Janeiro, Paz e Terra, 1977.

PEREIRA, Duarte. *Um perfil da classe operária*. São Paulo, Hucitec, 1981.

PEREIRA, Luís. *Trabalho e desenvolvimento no Brasil*. São Paulo, Difel, 1965.

PERISSINOTTO, Renato M. *Classes dominantes e hegemonia na República Velha*. Campinas, Editora da Unicamp, 1994.

_____. *Estado e capital cafeeiro em São Paulo (1889-1930)*. São Paulo, Annablume, 2000.

PINHEIRO, Paulo Sérgio. *Política e trabalho no Brasil*. Rio de Janeiro, Paz e Terra, 1975.

PINTO, Maria Inez M. B. *Cotidiano e sobrevivência*. São Paulo, Edusp, 1994.

PONT, Raul. Mas o que é o populismo gaúcho? *Versus*, São Paulo, n. 18, fev. 1978.

POULANTZAS, Nicos. *A crise das ditaduras*. Rio de Janeiro, Paz e Terra, 1978.

_____. *Fascisme et dictature*. Paris, Maspero, 1970.

_____. *Les classes sociales dans le capitalisme aujourd'hui*. Paris, Éditions du Seuil, 1974.

_____. *Pouvoir politique et classes sociales*. Paris, Maspero, 1968.

_____. *Pouvoir politique et classes sociales*. Paris, Maspero, 1971.

PRIMEIRA VERSÃO. Campinas: IFCH/Unicamp, n. 2, 1989.

PRINCÍPIOS. São Paulo, Anita Garibaldi, n. 40, fev./abr. 1996.

REVISTA DE SOCIOLOGIA E POLÍTICA. Curitiba, UFPR, n. 6/7, 1996.

SAES, Décio. *A formação do Estado burguês no Brasil (1888-1891)*. Rio de Janeiro, Paz e Terra, 1985.

_____. A questão da evolução da cidadania política no Brasil. *Estudos Avançados*, USP, São Paulo, n. 42, 2001.

_____. Cidadania e capitalismo (uma abordagem teórica). *Caderno n. 8:* Instituto de Estudos Avançados da USP, São Paulo, 2000, coleção "Documentos", série especial.

_____. *Classe média e política na Primeira República brasileira (1889-1930)*. Petrópolis, Vozes, 1975.

_____. Classe média e políticas de classe (uma nota teórica). *Contraponto*, Rio de Janeiro, Centro de Estudos Noel Nutels, n. 2, nov. 1977.

_____. *Classe Moyenne et Système politique au Brésil*. Tese de doutorado, École Pratique des Hautes Études, Paris, 1974. Mimeo.

_____. *Democracia*. São Paulo, Ática, 1987.

_____. Estado e classes sociais no capitalismo brasileiro dos anos 70/80. *Primeira Versão:* Caderno do Instituto de Filosofia e Ciências Humanas, Campinas, Unicamp, n. 2, 1989.

_____. O impacto da teoria althusseriana na história da vida intelectual brasileira. In: MORAES, João Q. de (org.). *História do marxismo no Brasil*, v. 3. Campinas, Editora da Unicamp, 1998.

_____. *Reeleição:* escalada contra a democracia. São Paulo, Anita Garibaldi, 1996.

SAES, Flávio. *A grande empresa de serviços públicos na economia cafeeira*. São Paulo, Hucitec, 1986.

SANTA ROSA, Virgínio. *Que foi o tenentismo?* Rio de Janeiro, Civilização Brasileira, 1963.

SANTOS, José Maria dos. *Bernardino de Campos e o Partido Republicano Paulista*. Rio de Janeiro, José Olympio, 1960.

SANTOS, Wanderley G. dos. *Cidadania e justiça*. Rio de Janeiro, Campus, 1979.

SANTOS, Ronaldo Marcos dos. *Têrmino do escravismo na Província de São Paulo*. Dissertação de mestrado em história econômica, São Paulo, USP, 1972. Mimeo.

SCHWARZ, Roberto. As ideias fora do lugar. *Estudos Cebrap*, São Paulo, n. 3, jan. 1973.

SENNETT, Richard. *O declínio do homem público*: as tiranias da intimidade. São Paulo, Companhia das Letras, 1988.

SILVA, Hélio. *Os tenentes no poder*. Rio de Janeiro, Civilização Brasileira, 1966.

SILVA, Sérgio. *Expansão cafeeira e origens da indústria no Brasil*. São Paulo, Alfa-Ômega, 1976.

SINGER, Paul. *A formação da classe operária*. 4. Ed., São Paulo, Atual, 1982.

_____. *Força de trabalho e emprego no Brasil*: 1920-1969. São Paulo, Cebrap, 1971.

SOARES, Gláucio A. D. As bases sociais do lacerdismo. *Revista Civilização Brasileira*, Rio de Janeiro, n. 4, set. 1965.

_____. *Sociedade e política no Brasil*. São Paulo, Difel, 1973.

SOBOUL, Albert. *A Revolução Francesa*. São Paulo, Difel, 1974.

SODRÉ, Ruy. A proletarização do advogado. *Revista OAB*, n. 105, maio 1956.

SWEEZY, Paul M.; BETTELHEIM, Charles. *Lettres sur quelques problèmes actuels du socialisme*. Paris, Maspero, 1972.

TAVARES, Maria da Conceição. *Da substituição de importações ao capitalismo financeiro*. Rio de Janeiro, Zahar, 1972.

TAVARES, Maria da Conceição. O sistema financeiro brasileiro e o ciclo de expansão recente. In: BELLUZZO, Luiz G. e COUTINHO, Renata (orgs.). *Desenvolvimento capitalista no Brasil:* ensaios sobre a crise. 2. ed., São Paulo, Brasiliense, 1983.

TAVARES, Martus A. R.; CARVALHEIRO, Nelson. *O setor bancário brasileiro*: alguns aspectos do crescimento e da concentração. São Paulo, FIPE/USP, 1985.

TEIXEIRA, Palmira P. *A fábrica do sonho*: trajetória do industrial Jorge Street. Rio de Janeiro, Paz e Terra, 1990.

TELLES, Vera S. *Direitos sociais:* afinal do que se trata. Belo Horizonte, Editora da UFMG, 1999.

TEORIA & POLÍTICA. São Paulo, Brasil Debates, n. 9, 1988.

THERBORN, Göran. The Rule of Capital and the Rise of Democracy. *New Left Review*, Londres, n. 103, maio/jun. 1977.

THOMPSON, Edward Palmer. *A formação da classe operária inglesa*, v. 1. Rio de Janeiro, Paz e Terra, 1987.

TRINDADE, Hélgio. *Integralismo*. O fascismo brasileiro na década de 30, São Paulo, Difel, 1974.

VIEIRA, Evaldo. *Estado e miséria social no Brasil*. São Paulo, Cortez, 1983.

VOZ COMERCIÁRIA. São Paulo, Sindicato dos Empregados de Comércio de São Paulo, n. 2, jul. 1937 – n. 247/248, maio/jun. 1963.

WEFFORT, Francisco. Estado e massas no Brasil. *Revista Civilização Brasileira*, Rio de Janeiro, n. 7, maio 1966.

_____. Le populisme dans la politique brésilienne. *Les Temps Modernes*, Paris, n. 257, out. 1967.

_____. Origens do sindicalismo populista no Brasil (A conjuntura do após guerra). *Estudos Cebrap*, São Paulo, n. 4, abr./maio/jun. 1973.

_____. *Participação e conflito industrial:* Contagem e Osasco, 1968. São Paulo: Cebrap, 1971.

_____. Política de massas. In: IANNI, Octavio et al. *Política e revolução social no Brasil*. Rio de Janeiro, Civilização Brasileira, 1964.

_____. Raízes sociais do populismo. *Revista Civilização Brasileira*, Rio de Janeiro, n. 2, maio 1965.

WERNECK SODRÉ, Nélson. *Formação histórica do Brasil*. 3. ed. São Paulo: Editora Brasiliense, 1964.

_____. *História militar do Brasil*. 2. ed., Rio de Janeiro, Civilização Brasileira, 1968.

WRIGHT MILLS, Charles. *A nova classe média (White Collar)*. Rio de Janeiro, Zahar, 1969.

ZINI JUNIOR, Álvaro A. *Uma avaliação do setor financeiro no Brasil, da reforma de 1964/65 à crise dos anos 80*. 1982. Dissertação de mestrado em economia, Campinas, Unicamp, 1982. Mimeo.

Publicado um ano após a vitória histórica de Lula na eleição presidencial de 2022, que deu fim à política de morte do governo Bolsonaro, responsável por inúmeros retrocessos socias, este livro foi composto em Adobe Garamond Pro corpo 11/13,5, e impresso em papel Pólen Natural 70 g/m², pela gráfica Mundial, para a Boitempo, em dezembro de 2023.